L'ANGLAIS DES AFFAIRES

par Claude Chapuis
professeur permanent à l'École Supérieure de Commerce de Dijon

Peter Dunn
ancien responsable du Département Langues et
Culture de l'École Supérieure de Commerce de Dijon

Alfred Fontenilles
ancien professeur au groupe HEC et à l'École Polytechnique

Illustrations de J.-L. Goussé

B.P. 25
94431 Chennevières-sur-Marne Cedex
FRANCE

© **ASSIMIL 2013**
ISBN 978-2-7005-0756-0

Les **Méthodes Assimil**
sont accompagnées d'enregistrements
sur CD audio ou mp3, et existent désormais
en version numérique.

Sans Peine
L'Allemand*
L'Anglais*
L'Anglais d'Amérique*
L'Arabe
Le Bulgare
Le Cantonais
Le Chinois + L'Écriture chinoise
Le Coréen
Le Croate*
Le Danois*
L'Égyptien hiéroglyphique
L'Espagnol*
Le Finnois
Le Nouveau grec + Le Grec ancien
L'Hébreu
Le Hindi
Le Hongrois*
L'Indonésien*
L'Italien*
Le Japonais + Le Japonais kanji
Le Khmer
Le Latin
Le Malgache
Le Néerlandais*
Le Norvégien
Le Persan
Le Polonais*
Le Portugais*
Le Portugais du Brésil*
Le Roumain*
Le Russe*
Le Sanskrit
Le Suédois*
Le Swahili
Le Tchèque*
Introduction au thaï
Le Turc*
L'Ukrainien*
Le Vietnamien
Le Yiddish

Perfectionnement
Allemand*
Anglais*
Arabe
Espagnol*
Italien*
Russe*

Assimil English
L'anglais par l'humour
L'anglais du travail
Les expressions anglaises
La congugaison anglaise
Le grand livre de l'humour british

*e-méthode disponible sur le site
www.assimil.com

Sommaire

Avant-propos — 5

Chapitres 1 à 50

1. Graduating from university — 9
2. Being interviewed — 21
3. Getting the job — 31
4. Starting work — 41
5. Getting to know the company (I) — 51
6. Details about the training period — 63
7. Getting to know the company (II) — 73
8. Starting training — 85
9. Getting some hands-on experience — 95
10. Facing a strike — 107
11. Career development — 117
12. A low-paid job?! — 127
13. Supporting the local community — 137
14. Assessing Kate — 153
15. 50th anniversary celebrations — 165
16. Studying in the USA — 175
17. Studying the market — 189
18. Relaxing in San Antonio — 199
19. From theory to practice — 211
20. Cultural differences — 223
21. Preparing a presentation — 233
22. At the bank — 243
23. Appointments — 253
24. Preparing a business trip — 263
25. To go shopping or not to go shopping? — 273
26. A social event: a wine-tasting party — 283
27. A tour of the company for a major customer — 295
28. Meeting a journalist — 305
29. The Guangzhou Trade Fair — 317
30. Getting the marketing mix right — 329
31. Contacting an advertising agency — 339
32. Quality control — 349
33. Promoting the product — 359
34. A salesperson's life — 371
35. In charge of exporting — 381
36. Sustainable development — 391

37	Relocation or outsourcing?	403
38	Investing in Russia	415
39	A business negotiation	425
40	Talking about futures...	437
41	Living in the fast lane	451
42	Facing political problems	461
43	Threat of a boycott	475
44	Making decisions	487
45	Back in the UK	497
46	Analysing the company's accounts	511
47	The way forward	523
48	Asking a favour	533
49	Marketing for the future	545
50	Signed, sealed and delivered	559

Index lexical 573
Index des sigles 599

AVANT-PROPOS

Cet ouvrage s'adresse à toutes celles et à tous ceux qui, ayant déjà acquis le vocabulaire et les mécanismes essentiels de l'anglais, souhaitent aborder la vie des affaires internationales avec aisance.

Afin de rendre ce manuel attrayant, nous avons choisi d'introduire le vocabulaire et les expressions propres à ce domaine spécifique, en suivant le parcours professionnel très cosmopolite de Kate Hewitt, jeune universitaire britannique. Son insertion progressive dans le monde de l'entreprise nous a semblé le meilleur moyen de parvenir à une présentation authentique et cohérente de la langue des affaires.

En outre, à l'heure de l'internationalisation des affaires et de la mondialisation, Kate est amenée à travailler avec des collaborateurs et des clients d'Amérique du Sud, de Chine, de Malaisie, de Russie, de Norvège... Des thèmes répondant à des préoccupations contemporaines telles que le respect de l'environnement, le commerce équitable, la responsabilité sociale de l'entreprise sont également abordés.

Les chapitres qui composent cet ouvrage s'articulent autour de discussions tout à fait réalistes qui donnent une continuité dans le déroulement de son aventure professionnelle (et personnelle !)

Cet ouvrage est-il linguistique ou économique ?
Sans prétendre nous substituer à un livre de gestion, nous nous sommes efforcés d'en rendre les principales techniques accessibles aux non initiés, quitte parfois à simplifier à l'extrême pour ne pas nuire à la compréhension globale.

Il nous a semblé, en effet, que notre objectif, qui est de fournir des outils permettant d'acquérir un niveau satisfaisant de maîtrise professionnelle, exigeait une **compréhension en situation de la terminologie** des affaires. Il est évident qu'on retiendra mieux la traduction d'un terme tel que "bilan" ou "compte de résultat", si on connaît sa signification exacte dans sa propre langue.

Privilégions-nous l'anglais ou l'américain ?
La carrière résolument internationale de Kate Hewitt amène à traiter des différences qui existent entre l'anglais et l'américain, et même leur variante australienne. À cet égard, il convient de noter que nous avons opté, systématiquement, en vue d'une cohérence interne, pour une orthographe britannique dans les épisodes qui se déroulent en Grande-Bretagne et en Australie, américaine pour tous les autres. Ainsi, les mots se terminant en **-our** (ex. : **labour**) dans le premier cas, s'écriront **-or** (ex. : **labor**) dans le second. De même les suffixes britanniques en **-ise**

deviendront **-ize** dans les chapitres américains. Dans l'index lexical de fin d'ouvrage, en revanche, nous avons essayé de donner les deux orthographes à chaque fois que cela nous paraissait utile.

L'enregistrement des dialogues et des exercices de compréhension fait ressortir les différences de prononciation. Une écoute attentive et répétée permettra à l'auditeur d'affiner sa perception des principales différences entre l'anglais britannique et l'anglais américain. Entraînez-vous à répéter aussi souvent que possible les phrases proposées dans les exercices, ainsi que dans les dialogues, jusqu'à acquérir la bonne prononciation. C'est aussi un bon moyen d'assimilation de la langue.

Comment se présente cet ouvrage ?

Chacun des **cinquante chapitres** est construit sur le même schéma :

• un dialogue en anglais accompagné de sa traduction en vis à vis. (Pour les expressions idiomatiques, nous avons préféré au mot-à-mot une équivalence parfois plus lointaine, mais plus proche de la réalité linguistique.)

• des notes en français qui expliquent ou complètent le vocabulaire ou les informations fournies par le dialogue.

• un document en anglais qui vient illustrer et éclairer le sujet traité dans le chapitre.

• un "point de repère" en français qui apporte un complément culturel intéressant pour une meilleure compréhension du monde des affaires, tant à l'échelon anglo-saxon qu'international.

• des exercices d'entraînement de divers types vous sont proposés :

– Compréhension : à partir de questions posées, formulation à l'aide d'une phrase complète – écrite ou orale – inspirée du dialogue.

– Traduction : passage du français à l'anglais, destiné à faciliter l'assimilation du vocabulaire et des expressions ou tournures présentées dans le chapitre.

– Quiz de vocabulaire : à trous ou à choix fermé.

– Vrai ou faux ?

- Applications : elles vont de la rédaction de CV, lettres, mémorandums ou rapports, à des exercices plus ponctuels liés à l'interprétation et à l'utilisation des documents, graphiques ou états financiers proposés. Elles exigent un plus grand effort personnel d'adaptation, de réflexion et de bon sens.

Le corrigé des exercices se trouve à la suite de ces derniers, sous forme de :

- réponses possibles – mais non exclusives – aux questions posées ;

- traduction reprenant le vocabulaire du chapitre concerné, ou

- solution "suggérée", pour les exercices à caractère plus subjectif.

Il ne faudra pas hésiter à répéter tous ces exercices pour vérifier l'acquisition et la rapidité des réflexes. Ne vous laissez pas rebuter par les applications impliquant un petit travail de rédaction : elles vous entraîneront à faire face à des situations réelles, telles que la recherche d'un emploi par exemple, et à acquérir rapidement une maîtrise opérationnelle.

En fin d'ouvrage, **un index** reprenant tous les termes relevant du vocabulaire des affaires vous sera proposé. Il vous permettra de retrouver ces mots dans leur contexte. L'utilisation du dictionnaire n'est donc pas forcément nécessaire, mais n'hésitez pas à vous en servir en cas d'incompréhension ou lorsque vous aurez besoin d'un éclaircissement supplémentaire.

Vous voici donc prêts à découvrir le monde des affaires en anglais en compagnie de Kate Hewitt ! Bon courage !

Diplômée de l'université

Kate Hewitt va bientôt quitter l'université dotée d'une licence avec mention en management. Elle est dans son appartement en train de dîner avec ses deux colocataires, qui sont également des étudiantes de dernière année : Paula étudie les langues vivantes et Dan, qui est chinoise, l'informatique.

Kate – Alors, comment ça va, vous deux ?

Paula – Eh bien, ça dépend de quoi tu parles…

Kate – Du travail, bien sûr. Tout le monde sait que ça va très bien entre toi et Jack !

Paula – Mmm…! Disons que ça allait très bien jusqu'au week-end dernier…

Kate – Oh là là ! Encore des problèmes, c'est ça ?

Dan – Eh bien, si tu lui as cuisiné un "chili con carne" aussi épicé que ça le week-end dernier, ce n'est pas étonnant que votre vie amoureuse ait rencontré des problèmes.

Paula – Au moins ce n'est pas aussi insipide que ton vin rosé chinois !

Dan – Excuse-moi, Paula ; je plaisantais, c'est tout. Je trouve ton "chili con carne" fantastique. Je suis désolée, Kate, tu nous as posé une question sur le travail…

Notebook

Graduating from university

*Kate Hewitt will soon be graduating from university with a BA **(1)** Honours degree **(2)** in management studies. She is in her flat, having dinner with her two flatmates who are also in their final year: Paula is reading **(3)** modern languages and Dan, who is Chinese, is reading computer studies.*

KATE – So how are things going, you two?

PAULA – Well, it depends what things you're talking about, doesn't it.

KATE – Work, of course. We all know that things are going very well between you and Jack!

PAULA – Hmm! Well they were until last weekend…

KATE – Oh dear! More problems, eh?

DAN – Well if you cooked him "chili con carne" as hot as this, I'm not surprised your love life has run into problems!

PAULA – At least it's not as insipid as your Chinese rosé wine!

DAN – I'm sorry Paula; I was only joking. I think your "chili con carne" is great! Sorry, Kate, you asked about work…)))

Notes

(1) **BA** : **Bachelor of Arts** ; ce diplôme est à peu près équivalent à la *licence* en France.

(2) **Honours degree** : se dit d'un **Bachelor's degree**, *licence*, où l'étudiant est reçu avec mention (voir note 7).

Par opposition à **Pass degree**, qui est l'équivalent approximatif du terme français *passable*. On l'écrit habituellement **BA (Hons)**, **BSc (Bachelor of Science) (Hons)**, etc.

(3) **(to) read (UK)** = **(to) study**.

── Translation ──

Kate – Oui… *(bref silence)* Quand je pense que dans près de deux mois, nous passerons nos examens de sortie, c'est dingue ! J'ai été tellement occupée à répondre à des offres d'emploi et à passer des entretiens que je n'ai pas encore commencé à réviser. Et toi, Dan ?

Dan – Eh bien, il faut vraiment que j'aie une mention "très bien" si je veux faire un master aux États-Unis. Moi non plus, je n'ai pas encore commencé à réviser, mais je reste confiante pour les examens de sortie. Et toi, Paula ?

Paula – Vous m'étonnerez toujours, toutes les deux ! Moi, je n'ai pas encore pensé aux examens ! À vrai dire, je ne sais même pas ce que je ferai quand je serai diplômée. On ne peut pas faire grand-chose avec un diplôme de langues vivantes !

Dan – Mais quand Jack sera médecin généraliste, tu n'auras pas besoin de travailler. Il gagnera plein d'argent !

(Le téléphone portable de Paula sonne. Elle répond.)

Paula *(l'air très heureuse)* – Ah, bonsoir Jack… !

(Paula sort de table et va dans sa chambre pour parler avec Jack.)

Kate *(souriant à Dan)* – En attendant que Paula revienne, on va enlever les assiettes et apporter le dessert.

(Quelques minutes plus tard. Kate et Dan sont assises à la table et attendent.)

Kate – Bon, allons-y, Dan. On ferait mieux de commencer à manger. Connaissant Paula, elle va probablement rester au téléphone pendant des heures.

Notes

(4) finals = final examinations.

(5) the mind boggles : expression idiomatique ayant le sens de *c'est dingue, on croit rêver*, etc. **(To) boggle at, over sth.**, reculer, rechigner.

(6) first : la meilleure mention pour un **BA Honours degree** au Royaume-Uni. Il existe **first** (-class honours), **second** (2:1 et 2:2) et **third**.

DIALOGUE

CHAPTER 1

KATE – Yeah... *(a short pause)* When I think that in about two months, we'll be taking our finals *(4)*, the mind boggles *(5)*! I've been so busy applying for jobs and attending interviews that I haven't even started revising yet. What about you, Dan?

DAN – Well I really have to get a first *(6)* if I want to do my Master's *(7)* in the US. I haven't started revising yet either, but I feel confident about the finals. What about you, Paula?

PAULA – You never cease to amaze me, you two! I haven't thought about the exams yet! To tell you the truth, I don't even know what I'll do when I graduate. There's not much you can do with a degree in modern languages!

DAN – But when Jack qualifies as a GP *(8)*, you won't need to work. He'll be raking it in *(9)*!

(Paula's mobile phone rings. She answers.)

PAULA *(sounding very happy)* – Oh, hello Jack...!

(Paula leaves the table and goes into her room to speak to Jack.)

KATE *(smiling to Dan)* – While we're waiting for Paula to return, let's clear away the dishes and bring in the dessert.

(A few minutes later. Kate and Dan are sitting waiting at the table.)

KATE *(smiling to Dan)* – Oh, come on Dan. We might as well start eating. Knowing Paula, she'll probably be on the phone for hours.   )))

---

(7) **master's (degree)** : diplôme (post)graduate (voir Chapitre 2, note 1), qui se situe donc après le **bachelor's**. Il s'agit de l'ancienne *maîtrise* de l'université française, remplacée et renforcée depuis 2002 par les deux années de *master* (master 1 et master 2).

(8) **GP** : **general practitioner** ; terme anglais qui désigne le médecin généraliste, profession très bien payée au Royaume-Uni.

(9) **(to) rake in**, *ratisser* ; (familier) *amasser beaucoup d'argent*. **Rake**, *râteau*.

— Translation —

Dan *(elle sourit et goûte le dessert)* – Mmm, cette mousse au chocolat est absolument délicieuse ! Comme toujours.

Kate – Merci !

Dan – Au fait, Kate, tu cherches quel type de poste ?

Kate – Sans doute quelque chose dans le management des ressources humaines. Dans une grande entreprise.

Dan – Quel genre d'entreprise ?

Kate – L'industrie agro-alimentaire. Ça, c'est sûr ! Pour être tout à fait honnête – et je sais que tu vas rire –, United Chocolate est mon choix numéro un !

Dialogue

CHAPTER 1

Dan *(she smiles and tastes the dessert)* – Mmm, this chocolate mousse is absolutely delicious! As always.

Kate – Thank you!

Dan – By the way, Kate, what sort of job are you looking for?

Kate – Probably something in human resource management. In a big company.

Dan – What sort of company?

Kate – The food industry. Definitely! To be quite honest, and I know you'll laugh, my number one choice is United Chocolate!

Écrire une lettre en anglais : quelques règles de base (1)

Les formules de politesse dans la correspondance française font souvent peur aux non-francophones, et parfois aux francophones eux-mêmes ! Par contre, écrire une lettre en anglais ne devrait pas intimider ceux qui étudient cette langue : la règle d'or est de dire poliment ce qu'on a à dire, le plus clairement et le plus simplement possible. On disait souvent, d'ailleurs, qu'il fallait respecter les trois "c", c'est-à-dire être **clear**, **concise** et **courteous**.

Au Royaume-Uni, lorsqu'on connaît le nom de son correspondant, (même si on ne l'a jamais rencontré), on commencera par **Dear Mr Robinson**, ou **Dear Ms Hewitt**,. On finira la lettre par la formule de politesse laconique **Yours sincerely**,. Par contre, si on ne connaît pas le nom du correspondant, on mettra **Dear Sir**, (ou **Madam**). Dans ce cas, la formule de politesse sera **Yours faithfully**,.

Aux États-Unis, les choses sont encore plus simples. La virgule après **Dear** (...), etc., peut être remplacée par deux points : par exemple **Dear Mr Robinson:**. La formule de politesse sera toujours **Yours sincerely**, **Sincerely yours**, voire tout simplement **Sincerely**, ou dans un rapport amical, **Yours**,.

Job Offer

JOHN CHARTRES Plc
UK leader in marmalade and quality preserves

JUNIOR MARKETING MANAGER

You will be graduating from a good British university this year with a BA Honours degree. You are looking for a challenging career in FMCG* marketing, with considerable prospects for the future. You have a good command of Spanish and one other major European language, and are prepared to travel frequently.

We are a medium-sized but rapidly-expanding company, whose registered trademark (or brand) is already a household name within the UK. We are looking for a Junior Marketing Manager to help us launch our range of marmalades and quality preserves in Spain, initially, and subsequently in other EU countries and even possibly Latin America.

After a trial period of 6 months, the successful candidate will report directly to the Marketing Director. The position carries an excellent remuneration and benefits package (private health insurance, company car, etc.).

To apply, please send a letter of application and your CV to recruitment@johnchartresplc.co.uk, or by post to Ms Ruth Newland, Personnel Dept, John CHARTRES Plc, Seville Road, HAVANT, Hants. PO9 2TN.

Closing date for applications: May 15, 2011
* fast moving consumer goods

Exercises

Comprehension

Lisez attentivement le dialogue. Répondez aux questions suivantes en utilisant une phrase complète :

1 Where does this dialogue take place? **2** Are Paula and Dan also reading management studies? **3** Are things going well between Paula and Jack? **4** Does Dan really like Paula's "chili con carne"? **5** Until now, what has prevented Kate from starting to revise for her finals? **6** What does Dan want to do when she graduates? **7** According to Dan, why does Paula not need to be too worried about what she will do when she graduates? **8** Why don't Kate and Dan wait for Paula to come back before starting their dessert? **9** Describe the sort of job Kate is looking for.

Translation

Traduisez en anglais les phrases suivantes :

1 Kate et Dan n'étudient pas les langues vivantes à l'université. **2** Ça ne va pas très bien entre Jack et moi. **3** Mon "chili con carne" était trop épicé et notre vie amoureuse a rencontré des problèmes ! **4** Dan n'était pas sérieuse ; elle plaisantait simplement. **5** J'ai été tellement occupée à réviser que je n'ai pas encore répondu à une seule offre d'emploi. **6** Même sans une mention "très bien", je reste confiante pour mon acceptation en Master's en langues modernes. **7** Je vais aller dans ma chambre pour appeler Jack sur son portable. **8** En attendant Paula, on va goûter ton vin rosé chinois, Dan. **9** Quand tu travailleras dans le management des ressources humaines, Kate, tu gagneras plein d'argent. **10** J'aime tous les desserts, mais mon choix numéro un reste la mousse au chocolat !

Application Letter

Lisez attentivement cette lettre. Remplissez les blancs en utilisant les mots suivants :

eager, sincerely, advertised, apply for, interview, graduating, suited, knowledge, currently, experience

                          Ms Kate Hewitt,
                          1 Welburn Ave,
                          WARINGHAM WR16 5HJ

Ms Ruth Newland,
Personnel Dept.,
John Chartres Plc,
Seville Road,
HAVANT, Hants. PO9 2TN

                        April 15, 2011,

Dear Ms Newland,

I would like to **(1 ....)** the post of Junior Marketing Manager which was **(2 ....)** in this month's edition of University Graduate.

I am **(3 ....)** in my final year of a BA Honours degree in management studies at the University of Waringham and will be **(4 ....)** in June. I am **(5 ....)** to make my career in marketing, in a company such as yours, whose products are so well known. I have studied Spanish at university and spent a semester in Spain as part of the Erasmus exchange programme. I feel that my **(6 ....)** of Spanish and my work **(7 ....)** make me particularly well **(8 ....)** for this position.

I am attaching a comprehensive CV which I hope will interest you. I look forward to being able to meet you and answer your questions during an **(9 ....)**.

Yours **(10 ....)**,
Kate Hewitt

— Solutions proposées —

Compréhension

1 This dialogue takes place in Kate's flat. 2 No, Paula is reading modern languages and Dan computer studies. 3 Probably not, because Paula says "they were until last weekend." 4 Yes, Dan was only joking; she thinks Paula's "chili con carne" is great. 5 Kate hasn't started to revise for her finals yet, because until now, she's been busy applying for jobs and attending interviews. 6 When Dan graduates (from her current university), she wants to do a Master's in the US. 7 Dan says that when Jack, Paula's boyfriend, qualifies as a GP, she won't need to work because he'll be raking it in. 8 Because Paula is speaking to Jack on her mobile and Kate thinks that she'll probably be on the phone for hours. 9 Kate is looking for a job probably in human resource management in a big company in the food industry, specifically United Chocolate.

Traduction

1 Kate and Dan are not reading modern languages at university. 2 Things are not going very well between Jack and me. 3 My "chili con carne" was too hot and our love life ran into problems! 4 Dan was not serious; she was only joking. 5 I've been so busy revising that I haven't applied for a single job yet. 6 Even without a first, I remain confident about my master's in modern languages. 7 I'm going to go into my room to call Jack on his mobile. 8 While we're waiting for Paula, let's taste your Chinese rosé wine, Dan. 9 When you work in human resource management, Kate, you'll be raking it in. 10 I like all desserts, but my number one choice is still chocolate mousse!

— Suggested solutions —

Application

1 apply for 2 advertised 3 currently 4 graduating 5 eager 6 knowledge 7 experience 8 suited 9 interview 10 sincerely

Notebook

— TRANSLATION —

L'entretien

Kate Hewitt a enfin obtenu ce qu'elle voulait : un entretien avec son choix numéro un, United Chocolate. L'entreprise a répondu favorablement à sa candidature et a invité Kate au siège britannique à Bristol. Au bout de presque une heure, l'entretien avec David Robinson, responsable du recrutement de diplômés, touche à sa fin.

DAVID ROBINSON – Bon, je crois que nous avons presque fait le tour. Y a-t-il des questions que vous aimeriez me poser ?

KATE – Oui, j'en ai une. Si vous deviez me proposer un poste chez United Chocolate, quel genre de perspectives de carrière aurais-je ? Enfin, après la période d'essai.

DAVID ROBINSON – Je vous ai déjà expliqué notre programme "cadre junior" dont le but est de recruter des diplômés au niveau "bachelor". Nous en recrutons pas mal chaque année. Nous sommes toujours à la recherche de jeunes talents au niveau "master" aussi, bien sûr...

KATE – Est-ce que vous voulez dire qu'il vaut mieux avoir un MBA, par exemple ?

DAVID ROBINSON – Non, je n'ai pas dit ça. C'est une question de choix personnel. Évidemment, si nous embauchons quelqu'un avec un MBA d'une des meilleures "business schools", cette personne gagnera plus d'argent, mais aura également beaucoup plus de responsabilités...

KATE – C'est tout à fait logique !

DAVID ROBINSON – Très juste. Un diplômé MBA a fait de plus longues études, a acquis davantage de qualifications, et a généralement plus d'expérience.

Notes

(1) **graduate**, *diplômé(e) d'université*. David Robinson est donc responsable du recrutement auprès des universités, au niveau **bachelor** (ou **undergraduate**) et **master** (ou **postgraduate**). Attention, aux États-Unis le mot **graduate** s'utilise aussi avec le sens de **postgraduate** (plutôt britannique).

(2) **trial period**, *période d'essai* de quelques mois, avant l'embauche définitive. À ne pas confondre avec **training period** (voir Note 6).

(3) **junior manager** : on peut traduire par *cadre junior*. Jeune recruté habituellement sans expérience à la sortie de l'université, qui occupera tout de suite un poste de cadre. Cependant il devra acquérir quelques années d'expérience dans l'entreprise avant d'occuper un poste à responsabilités.

DIALOGUE

CHAPTER 2

Being interviewed

Kate Hewitt has finally obtained what she wanted: an interview with her "number one choice," United Chocolate. The company replied to her application and invited her to the British headquarters in Bristol. After nearly an hour, the interview with David Robinson, in charge of graduate (1) recruitment, is coming to an end.

DAVID ROBINSON — Well, I think we've covered nearly everything. Do you have any questions you'd like to ask me?

KATE — Yes, I do. If you were to offer me a job with United Chocolate, what sort of career prospects would I have? After the trial period *(2)*, that is.

DAVID ROBINSON — I've already explained to you our "junior manager" *(3)* scheme which is designed for graduates at Bachelor's level. We hire *(4)* quite a few of them every year. We're always on the lookout *(5)* for young talent at Master's level too, of course…

KATE — Do you mean that it's better to do an MBA *(6)*, for example?

DAVID ROBINSON — No. I didn't say that. It's a question of personal choice. Obviously if we hire someone with an MBA from a top business school, that person will earn more money but also have a lot more responsibility…

KATE — That's only logical!

DAVID ROBINSON — Quite right. An MBA has studied longer, acquired more skills, usually has some experience…

)))

---

(4) **(to) hire**, *embaucher, engager, recruter*. Souvent utilisé par contraste / opposition (et à cause de la rime) avec **to fire**, *virer, licencier*. Le premier sens de **(to) hire** est *louer*.

(5) **(to be) on the lookout (for)** : expression idiomatique, qui signifie *guetter, être à la recherche de*, etc. **Lookout**, *poste d'observation, de vigie*.

(6) **MBA** : **M**aster('s degree) **in B**usiness **A**dministration ; diplôme **graduate**, américain à l'origine, jouissant d'une bonne réputation auprès des entreprises.

Translation

Kate – Mais est-ce qu'il est possible, après deux ou trois ans, pour un BA en management de rattraper, pour ainsi dire, un MBA ? D'avoir une carrière aussi réussie ?

David Robinson – Oh, tout à fait ! Si vous nous rejoignez comme cadre junior, vous aurez une période de formation de six mois. Pendant ce temps, vous apprendrez à connaître UC, ses activités, ses produits…

Kate – Je crois que je connais déjà assez bien vos produits !

David Robinson *(souriant)* – Vous seriez étonnée, Kate. Les gens ne se rendent pas compte du nombre de marques différentes que nous avons à travers le monde ! *(silence)* Vous verrez également en quoi consistent les différentes fonctions du management. Puis, au bout de six mois, si nous sommes toujours satisfaits de vous, nous vous laisserons choisir le domaine dans lequel vous voulez travailler. D'après ce que vous avez dit, j'imagine que ce serait peut-être le management des ressources humaines.

Kate – Probablement. Est-ce qu'il est possible de retourner à l'université pour faire un "MBA part-time" par exemple ?

David Robinson – Cela arrive, c'est sûr, et de façon générale, nous l'encourageons. Il arrive même que United Chocolate participe aux frais de scolarité. Seulement pour nos meilleurs talents. Avez-vous d'autres questions ?

Kate – Non, je ne crois pas. Maintenant je sais ce que je dois être…

David Robinson – Eh bien, je crois que nous en avons assez dit. Je dois voir un autre candidat. *(ils se lèvent tous les deux)* Ça m'a fait plaisir de discuter avec vous, Kate *(lui serrant la main et la raccompagnant)*. J'espère pouvoir vous donner une réponse d'ici la fin du mois. Je vous enverrai un courriel et une lettre formelle par la suite.

Kate – Merci beaucoup. Au revoir.

David Robinson – Au revoir.

Notes

(7) **training period**, *période de formation* qui peut concerner soit le salarié, soit l'étudiant en stage. Le mot *stage* se traduit couramment par (**work**) **placement** au Royaume-Uni, et plutôt par **internship** (**intern**, *stagiaire*) aux États-Unis. Attention, le mot français *formation* (*former, formateur, ...*) ne peut jamais être traduit par **formation** lorsqu'il s'agit de **training**.

(8) **brand**, *marque*. Notez bien que David Robinson dit "**brands**", alors que Kate avait parlé de "**products**". (voir Chapitre 5).

(9) **part-time**, littéralement *à temps partiel*. Dans le contexte d'un programme d'études comme un MBA, il s'agit d'une formation en alternance : les études se font par séminaire de deux ou trois jours par mois, par exemple, ce qui permet à l'étudiant de continuer à travailler à *temps plein* (**full time**).

DIALOGUE

KATE — But is it possible after two or three years for a BA in business studies to catch up, so to speak, with an MBA? Have an equally successful career?

DAVID ROBINSON — Oh, absolutely! Should you come and work with us as a junior manager, you will have a training period *(7)* of six months. During that time, you'll get to know UC, its activities, its products...

KATE — I think I know your products quite well already!

DAVID ROBINSON *(smiling)* — You'd be surprised, Kate. People don't realise just how many different brands *(8)* we have around the world! *(a pause)* You will also see what the various functions of management involve. Then after six months, if we are still satisfied with you, we will let you choose the area you want to work in. From what you've said, I imagine that might be human resource management.

KATE — Probably. *(after a moment's reflection)* Is it possible to return to university to do a part-time *(9)* MBA, for example?

DAVID ROBINSON — It certainly does happen, and generally speaking we encourage it. United Chocolate may even help to pay the tuition fees *(10)*. Only for our high-fliers *(11)* though. Any other questions?

KATE — No, I don't think so. I know what I have to be now...

DAVID ROBINSON — Well I think we've said enough. I have to see another candidate. *(they both stand)* It's been very nice speaking to you Kate *(shaking hands and seeing her out)*. I hope to be able to give you an answer by the end of the month. I'll e-mail you and follow that up with a formal letter.

KATE — Thank you very much. Goodbye.

DAVID ROBINSON — Goodbye.

---

(10) **tuition fees**, *frais de scolarité*, toujours très élevés pour ce type de programme.

(11) **high-flier** : terme familier qui désigne une personne alliant talent et ambition, et qui ira donc loin (litt. "qui vole haut").

Course Description

Kate will soon be graduating from Waringham University with a BA (Hons) in management studies. Here are some extracts from the course description downloaded from the university website (www.waringham.ac.uk).

The three-year BA (Hons) Management Studies is the Business School's flagship undergraduate degree, and serves as an excellent foundation for a wide range of business and management careers. The course provides students with a broad, thorough and fully-integrated education in the theory and practice of business management and sets out to provide an understanding of the way in which organisations might be made to oprate more effectively.
Along with developing an academic knowledge and under-standing of business and management, the BA (Hons) Management Studies explicitly provides opportunities for its students to develop a range of professional and practical skills that improve their immediate employability both during and after their degree. Such skills are developed via a range of assessed individual and group projects and presentations. The BA (Hons) Management Studies is based on a set of core modules, around which students can choose options to suit their own particular academic and career interests and requirements. This may involve taking optional modules offered either by the Business School, or else by a wide range of other departments across the University.

Year One
The first year of BA Management Studies serves as a broad foundation to the study of a range of business disciplines, and includes core modules in entrepreneurship, financial accounting, management accounting, organisation studies, business economics, economic policy, business computing, and quantitative analysis. Students also take two optional modules.

Year Two
The second year of BA Management Studies includes core modules in management and organisation, management accounting, marketing, technology and organisation, business economics, and the economics of decision making. Students also take four optional modules.

Year Three
The final year of BA Management Studies includes core modules in strategic management, human resource management, management accounting and business ethics. There are also six optional modules.

For those students wishing to add a European dimension to their degree, it is possible to spend the autumn semester of the second year studying at one of our partner institutions in France, Germany, Italy or Spain as an Erasmus exchange student.

―― Pour en savoir plus ――

Les échanges Erasmus

Dans les Exercices du Chapitre 2, nous voyons sur le CV de Kate qu'au cours de son BA à l'Université de Waringham, elle a été **Erasmus exchange student** en Espagne. Mais que veut dire Erasmus exactement ?

Il s'agit d'un programme de la Commission européenne, **Eu**Ropean **A**ction **S**cheme for the **M**obility of **U**niversity **S**tudents, (www.erasmus.ac.uk) qui promeut et soutient l'échange d'étudiants et d'enseignants entre les universités et les grandes écoles européennes. Il porte – évidemment – le nom d'Érasme de Rotterdam (1465-1536), célèbre philosophe, humaniste et théologien, qui a beaucoup voyagé à travers l'Europe pour vivre, travailler et apprendre. En léguant sa fortune à l'Université de Bâle, il a lancé les premières "bourses de mobilité".

Depuis 1987, l'année de la création du programme, plus d'un million et demi d'étudiants ont pu bénéficier d'une bourse pour effectuer une partie de leurs études dans une des nombreuses institutions d'enseignement supérieur qui y participent. Actuellement, 31 pays sont concernés et le budget prévu pour les années 2007-2013 s'élève à 3,1 milliards d'euros.

Au-delà des aspects purement académiques, ces échanges représentent pour les jeunes une formidable expérience, riche en découvertes et rencontres, et forgent sans aucun doute des Européens convaincus. On se souvient du film de Cédric Klapisch, l'Auberge espagnole, qui met en scène un groupe d'étudiants Erasmus de 7 nationalités différentes (allemande, anglaise, belge, espagnole, italienne, française et danoise) qui partagent un appartement à Barcelone.

Mais la plus grande réussite du programme ne serait-elle pas l'apprentissage de l'anglais, qui est habituellement la lingua franca des **Erasmus exchange students** ?

Comprehension

1 Where does this interview take place? **2** Has the interview only just begun? **3** When David Robinson asks Kate whether she has any questions to ask him, what does she enquire about? **4** Does United Chocolate hire graduates only at Bachelor's level? **5** In terms of career prospects within United Chocolate, is it possible for someone with a BA to "catch up" with someone who has an MBA? **6** What would Kate do during her six-month training period with UC? **7** Is Kate absolutely certain that she wants to work in human resource management? **8** What do you think Kate means when she says "I know what I have to be now"? **9** What is David Robinson going to do just after this interview with Kate?

Translation

1 Kate a un entretien avec United Chocolate qui recrute chaque année pas mal de diplômés au niveau "Bachelor". **2** Pendant l'entretien, David Robinson avait-il beaucoup de questions à poser à Kate ? **3** Pour travailler au siège américain, il vaut mieux avoir un MBA. **4** Quelqu'un sans diplôme gagnera toujours moins d'argent et aura toujours moins de responsabilités. **5** UC a tellement de produits différents que même Kate ne les connaît pas tous. **6** Si nous ne sommes pas satisfaits au bout de six mois, nous vous laisserons partir. **7** David Robinson est retourné à l'université pour étudier le management des ressources humaines. **8** Kate sait qu'elle peut toujours demander à ses parents de participer à ses frais de scolarité. **9** J'essaierai de vous envoyer un courriel d'ici ce soir. **10** Je vous raccompagne ! Il faut que je voie le directeur des ressources humaines.

— EXERCICES —

Application

Regardez attentivement le CV de Kate. Remplissez les blancs, en utilisant les mots suivants :

Mexico, born, experience, department, nationality, fluent, street, waitress, mother, address, education, director, references, resources, merchants, awarded, sports, BA, orchestra, languages

Katherine HEWITT

(1 .....):
February 2, 1990 Norwich (UK)
Current (2.....):
1 Welburn Ave,
WARINGHAM WR16 5HJ
Telephone:
07940 731 092 (mobile)
E-mail:
khewitt@hotmail.com
(3.....): British

(4.....)

2001-2008 – Cambridge Grammar School, GCE 'A' Levels:
Economics (Grade A)
Spanish (Grade B)
Modern history (Grade A)

2008-2011 – University of Waringham (5.....) (Hons) in Management Studies (to be [6.....] June 2011

September-December 2009 – Erasmus exchange student at Universidad de Vallamanca (Spain)

WORK (7.....)

August 2008 – Barmaid / (8.....) – The Red Lion, Godmanchester
July-September 2009 – Work placement
Assistant store manager – Bennett & Wilson Ltd, Wine (9.....), Colchester

July-September 2010 – Work placement
Department of Human (10.....), Cambridgeshire Royal Infirmary

(11 .....) AND COMPUTER SKILLS

English: (12 .....) tongue
Spanish: Very (13 .....)
French: Fluent
Chinese: Beginner
Computers: Microsoft Office (Word, Excel, PowerPoint, Access), Internet, creation of websites.

INTERESTS

Music: violinist in university (14 .....), modern dancing, rock 'n' roll (15 .....): gymnastics, horseriding, snowboarding

Travel: Spain, France, USA, (16 .....), Morocco

(17 ....)

Professor Peter MANN –
(18 .....) of Management
University of Waringham -
WARINGHAM WR14 7PX
Mr Leon WILSON –
(19 .....) of Human Resources
Cambridgeshire Royal Infirmary – 21-25 St Kitt's (20 .....)
CAMBRIDGE, CB1 2LT

— Suggested solutions —

CHAPTER 2

Compréhension

1 This interview takes place at United Chocolate's British headquarters in Bristol. **2** No, it's coming to an end: they've covered nearly everything. **3** Kate enquires about the career prospects she'd have after what she calls the "trial period." **4** No. David Robinson says that they're "always on the lookout for young talent at Master's level too." **5** Absolutely, according to David Robinson. **6** She would get to know UC, its activities and its products. **7** She is not absolutely certain, because when David Robinson suggests that she might work in human resource management she only says "probably." **8** She no doubt means that she will have to be a high-flier. **9** David Robinson is going to interview another candidate.

Traduction

1 Kate has an interview with United Chocolate, which hires (/ recruits) each year quite a few graduates at Bachelor's level. **2** During the interview, did David Robinson have a lot of questions to ask Kate? **3** To work at the American headquarters, it's better to have an MBA. **4** Someone without a degree (/ who is not a graduate) will always earn less money and have less responsibility. **5** UC has so many different products that even Kate doesn't know them all. **6** If we are not satisfied after six months, we will allow you to leave. **7** David Robinson returned to university to study (/ read) human resources management. **8** Kate knows that she can always ask her parents to help to pay the tuition fees. **9** I'll try and send you an e-mail by this evening. **10** I'll see you out! I have to see the human resources director.

Application

1 born **2** address **3** nationality **4** education **5** BA **6** awarded **7** experience **8** waitress **9** merchants **10** resources **11** languages **12** mother **13** fluent **14** orchestra **15** sports **16** Mexico **17** references **18** department **19** director **20** street

TRANSLATION

Le premier emploi

À la suite de son entretien avec United Chocolate, Kate a enfin reçu une réponse affirmative. Elle est ravie, naturellement, et téléphone à ses parents pour leur annoncer la bonne nouvelle.

M™ Hewitt – Allô...

Kate – Bonjour, Maman ; c'est Kate.

M™ Hewitt – Bonjour, ma chérie, quelle bonne surprise ! Comment ça va ?

Kate – Très bien, Maman, très bien ! *(bref silence)* J'ai eu le poste !

M™ Hewitt – C'est fantastique, Kate..! Mais lequel ? Tu as répondu à tellement d'annonces !

Kate – United Chocolate, bien sûr, à Bristol ! Comme cadre junior.

M™ Hewitt – Félicitations, Kate ! Tu as déjà accepté ?

Kate – Pas encore. On m'a donné jusqu'à la fin du mois, en fait, mais je ne vais pas attendre aussi longtemps. Je vais écrire le courriel ce soir !

M™ Hewitt *(un peu surprise)* – Le courriel ?

Kate – Oui ! Si j'accepte l'offre, ils m'enverront la lettre officielle d'engagement avec un contrat.

M™ Hewitt – D'accord, j'ai compris... Mais tu ne veux pas attendre de voir si tu as d'autres offres d'abord ?

Kate – Sûrement pas. United Chocolate est celle que je voulais depuis le tout début.

M™ Hewitt – Eh bien ton petit frère sera aux anges ! Quand je lui ai dit que tu allais peut-être travailler pour United Chocolate, il a commencé à parler de tout le chocolat gratuit que tu pourrais lui avoir.

Kate – Sacré Ben ! Il est trop mignon ! Il est là ?

M™ Hewitt – Non, il est encore à l'école, et il s'entraîne avec l'équipe de cricket pour le match de samedi prochain.

Notes

(1) **cricket** : sport incompréhensible pour la plupart des Français, mais qui reste très populaire au Royaume-Uni et dans bon nombre de pays de l'ancien empire : Afrique du Sud, Antilles, Australie, Inde, Pakistan, Nouvelle-Zélande, etc. L'ancêtre du **baseball** américain.

DIALOGUE

CHAPTER 3

Getting the job

Following her interview with United Chocolate, Kate has at last received a positive answer. She's naturally delighted, and phones her parents to tell them the good news.

Mrs Hewitt — Hello...

Kate — Hi Mum, it's Kate.

Mrs Hewitt — Hello, love, what a nice surprise! How are you?

Kate — Fine, Mum, fine! *(slight pause)* I've been offered the job!

Mrs Hewitt — Fantastic, Kate! But which one? You've been applying for so many!

Kate — United Chocolate, of course, down in Bristol! As a junior manager.

Mrs Hewitt — Congratulations, Kate! Have you accepted yet?

Kate — Not yet. I have until the end of the month, in fact, but I'm not going to wait that long. I'm going to write the e-mail this evening!

Mrs Hewitt *(sounding a little surprised)* — E-mail..?

Kate — Yes! If I accept the offer, they'll send the official letter of appointment with a contract.

Mrs Hewitt — OK, I get it... But you don't want to wait and see whether you get other offers first?

Kate — Certainly not. United Chocolate is the one I've wanted from the very beginning.

Mrs Hewitt — Well your little brother will be very excited! When I told him you might work for United Chocolate, he started going on about all the free chocolate you'd be able to get him!

Kate — Bless him! Is he there?

Mrs Hewitt — No, he's still at school, practising with the cricket *(1)* team for next Saturday's match.

Translation

Kate – Et Papa ?

Mme Hewitt – Il est parti ce matin pour San Diego. Un de ses congrès médicaux !

Kate – San Diego ?! Pourquoi organisent-ils toujours ces congrès dans des endroits aussi exotiques ?

Mme Hewitt – Je me pose souvent la même question ! Mais je suppose que Blackpool ou Southend-on-Sea n'ont pas tout à fait le même cachet !

Kate – Oh là là, si seulement je pouvais aller à San Diego ou une ville comme ça.

Mme Hewitt – Mais tu vas y aller, Kate, maintenant que tu es cadre supérieur dans une importante multinationale.

Kate – J'ai dit "cadre junior", Maman, pas "cadre supérieur".

Mme Hewitt – Oui, mais ce n'est qu'une question de temps, non ? *(bref silence)* N'oublie pas d'appeler ton père !

Kate – Je n'ai pas les moyens de l'appeler avec mon portable. Ça me coûterait les yeux de la tête. Et de toute façon, il doit y avoir au moins huit heures de décalage avec la Californie.

Mme Hewitt – Envoie-lui un courriel alors. Il sera ravi d'apprendre la nouvelle.

Kate – OK, je le ferai. Il faut que je me dépêche maintenant. J'ai mille et une choses à faire. Je vous verrai bientôt, pour l'anniversaire de Ben.

Mme Hewitt – Parfait ! Et on boira une bouteille de Champagne pour fêter ton poste ! Au revoir !

Kate – Au revoir, Maman. Au revoir....

Notes

(2) **Blackpool** : célèbre station balnéaire et ville de congrès du nord-ouest de l'Angleterre qui a gardé une image très traditionnelle, voire un peu vieillotte.

(3) **Southend-on-Sea** : station balnéaire à l'est de Londres. Le Blackpool du sud-est, en quelque sorte.

(4) **(to) have a ring** : expression idiomatique qui décrit la façon dont certains mots sonnent, c'est-à-dire l'impression qu'ils véhiculent.

(5) **top executive**, *cadre supérieur* ou *dirigeant*. La mère de Kate est en train de taquiner sa fille. Elle sait qu'elle rêve sans doute secrètement de devenir **top executive**, même si le chemin à parcourir reste encore très long.

(6) **will do** : contraction idiomatique de **OK, I'll do that**.

DIALOGUE

CHAPTER 3

KATE — And Dad?

MRS HEWITT — He left this morning for San Diego… One of his medical conferences!

KATE — San Diego?! Why do they always organise these conferences in such exotic places?

MRS HEWITT — I often wonder myself! But I suppose that Blackpool *(2)* or Southend-on-Sea *(3)* don't have quite the same ring *(4)* to them!

KATE — God, I wish I could go to San Diego or somewhere like that.

MRS HEWITT — But you will do, Kate, now that you're a top executive in a major multinational…

KATE — I said "junior manager," Mum, not "top executive" *(5)*.

MRS HEWITT — Yes, but it's only a matter of time, isn't it…? *(slight pause)* Don't forget to ring your Dad.

KATE — I can't afford to phone him on my mobile. It would cost a fortune. And anyway, the time difference with California must be at least eight hours.

MRS HEWITT — Well send him an e-mail, then. He'll be delighted to hear the news.

KATE — Will do *(6)*. I must fly *(7)*, now. I've got loads *(8)* to do. I'll see you soon, on Ben's birthday.

MRS HEWITT — Great. And we'll have a bottle of Champagne to celebrate your appointment! Bye!

KATE — Bye, Mum. Bye…

---

(7) **I must fly** : expression idiomatique qui signifie *il faut que je me dépêche, il faut que je me sauve*, etc.

(8) **loads** : mot qui signifie littéralement *fardeaux, chargements*. Utilisé dans les expressions idiomatiques, il a le sens de *quantités, tas, plein*, etc. : **he earns loads of money**, *il gagne plein d'argent*.

Écrire une lettre en anglais : quelques règles de base (2)

Au chapitre 1 *(Écrire une lettre en anglais : quelques règles de base [1])*, nous avons parlé des formules de politesse couramment utilisées dans la correspondance en anglais (britannique et américain). Regardons maintenant quelques règles concernant notamment la mise en page (**layout**) d'une lettre, la façon d'écrire la date et les titres de civilité.

Si vous regardez les lettres qui figurent aux Chapitres 1 et 3, vous verrez qu'elles sont présentées toutes les deux de la même façon, c'est-à-dire alignées systématiquement à gauche. S'il est vrai que ce mode de disposition n'était pas celui utilisé traditionnellement au Royaume-Uni, on peut dire qu'aujourd'hui il s'est imposé partout. L'ordinateur peut sans doute expliquer cela : pas besoin de maîtriser l'utilisation des tabulations, surtout quand on s'attend de plus en plus souvent à ce que le cadre fasse sa propre correspondance !

Une deuxième raison serait certainement que la recherche de "standardisation" de la correspondance dite "commerciale" se fait par le biais d'une certaine américanisation. On peut noter, par exemple, que la date est presque toujours écrite maintenant "à l'américaine" : **April 15, 20..**, ou **May 21, 20..**, alors qu'avant, en anglais britannique, on trouvait couramment **April 15th** ou **21st May**. D'ailleurs, dans des documents plus "formatés", type formulaire, mémo, e-mail, etc., on écrit très souvent le mois en chiffres, par exemple 15/04/20... ou 21/05/20... N'oublions pas, cependant, que les Britanniques disent toujours **April the 15th** ou the **21st of May**.

En ce qui concerne les titres de civilité, Mr (prononcé "mister" mais toujours écrit "Mr") reste la seule possibilité, à moins d'avoir affaire à un Sir ou un Lord, ce qui est assez rare ! Pour les femmes, la tendance - même au Royaume-Uni - est d'utiliser systématiquement Ms, inventé par les Américains et prononcé "miz". Ainsi l'on évite les plus traditionnels Miss ou Mrs, qui dévoilaient inutilement la situation de famille de la femme.

— Document —

CHAPTER 3

Letter of Appointment

UNITED CHOCOLATE Plc
Werrett House
Thornbury Row
Filton, BRISTOL BS4 8PX
Tel: 01908 956384
www.united.chocolate.co.uk

Ms Kate Hewitt,
1 Welburn Ave.,
WARINGHAM WR16 5HJ

June 21, 2011,

Dear Ms Hewitt,

I am delighted that you have decided to accept the offer of a position as junior manager that David Robinson made you by e-mail. This is an official letter of appointment.

You will find enclosed two copies of the contract which specifies the conditions of your employment. Please read this document carefully, and if you are in agreement with its terms, sign both copies and return them to me. We will then send you your copy in due course. Should you have any questions concerning your contract, please feel free to contact David at: drobinson@united.chocolate.co.uk.

We would like you to report to our headquarters in Bristol on July 4 for a two-week induction period with the group of junior managers hired this year. We know you will find this experience both challenging and enjoyable, and it will give you the opportunity to learn a great deal about our company. Please confirm that you will be available to start on this date.

Let me take this opportunity of congratulating you. I look forward to meeting you and welcoming you to United Chocolate.
Yours sincerely,

Alexander Spencer-Jones
Director of Human Resources
Encl.: Employment contract

Exercices

Comprehension

1 Why does Kate phone her parents? **2** Was Mrs Hewitt expecting her daughter to call? **3** How long does Kate have to accept the post she has been offered? **4** Is she going to wait that long? **5** Why will Kate's little brother be excited about her working for United Chocolate? **6** What is he doing when she phones? **7** Why has Kate's father gone to San Diego? **8** Why is Kate unlikely to phone him to tell him the news? **9** How does Mrs Hewitt say they will celebrate Kate's new appointment?

Translation

1 Si Kate avait reçu une réponse négative, elle n'aurait pas téléphoné à ses parents. **2** Kate a postulé à tellement de postes que sa mère ne sait pas duquel elle parle. **3** Elle n'a pas encore accepté l'offre, mais elle va le faire bientôt. **4** Ben, le petit frère de Kate, espère qu'il aura plein de chocolat gratuit. **5** M. Hewitt est parti hier matin pour un match de cricket à San Diego. **6** Beaucoup de conférences politiques sont organisées à Blackpool. **7** Quand on est cadre junior, même dans une importante multinationale, on ne va pas souvent dans des endroits exotiques. **8** Kate préfère envoyer un courriel à son père car cela coûtera beaucoup moins cher. **9** Bon, il faut que je me dépêche. Je voudrais acheter une carte d'anniversaire pour Ben. **10** Je n'ai pas les moyens d'acheter une bouteille de Champagne. Ça coûte les yeux de la tête !

— EXERCISES —

CHAPTER 3

Application

Voici un nouveau type d'exercice qui va davantage faire appel à votre créativité. N'ayez pas peur, lancez-vous ! Cette petite gymnastique ne peut que vous être bénéfique. Soyez honnête avec vous-même, et essayez de ne regarder le modèle proposé que si vous êtes complètement perdu.

Regardez à nouveau la lettre que Kate a envoyée à John Chartres Plc. (Voir Chapitre 1, Exercice 3). Écrivez un courriel qui répond de façon négative à la demande de Kate. Dans votre réponse vous devrez, entre autres :

* Remercier Kate de son courrier.

* Rejeter sa candidature, en justifiant ce rejet (aucune expérience de marketing en entreprise).

* Conclure de façon courtoise.

Notebook

— SOLUTIONS PROPOSÉES —

Compréhension

1 Kate phones her parents to tell them she's been offered a job with United Chocolate. 2 No, she wasn't: she says it's a nice surprise. 3 She has until the end of the month to accept the post. 4 No, she isn't, because she says "I'm going to write the e-mail this evening." 5 Because he thinks she'll be able to get him a lot of free chocolate. 6 He's still at school, practising with the cricket team for next Saturday's match. 7 Kate's father has gone to San Diego to attend a medical conference. 8 She's unlikely to phone him because it would "cost a fortune" on her mobile and anyway, there's a big time difference with California. 9 She says they'll celebrate with a bottle of Champagne.

Traduction

1 If Kate had received a negative answer, she wouldn't have phoned her parents. 2 Kate has applied for so many jobs that her mother doesn't know which one she's talking about. 3 She hasn't accepted the offer yet, but she will do soon. 4 Ben, Kate's little brother, hopes he will have lots of free chocolate. 5 Mr Hewitt left yesterday morning for a cricket match in San Diego. 6 A lot of political conferences are organised in Blackpool. 7 When you're a junior manager, even in a major multinational, you don't often go to exotic places. 8 Kate prefers to (/ would rather) send an e-mail to her father because it will be a lot cheaper. 9 Look, (/ Well,) I must fly now. I want (/ I'd like) to buy a birthday card for Ben. 10 I can't afford to buy a bottle of Champagne. It costs a fortune!

— Suggested solutions —

Application

MAILBOX	
From:	Newland Ruth (ruth.newland@johnchartresplc.co.uk)
Sent:	Wednesday, May 12, 2011, 18:57
To:	khewitt@hotmail.com
Subject:	Your application: Junior Marketing Manager

Dear Ms Hewitt,

Thank you so much for applying for the post of Junior Marketing Manager within this company. I am sorry to have been so long giving you an answer, but as you can imagine, we received a large number of applications.

We gave much attention to your CV, but I regret to inform you that we have decided not to offer you the post. We found your profile very interesting, particularly your command of Spanish and experience of Spain, but feel that you lack exposure to marketing in a firm. Indeed, neither of your two valuable work placements was carried out in this area.

We wish you luck in the search for your first post, and feel convinced that you will find what you are looking for with another company.

Yours sincerely,

Ruth Newland
Assistant Director, Human Resources

TRANSLATION

Au travail

Nous sommes le 4 juillet, premier jour pour Kate chez United Chocolate. Elle est au siège social de l'entreprise avec les autres cadres juniors embauchés cette année par UC pour le séminaire d'intégration de quinze jours. Elle prend le café avec ses nouveaux collègues après avoir passé une matinée et pris le déjeuner avec Alexander Spencer-Jones, directeur des ressources humaines.

Molly – Tu t'appelles Kate, non ?

Kate – Oui, c'est ça. J'ai étudié le management à l'Université de Waringham, mais je suis de Cambridge.

Molly – Moi, c'est Molly. Je n'ai fait que les langues vivantes en Irlande !

Kate – Mmm, il m'avait bien semblé reconnaître cet accent ! Mais pourquoi tu dis "<u>que</u> les langues vivantes" ?

Molly – J'ai l'impression que tous les autres ont étudié la gestion des entreprises, le management, le marketing... À part Arvind, qui a fait de l'informatique.

Kate – Oui, mais tu as entendu M. Spencer-Jones, ce matin. Il a dit que nous devions oublier ce que nous avions étudié avant. Que nous avions été sélectionnés pour notre potentiel perçu, et que UC était capable de nous former. C'est peut-être que tu as plus de potentiel perçu que nous.

Molly – "Perçu", c'est le mot, Kate ! *(rires)* J'ai été surprise que M. Spencer-Jones nous ait accueillis personnellement, et qu'il ait passé autant de temps avec nous. Ça doit être un homme très occupé !

Harry *(qui a suivi la conversation)* – Pourquoi serais-tu surprise ? C'est son boulot, après tout ! C'est pour ça qu'on le paie, et très généreusement, j'imagine.

Molly – OK, mais il doit avoir tellement de choses à faire !

Kate *(lui coupant la parole)* – Il va être avec nous aussi cet après-midi, pour expliquer comment la société est organisée, au Royaume-Uni, aux États-Unis, partout dans le monde, en fait.

Notes

(1) **induction course**, *stage d'introduction* ou *d'intégration*. Très courant dans les organisations comme les grandes écoles et, bien sûr, les entreprises.

(2) **handsomely**, *bien*, *généreusement*. Mais le premier sens de **handsome** est *beau* (**good-looking**), plutôt pour un homme, d'ailleurs.

DIALOGUE

CHAPTER 4

Starting work

It is July 4th, Kate's first day with United Chocolate. She is at the company's headquarters in Bristol for the two-week induction course (1) with the other junior managers hired this year by UC. She's having a coffee with her new colleagues after a morning and lunch spent with Alexander Spencer-Jones, Director of Human Resources.

MOLLY — Your name's Kate, isn't it?

KATE — Yes, that's right. I studied management at Waringham University, but I'm from Cambridge.

MOLLY — I'm Molly. I only did modern languages in Ireland!

KATE — Mmm, I thought I recognised that accent! But why do you say "<u>only</u> modern languages"?

MOLLY — Everybody else seems to have studied business administration, management, marketing… Apart from Arvind, who did computer science.

KATE — Yes, but you heard Mr Spencer-Jones this morning. He said that we should forget what we'd studied before. That we'd been selected because of our perceived potential, and that UC was capable of training us. So perhaps you have more perceived potential than the rest of us!

MOLLY — "Perceived" is the word, Kate! *(laughter)* I was surprised that Mr Spencer-Jones welcomed us personally and spent so much time with us. He must be a very busy man!

HARRY *(who's been following the conversation)* — Why should you be surprised? That's his job after all! That's what he gets paid for, and very handsomely *(2)* too, I should imagine.

MOLLY — OK, but he must have so much to do!

KATE *(cutting in quickly)* — He's going to be with us this afternoon, as well, to talk about how the company is organised, in the UK, in the USA, throughout the world in fact.

)))

Molly – J'attends ça avec beaucoup d'intérêt. Je dois avouer que je ne comprends pas vraiment la différence entre toutes les sortes de sociétés qui existent. Tu vois ce que je veux dire: Plc, Ltd, Inc., les holdings, les filiales… Le groupe UC est une sacrée organisation !

Harry – Tu veux dire que tu n'as pas regardé tout ça sur Internet avant de venir ici pour l'entretien ?

Molly – Nous avons tous fait ça, mais je suis persuadée que la plupart d'entre nous ont oublié.

Harry – Eh bien en fait, …

Kate – Moi, j'attends avec impatience la séance avec le directeur du marketing : nous devrions découvrir tous les produits et toutes les marques… Et puis le directeur de production, avec la visite d'une usine !

Molly – Peut-être que nous aurons même l'occasion de goûter du chocolat !

Harry – Personnellement, tout ce qui m'intéresse cette semaine, c'est la séance avec le directeur financier. Ça devrait être intéressant, ça. En tout cas, je vais essayer de trouver un endroit pour fumer une cigarette. Ils n'ont même pas de zone fumeurs dans leur cafétéria !

(bref silence)

Molly – Je me demande ce qu'ils ont prévu pour le week-end. David Robinson a parlé de sports extrêmes… J'espère qu'on ne va pas nous faire sauter à l'élastique du pont suspendu de Clifton !

Kate – Oh, c'est pour créer des liens, former une équipe, sans doute.

Molly – Eh bien je suis sûre que personne ne va en créer beaucoup avec Harry !

(rires)

Notes

(3) Plc : **public limited company** ; l'équivalent britannique d'une SA (Société Anonyme). Il s'agit d'une société dont les actions peuvent être achetées et vendues par le public.

(4) Ltd : **Limited** ; abréviation utilisée au Royaume-Uni pour désigner une **Private Limited Company**, l'équivalent approximatif de la SARL (Société à Responsabilité Limitée). Voir le Document de ce chapitre.

(5) Inc. : abréviation de **incorporated**, plutôt utilisée aux États-Unis). **(To) incorporate**, *se constituer en société*.

(6) **holding company**, *holding, société de portefeuille*. Société qui normalement ne produit pas de biens ou de services, mais qui est créée pour détenir des participations dans d'autres sociétés.

(7) **subsidiary**, *filiale*. Société dont le capital est détenu à hauteur d'au moins 51 % par une autre société, appelée *la société mère*, **parent company**.

(8) **plant** : synonyme de **factory**. S'utilise également pour l'équipement ou le matériel industriel. **Plant hire**, *location d'engins, machines*, etc.

— Dialogue —

CHAPTER 4

Molly — I'm looking forward to that! I must admit I don't really understand the difference between all the types of company that exist! You know what I mean: Plc *(3)*, Ltd *(4)*, Inc. *(5)*, holding companies *(6)*, subsidiaries *(7)*... The UC group is some organisation!

Harry — You mean you didn't study all of that on the Internet before you came here for the interview?

Molly — We all did that, but I'm sure most of us have forgotten!

Harry — Well actually, …

Kate — I'm looking forward to the session with the Marketing Director: we should find out about all the products and brands… And then the Production Director, with the visit to a production plant *(8)*!

Molly — Perhaps we'll even get to taste some chocolate!

Harry — The only thing that interests me this week is the session with the Chief Financial Officer. Now that should be interesting. Anyway, I'm going to try and find somewhere to have a cigarette. They don't even have a smoking zone in their cafeteria!

(slight pause)

Molly — I wonder what they've got planned for the weekend. David Robinson said something about extreme sports *(9)*… I hope we're not going bungee-jumping off the Clifton Suspension Bridge *(10)*!

Kate — Oh, it's all about bonding *(11)* and team-building *(12)*, no doubt.

Molly — Well, I'm sure nobody's going to do too much of that with Harry!

(laughter)

---

(9) **extreme sports** : les entreprises utilisent parfois ce type d'activité pendant des séminaires d'intégration afin de fédérer leurs cadres autour d'un projet. Il est même arrivé qu'on tombe dans l'excès en faisant marcher ceux-ci sur des *charbons ardents*, **embers**.

(10) **Clifton Suspension Bridge** : célèbre pont suspendu qui traverse la rivière **Avon** dans le sud-ouest de l'Angleterre à une hauteur d'environ 75 mètres. Il relie **Clifton**, un quartier de **Bristol**, et **Leigh Woods**.

(11) **bonding** : création de relations d'amitié, ici avec ses collègues.

(12) **team-building** : exercice primordial pour garantir le bon fonctionnement d'une organisation.

Le "tutoiement" en anglais

Dans l'anglais moderne, on ne rencontre plus le mot **thou** (l'équivalent du français "tu") et ses déclinaisons **thee**, **thy**, **thine**. Il n'y a que dans quelques dialectes régionaux ou dans un contexte religieux qu'il est encore utilisé. Citons, par exemple le merveilleux film des Frères Coen, "**O brother, where art thou?**". Le tutoiement ayant disparu, le vouvoiement est de rigueur ; par la force des choses pourrait-on dire. Mais il est évident que cette forme unique, **you**, *vous*, est neutre, c'est-à-dire sans connotation de respect, ou de "distance".

Comment les Anglais – qui ne sont pas toujours aussi froids et distants que les Français voudraient bien le croire – ou les Américains – réputés pour leur décontraction – peuvent-ils donc faire cette distinction subtile entre les personnes qu'on tutoie et celles qu'on vouvoie ? En utilisant le prénom, bien sûr, et non le patronyme, précédé ou non de **Mr**, **Miss**, **Mrs** ou **Ms**. Et dans le travail, c'est plutôt le prénom qui est de mise entre collègues.

Il ne faut pas s'étonner, donc, que David Robinson (Chapitre 2) et Peter Sanders (Chapitre 5) disent tout de suite **Kate** au lieu de **Miss** (ou **Ms**) Hewitt. Kate, par contre, attendra que ses supérieurs lui disent : "**Call me David**" ou "**Call me Peter**". Mais cela ne tardera sans doute pas.

Types of business structure (UK)

In the UK, there are three basic types of business structure: the **sole trader**, the **partnership** and the **limited company**. Let's try and understand the very big differences which exist between them.

* **The sole trader** (US: **sole proprietorship**) – This is the simplest form of business organisation and it can be set up without any legal formalities. The trader must obviously comply with national laws (Acts of Parliament) and local laws (by[e]-laws). This simple structure is often used by shopkeepers or craftsmen. They are entitled to all the profits, but will pay income tax on these. They also have unlimited liability for any debts the business incurs.

* **The partnership** – This form of business organisation, governed by the Partnership Acts 1890 and 1907, is most commonly used by professional people, e.g. accountants, solicitors, doctors, etc. With a few exceptions, twenty is the maximum number of partners.
Normally, all partners have unlimited liability, both jointly and severally, (general partnership), but provided there is at least one unlimited partner, it is possible to have limited (or sleeping) partners (limited partnership). Profits are shared equally or in any other way which is specified in the *Deed of Partnership*.
Since 2001, in the wake of several major crises in the accounting profession, it has been possible to form what is known as a *limited liability partnership*.

* **The limited company** – The Companies Acts 1985, amended in 1989, consolidated current company law. There are about a million limited companies, which may be either **public** or **private**:

– **Public Limited Company (Plc)**: The word **public** here means that the shares of a Plc can be bought and sold by members of the general public. Even if numerically, Plcs represent a tiny minority of UK companies, they are obviously, because of their size, the country's most important companies. Moreover, only about one third of them are quoted on the London Stock Exchange, some of the rest being traded on other smaller markets.
At least two shareholders are necessary to form a Plc, but there is no upward limit. The minimum share capital is currently £50,000. Profits are distributed in the form of dividends, and liability is limited to the shareholding a person has in the company.

– **Private Limited Company (Ltd)**: This type of company is governed by the same rules and regulations as the Plc. Its shares, however, cannot be bought and sold by the general public and it will not be quoted, therefore, on the Stock Exchange. As little as £2 in shares is required to form a private limited company. The maximum number of shareholders is fifty, and since 1992, when the Twelfth EC Company Law Directive came into effect, it has been possible for an individual person to form what is known as a **Single Member Private Company**.

EXERCICES

Comprehension

1 At what time, approximately, does this dialogue take place? **2** Who is Molly? **3** Did Molly study management at Waringham University with Kate? **4** Why does Kate suggest that Molly may have more perceived potential than the others in the group? **5** Why does Molly tell Kate that she's surprised? **6** Does Harry agree with Molly about Mr Spencer-Jones? **7** Who is going to speak to the junior managers this afternoon? **8** Didn't Molly prepare her interview with UC on the Internet? **9** What is Kate looking forward to most of all?

Translation

1 J'aime bien prendre le café avec mes collègues après le déjeuner. **2** Il s'appelle Harry, non ? **3** Même si tu as étudié l'histoire ancienne, United Chocolate doit être capable de te former. **4** À part Harry, tout le monde a oublié que nous sommes le 4 juillet. **5** Je suis une femme très occupée : il est normal qu'on me paie généreusement ! **6** Je vais vous expliquer comment nous sommes organisés en Europe. C'est mon boulot, après tout ! **7** Je dois avouer que notre groupe est une sacrée organisation avec toutes ses holdings et ses filiales. **8** J'avais étudié tous leurs produits sur Internet, mais depuis, j'ai tout oublié. **9** J'espère qu'ils ont prévu des chambres non-fumeurs à l'hôtel ce week-end. **10** Je me demande si Harry va vraiment sauter en élastique du pont qui se trouve à côté du siège social.

Application

Lisez les affirmations suivantes. Dites si elles sont vraies ou fausses. Lorsqu'elles sont fausses, corrigez-les.

1 The status of sole trader is often used by craftsmen.
2 The principal advantage of being a sole trader is that you do not have to pay income tax.
3 To form a general partnership, you need a minimum of twenty partners.
4 In a general partnership, all partners have unlimited liability.
5 The Companies Act 1890, amended in 1907 consolidated current company law.
6 There are about a billion limited companies in the UK.
7 Only a public limited company may be quoted on the Stock Exchange.
8 A public limited company must have at least two shareholders.
9 The notion of public and private limited companies should not be equated with that of the public and private sectors.
10 A minimum of two shareholders is necessary to form a private limited company.

Notebook

— Solutions proposées —

Compréhension

1 This dialogue takes place after lunch, so probably between 1 pm and 2 pm. **2** Molly is one of the junior managers hired by United Chocolate this year. She is therefore one of Kate's new colleagues. **3** No, she didn't. She studied modern languages in Ireland. **4** Molly seems to have a complex about being the only junior manager who didn't do business-related studies, and so to help reassure her, Kate reminds her that Mr Spencer-Jones said that they were all hired because of their perceived potential. **5** She's surprised that Mr Spencer-Jones welcomed them personally and spent so much time with them. **6** No, he doesn't. He says that it's his job, that it's what he's paid for. **7** Mr Spencer-Jones is going to speak to them again, about how the company is organised. **8** We can assume that she did, but she has forgotten. **9** She's looking forward to the sessions with the Marketing Director and the Production Director.

Traduction

1 I like to drink coffee with my colleagues after lunch. **2** His name's Harry, isn't it? **3** Even if you studied ancient history, United Chocolate must be capable of training you. **4** Apart from Harry, everybody forgot (/ has forgotten) it's 4th July. **5** I'm a very busy woman: it's only normal that I should be paid very handsomely. **6** I'm going to explain how we're organised in Europe. That's my job, after all. **7** I must admit that our group is some organisation, with all its holding companies and subsidiaries. **8** I'd studied all their products on the Internet, but since then, I've forgotten everything. **9** I hope they've got non-smoking rooms planned at the hotel this weekend. **10** I wonder whether Harry is really going to go bungee-jumping off the bridge which is near the company's headquarters.

— Suggested solutions —

CHAPTER 4

Application

1 Vrai.
2 Faux : A sole trader must pay income tax on his/her profits.
3 Faux : With a few exceptions, twenty is the maximum numbers of partners for a partnership.
4 Vrai.
5 Faux : Current company law was consolidated by the Companies Act 1985 amended in 1989.
6 Faux : There are about one million.
7 Vrai.
8 Vrai.
9 Vrai.
10 Faux : Since 1992 it has been possible to form a single member private company.

Notebook

— TRANSLATION —

Pour mieux connaître la société (I)

Peter Sanders, Directeur du Marketing de United Chocolate Plc, s'adresse au groupe de cadres juniors pendant leur séminaire d'intégration au siège de la société.

PETER SANDERS – Je sais qu'Alexander Spencer-Jones vous a parlé hier après-midi de l'organisation de United Chocolate, et je ne veux pas revenir sur ce qui a déjà été dit. Je suppose qu'il vous a donné un exemplaire de l'organigramme du groupe UC...

HARRY – Il a dit que nous pouvions le trouver sur l'intranet de la société.

PETER SANDERS – Bien ! Donc n'oubliez pas de le consulter, d'être absolument sûrs de le comprendre.

(Il affiche la diapositive correspondante de sa présentation.)

Eh bien, voilà une manière de visualiser une multinationale comme la nôtre : United Chocolate Inc., notre société mère aux États-Unis, United Chocolate UK et ses filiales, au Royaume-Uni et ailleurs en Europe. Nos opérations en Afrique, Asie, Amérique latine... *(bref silence)* Et de quelle autre manière pourrait-on visualiser notre groupe ?

HARRY – Par ses produits, bien sûr.

PETER SANDERS – Oui et non... Je vous laisse une deuxième chance.

(moment de silence)

KATE – Moi, je dirais par ses marques.

PETER SANDERS – Bravo..., *(regardant son nom)* Kate ! Dans notre activité, le chocolat, la confiserie, appelez-la comme vous voulez, les marques sont le nerf de la guerre. Lorsqu'un consommateur achète un de nos produits, il, ou, très souvent, elle n'achète pas une barre chocolatée fabriquée par United Chocolate. Ce qui compte pour le consommateur, c'est la marque !

Notes

(1) **intranet** : sorte de site web interne. Le réseau informatique d'une entreprise ou d'une organisation qui utilise les mêmes techniques de communication qu'Internet.

(2) **slide**, *diapositive*. Comment faire une présentation maintenant sans le célèbre logiciel PowerPoint de Microsoft ?

(3) **parent company** : société qui détient à hauteur d'au moins 51 % le capital d'une autre société appelée, elle, **subsidiary**. (Voir Chapitre 4.)

(4) **confectionery** : mot générique pour désigner (la fabrication de) tout ce qui est *bonbons* (**sweets**), chocolat, etc., ainsi que ce secteur d'activité.

(5) **(the) name of the game** : expression idiomatique qui signifie approximativement *le nerf de la guerre*. *That's the name of the game*, *C'est ce qui compte*.

DIALOGUE

CHAPTER 5

Getting to know the company (I)

Peter Sanders, the Marketing Director of United Chocolate Plc, is speaking to the group of junior managers during their induction course at the company's headquarters.

PETER SANDERS — I know that Alexander Spencer-Jones spoke to you yesterday afternoon about the organisation of United Chocolate, and I don't want to go back over what has already been said. I assume he gave you a copy of the organisation chart of the UC group…

HARRY — He said we could find it on the company's intranet *(1)*.

PETER SANDERS — Good! So don't forget to consult it, make absolutely sure you understand it.

(He displays the appropriate slide (2) in his presentation.)

Now that's one way of looking at a multinational like ours: United Chocolate Inc., the American parent company *(3)*, United Chocolate UK and its subsidiaries, here and elsewhere in Europe. Our operations in Africa, Asia, Latin America… *(slight pause)* Now what would be another way of looking at our group?

HARRY — By its products, of course.

PETER SANDERS — Yes and no… Try again!

(a moment's silence)

KATE — I'd say brands.

PETER SANDERS — Well done, *(looking at her name)* Kate! In our activity, chocolate, confectionery *(4)*, call it what you will, the name of the game *(5)* is brands. When a consumer buys one of our products, he or, very often, she is not buying a chocolate bar made by United Chocolate. What interests the consumer is the brand!

)))

Translation

Arvind – Combien de marques possède exactement United Chocolate ?

Peter Sanders – Pas mal, croyez-moi. Nous en avons presque cinquante rien qu'en Europe et plus d'une centaine à travers le monde ! Et c'est sans compter toutes les marques de distributeur que nous fabriquons.

Arvind – Il y en a vraiment tant que ça ? Nous pouvons tous en citer une dizaine, je veux dire, peut-être plus, mais cent ?

Peter Sanders – Mais n'oubliez pas que les noms de marque changent souvent d'un marché à un autre. Ce qui sonne bien en anglais, sur nos deux principaux marchés, les États-Unis et le Royaume-Uni, ne marchera peut-être pas du tout en français ou en espagnol, par exemple. Oui, Kate ?

Kate – Il me semble que UC a pris le contrôle de plusieurs entreprises de chocolat plus petites en Angleterre au cours de ces dix dernières années. Est-ce que cela veut dire que ces filiales ont été achetées parce qu'elles avaient des marques qui intéressaient UC ?

Peter Sanders – Parfaitement, et plus généralement, notre groupe est toujours en quête d'opportunités partout dans le monde. Nos concurrents aussi, bien sûr !

Harry – Est-ce qu'il arrive parfois que vous achetiez une petite entreprise...

Peter Sanders – <u>Nous</u>, Harry, nous... N'oubliez pas que vous travaillez pour UC maintenant !

Harry – Est-ce qu'il arrive parfois que <u>nous</u> achetions une petite entreprise uniquement en fonction d'une marque, que nous la gardions pendant un an ou deux et qu'après nous la fermions ?

Peter Sanders – Je suis désolé, mais je ne peux pas répondre à cette question-là. Il va falloir que vous la posiez à Lord Werrett, notre Président ! Bon, on va continuer.

Notes

(6) **distributor brand** : toutes les grandes enseignes font fabriquer les produits les plus recherchés sous leur propre marque : Tesco, St Michael (de Marks & Spencer)... Ainsi, on trouvera souvent sur les rayons d'un supermarché les produits d'une entreprise comme United Chocolate à côté de la marque du distributeur, fabriquée par elle, mais vendue moins chère.

(7) **(to) take over** : se dit lorsqu'une société prend le contrôle d'une autre société en achetant au moins 50 % de son capital.

DIALOGUE

CHAPTER 5

ARVIND — Just how many brands does UC own?

PETER SANDERS — Quite a lot, believe me. In Europe alone, we have nearly fifty; more than a hundred throughout the world! And that doesn't include all the distributor brands *(6)* we manufacture.

ARVIND — Are there really as many as that? I mean, we can all name about ten or maybe more, but a hundred!

PETER SANDERS — But don't forget that brand names often change from one market to another. What sounds fine in English, on our two major markets, the US and the UK, may not work at all in French or Spanish, for example. Yes, Kate?

KATE — I believe that UC has taken over *(7)* several smaller chocolate firms in England over the last decade or so. Does that mean that those subsidiaries were bought because they had brands which interested UC?

PETER SANDERS — Absolutely, and more generally, our group is always on the lookout for opportunities throughout the world. Our competitors too, of course!

HARRY — Does it happen sometimes that you buy a small company...

PETER SANDERS — <u>We</u>, Harry, we... Don't forget you work for UC now!

HARRY — Does it happen that <u>we</u> buy a small company just because of a brand, keep it for a year or two and then close it down?

PETER SANDERS — I'm afraid I can't answer that one. You're going to have to ask Lord Werrett, our Chairman! Anyway, let's move on...

GETTING TO KNOW THE COMPANY

— Pour en savoir plus —

Les fuseaux horaires *(time zones)*

On entend dire souvent que le soleil ne se couche jamais sur l'activité économique dans le monde. Les 24 fuseaux horaires sont donc une réalité dont on est obligé de tenir compte dans la vie des affaires. Quand il est midi GMT (**Greenwich Mean Time**, heure moyenne de Greenwich) à Londres, il est seulement 7h du matin à New York, mais déjà 21h à Tokyo. Il convient également de tenir compte des variations saisonnières, heure d'été, d'hiver (**summer/winter time**) qui interviennent souvent à des dates différentes selon les pays.

En regardant l'**Organisation chart of the UC group of companies** (Voir Document), on est tenté de dire que le soleil ne se couche jamais non plus sur les activités de UC. Lorsque les salariés de Bristol commencent leur travail à 9h du matin, leurs collègues de Dijon travaillent déjà depuis deux heures (ils commencent à 8h du matin). Par contre, il n'est que 4h du matin à Philadelphie, tandis qu'à San Diego, les salariés couche-tard sont encore devant leur ordinateur ou leur télévision.

Si la gestion de ces décalages horaires, d'une unité de production à une autre, et la coordination de toutes ces activités aux quatre coins du monde pouvaient poser des problèmes aux multinationales il n'y a pas si longtemps, tel n'est pas le cas aujourd'hui. Les entreprises disposent maintenant d'outils de communication, notamment à travers Internet, qui font de notre planète un "global village".

(voir la carte des fuseaux horaires p. 56-57)

DOCUMENT

CHAPTER 5

Organisation chart of the UC group of companies

(This extract shows only the main companies and operations.)

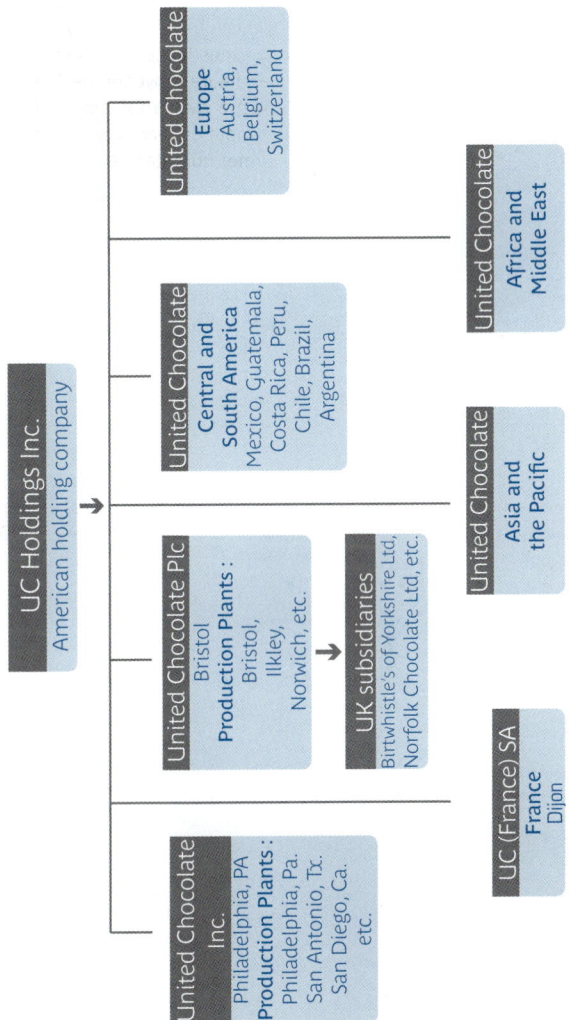

GETTING TO KNOW THE COMPANY

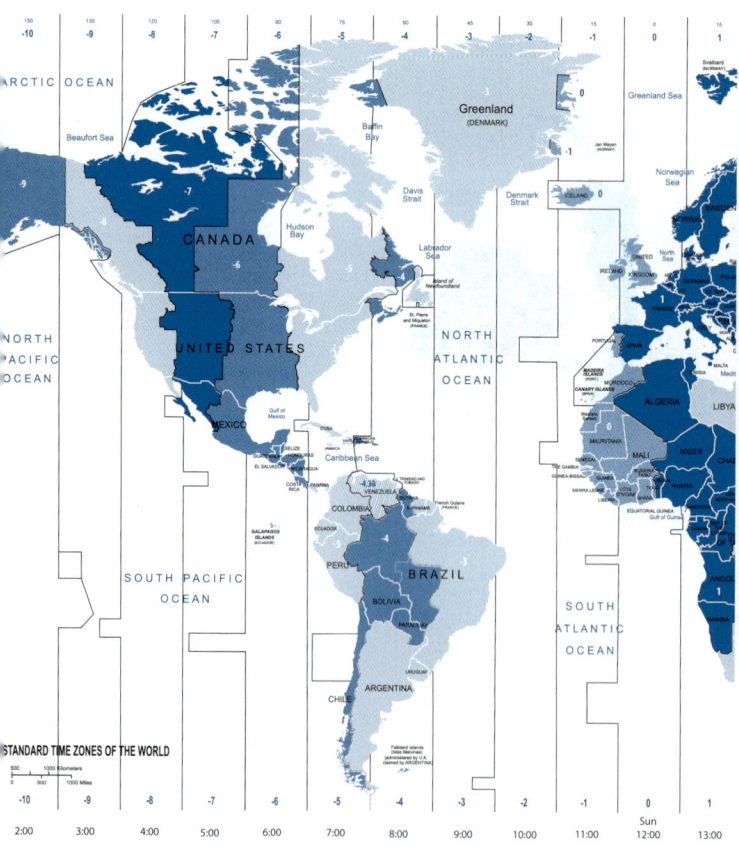

Document

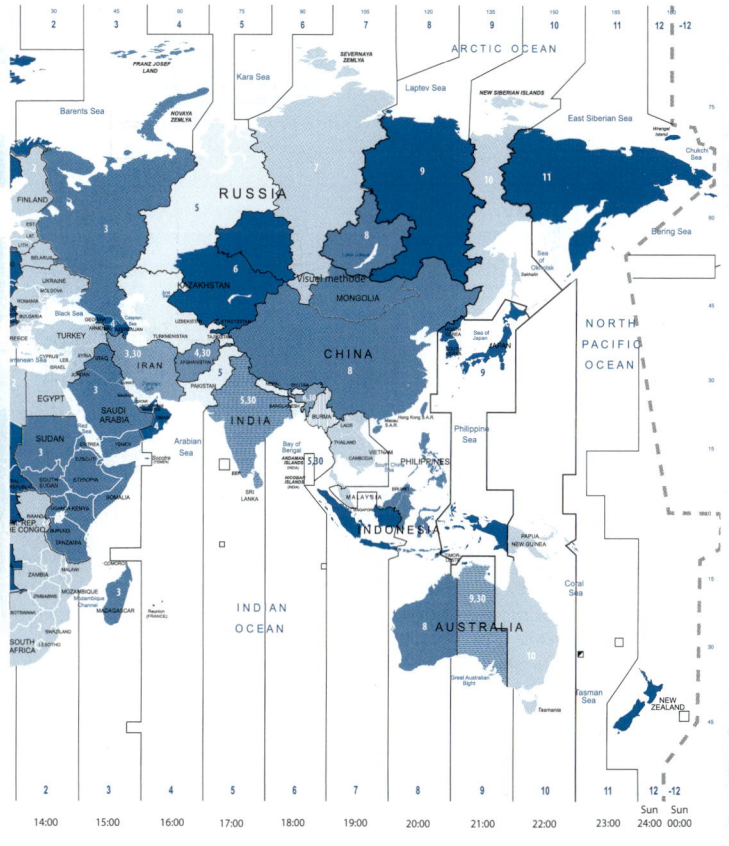

GETTING TO KNOW THE COMPANY 57

EXERCICES

Comprehension

1 Why is Peter Sanders reluctant to talk about the organisation of United Chocolate? **2** What advice does Peter Sanders give the junior managers concerning the organisation chart? **3** Is United Chocolate a totally British company? **4** Why is this organisation chart not necessarily the best way of looking at a multinational like United Chocolate? **5** How does Peter Sanders explain the apparently large number of brands owned by UC? **6** How may several takeovers carried out by United Chocolate over the last decade be explained? **7** Why does Peter Sanders insist on Harry using the pronoun "we" rather than "you" when he refers to UC? **8** What does Harry imply in his remark about the recent takeovers? **9** Who, according to Peter Sanders, might be able to answer Harry's question?

Translation

1 Je ne veux pas vous donner un exemplaire de l'organigramme : vous pourrez le trouver sur Internet. **2** La diapositive qu'il a affichée ne correspond pas à notre organisation actuelle. **3** La société mère est américaine, mais elle a plusieurs filiales en Europe. **4** Dans l'activité de notre groupe, les nouveaux produits sont le nerf de la guerre. **5** Ce qui compte pour le consommateur, c'est le nombre de marques qu'une société possède. **6** Le nom d'un produit va souvent changer d'un pays à l'autre à travers le monde. **7** Nous avons décidé d'acheter cette société pour devenir propriétaires de ses marques. **8** Nos concurrents sont toujours à la recherche d'opportunités non seulement au Royaume-Uni mais partout en Europe. **9** N'oubliez pas qu'une petite entreprise comme la vôtre m'intéresse beaucoup. **10** Il faudra que vous posiez à nouveau cette question à Peter Sanders dans deux ou trois ans.

Application

Voici un exercice de compréhension un peu différent, car il porte sur les documents en français des Chapitres 4 et 5. Vous devez donc répondre en anglais à des questions en anglais posées sur un texte en français. Bonne chance !

1 Where might it still be possible to hear the word "thou" in English today? **2** Do English speakers always use the you (vous) form because they are cold and distant in their relationships? **3** How do English speakers create the distinction which French speakers create by using *tu* instead of *vous*? **4** How do the English and the Americans generally address their colleagues? **5** Does Kate call David Robinson and Peter Sanders by their first name? **6** Explain in your own words what is meant by the expression "the sun never sets on economic activity." **7** What is the time difference between London and New York? **8** At what time do UC France's employees start work in the morning in Dijon? **9** Are Philadelphia and San Diego in the same time zone? **10** Why is it easier today for companies to cope with the problems caused by these different time zones?

Notebook

— Solutions proposées —

Compréhension

1 Peter Sanders is reluctant to talk about the organisation of United Chocolate because Alexander Spencer-Jones spoke about it yesterday. 2 He tells them that they should consult it and make absolutely sure they understand it. 3 No, it isn't. The parent company is American and there are subsidiaries in the UK and elsewhere in Europe. There are also operations in Africa, Asia and Latin America. 4 It's not necessarily the best way of looking at United Chocolate, because it's a geographical approach, and in UC's activity, the name of the game is brands. 5 Peter Sanders explains that the name of a product can change from one market to another, because of the language. 6 Several companies were taken over because United Chocolate was interested in their brands. 7 Because as a junior manager, Harry is now an employee of United Chocolate. 8 Harry implies that once United Chocolate has obtained the brands it wants, it is not worried about keeping the company. 9 Peter Sanders suggests that Harry should ask Lord Werrett, UC's Chairman.

Traduction

1 I don't want to give you a copy of the organisation chart: you can find it on the Internet. 2 The slide he's displayed does not correspond to our current organisation chart. 3 The parent company is American, but it has several subsidiaries in Europe. 4 In our group's activity, new products are the name of the game. 5 What interests the consumer is the number of brands a company owns. 6 The name of a product will often change from one market to another throughout the world. 7 We decided to buy this company in order to become the owners of its brands. 8 Our competitors are always on the lookout for opportunities, not only in the UK, but everywhere in Europe. 9 Don't forget that a small firm like yours interests me a lot. 10 You're going to have to ask Peter Sanders that question again in two or three years.

— Suggested solutions —

CHAPTER 5

Application

1 It might still be possible to hear this word in a few regional dialects or in a religious context. 2 No, they use it because the thou (tu) form has disappeared from modern English. 3 They create this distinction by using people's first name. 4 They usually address them by using their first name. 5 No, not yet. But it probably won't be long before they invite her to do so. 6 It means that economic activity goes on all day on a 24-hour basis. So it's always going on somewhere where it's day time. 7 The time difference between these two cities is 5 hours. 8 UC France's employees in Dijon start work at 8 o'clock in the morning. 9 We can assume they are not, because when it's 4 am in Philadelphia, some people may still be in front of their computer or television in San Diego. (The map shows us that there are several time zones in the United States.) 10 Because today, thanks to the Internet, they have modern communication tools at their disposal.

GETTING TO KNOW THE COMPANY.

— TRANSLATION —

Détails sur la période de formation

Le stage d'intégration de deux semaines touche à sa fin. David Robinson, responsable du recrutement de diplômés de l'enseignement supérieur pour United Chocolate, rencontre les cadres juniors individuellement, l'un après l'autre, pour discuter de ce qui a été prévu pour la période de formation de six mois qui les attend. C'est au tour de Kate.

David Robinson – Alors, Kate, est-ce que le stage vous a plu ?

Kate – Fantastique, vraiment fantastique ! Tout le monde a été tellement sympathique, toujours prêt à nous aider !

David Robinson – Et vos collègues, les autres cadres juniors ?

Kate – Eh bien, en fait, j'ai construit des relations très fortes avec la plupart d'entre eux... J'irais jusqu'à parler d'amitié dans le cas d'une ou deux personnes.

David Robinson – C'est bien. C'est une des raisons pour lesquelles nous organisons ces stages d'introduction. OK, Kate, vous savez pourquoi je voulais vous rencontrer tous individuellement aujourd'hui ?

Kate – Pour parler de notre période de formation, je présume...

David Robinson – Absolument. *(bref silence)* Vous êtes donc de Cambridge, n'est-ce pas ?

Kate – Je n'ai pas étudié à l'Université de Cambridge. C'est là que j'ai grandi et que je suis allée à l'école.

David Robinson – Oui, je sais, Kate. Je n'ai rien contre Waringham, vous savez, bien au contraire ! Ils forment régulièrement d'excellents diplômés en commerce et management. Comme ils disent sur leur site web, votre BA (Hons) en management est leur diplôme phare. *(légère pause)* J'ai suggéré à Alexander Spencer-Jones que nous vous envoyions dans une de nos filiales, qui se trouve non loin de Cambridge, et il était d'accord.

Kate *(avec un sourire)* – Norfolk Chocolate, à Norwich ?!

David Robinson – Donc vous connaissez déjà cette entreprise ?

Notes

(1) **Cambridge University**, comme sa rivale Oxford, est une des plus anciennes et prestigieuses universités du Royaume-Uni, voire du monde. Kate fait preuve d'honnêteté et de modestie en précisant qu'elle n'a pas effectué ses études dans cette institution.

(2) **I have no problem (with)** : expression idiomatique qu'on entend de plus en plus en français. Elle signifie : je n'ai rien contre, je n'ai pas d'objection à...

(3) **flagship** (litt. "navire amiral"). Dans un sens figuré, on peut traduire par *phare* : **their flagship undergraduate degree**, *leur programme "undergraduate" phare*.

Details about the training period

The two-week induction course is coming to an end. David Robinson, in charge of graduate recruitment for United Chocolate, has been meeting the junior managers individually, one by one, to discuss the plans which have been made for the six-month training period which awaits them. It is Kate's turn.

David Robinson — So, Kate, how have you enjoyed the course?

Kate — Fantastic, really fantastic! Everyone has been so friendly, always ready to help us!

David Robinson — And what about your colleagues, the other junior managers?

Kate — Well actually, I've built up very strong relationships with most of them... I'd go as far as to talk about friendship in one or two cases.

David Robinson — Well good. That's one of the reasons why we run these induction courses. Now, Kate, you know why I wanted to meet you all individually today?

Kate — To talk about our training period, I assume...

David Robinson — Absolutely. *(slight pause)* Now you're from Cambridge, aren't you?

Kate — I didn't go to Cambridge University *(1)*. It's where I grew up and went to school.

David Robinson — Yes, I know that, Kate. I have no problem *(2)* with Waringham, you know, on the contrary! They regularly produce excellent graduates in business and management. As they say on their website, your BA (Hons) in management studies is their flagship *(3)* undergraduate degree. *(slight pause)* I suggested to Alexander Spencer-Jones that we should send you to one of our subsidiaries, which is not too far from Cambridge, and he agreed.

Kate *(smiling)* — Norfolk Chocolate, in Norwich?!

David Robinson — So you know the firm already?

── Translation ──

Kate – Mon petit frère est fana des Norfolk Nuggets ! J'en suis moi-même assez friande, également !

David Robinson – Et vous savez que nous ne fabriquons plus les Nuggets à Norwich?

Kate *(surprise)* – Non. Ils sont fabriqués où, alors ?

David Robinson – En France, en fait. À Dijon. C'est pour la gestion de la chaîne logistique, je suppose. Je ne me rappelle même plus exactement ce que nous fabriquons à Norwich en ce moment, mais vous le saurez bientôt !

Kate – Et quand est-ce que je commence ?

David Robinson – Mercredi prochain. Nous allons vous accorder deux jours de congé pour compenser le week-end très fatigant que nous vous avons fait subir !

Kate – Fatigant, peut-être, mais nous nous sommes bien amusés !

David Robinson *(souriant)* – Il paraît ! Nous vous avons réservé une chambre d'hôtel à Norwich pour que vous puissiez démarrer, mais le responsable du personnel de Norfolk Chocolate a promis de vous procurer très rapidement un appartement ou une chambre.

Kate – Dois-je prendre contact avec lui avant d'arriver ?

David Robinson – Mieux vaut lui téléphoner dès que possible. Vous trouverez son numéro de téléphone là-dedans *(il lui passe un dossier)*, et les coordonnées de l'hôtel aussi.

Kate – Merci. J'attends ça avec impatience. *(silence)* Vous avez parlé du responsable du personnel. Ça veut dire que je travaillerai dans les ressources humaines ?

David Robinson – Non, pas exclusivement. Je vous ai déjà dit que vous goûterez à toutes les différentes fonctions du management.

Kate *(l'air soulagé)* – Très bien.

David Robinson – À propos, Kate, Peter Sanders m'a dit qu'il pensait que vous étiez particulièrement douée pour travailler dans le marketing...

Notes

(4) **crazy**, *fou, dingue, fana*. **(To be) crazy (about, on, over)**, *être dingue de quelque chose.*

(5) **Nuggets** (litt. "pépites"). Cette spécialité de United Chocolate doit sans doute son nom à sa forme et/ou son aspect, comme les **nuggets** de poulet dans certains restaurants rapides. Il s'agit sans doute d'une de ces marques acquises par United Chocolate lors du rachat d'une entreprise (Voir Chapitre 5).

(6) **keen (on)** : expression qui signifie *bien aimer quelque chose*. **I'm quite keen on them**, *J'en suis assez friande.*

(7) **supply-chain management (SCM)**, *gestion de la chaîne logistique (GCL)*. Il s'agit des "outils et méthodes visant à améliorer et automatiser l'approvisionnement en réduisant les stocks et les délais de livraison".

Dialogue

KATE — My little brother is crazy *(4)* about Norfolk Nuggets *(5)*! I'm quite keen *(6)* on them myself, too!

DAVID ROBINSON — And you know we don't make the Nuggets in Norwich any more?

KATE — No. Where are they made, then?

DAVID ROBINSON — France, as a matter of fact. In Dijon. All to do with supply-chain management *(7)*, I suppose. I'm not even sure what we make in Norwich at the moment, but you'll soon find out!

KATE — When do I start?

DAVID ROBINSON — Next Wednesday. We're going to give you two days off *(8)* to make up for the very tiring weekend we subjected you to!

KATE — Tiring, maybe, but it was great fun!

DAVID ROBINSON *(smiling)* — So I hear! We've reserved a hotel for you in Norwich to get you started, but the personnel manager *(9)* of Norfolk Chocolate promises he'll get a flat or a room organised for you very quickly.

KATE — Do I need to contact him before I arrive?

DAVID ROBINSON — Best to phone him as soon as you can. You'll find his number in here *(he hands her a folder)*, as well as the details of the hotel.

KATE — Thank you. I'm really looking forward to it. *(pause)* You mentioned the personnel manager... Does that mean I'll be working in human resources?

DAVID ROBINSON — No, not exclusively. I've already told you that you'll get a taste of all the various functions of management.

KATE *(sounding relieved)* — OK.

DAVID ROBINSON — By the way, Kate, Peter Sanders told me that he thought you had great potential to work in marketing!

---

(8) **(days) off** : dans cette expression, le mot **off** signifie "absent du travail". **Day off**, *jour de congé*.

(9) **personnel manager**, *responsable du personnel*. Un titre moins prestigieux que **director of human resources**, *DRH* : Alexander Spencer-Jones, DRH de United Chocolate Plc. (Voir Chapitre 4). Cela s'explique par l'importance et les caractéristiques de la fonction. Ici, il s'agit de gérer le personnel d'une filiale, voire d'une unité de production.

POUR EN SAVOIR PLUS

Les numéros de téléphone

Dans le Dialogue de ce chapitre, David Robinson suggère que Kate téléphone au responsable du personnel de Norfolk Chocolate dès que possible, et lui dit qu'elle trouvera les coordonnées de l'hôtel dans son dossier.

Kate appellera sans doute ses parents pour leur donner le numéro du Queen's Hotel à Norwich. Bien sûr, ceux-ci n'auront pas besoin, pour l'appeler, du *code d'accès*, **national dialling code** du Royaume-Uni, soit 44. L'*indicatif local*, **local dialling code** [UK] / **area code** [US], par contre – toujours plus complexe qu'en France – est obligatoire. Kate prononcera les cinq chiffres d'un seul trait : soit **zero-one-six-zero-three**, soit **O** (comme la lettre)-**one-six-O-three**. Ensuite, elle découpera le numéro à l'anglaise, par groupes de 3 (ou 4) chiffres : "749-661" (téléphone) et 749-500 (télécopieur), soit **seven-four-nine, six-six-one**, et **seven-four-nine, five-zero-zero**. Elle pourra également, comme cela se fait souvent, dire les trois derniers chiffres de la façon suivante : **double-six-one** ou **five-double-O** ou **double-zero** pour le numéro de fax).

Si le père de Kate se trouve encore à l'étranger pour participer à "un de ses congrès médicaux", elle saura qu'elle n'a pas besoin de lui préciser que s'il l'appelle à l'hôtel (de San Diego ou ailleurs), il ne devra pas faire le **O** (ou **zero**) du **local dialling code**.

Notebook

The Queen's Hotel, Norwich

After her meeting with David Robinson, during which he informs her about her training period with Norfolk Chocolate Ltd, Kate goes through the folder he gave her and takes out the flier about her hotel in Norwich. Here is what she reads:

Queen's Hotel
3 Bernard Street, Crowthorpe
Norwich, Norfolk
England NR6 8BJ
Phone: (44) 01603 749661
Fax: (44) 01603 749500

The Queen's, Norwich, is a 3-star hotel which comprises 90 fully-equipped bedrooms, each of which has an en suite bath and shower, air conditioning, interactive satellite TV, a 'wi-fi hotspot' (wireless high-speed Internet access), a hairdryer, trouser press and complimentary tea and coffee-making facilities. Non-smoking and disabled rooms are available on request.

You will enjoy the informal atmosphere of our award-winning Elizabeth II brasserie restaurant, which serves freshly prepared traditional and modern European cuisine. We offer a wide range of grilled meat and fish dishes accompanied by excellent wines and beers. Continental or traditional cooked English breakfast is available here every morning between 7 am and 10.30 am.

Adjacent to the restaurant is our comfortable Edward VII bar, offering hand-pulled ales and lagers. Morning coffee, afternoon tea and light refreshments are served throughout the day with more substantial bar food available at lunch time.

The Queen's Hotel, Norwich, is ideally situated for both the business and leisure traveller close to the A47 southern bypass, with Norwich city centre only 4 miles away. It provides easy access to Norfolk's miles of unspoilt coastline, picturesque villages and the Norfolk Broads. If you are looking for a relaxing and enjoyable break, the Queen's Hotel, Norwich, is the perfect choice. We offer a personal, friendly service and will always endeavour to make your stay with us comfortable and memorable. We believe that the Queen's Hotel, Norwich, is one of the best hotels in Norwich for both quality and value.

Car parking is free and secure (thanks to the use of CCTV).

Queen's Hotel
A Kings and Queens Hotel
www.kingsandqueens.co.uk

— EXERCICES —

Comprehension

1 Has the induction course only just started? **2** Why is David Robinson meeting the junior managers individually, one by one? **3** Who is Kate probably talking about when she says everyone has been friendly and helpful? **4** Why does David Robinson say that he has "no problem with Waringham"? **5** Why do you think Kate seems to know the firm, Norfolk Chocolate, already? **6** What does United Chocolate currently manufacture in its subsidiary in Norwich? **7** Why will Kate not have to start in Norwich until next Wednesday? **8** Will Kate have to stay in a hotel throughout her training period? **9** What is in the folder that David Robinson hands to Kate?

Translation

1 Dans six mois, la période de formation touchera à sa fin. **2** Maintenant, c'est au tour de David Robinson de poser des questions à Kate. **3** En fait, tout le monde sait pourquoi nous organisons ces périodes de formation. **4** Je présume que vous n'êtes donc pas de Cambridge, mais que vous y avez grandi. **5** Une de nos usines phare se trouve à Norwich, mais on n'y fabrique plus les fameux "Nuggets". **6** Je suppose que votre petit frère sait que nous fabriquons ce produit à Dijon maintenant. **7** Les cadres junior ne commenceront que mercredi prochain, car il a fallu leur trouver un appartement ou une chambre. **8** Mieux vaut réserver une chambre d'hôtel. Je vais téléphoner si vous me passez le dossier avec les coordonnées. **9** Ce n'est pas parce que j'ai parlé de marketing que vous ne pourrez pas travailler dans les ressources humaines. **10** Kate attend avec beaucoup d'impatience de pouvoir parler avec le responsable du personnel.

EXERCISES

CHAPTER 6

Application

*Regardez à nouveau le Document de ce chapitre, "**The Queen's Hotel, Norwich**". Il y a sans doute des mots ou expressions (en gras) que vous ne connaissez pas. Essayez de trouver la définition (A à J, côté droit du tableau) qui correspond au mot ou à l'expression (1 à 10, côté gauche du tableau).*

Word or expression		Definition
1 flier **(or flyer)**	A	Used to describe a person deprived of physical or mental abilities for reasons of genetics, injury or disease.
2 en suite	B	A German-style beer, light in colour and body, increasingly popular in the UK.
3 trouser press	C	Road which goes round a town or its centre, in order to reduce the amount of through-traffic.
4 disabled	D	A system of surveillance of a building or other area which uses cameras and monitor screens.
5 hand-pulled	E	Forming a single unit, e.g. a bedroom, with a bathroom attached.
6 lager	F	Border of the land near the sea, where there has been no building development.
7 bypass	G	Large areas of fresh water in the East of England formed by the widening of rivers.
8 unspoilt coastline	H	A sheet of printed paper, often folded, used for promotional purposes.
9 Norfolk Broads	I	Describes a beer which has been served by using an air-pump.
10 CCTV	J	A device which enables you to keep an article of clothing presentable overnight.

— Solutions proposées —

Compréhension

1 No, we are told in the introduction to the chapter that it "is coming to an end." 2 He is meeting them in order to discuss the plans for the training period. 3 Kate probably uses these words to describe all the managers and other people who have taken care of the junior managers in Bristol. 4 He wants to reassure Kate that he thinks highly of Waringham University, because she has just reminded him that she didn't go to Cambridge University. 5 Kate probably already knows the firm, Norfolk Chocolate, because her little brother is crazy about their Norfolk Nuggets, and she also likes them. 6 We are not told. David Robinson says that he is not sure what they manufacture there at the moment. 7 Because United Chocolate has decided to give them two days off to make up for the tiring weekend they were subjected to. 8 No, the personnel manager has promised to find her a flat or a room very quickly. 9 He hands her a folder containing, among other things, the phone number of the personnel manager and details of her hotel in Norwich.

Traduction

1 In six months(' time), the training will be coming to an end. 2 Now it's David Robinson's turn to ask Kate some questions. 3 Actually, (/ In fact,) everybody (/ everyone) knows why we organise these training periods. 4 I assume that you're not from Cambridge, but that you grew up there. 5 One of our flagship factories (/ (production) plants) is (located) in Norwich, but we don't manufacture (/ make) the famous "Nuggets" there any more. 6 I suppose (/ assume) your little brother knows that we manufacture (/ make) that product in Dijon now. 7 The junior managers won't begin (/ start) until next Wednesday, because it was necessary (/ we had) to find them a flat or a room. 8 Better to reserve a hotel room. I'll phone if you pass me that folder with the details. 9 It's not because I mentioned marketing that you can't work in human resources. 10 Kate is really looking forward to being able to speak with the personnel manager.

— Suggested solutions —

Application

1	H	6	B
2	E	7	C
3	J	8	F
4	A	9	G
5	I	10	D

Notebook

— TRANSLATION —

Pour mieux connaître la société (II)

Nous sommes vendredi, dernier jour du stage d'intégration. Pendant que Kate boit une tasse de café à la cafétéria d'entreprise, elle étudie l'organigramme de United Chocolate Plc. Molly, qui vient de terminer son entretien avec David Robinson, la rejoint.

MOLLY – C'est Birtwhistle d'Ilkley. Une filiale, comme toi ! Pourquoi ils nous envoient dans des filiales, à ton avis, alors que presque tous les autres semblent avoir une place au siège ?

KATE – En fait, David Robinson m'a dit qu'ils envoient toujours les meilleurs cadres juniors chez Birtwhistle's ou Norfolk Chocolate. Il a dit que l'expérience y est beaucoup plus intéressante, très variée, très pratique, et qu'il faut être bon pour être choisi !

MOLLY – Tu es sûre qu'il ne plaisantait pas ?

KATE – Non, sérieusement, je ne pense pas.

MOLLY – Qu'est-ce que tu regardes ?

KATE – L'organigramme. J'essaie simplement de me souvenir de quelques-uns des noms !

MOLLY – Alors qui est le responsable à Ilkley ?

KATE – Eh bien le directeur d'usine s'appelle John Crowther. Il dépend du Directeur de la production de United Chocolate, Albert Batty. C'est lui qui nous a parlé la semaine dernière et nous a fait visiter l'usine à Filton.

MOLLY – Il n'y a pas de Birtwhistle, alors, qui s'occupe de Birtwhistle ?

Notes

(1) **organisation chart**, *organigramme*. Représentation graphique d'une organisation qui montre ses différents éléments et leurs relations. L'organigramme de la plupart des moyennes et grandes entreprises est basé sur une structure matricielle de type **staff and line**, qui est, à l'origine un concept militaire.

(2) **hands-on** : expression idiomatique qui signifie *pratique* par opposition à "théorique". Autrement dit, on est obligé de "toucher avec les mains", ce qui n'est pas sans nous rappeler l'expression française "mettre les mains dans le cambouis".

(3) **You sure** : forme elliptique, très courante dans la conversation, de **Are you sure**...

Getting to know the company (II)

It's Friday, the last day of the induction course. While Kate is drinking a cup of coffee in the company cafeteria, she studies the United Chocolate Plc organisation chart (1). She is joined by Molly, who has just finished her meeting with David Robinson.

MOLLY — It's Birtwhistle's of Ilkley. A subsidiary, like you! Why do you think they're sending us to subsidiaries, when nearly everyone else seems to have got a place at headquarters?

KATE — Well actually, David Robinson told me that they always send the best junior managers to Birtwhistle's and Norfolk Chocolate. He said they get a much more interesting experience there, very varied, very hands-on *(2)*, and you have to be good to be chosen!

MOLLY — You sure *(3)* he wasn't joking?

KATE — No, seriously, I don't think he was.

MOLLY — What are you looking at?

KATE — The organisation chart... Just trying to remember some of the names!

MOLLY — Who's in charge at Ilkley then?

KATE — Well, the plant manager's name is John Crowther. He reports to *(4)* United Chocolate's Production Director, Albert Batty. He's the one who gave us a talk last week and took us round the factory in Filton.

MOLLY — There's no Birtwhistle, then, in charge at Birtwhistle's?)))

---

(4) **(to) report to**, *rendre compte (à)* ou, dans le cas d'une hiérarchie, *dépendre (de)*. L'organigramme de United Chocolate Plc (voir le Document de ce chapitre) confirme ce que dit Kate : **John Crowther reports to Albert Batty**.

—— Translation ——

Kate – Il y avait un Freddie Birtwhistle, qui détient toujours un bon pourcentage des actions. C'est un des administrateurs de United Chocolate, bien sûr.

Molly – Freddie Birtwhistle… Ça ne sonne pas tout à fait aussi bien que Lord Werrett..!

Kate – Lord Werrett de Thornbury, pour utiliser son titre complet… Ce n'est qu'un pair à vie, tu sais, mais il descend de la famille qui a créé l'entreprise au XVIIIe siècle. C'étaient des Quakers, en fait. Mais il a fait plein de choses pour la communauté à Bristol, et à Thornbury, bien sûr…

Molly – Vraiment, Kate, je ne sais pas où tu trouves tous ces trucs. *(Elle regarde l'organigramme.)* Dis donc, est-ce que tu peux me rappeler pourquoi ces deux personnes, Alexander Spencer-Jones et June Isobel, sont placées différemment dans l'organigramme, si tu vois ce que je veux dire ?

Kate – C'est parce que les positions qu'elles occupent sont fonctionnelles, ou "staff", et non pas opérationnelles, ou "line". Ça veut dire…

Molly *(changeant de sujet)* – Au fait, Kate, Ilkley se trouve où ?

Kate – Dans le Yorkshire, pas trop loin de Leeds.

Notes

(5) **shares**, *actions*. Les parts du capital d'une société qui donnent droit à des dividendes et éventuellement au droit de vote. Aux États-Unis, on parle plutôt de **stocks**, d'où le **stock exchange**. On parle également d'**equities**. **Shareholder** ou **stockholder**, *actionnaire*.

(6) **director**, *administrateur*, membre du *conseil d'administration* (**board of directors**) d'une société. Mais attention, ce même mot en anglais peut être un simple synonyme de **manager**, comme dans **Production Director** ou **Financial Director**.

(7) **posh**, *chic, snob, de luxe*. On a longtemps prétendu que ce mot venait des initiales de **port out**, **starboard home**, *bâbord voyage aller, tribord voyage retour*, ce qui représentaient le meilleur choix de cabine pour les voyages en bateau entre l'Angleterre et les colonies britanniques de l'Extrême-Orient. Cette étymologie est maintenant remise en cause.

(8) **life peer**, *pair à vie*. Ce terme désigne une personne au Royaume-Uni élevée au rang de **baron** (ou **baroness**) par la Reine, parfois en reconnaissance d'actions méritantes accomplies dans la vie civile. La forme d'adresse pour un **life peer** est **Lord** (ou **Lady**), mais les droits inhérents à cet honneur ne sont pas transmis aux descendants (Voir page 78).

(9) **Quakers** : nom couramment utilisé pour désigner les membres de la **Religious Society of Friends**. Ce groupement religieux protestant fut fondé en Angleterre en 1652 par réaction contre le ritualisme et le conformisme de l'Église anglicane. Aujourd'hui, il existe encore dans plusieurs pays, et notamment en Angleterre et aux Etats-Unis.

— Dialogue —

Chapter 7

KATE — There was Freddie Birtwhistle, who still owns a good percentage of the shares *(5)*. He's a director *(6)* of United Chocolate, of course.

MOLLY — Freddie Birtwhistle... It doesn't sound quite as posh *(7)* as Lord Werrett!

KATE — Lord Werrett of Thornbury, to use his full title... He's only a life peer *(8)*, you know, but he is a descendant of the family who started the company in the 18th century. They were Quakers *(9)*, actually. But he's done loads for the community in Bristol, and Thornbury, of course...

MOLLY — Really, Kate, I don't know where you get all this stuff *(10)* from. *(looking at the organisation chart)* Hey, can you remind me why these two people, Alexander Spencer-Jones and June Isobel, are presented differently in the organisation chart, if you see what I mean?

KATE — It's because the positions they occupy are functional *(11)*, or staff *(12)*, as opposed to operational *(13)*, or line *(14)*. That means...

MOLLY *(changing subjects)* — Where is Ilkley, by the way, Kate?

KATE — In Yorkshire, not too far from Leeds.

)))

---

(10) **stuff** (familier), *trucs, machins, affaires*, etc.

(11) **functional** : mot qui désigne des postes ou des services qui ne sont pas directement impliqués dans les opérations d'une entreprise, dont le rôle est de conseiller et de soutenir les opérationnels.

(12) **staff**, synonyme de **functional**.

(13) **operational** : contrairement aux mots **functional** et **staff**, les postes ou services appelés **operational** ont la responsabilité des opérations d'une entreprise.

(14) **line** : synonyme d'**operational**.

Translation

Molly – Et est-ce qu'il y a quelque chose à faire là-haut ?

Kate – Peut-être pas à Ilkley, mais Leeds est une ville super !

Molly – Tu connais Leeds ? Tu es formidable, Kate, tu connais tout !

Kate – Ohhh, j'avais un petit ami qui venait de Leeds, quand j'étais à la fac...

Molly – Et est-ce que tu as un petit ami maintenant ?

Kate – Rien de régulier, si tu vois ce que je veux dire.

Molly – Oh oui, je comprends parfaitement ce que tu veux dire !

Kate – Norwich n'est pas si loin que ça de Leeds, en fait. Peut-être qu'on pourrait se voir de temps en temps le week-end. S'amuser un peu ! Qu'est-ce que tu en penses ?

Molly – Super ! Tu as mon numéro de portable, n'est-ce pas ? Je vais te donner le numéro de l'hôtel où je serai logée au début.

Kate – Je vais te donner le mien, aussi... *(elles cherchent les numéros)* Tiens, au fait, tu sais où Harry va faire sa période de formation ?

Molly – Non, je ne sais pas. Mais on dit qu'il sera absent du travail pendant plusieurs semaines. Il paraît qu'il n'y a rien de cassé, mais quand même !

Notes

(15) mobile (ou **cell phone**), *téléphone portable* ou *mobile*. En anglais, on n'utilise pas – pour le téléphone – l'adjectif **portable**. Un **cell phone** se connecte à un réseau cellulaire, composé de ce qu'on s'appelle des **cell sites**.

Dialogue

Molly — And is there anything to do there?

Kate — Perhaps not in Ilkley, but Leeds is a great place!

Molly — You know Leeds? You're amazing, Kate, you know everything!

Kate — Ohhh, I had a boyfriend from Leeds when I was at university...

Molly — And do you have a boyfriend now?

Kate — Nothing regular, if you know what I mean...

Molly — Oh yes, I know what you mean!

Kate — Norwich is not that far from Leeds, really. Maybe we could get together sometimes at weekends. Have a little fun! What do you say?

Molly — Great! You have my mobile *(15)* number, don't you? Let me give you the number of the hotel I'll be staying in at the beginning.

Kate — I'll give you mine, too... *(they look for the numbers)* By the way, do you know where Harry will be doing his training?

Molly — No, I don't. But they say he'll be off work for a few weeks. Apparently there's nothing broken, but all the same...

Les "honneurs" au Royaume-Uni

Dans le dialogue de ce chapitre, Kate apprend à Molly que Lord Werrett of Thornbury n'est qu'un **life peer**. "Ce n'est déjà pas si mal", serait-on tenté de dire !

Comme vous avez pu le voir dans la note 8, le titre de **life peer**, ou *pair à vie*, n'est pas transmissible aux descendants. Un **hereditary peerage**, par contre, est – comme son nom l'indique – transmissible. Par ailleurs, depuis peu, les **life peers** n'ont plus tous droit à un siège aux **Lords**. Chaque **life peer** devra choisir l'endroit dont il souhaite être **Lord** (Thornbury, par exemple), mais il ne faut pas que cet endroit ait déjà son **Lord** ou sa **Lady**.

Pour assurer l'efficacité du travail de cette **upper house** du Parlement britannique, la reine accorde des **life peerages** aussi à des juges (**law lords**, spécialistes du droit) et à des hommes et femmes politiques expérimentés et respectés de tous. On appelle ces derniers les **"working" lords**.

Un autre honneur – certes moins prestigieux mais très convoité –, est le **knighthood**, qui confère à son bénéficiaire le rang de **Baronet** (fém. **Baronetess**). La forme d'adresse appropriée est **Sir** (fém. **Dame**). Cet honneur est accordé plus couramment que le **life peerage**, et souvent en reconnaissance d'exploits sportifs ou de réussites dans le monde de l'**entertainment** ou de la culture. Citons, entre autres, Sir Alex Ferguson, Sir Elton John ou Sir Salman Rushdie.

Ces honneurs sont attribués habituellement deux fois par an, lorsque la Reine publie sa **New Year's Honours List** et sa **Birthday Honours List**. Précisons malgré tout que c'est avant tout son premier ministre qui prend les décisions.

Si jamais vous avez l'honneur (sans jeu de mot !) de rencontrer un **life peer** ou un **knight**, sachez qu'on utilise les formes d'adresses suivantes : Lord Werrett (le nom de famille et non le prénom seul après ce titre), mais Sir Alex, Sir Elton ou Sir Salman (le prénom, mais jamais le nom de famille seul).

— Document —

CHAPTER 7

Organisation chart of United Chocolate Plc

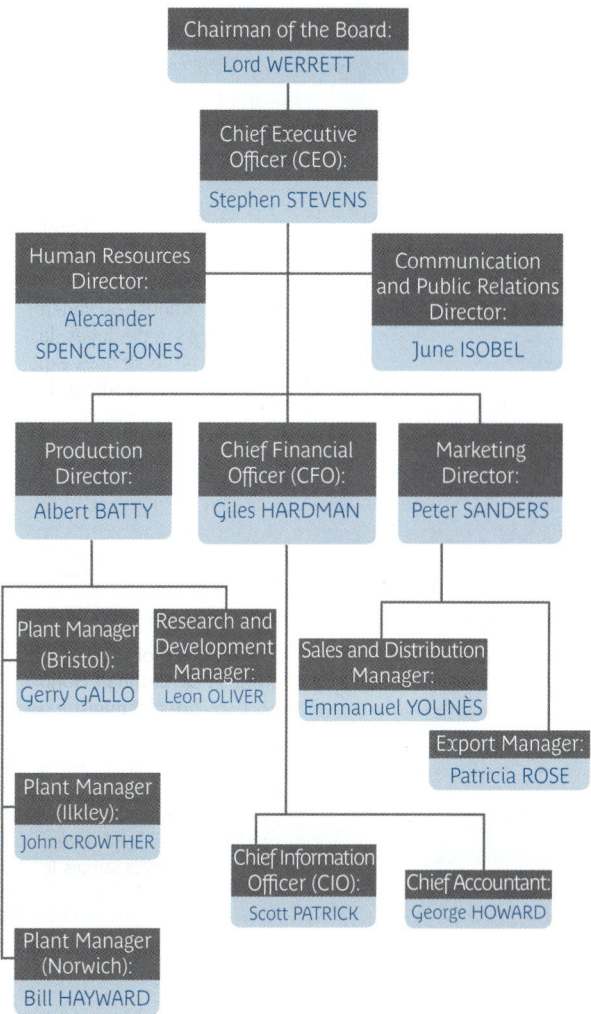

Getting to know the company (II)

EXERCICES

Comprehension

1 What is Kate doing while she studies the United Chocolate Plc organisation chart? **2** Has Molly got a place at headquarters for the training period? **3** According to David Robinson, why does United Chocolate always send the best junior managers to Birtwhistle's and Norfolk Chocolate? **4** Why is Kate looking at the United Chocolate Plc organisation chart? **5** Why should Molly already be familiar with Albert Batty? **6** Why is Freddie Birtwhistle a member of the Board of Directors of United Chocolate Plc? **7** Why may Lord Werrett of Thornbury be considered as an important figure within United Chocolate Plc? **8** Why is Kate already familiar with Leeds? **9** Does Kate have a boyfriend at the moment?

Translation

1 Pendant que je termine ma discussion avec Molly, tu peux jeter un coup d'œil sur l'organigramme de Norfolk Chocolate, Kate. **2** Pourquoi m'envoient-ils au siège à Bristol, alors que je voulais travailler dans une des deux filiales ? **3** David Robinson m'a dit que je n'avais pas assez d'expérience, et que le travail n'était pas aussi intéressant. **4** Je viens de regarder à nouveau l'organigramme. Je ne sais pas si j'arriverai un jour à me rappeler le nom de tous les directeurs. **5** En réalité, il dépend du directeur de la production de la société mère, et non pas de Freddie Birtwhistle. **6** Il ne suffit pas de détenir quelques actions de la société pour devenir membre du Conseil d'Administration. **7** Lord Werrett n'est pas pair à vie parce qu'il descend de la famille qui a fondé l'entreprise, mais à cause de tout ce qu'il a fait pour la communauté. **8** D'accord, Ilkley est une petite ville super, mais il n'y a rien à faire là-haut ! Heureusement que Leeds n'est pas loin. **9** Harry voulait absolument le numéro de portable de Kate, mais elle a refusé de le lui donner ! **10** J'espérais pouvoir te voir la semaine prochaine, mais je vais être absent du travail pendant plusieurs mois.

Application

Pour faire cet exercice, qui porte sur les deux organigrammes (voir les Documents des Chapitres 5 et 7) dans les meilleures conditions, il faut relire avec beaucoup d'attention le Dialogue de ce chapitre ainsi que les Notes.

Lisez les affirmations suivantes. Dites si elles sont vraies ou fausses. Lorsqu'elles sont fausses, corrigez-les.

1. Patricia Rose reports to Peter Sanders.
2. United Chocolate Plc has only 2 UK subsidiaries.
3. Alexander Spencer-Jones occupies a line or operational position.
4. The Marketing Director is the Export Manager's boss.
5. UC Holdings Inc. controls companies in both North and South America.
6. The name of the CFO is Stephen Stevens.
7. United Chocolate (Europe) operates in three EU countries.
8. United Chocolate Inc. is headquartered in Philadelphia.
9. Director of Communications and Public Relations is considered as a staff position within the United Chocolate organisation chart.
10. Giles Hardman reports to both Scott Patrick and George Howard.

— SOLUTIONS PROPOSÉES —

Compréhension

1 While Kate studies the United Chocolate Plc organisation chart, she's drinking a cup of coffee. **2** No she hasn't. Molly is being sent to Birtwhistle's of Yorkshire for her training period. **3** David Robinson told Kate that they send their best junior managers to these subsidiaries because "they get a much more interesting experience there, very varied and very hands-on." **4** Kate is looking at the United Chocolate Plc organisation chart in order to try and remember some of the names. **5** Molly should remember Albert Batty from the previous week, because he gave the junior managers a talk and showed them round the plant at Filton. **6** We can assume that he is a member of the Board of Directors of United Chocolate Plc, because he owns "a good percentage of the shares" of Birtwhistle. **7** Lord Werrett of Thornbury may be considered as an important figure within the company, because apart from being a life peer, he is a descendant of the family who started the company in the 18th century, and he has also done a lot for the community in Bristol where the headquarters are located. **8** Kate knows Leeds already, because she had a boyfriend from this city when she was at university. **9** No, she doesn't, or at least not a regular boyfriend.

Traduction

1 While I'm finishing my discussion with Molly, you can have a look at Norfolk Chocolate's organisation chart, Kate. **2** Why are they sending me to the headquarters in Bristol, when I wanted to work in one of the two subsidiaries? **3** David Robinson told me that I didn't have enough experience, and that the work was not as interesting. **4** I've just looked again (/ had another look) at the organisation chart. I don't know whether I'll manage one day (/ ever manage) to remember the names of all the directors (/ managers). **5** Actually, (/ In fact,) he reports to the Production Director of the parent company and not to Freddie Birtwhistle. **6** It's not enough (/ sufficient) to hold a few of the company's shares to become a director (/ a member of the board of directors). **7** Lord Werrett is not a life peer because he's a descendant of the family who founded the firm, but because of everything he's done for the community. **8** OK, Ilkley is a great little town, but there's nothing to do (up) there. Fortunately, (/ Luckily,) Leeds is not far away. **9** Harry really wanted Kate's mobile phone number, but she refused to give it to him! **10** I was hoping to be able to see you next week, but I'm going to be absent from (/ to be off) work for several months.

Suggested solutions

Chapter 7

Application

1 Vrai.
2 Faux : The organisation chart of the UC Group names two subsidiaries and says "etc." We must therefore assume that there are more subsidiaries than just these two.
3 Faux : Alexander Spencer-Jones occupies a staff or functional position.
4 Vrai.
5 Vrai.
6 Faux : The name of the CFO is Giles Hardman.
Stephen Stevens is the CEO.
7 Faux : According to the UC Group organisation chart, United Chocolate (Europe) operates in two EU countries, Austria and Belgium. Switzerland is not a member of the European Union.
8 Vrai.
9 Vrai.
10 Faux : The opposite is true. Both Scott Patrick and George Howard report to Giles Hardman.

TRANSLATION

La formation commence

Kate est arrivée à Norwich pour commencer sa période de formation de six mois chez Norfolk Chocolate, filiale de United Chocolate Plc. Elle a d'abord rencontré Bill Hayward, le directeur d'usine, et va maintenant voir Christopher Vincent, le responsable du personnel. Il vient lui serrer la main quand elle entre dans son bureau.

CHRISTOPHER VINCENT – Soyez la bienvenue chez Norfolk Chocolate, Kate !

KATE – Merci, Monsieur Vincent.

CHRISTOPHER – Appelez-moi Chris, s'il vous plaît, Kate. C'est comme ça que tout le monde m'appelle !

KATE – D'accord, j'en ferai autant !

CHRIS – Alors, comment trouvez-vous votre hôtel ?

KATE – Vraiment magnifique. J'étais étudiante jusqu'à très récemment, et je ne n'ai pas l'habitude d'un tel luxe !

CHRIS – À vrai dire, je ne qualifierais pas le Queen's de luxueux, mais nous l'utilisons beaucoup pour nos visiteurs, et on dirait qu'ils font un effort particulier pour Norfolk Chocolate. De toute façon, je vous ai trouvé une chambre chez une collègue, et elle est tout à fait d'accord pour que vous emménagiez samedi, si ça vous convient. Je vais vous la présenter plus tard.

KATE – Merci beaucoup pour votre aide, Chris… Je vous en suis très reconnaissante.

CHRIS – Donc vous avez déjà passé un moment avec Bill Hayward. Je suppose qu'il ne me reste plus grand-chose à vous raconter !

KATE – Je ne sais pas… Mais j'ai trouvé qu'il parlait plus comme un DG que comme un simple directeur d'usine.

CHRIS – Absolument. Et il l'est pratiquement. C'est un ingénieur, à l'origine, qui a passé la majeure partie de sa carrière dans la production. Mais maintenant son travail est plus en rapport avec la direction générale.

Notes

(1) **to all intents (and purposes)** : expression idiomatique qui signifie *pratiquement*, ou *en fait*.

(2) **general management** : Christopher Vincent veut souligner ici le fait qu'en effet, Bill Hayward occupe plus la fonction de **general manager** ou **CEO** (*directeur général*) que de simple directeur d'usine (concerné avant tout par les questions de production). Le **general management** est par définition horizontal, transversal et interdisciplinaire, et couvre tous les domaines. Il englobe ainsi la conception et la réalisation des opérations dans les domaines techniques et commerciaux, ainsi que la responsabilité des finances (investissements, dettes, coûts, etc.) et des effectifs. Bien sûr, dans une moyenne ou grande entreprise, le directeur général va déléguer à des **line managers** ces différentes fonctions.

DIALOGUE

Starting training

Kate has arrived in Norwich to start her six-month training period with Norfolk Chocolate, a subsidiary of United Chocolate Plc. She met first with Bill Hayward, the Plant Manager, and is now about to see Christopher Vincent, the Personnel Manager. He comes to shake her hand as she enters his office.

CHRISTOPHER VINCENT — Welcome to Norfolk Chocolate, Kate!

KATE — Thank you, Mr Vincent.

CHRISTOPHER — Please call me Chris, Kate. Everybody else does!

KATE — OK, I will do!

CHRIS — So how's your hotel?

KATE — Really superb. Having been a student until very recently, I'm not used to such luxury!

CHRIS — Well, I wouldn't call the Queen's luxurious, but we use it a lot for our guests, and they seem to make a special effort for Norfolk Chocolate! Anyway, I've found you a room with a colleague and she's happy for you to move in on Saturday, if that's all right. I'll introduce you to her later on.

KATE — Thanks very much for your help, Chris... I'm very grateful.

CHRIS — So you've already spent some time with Bill Hayward. I doubt if there's much left for me to tell you!

KATE — I don't know... But I thought he spoke more like a CEO than a just plant manager.

CHRIS — Oh, absolutely. And to all intents and purposes *(1)*, that's what he is. He's an engineer, originally, spent most of his career in production. But now his job is more related to general management *(2)*.

)))

— Translation —

Kate – De toute façon, je pense qu'il m'a expliqué tout ce que je voulais savoir. *(bref silence)* J'ai été surprise d'apprendre que Norfolk Chocolate était une filiale à 100 %. Ce n'est pas le cas de Birtwhistle's, n'est-ce pas ?

Chris – Non, c'est vrai. Mais il ne faut pas oublier, Kate, que Freddie Birtwhistle a décidé de garder au moins trente pour cent du capital…

Kate – …et c'est pour ça qu'il est administrateur de United Chocolate…

Chris – Exactement ! Mais Walter Adams, qui a fondé Norfolk Chocolate et a créé les célèbres Norfolk Nuggets, n'avait pas d'enfants… Il a été content de vendre la société à un prix intéressant. Il a quatre-vingt-quatre ans, maintenant, mais il passe assez souvent pour dire bonjour à tout le monde. Il est en très bonne santé pour son âge !

Kate – Ça doit être les Nuggets !

Chris *(riant)* – …Mais qui sont fabriqués à Dijon maintenant !

Kate – Oui, mais pourquoi UC a-t-elle gardé une identité propre pour Norfolk Chocolate comme filiale ? Pourquoi ne pas le considérer comme une simple unité de production de United Chocolate, ce qui est d'ailleurs le cas ?

Chris – Vos remarques sont très pertinentes, Kate ! Mais la réponse à votre question est Norfolk Nuggets. C'est un nom connu de tous ! Ce que vous suggérez pourrait bien arriver un jour. En fait, j'en suis persuadé !

Kate – Et les ouvriers à la production ? Quel effet ça leur fait de ne plus fabriquer les Nuggets ? Comment réagiraient-ils si le nom de Norfolk Nuggets venait à disparaître, tout simplement, pour ainsi dire ?

Chris – Vous allez avoir l'occasion de leur poser ces questions vous-même, Kate. Dès la semaine prochaine !

Kate *(qui essaie de comprendre)* – La semaine prochaine ?

Chris – Oui, c'est ça. Nous allons vous faire travailler à la production, pendant quinze jours !

Notes

(3) **wholly-owned subsidiary**, *filiale à 100 %*. Cette expression désigne une filiale dont la totalité du capital a été rachetée par la *société mère*, **parent company**.

(4) **shrewd** : adjectif qui qualifie quelqu'un possédant beaucoup de perspicacité dans ses jugements, analyses, etc. Pourrait se traduire par *avisé*, *ayant du discernement*, mais s'agissant ici d'une remarque, nous avons préféré traduire par *pertinente*. Contrairement au mot français *perspicace*, **shrewd** peut également s'utiliser pour qualifier des choses : **a shrewd decision**, **shrewd remarks**, etc.

(5) **household name** : expression idiomatique qui désigne un nom (de personne, de produit, etc.) connu de tous ou, littéralement, des ménages.

DIALOGUE

Kate — Anyway, I think he told me everything I wanted to know. *(slight pause.)* I was surprised that Norfolk Chocolate is a wholly-owned subsidiary *(3)*. That's not the case with Birtwhistle's, is it?

Chris — No it's not. But you have to remember, Kate, that Freddie Birtwhistle decided to hold on to at least thirty per cent of the stock...

Kate — ...which is why he's a director of UC...

Chris — Quite right! But Walter Adams, who founded Norfolk Chocolate and created the famous Norfolk Nuggets, had no children... He was happy to sell the company at a good price. He's 84 now, but he still drops in quite often to say hello to everyone. He's in very good health for his age!

Kate — It must be the Nuggets!

Chris *(laughing)* — ... which are now made in Dijon!

Kate — Yes! But why has UC kept a separate identity for Norfolk Chocolate as a subsidiary? Why not treat it as just another United Chocolate production unit, which, of course, it is?

Chris — Your remarks are very shrewd *(4)*, Kate! But the answer to your question is Norfolk Nuggets. It's a household name *(5)*! What you suggest may well happen one day... I'm sure it will, in fact!

Kate — And what about the production workers? What do they think about not making Nuggets any more? How would they feel if the name Norfolk Chocolate just disappeared, so to speak?

Chris — You're going to have the opportunity to ask them those questions for yourself, Kate. Starting next week!

Kate *(trying to understand)* — Next week?

Chris — That's right. We're going to put you to work on the production line *(6)* for a fortnight *(7)*!

---

(6) **production line**, *chaîne de fabrication* (qui peut ou non être une *chaîne d'assemblage*, **assembly line**). En fait, le terme désigne un ensemble d'opérations effectuées de façon séquentielle, soit pour (r)affiner une (des) matière(s) première(s), soit pour assembler des *pièces détachées*, **parts**, afin d'aboutir à un produit fini.

(7) **fortnight** : synonyme britannique de **two weeks**. L'origine du mot est **fourteen nights**, ce qui n'est pas si éloigné de l'expression française *quinze jours*.

POUR EN SAVOIR PLUS

J'adore le chocolat !

Nous sommes nombreux à travers le monde à adorer le chocolat, même si les Français n'arrivent qu'à la onzième place dans le classement de la consommation en Europe, avec 4,8 kg annuels par habitant. La Suisse arrive en première place, avec plus du double, suivie, dans l'ordre, de l'Autriche, de l'Irlande et du Royaume-Uni.

Au fait, c'est quoi, le chocolat ? Pour faire simple, contentons-nous de la définition suivante : tout produit fait, essentiellement, de poudre de cacao et de beurre de cacao. Mais nous ne devons pas oublier ici la guerre du chocolat qui a fait rage dans l'Union européenne, opposant les pays "puristes" à des pays comme le Royaume-Uni, qui utilisaient traditionnellement des matières grasses végétales ne provenant pas du cacao et "trop" de lait dans leur chocolat au lait !

Nous savons que le cacao est originaire de l'Amérique centrale et que le premier commerce a eu lieu avec l'Espagne au XVIe siècle. Mais il a fallu attendre 1847 pour trouver le chocolat à manger, comme nous le connaissons aujourd'hui sous forme de tablette. C'est un Anglais, Joseph Fry, qui a ouvert la voie, suivi de peu (en 1849) par ses compatriotes, les frères Cadbury, qui étaient Quakers.

Les deux entreprises ont prospéré et après la deuxième guerre mondiale, Cadbury Brothers Ltd ont décidé de fusionner avec J.S. Fry & Sons Ltd. Ce n'est qu'en 1981 que le nom Fry's a cessé d'être utilisé ; et en octobre 2007, Cadbury Schweppes Plc a annoncé la fermeture définitive de l'ancienne usine de Fry's. La production sera redéployée sur d'autres sites en Angleterre et en Pologne.

Site plan of the Norfolk Chocolate plant in Norwich

Après sa réunion avec Kate (voir Dialogue), Christopher Vincent, responsable du personnel de Norfolk Chocolate, lui fait visiter l'usine.

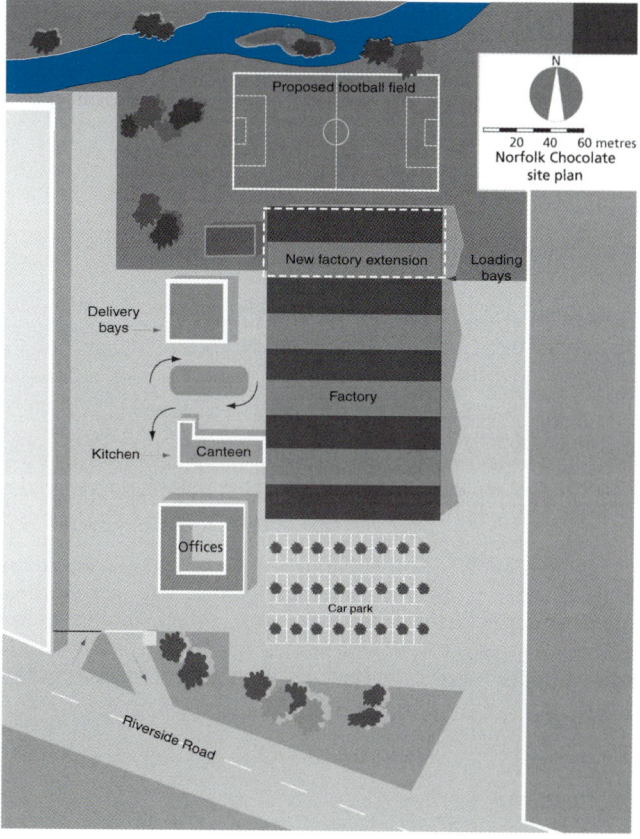

— EXERCICES —

Comprehension

1 Is Christopher Vincent the first person that Kate meets with at Norfolk Chocolate? **2** What reason does Chris give for asking Kate to call him Chris? **3** What is Kate's opinion of the hotel where she's staying? **4** Do you think that Chris agrees with her? **5** How much longer will Kate probably have to stay in a hotel? **6** What does Kate have to say about Bill Hayward, the Plant Manager at Norfolk Chocolate? **7** According to Chris, what reason might explain the fact that, unlike Birtwhistle's, Norfolk Chocolate is now a wholly-owned subsidiary? **8** Why did United Chocolate decide to keep Norfolk Chocolate as a subsidiary with its own identity? **9** What is likely to happen to Norfolk Chocolate one day?

Translation

1 En principe, Bill Hayward ne serre jamais la main à Christopher Vincent quand il arrive au bureau. **2** Est-ce que je peux faire pareil et vous appeler Kate comme tout le monde ? **3** Chris parle comme un directeur général, mais quand il était étudiant, il n'avait pas non plus l'habitude d'aller dans des hôtels de luxe. **4** Samedi ne me convient pas : j'ai trouvé une chambre chez un collègue et je serai en train d'emménager. **5** Kate a passé tellement de temps avec le directeur d'usine qu'elle n'avait plus rien à lui dire. **6** Si Walter Adams avait eu des enfants, il aurait probablement choisi de garder un pourcentage du capital de l'entreprise qu'il a créée. **7** Contrairement à Freddie Birtwhistle, Walter Adams n'est pas encore administrateur de United Chocolate. **8** Lorsque j'aurai quatre-vingt-quatre ans, j'espère que mon produit sera connu de tout le monde. **9** Votre question est pertinente : que se passerait-il si Freddie Birtwhistle venait à disparaître avant de leur avoir vendu ses actions ? **10** Dès la semaine prochaine, et pendant quinze jours, les ouvriers de la production vont avoir l'occasion de poser beaucoup de questions à Kate.

— Exercises —

Application

Regardez attentivement le document de ce chapitre (Site plan of the Norfolk Chocolate plant in Norwich), puis lisez les affirmations suivantes. Dites si elles sont vraies ou fausses. Lorsqu'elles sont fausses, corrigez-les.

1 Deliveries of raw materials are made on the west side of the plant site. **2** Motorists have to turn right when they come in through the main gates. **3** The office building forms a rectangle. **4** It is sometimes possible to park your car in the shade. **5** As you would expect, the kitchen is adjacent to the staff canteen. **6** Lorries load at the oldest part of the factory. **7** The in-house football team always plays its home games on the plant site. **8** The factory itself is the building which occupies the largest surface area on the site. **9** Originally the factory building was larger than it is today. **10** The workers' club is in front of the warehouse.

Notebook

— Solutions proposées —

Compréhension

1 No he is not. The introduction to the dialogue tells us that she met first with Bill Hayward, the Plant Manager. **2** Chris says that everybody else calls him Chris. **3** According to Kate, the Queen's Hotel is really superb. She even uses the word "luxury" when talking about it. **4** Probably not. He says he wouldn't call it luxurious, even though Norfolk Chocolate uses it a lot for its guests. **5** Kate will probably have to stay in a hotel till Saturday (three more nights). **6** She says that he speaks more like a CEO than a Plant Manager. **7** According to Chris, Walter Adams, the founder of Norfolk Chocolate, had no children and was happy to sell the company to United Chocolate for a good price. **8** Chris suggests that United Chocolate decided to do this because of Norfolk Nuggets. He says that this product is a household name. **9** One day, no doubt, the name Norfolk Chocolate will disappear, and the factory in Norwich will be just another United Chocolate production unit.

Traduction

1 Generally speaking, Bill Hayward never shakes Christopher Vincent's hand when he arrives at his office. **2** May I do the same and call you Kate like everybody else? **3** Chris speaks like a CEO, but when he was a student, he wasn't used to going to luxury hotels either. **4** Saturday doesn't suit me: I've found a room with a colleague, and I'll be moving in. **5** Kate spent so much time with the Plant Manager that there was not much left for her to tell him. **6** If Walter Adams had had children, he would probably have chosen to keep a percentage of the shares of the firm he created. **7** Unlike Freddie Birtwhistle, Walter Adams is still not (/ is not yet) a director of United Chocolate. **8** When I'm eighty-four (years old), I hope that my product will be a household name. **9** Your question is shrewd: what would happen if Freddie Birtwhistle were to disappear before selling them his shares? **10** Starting next week, and for a fortnight, the workers are going to have the opportunity to ask Kate lots of questions.

— Suggested solutions —

CHAPTER 8

Application

1 Vrai.
2 Vrai.
3 Faux : It forms a square.
4 Vrai.
5 Vrai.
6 Faux : The loading bays are in the new factory extension.
7 Faux : The football field does not exist at the present time ("proposed").
8 Vrai.
9 Faux : On the contrary, it has been extended.
10 Faux : It is behind the warehouse.

Notebook

Expérience sur le tas

C'est le premier jour de travail pour Kate, à la chaîne de fabrication de l'usine de Norfolk Chocolate à Norwich. Pendant la pause du matin, elle est en train de boire un café lorsqu'une de ses collègues plus âgées vient s'asseoir à côté d'elle.

Joan – Je peux me mettre avec toi ?

Kate – Oui, bien sûr. Allez-y !

Joan *(elle boit une gorgée et pose sa tasse sur la table)* – Mmm, j'avais vraiment besoin d'une tasse de thé ! *(bref silence)* Je m'appelle Joan, au fait. Et toi ?

Kate – Moi, c'est Kate. Kate Hewitt.

Joan – Tu es nouvelle ici, non ?

Kate – Oui. En fait, je n'ai commencé que ce matin.

Joan – Et ça te plaît ?

Kate – Eh bien, je dois avouer que j'ai été assez surprise par l'odeur du chocolat. Je la trouve un peu envahissante !

Joan – C'est vrai qu'il faut un peu de temps pour s'y habituer… Mais il y a des odeurs plus mauvaises que ça, tu sais !

Kate *(elle sourit)* – Je pense aussi ! Ça va peut-être me dégoûter du chocolat et je vais pouvoir perdre du poids !

Joan – Oh, je trouve que tu es très bien comme tu es ! *(bref silence)* En revanche, à mon avis, tu n'as pas l'air d'être une ouvrière comme les autres. Et à cette époque de l'année, tu ne peux pas être une étudiante en vacances…

Notes

(1) **love** : les Français sont souvent surpris quand ils entendent pour la première fois ce signe d'affection populaire et sympathique, qui n'a pas de véritable traduction. On dit aussi **dear**, voire **pet**.

(2) **go ahead** : expression idiomatique, qui signifie *allez-y !*

(3) **(to be) taken aback**, être surpris, déconcerté, décontenancé, interloqué (par quelque chose d'inattendu qu'on entend ou qu'on apprend).

— Dialogue —

CHAPTER 9

Getting some hands-on experience

It's Kate's first day of work on the production line at the Norfolk Chocolate plant in Norwich. During the morning break, she is drinking a cup of coffee when one of her older colleagues comes and sits down next to her.

Joan — Mind if I join you, love *(1)*?

Kate — No, not at all. Go ahead *(2)*!

Joan *(taking a sip and putting her cup down on the table)* — Mmm, I really needed a cup of tea! *(slight pause)* The name's Joan, by the way. What about you?

Kate — My name's Kate. Kate Hewitt.

Joan — You're new here, aren't you?

Kate — That's right. I only started this morning, in fact.

Joan — So how are you enjoying it?

Kate — Well, I must admit I was a little taken aback *(3)* by the smell of chocolate. I find it a bit overpowering!

Joan — It does take a little getting used to... But there are worse smells, you know!

Kate *(smiling)* — I suppose there are! Maybe it will put me off chocolate and I can lose some weight!

Joan — Oh, you look fine as you are to me! *(slight pause)* I'll tell you what, though, Kate... You don't sound to me like your average *(4)* factory girl. And at this time of year, you wouldn't be a student on vacation...

)))

---

(4) **your average** (...) : ce terme pourrait être traduit par *une ouvrière comme les autres* ou *l'ouvrière lambda*. L'utilisation de l'adjectif possessif **your** est intéressante et très courante en pareil cas.

TRANSLATION

Kate – En fait, Joan, je suis cadre junior pour United Chocolate, et je fais une période de formation de six mois à Norwich. Christopher Vincent a pensé que je devrais commencer par l'usine...

Joan – Pour acquérir un peu d'expérience sur le tas, hein ?!

Kate – C'est bien cette expression qui a été utilisée !

Joan – C'est bien ! ... Félicitations !

Kate – Merci. *(bref silence)* Et vous, vous avez toujours travaillé pour Norfolk Chocolate, Joan ?

Joan – Eh bien, oui. Presque quarante ans, tu t'imagines ?!

Kate – Ça doit vous plaire, de travailler ici, si vous êtes restée aussi longtemps...

Joan – En fait, ce n'est pas facile de changer d'emploi quand tu n'as même pas le Bac ... Mais dans l'ensemble, ça m'a plu. C'est un endroit agréable pour travailler ! Mais j'aimais mieux quand nous fabriquions les Nuggets. J'en emmenais un sac à la maison pour les enfants chaque semaine !

Kate – Mon petit frère adorerait ça ! *(sourires)* Donc je suppose que vous serez là jusqu'à la retraite, maintenant ?

Joan – Oui, sans doute, à condition qu'ils ne ferment pas l'usine avant !

Kate – Pourquoi vous dites ça ?

Joan – Oh, allons, Kate, tu as dit que tu étais cadre junior... Tu devrais savoir comment la direction fonctionne maintenant. Satisfaire les actionnaires, elle ne pense qu'à ça !

Kate – Les gens ont peur que l'activité de Norwich soit délocalisée ?

Notes

(5) **shop floor** : dans une usine ou un atelier de fabrication, l'espace réservé à la production. Par extension, le terme est utilisé pour désigner les ouvriers qui y travaillent : la base, par opposition aux administratifs et à la hiérarchie.

(6) **best part of** : expression idiomatique signifiant *presque* (ou : *"pas loin de..."*).

(7) **A-level** : forme abrégée de **General Certificate of Education**, **advanced level**, l'équivalent au Royaume-Uni du baccalauréat. D'habitude, un élève passera plusieurs matières à ce niveau, d'où le pluriel ici.

Dialogue

CHAPTER 9

KATE — Actually, Joan, I'm a junior manager for United Chocolate, doing six months' training in Norwich. Christopher Vincent thought I should start on the shop floor *(5)*...

JOAN — Get a little hands-on experience, eh?!

KATE — That expression was used, yes!

JOAN — Well, good luck to you, love!

KATE — Thanks. *(slight pause)* Have you always worked for Norfolk Chocolate, Joan?

JOAN — Yes, I have, as a matter of fact. Best part of *(6)* forty years, can you imagine?!

KATE — You must enjoy working here, if you've stayed that long...

JOAN — Well, it's not easy to change jobs when you don't even have any A-levels *(7)*. But all in all, I've enjoyed it. It's a nice place to work! I preferred it when we made the Nuggets, though. I used to take a bag home for the kids every week!

KATE — My little brother would love that! *(smiles)* So I suppose you'll be here till you retire *(8)* now?

JOAN — No doubt I will, provided they don't close the factory down before then!

KATE — Why do you say that?

JOAN — Oh, come on, Kate, you're a junior manager, you said... You should know how managers function these days. Keeping the shareholders satisfied, that's all they think about!

KATE — Are people afraid that the activity in Norwich might be relocated *(9)*?

)))

---

(8) **(to) retire**, *prendre sa retraite.*

(9) **(to) relocate / (to) be relocated**, *délocaliser ; être délocalisé.*

GETTING SOME HANDS-ON EXPERIENCE

Translation

Joan – Mais bien sûr ! D'abord, Walter Adams vend l'entreprise à United Chocolate, et après deux ou trois ans, nous arrêtons la fabrication des Norfolk Nuggets !

Kate – Mais c'était uniquement une question de logistique…

Joan *(sans écouter la remarque de Kate)* – Ils ont gardé le nom de Norfolk Chocolate, mais pour combien de temps ? Ici, ce n'est plus qu'une unité de production UC comme une autre. Un jour, le nom disparaîtra, cet endroit sera fermé, ils ouvriront une nouvelle usine en Asie ou en Europe centrale, et tout le monde sera au chômage !

(Silence. Joan regarde sa montre.)

Kate – Oui, il est l'heure de retourner au travail. Écoute, Joan, ça m'a vraiment fait plaisir de parler avec vous. Un jour, il faudra qu'on poursuive notre conversation !

Joan – OK, pas de problème. Quand tu voudras !

Dialogue

CHAPTER 9

Joan — Of course they are! First Walter Adams sells the company to United Chocolate and then after a couple of years, we stop making Norfolk Nuggets!

Kate — But that was only for reasons of logistics...

Joan *(ignoring Kate's remark)* — They've kept the name Norfolk Chocolate, but for how long? This place is just another UC production plant. One day, the name will go, this place'll be closed down, they'll open a new factory in Asia or Central Europe, and everyone will be on the dole *(10)*!

(Pause. Joan looks at her watch.)

Kate — Yes, it's time to get back to work. Look Joan, I've really enjoyed talking with you. We must continue our conversation one day!

Joan — OK, love. No problem. Whenever you like!

Notes

(10) **on the dole**, *au chômage*. L'expression argotique **(to) be on the dole** s'emploie au Royaume-Uni depuis la première guerre mondiale à peu près, époque où le nombre de chômeurs a commencé à grimper. Le verbe **(to) dole out** signifie *distribuer* (*argent, nourriture*, etc.)

Working-class heroes (et fiers de l'être !)

Le dialogue qui a lieu entre Kate et Joan dans la cantine de l'usine est intéressant, car beaucoup de choses séparent ces deux "collègues". Leur âge et leur niveau d'études bien sûr, mais aussi, sans doute, leur classe sociale : on peut deviner que les parents de Kate appartiennent à la classe moyenne, alors que Joan, avec ses "presque quarante ans" de travail à la production, revendiquerait certainement son appartenance à la **working class**.

Si on se fie aux clichés habituels, on dira que Joan boit du thé plutôt que du café ; qu'elle appelle Kate **love** (si la scène se passait dans le nord-est de l'Angleterre, ce serait plutôt **pet**) et qu'elle comprend très vite – à sa façon de parler – que la jeune nouvelle n'est pas **"your average factory girl."** Kate, jeune femme intelligente et cultivée, ne manquera pas de relever cette expression, **factory girl** (qui sonne bien, comme un titre de chanson ou de film !)[1] et la connotation très "classe ouvrière" qu'elle revêt. Peut-être même pensera-t-elle à la célèbre chanson de John Lennon **"Working class hero"**.

Il semblerait bien, d'ailleurs, qu'une majorité de Britanniques se considère comme **working class** : 57 % d'entre eux, selon le **National Centre for Social Research**, qui a publié en janvier 2007 les résultats de son **British social attitudes survey**. On peut s'en étonner à une époque où les hommes politiques au Royaume-Uni ont plutôt tendance à parler d'une **"classless society"** (vive la méritocratie !). John Prescott, ancien vice-premier ministre britannique, a même estimé que ses concitoyens étaient tous **middle class** ! Étonnant également, ce chiffre de 57 %, lorsqu'on regarde quelques statistiques concernant l'économie de ce pays. En effet, d'après le système officiel de classification sociale des citoyens selon leur emploi, seulement 30 % environ des Britanniques sont des **blue-collar workers** dans le sens traditionnel du terme. En plus, environ 80 % des **workers** britanniques travaillent dans le secteur tertiaire (services), moins de 20 % dans le secteur industriel (**manufacturing**), avec à peine 1 % de la population active employé dans l'agriculture.

John Lennon avait sans doute tout compris déjà quand il chantait : **"A working-class hero is something to be"** !

[1] **Factory girl** : film de George Hickenlooper (2006), qui en fait, n'a rien à voir avec le sujet abordé ici puisqu'il est question de "The Factory", l'atelier d'Andy Warhol. Deux chansons, l'une des Rolling Stones et l'autre du **folksinger** anglais, Ralph McTell, portent également ce titre. Et là, au contraire, nous avons deux portraits, dans un style différent, de **"your average factory girl"**.

— DOCUMENT —

Occupational safety and health

Before "putting Kate to work on the production line," Christopher Vincent gives her some documents to read about occupational safety and health. He wants to make sure that she is fully aware of the safety hazards present in any factory and of a few basic guidelines, rules and regulations which must be followed. After reading them, her curiosity takes her to the website of the Health and Safety Executive, where she finds this information relating specifically to the chocolate industry: www.hse.gov.uk.

Food manufacture - Chocolate and sugar confectionery manufacture

INJURY RATE COMPARISONS

Injury incidence rates (i.e. injuries per 100,000 workers per year) averaged for the three years 2007/2008-2009/2010 are as follows:

- Chocolate and sugar confectionery: 1,156
- All food and drink industry average: 1,688
- All manufacturing industry average: 988

MAIN CAUSES OF INJURY

- Manual handling and lifting - especially heavy loads or sharp edges
- Slips - mostly due to wet or contaminated floors
- Being struck by objects - mostly falling packages, sometimes hand tools
- Striking against fixed or moveable objects, e.g. plant or stationary vehicles
- Machinery - mainly conveyors but also packaging machines, etc.
- Exposure to harmful substances - burns and scalds from carrying open containers of hot product, manual dispensing of caustic cleaners, etc.

MAIN OCCUPATIONAL ILL HEALTH RISKS

- Musculoskeletal injury from manual handling of boxes, containers, etc.
- Work-related upper limb disorders (WRULDs), e.g. from repetitive packing work
- Noise-induced hearing loss from noisy machinery, e.g. hopper feeds, mould shakers, packaging machinery

INDUSTRY SPECIFIC GUIDANCE

- Food Information Sheet 9 - Priorities for health and safety in the cocoa, chocolate and sugar confectionery industries
- Prevention of dust explosions

— Exercices —

Comprehension

1 What surprises Kate when she starts working on the production line? **2** How might this rather unpleasant aspect which Kate mentions prove to be positive for her? **3** Why does Joan feel that Kate is unlikely to be a student? **4** Why, according to Joan, did Christopher Vincent think that Kate should start on the shop floor? **5** How long has Joan worked for Norfolk Chocolate? **6** Do you think Joan has enjoyed working in the factory? **7** According to Joan, what is the only thing that managers think about these days? **8** According to Joan, what are her fellow production workers afraid of? **9** Do you think that Joan will accept to speak to Kate again?

Translation

1 Pour son premier jour de travail à la chaîne de production, Kate était à côté d'une collègue plus âgée. **2** Joan a dit à Kate qu'il fallait un petit peu plus de temps pour s'habituer à l'odeur envahissante de chocolat. **3** Son travail à l'usine l'a dégoûtée du chocolat, mais elle n'arrive même pas à perdre du poids. **4** Quand on est étudiant, il est bon, pendant les vacances, d'acquérir un peu d'expérience sur le tas. **5** Lorsque Joan est arrivée chez Norfolk Chocolate il y a quarante ans, elle n'a pas eu besoin de période de formation pour travailler à la chaîne de production. **6** En fait, je n'ai pas toujours travaillé pour cette entreprise, car en Angleterre, c'est très facile de changer d'emploi. **7** Mon petit frère aime tellement les Nuggets qu'il resterait bien là jusqu'à ce qu'on ferme l'usine. **8** Quand on est cadre junior, on doit savoir que la direction délocalisera l'activité si les actionnaires le demandent. **9** Pour des raisons de logistique, nous avons dû fermer une usine en Asie et en ouvrir deux dans les pays de l'Europe centrale. **10** Il n'y a pas de problème : tu pourras emmener un sac de chocolat à la maison pour ta petite sœur quand tu voudras.

EXERCISES

CHAPTER 9

Application

*Lisez à nouveau le Document de ce chapitre, "**Occupational safety and health**," puis complétez les phrases qui suivent en utilisant les mots qui vous sont proposés. N'hésitez pas à consulter un dictionnaire pour vérifier les mots que vous ne connaissez pas.*

injury, incidence, averaged, lifting, struck, noisy, scalding, burned, ill, cocoa, packing, prevention

Joan showed Kate how to avoid injuring her back when (**1 ....**) heavy loads.
Several production workers were seriously (**2 ....**) in the explosion.
The hand tool fell off the shelf and (**3 ....**) him on the head.
The plant manager intends to launch a campaign about occupational safety and health, because he believes that (**4 ....**) is always best.
Because of his (**5 ....**), he was unable to return to work after his skiing holiday.
Not only is the machinery dangerous, it is also extremely (**6 ....**).
Chris was quite (**7 ....**) after eating chili con carne in the staff canteen.
When he first started working in the (**8 ....**) department, he would often suffer pains in his arms and shoulders.
If you're not more careful with that boiling water, you'll end up (**9 ....**) yourself!
The shortage of (**10 ....**) on the world market is bound to affect the price of our chocolate in the stores.
Don't forget that the (**11 ....**) figures for the five-year period may hide some big differences from one year to the next.
The (**12 ....**) of industrial accidents has remained reasonably stable over the last few years.

— Solutions proposées —

Compréhension

1 Kate says that she is surprised (taken aback) by the smell of chocolate, which she finds a little "overpowering." **2** She says that the smell might put her off chocolate and she could lose some weight. **3** She feels that it's not the right time of the year for a student to be on vacation. **4** She thinks that it was so she could get a little "hands-on experience." **5** Joan has always worked for Norfolk Chocolate, which, she says, means nearly forty years. **6** Even if it was difficult for her to change jobs, she says that, "all in all," she has enjoyed it, and that it's a nice place to work. **7** She says that "keeping the shareholders satisfied" is all that managers think about these days. **8** She says they're afraid that the activity in Norwich might be relocated. **9** She certainly will, because when Kate suggests this, she replies "no problem, whenever you like."

Traduction

1 For her first day of work on the production line, Kate was next to an older colleague. **2** Joan told Kate that it took a little longer getting used to the overpowering smell of chocolate. **3** Her work at the factory has put her off chocolate, but she can't even (manage to) lose weight. **4** When you're a student, it's good to get some hands-on experience during the vacation (/ holidays). **5** When Joan arrived at (/ joined) Norfolk Chocolate forty years ago, she didn't need a training period to work on the production line. **6** As a matter of fact, I haven't always worked for this firm, because in England, it's easy to change jobs. **7** My little brother loves Nuggets so much that he'd stay here until they closed the factory (down). **8** When you're (/ one's) a junior manager, you (/ one) should know that the management will relocate the activity if the shareholders demand it. **9** For reasons of logistics we('ve) had to close (down) a factory in Asia and open two in Central European countries. **10** There's no problem: you'll be able to (/ you can) take home a bag of chocolate for your little sister whenever you like.

Suggested solutions

Application

1 lifting 2 burned 3 struck 4 prevention 5 injury 6 noisy 7 ill 8 packing 9 scalding 10 cocoa 11 averaged 12 incidence.

Notebook

Translation

Une grève

Kate et son supérieur actuel chez Norfolk Chocolate, Christopher Vincent, responsable du personnel, se rendent en France par l'Eurostar pour assister à une réunion organisée par UC (France) SA à Dijon. Ils discutent de l'expérience "sur le tas" que Kate a acquise en travaillant à la production.

Chris – Eh bien, Kate, est-ce que tu as eu des réponses aux questions que tu te posais quand tu es arrivée pour la première fois à Norwich ?

Kate – Quelles questions, exactement ?

Chris – Tu sais bien ! Comment les ouvriers vivent le fait de ne plus fabriquer des Nuggets. Ce que cela leur ferait si le nom de Norfolk Chocolate venait à disparaître complètement...

Kate – Eh bien, en fait, plusieurs d'entre eux ont exprimé leur crainte de perdre leur emploi si un jour l'usine est délocalisée. L'Europe de l'Est et l'Asie semblaient être les endroits le plus souvent cités.

Chris – Oh, je ne pense pas qu'ils aient besoin de s'inquiéter pour ça. Il n'y a pas grand-chose à gagner en délocalisant la fabrication de produits comme le chocolat. Il est plutôt fragile et encombrant à transporter. La plupart du temps, il est plus logique de le produire près de son marché.

Kate – D'accord. Et le coût de la main-d'œuvre, alors ?

Chris – La main-d'œuvre n'est pas un élément important dans le prix de revient. Et de toute façon, les barres chocolatées ne sont pas des produits dont la vente varie en fonction de leur prix de vente. Souvent, elles ont tendance à être des achats d'impulsion...

Notes

(1) **boss** : même si le premier sens qui vient à l'esprit est *patron* ou **employer**, comme disent les Britanniques, il ne faut pas oublier que ce mot signifie souvent, et plus simplement, *supérieur* ou *chef*.

(2) **hosted** : le nom **host** en anglais signifie *hôte*, bien sûr. Ici le sens de **hosted** n'est guère plus que *accueilli*, *hébergé*, ou *organisé*.

(3) **concern**, *inquiétude*, *souci*. Attention avec ce mot : l'expression **to be concerned** peut être un faux ami et avoir le sens de *être inquiet* plutôt que *être concerné*.

(4) **bulky**, *encombrant*, *volumineux*. Notez bien l'expression **in bulk**, *en gros, en vrac*.

(5) **labour**, *travail*, *main-d'œuvre*. N'oubliez pas qu'en anglais américain, ce mot s'écrit **labor**, comme, par exemple, dans **labor union**, *syndicat*. En anglais britannique : **trade union**, *syndicat*. Le mot **trade** signifie *métier*, ce qui reflète l'organisation traditionnelle par métiers, semblable à des guildes ou des "corps de métier", contrairement à la tradition française, plutôt alignée sur des positions politiques.

— DIALOGUE —

Facing a strike

Kate and her current boss (1) at Norfolk Chocolate, Christopher Vincent, the Personnel Manager, are travelling to France on the Eurostar to attend a meeting hosted (2) by UC (France) SA in Dijon. They are discussing Kate's "hands-on" experience on the shop floor.

CHRIS – Well, Kate, did you find any answers to the questions you were asking when you first arrived in Norwich?

KATE – What questions were those?

CHRIS – You know! What the workers think about not making Nuggets any more. How they'd feel if the name Norfolk Chocolate disappeared altogether…

KATE – Well in fact, several of them expressed their concern *(3)* about losing their jobs if one day the factory is relocated. Eastern Europe and Asia seemed to be the places which were quoted most often.

CHRIS – Oh, I don't think they need to worry about that. There's not much to be gained by relocating the manufacturing of products like chocolate. It tends to be rather fragile and bulky *(4)* to transport. It usually makes more sense to produce it close to its market.

KATE – OK, but what about labour *(5)* costs?

CHRIS – Labour's not a big element in the cost price *(6)*. And anyway, chocolate bars are not particularly price-sensitive *(7)* products. They often tend to be impulse buys *(8)*.   )))

(6) **cost price**, *prix coûtant* (dans le commerce) ou *prix de revient* (ici). Il s'agit de la somme de tous les frais engagés pour produire une unité de bien (ou de service).

(7) **price-sensitive**, *sensible au prix*. Se dit d'un produit dont les ventes vont fluctuer en fonction de la hausse ou de la baisse de son prix. On dit également **price-sensitive information** pour désigner des informations susceptibles d'affecter de façon sensible le cours en bourse d'une action.

(8) **impulse buy** (ou **impulse purchase**), *achat d'impulsion* ou *spontané*. C'est le contraire d'un achat prémédité. Il se décide sur le lieu de vente au moment où le consommateur voit le produit qu'il va acheter. Il s'agit très souvent de petits articles comme les paquets de chewing-gum ou les barres chocolatées, souvent placés à côté des caisses.

── Translation ──

Kate – ... ce qui veut dire que si on en augmente le prix, ça ne gêne personne. Tu parles plutôt comme un responsable du marketing !

Chris – Quand on est manager, Kate, il faut connaître tous les aspects de son entreprise.

Kate – Oui, je sais, je te taquinais ! Mais c'est quand même possible que l'usine ferme tout simplement, sans délocalisation, pour rationaliser la production au Royaume-Uni ?

Chris – Et concentrer la production sur un nombre réduit d'usines, tu veux dire ? Oui, c'est possible... Tout à fait possible, je dirais.

Kate – Donc les ouvriers ont raison d'être inquiets, parce que de toute façon, ils perdront leur emploi ! *(bref silence)* Est-ce qu'il y a parfois des grèves à Norfolk Chocolate, Chris ?

Chris – Ce qui est sûr, c'est que je n'en ai jamais vu, Kate. Si j'ai bien compris, la dernière grève a eu lieu vers la fin des années 70, avant les années Thatcher !

Kate – Plusieurs ouvriers m'ont dit qu'ils n'hésiteraient pas à faire grève si leur usine était menacée de délocalisation ou de fermeture.

Chris – Eh bien, c'est plutôt rassurant, non ? Cela montre leur loyauté envers l'entreprise, envers la marque, envers "leur" usine *(avec un sourire)*. Ce n'est pas leur usine à proprement parler, bien sûr ! *(silence)* Au fait, en parlant de grèves – ou de conflits sociaux, comme nous les appelons plutôt – je suppose que tu es au courant de la nouvelle grève des salariés des transports en commun en France ?

Kate – Oui, j'ai entendu ça à la radio ce matin. Mais ils ont dit que les TGV ne seraient pas touchés.

Chris – Probablement pas. Mais nous devrons encore traverser Paris de la Gare du Nord à la Gare de Lyon. Le RER et le métro seront également perturbés.

Kate – Mais nous allons prendre un taxi, non ?

Chris – Oui, avec les milliers d'autres gens qui normalement prennent le RER ou le métro. Nous aurons de la chance si nous trouvons un taxi !

Kate *(dans un sourire)* – Eh bien, on pourra toujours marcher !

Notes

(9) **(the) Thatcher years** : allusion à Margaret Thatcher qui a été Premier ministre du Royaume-Uni de 1979 à 1990. Elle a réduit de façon significative le pouvoir et l'impact des syndicats, et notamment leurs droits en matière de grève.

(10) **industrial dispute**, *conflit social*. Attention : le mot **conflict** en anglais est en quelque sorte un faux ami. Il a souvent le sens de *conflit armé* entre deux nations, par exemple.

— Dialogue —

CHAPTER 10

KATE — Which means that if you increase the price, nobody minds. You're sounding more like a marketing manager!

CHRIS — When you're a manager, Kate, you have to know about all the aspects of your company.

KATE — Yes, I know, I was just teasing! But isn't it possible that the factory may just close down, without any relocation, in order to rationalise production within the UK?

CHRIS — And concentrate production on a smaller number of plants, you mean? Yes that's possible... Very possible, I would say.

KATE — So the workers are right to be worried, because they'll lose their jobs anyway! *(slight pause)* Are there ever any strikes at Norfolk Chocolate, Chris?

CHRIS — I've certainly never seen one, Kate. From what I gather, the last strike was in the late seventies, before the Thatcher years *(9)*!

KATE — Several workers told me that they wouldn't hesitate to go on strike if their factory was threatened with relocation or closure.

CHRIS — Well that's good, isn't it? It proves their loyalty to the firm, to the brand, to "their" factory. *(smiling)* Strictly speaking, the plant is not theirs, of course! *(pause)* By the way, talking of strikes – or industrial disputes *(10)*, as we tend to call them –, I suppose you know that the French public transport workers have gone on strike again?

KATE — Yes, I heard that on the radio this morning. But they said that the TGV would not be affected.

CHRIS — Probably not. But we still have to get across Paris, from Gare du Nord to Gare de Lyon. The RER and the métro will be disrupted, too.

KATE — But we'll be getting a taxi, won't we?

CHRIS — Yes, along with the thousands of other people who normally take the RER or the métro. We'll be lucky if we can find a taxi!

KATE *(smiling)* — Well, we can always walk!

FACING A STRIKE

―― Pour en savoir plus ――

Moins de syndicats, plus de grèves...

Ce n'est que vers la fin du dialogue de ce chapitre, **Facing a strike**, qu'on se rend compte que la grève à laquelle Kate et Christopher ont à faire face ne concerne pas leur propre entreprise, Norfolk Chocolate, mais les transports en commun français.

Tous ceux qui habitent en France, et en particulier les Parisiens, connaissent ces conflits sociaux qui semblent revenir régulièrement, et, pour beaucoup, un peu trop souvent. Ils ont l'habitude des images des journaux télévisés où on voit des usagers (le mot "clients" n'est que très rarement utilisé !) se plaindre d'être "pris en otage" (le terme est fort) par des syndicalistes, en se lamentant de l'incapacité du "gouvernement" d'instaurer un service minimum.

Ces grèves peuvent affecter la SNCF, le RER, la RATP, ou encore les transports en commun de province (bus, tram et/ou métro selon la ville), sans parler des transporteurs routiers qui décident parfois de bloquer les routes. Elles ont pour motif la défense des fameux acquis sociaux (retraite, salaire, heures de travail, ...) ou du pouvoir d'achat. Ou alors elles sont l'occasion de protester contre le nouvel horaire d'hiver (ou d'été) ou de mettre de la pression sur la direction en anticipation de négociations à venir (le fameux **collective bargaining**, comme disent les Britanniques).

Pour tous ceux qui n'habitent pas en France et ont parfois du mal à comprendre ce qui s'y passe, il est facile d'imaginer que ce merveilleux pays est dominé par de nombreux syndicats, forts de leurs effectifs importants. Cela semblerait logique : plus il y a de syndicats et de syndiqués, plus il y a de conflits sociaux. Mais est-ce vraiment cela, la réalité ?
Même si les statistiques récentes – et surtout fiables – ne sont pas toujours faciles à trouver, on peut prendre le risque d'estimer le taux de syndicalisation en France à moins de 10 % (le plus bas des pays de l'Europe occidentale), alors que celui du Royaume-Uni est probablement passé maintenant sous la barre des 30 %. Ces taux cachent, évidemment, des écarts importants entre le secteur public et le secteur privé. Toutefois, quand on regarde les statistiques sur une période plus ou moins longue, la France compte environ quatre fois plus de jours de grève que le Royaume-Uni.

On peut certainement discuter longtemps des raisons de cette contradiction manifeste. Contentons-nous de dire que la France – "heureusement !" diraient beaucoup – n'a jamais connu de Margaret Thatcher.

Industrial relations

Industrial relations, usually referred to in the USA as labor relations, are concerned with the relationship between management, on the one hand, and workers, often grouped together in **trade** (or **labor**) **unions**, on the other. They are thus at the very heart of human resources or personnel management.

In most countries, these relations are carried on within the framework established by employment (or labor) law. Such legislation is designed to protect the rights not only of the workers, but also of the employers, since both parties – or **stakeholders**[1], as we might now call them – have much to gain from successful collaboration.

Industrial relations are based on a process known as **collective bargaining**, in which trade unions negotiate with management such issues as **wages** (or salaries), working hours, terms and conditions of employment and **dismissal**, etc. In a factory, at **shop-floor** level, as we say, the workers (or the union members, at least) elect representatives known as **shop stewards**.

Should this bargaining process *break down*, however, and arrive at a deadlock, the union will often resort to industrial action and an industrial dispute (as Christopher Vincent would say) will occur. There exists, however, in the UK, the Advisory, Conciliation and Arbitration Service (ACAS), whose services may be used to help solve difficult disputes or, even better, to avoid them *breaking out* in the first place.

We tend to think of the expression "industrial action" as a euphemism for **"strike"**, and there is no doubt that this is indeed the most popular form of action. Other possibilities exist, including the **go-slow**, the work-to-rule, the **overtime ban** and even the occupation of the factory. It is true, however, that most of the variations we could mention involve in some way or other an organised refusal of employees to work.

The rate of unionisation in the UK is quite high compared with that of France, for example, but much lower than that of several Northern European countries like Denmark, Sweden or Finland. It should be stressed, however, that the number of union members in Great Britain has dropped considerably since the 1980s, but now remains relatively stable.

This fall in membership can be explained not only by the pressure which Margaret Thatcher put on the trade union movement, but also by the changing face of the working population in the UK. Industrial or **blue-collar workers** are now in the minority and the number of public sector employees has shrunk beyond recognition. Both of these categories were big suppliers of union members. At the same time, the number of **white-collar workers** in the service industries and female employees – categories where union membership is traditionally low - has increased substantially. These various factors have contributed to reducing the ranks of the unions.

[1] stakeholders : mot dérivé de **stake**, *enjeu*, qui désigne les différentes parties prenantes d'une entreprise. Ces dernières peuvent être internes (dirigeants et employés) ou externes (clients, fournisseurs, collectivités locales, etc.), sans oublier les investisseurs et les actionnaires.

— EXERCICES —

Comprehension

1 Why are Kate and Christopher travelling to France? **2** Did Kate find any answers to the questions she was asking during her spell on the shop floor? **3** Where do several workers fear that their factory will be relocated? **4** What reasons does Christopher give to justify his remark that the Norfolk Chocolate workers should not be concerned about relocation? **5** Explain what Christopher means when he says that chocolate bars are not particularly "price-sensitive products." **6** Do you think we can infer, from what is said in this dialogue, that United Chocolate intends to close its plant in Norwich one day? **7** Are there currently many strikes at the Norfolk Chocolate factory? **8** Does Kate already know that the French public transport workers are on strike? **9** According to Christopher, why may it be difficult to get a taxi to cross Paris?

Translation

1 Quand je suis arrivé pour la première fois à Dijon, je me suis posé beaucoup de questions sur la France. **2** Le supérieur actuel de Kate se rend souvent en Europe de l'Est et en Asie. **3** Trouvez-vous logique de faire venir un produit aussi encombrant et si peu cher de la Chine ou du Japon ? **4** Le pain ne peut pas être considéré comme un achat d'impulsion ; en plus, c'est un produit dont les ventes varient beaucoup en fonction du prix ! **5** Je suis peut-être responsable du marketing, mais ça ne veut pas dire que je connais tous les aspects de mon entreprise ! **6** La Direction envisage de fermer ses usines en France à cause du coût élevé de la main-d'œuvre. **7** Dans les années 70, avant l'époque de Margaret Thatcher, il y avait plus de conflits sociaux au Royaume-Uni qu'en France. **8** Si les ouvriers continuent de faire grève, ils finiront par perdre leur emploi. **9** J'ai vu à la télévision ce matin que ni le métro, ni le RER ne seraient touchés par le conflit. **10** Si on ne trouve pas de taxi, je crois qu'il faudra marcher !

— Exercises —

CHAPTER 10

Application

*Regardez à nouveau le Document de ce chapitre (**Industrial relations**). Vous verrez que douze mots ou expressions sont en caractères gras. Trouvez ci-dessous dans la colonne de droite la définition qui correspond à chacun de ces mots ou expressions (colonne de gauche).*

Mot ou expression		Définition
1 trade union	**A**	Person employed in industry, whose work is usually manual.
2 stakeholder	**B**	Type of industrial action in which workers hinder productivity by not respecting the normal speed of working.
3 collective bargaining	**C**	Organised refusal on the part of employees to work until some problem has been solved.
4 wages	**D**	In industry, the production level of manufacturing, i.e. the workshop, the production line, etc.
5 dismissal	**E**	Fixed regular payment to an employee by an employer, traditionally on a weekly basis.
6 shop floor	**F**	Association of workers, formed to protect and further their rights and interests.
7 shop steward	**G**	Termination of the employment of a worker by his employer, normally for dishonourable reasons.
8 strike	**H**	Somebody who does clerical or administrative work, often in the public sector.
9 go-slow	**I**	Process in which employees, represented by trade unions, negotiate with their management or employers.
10 overtime ban	**J**	Union member elected by workers in a factory to represent them in negotiations with management.
11 blue-collar worker	**K**	Someone with an interest in a business, who stands to benefit from its success.
12 white-collar worker	**L**	Refusal by employees to work beyond the regular number of hours, even in return for payment.

— Solutions proposées —

Compréhension

1 They are going to Dijon to attend an important meeting hosted by UC (France) SA. 2 Yes she probably did, because she says that several workers expressed their concern about losing their jobs if one day the factory is relocated. 3 They fear that their factory will be relocated to Eastern Europe or Asia. 4 He says that there's not much to be gained by relocating the manufacturing of products like chocolate, because it tends to be rather fragile and bulky to transport. It therefore makes more sense to produce it close to its market. 5 He means that the consumer does not pay too much attention to changes in their price. 6 Yes, I think we probably can. Christopher says: "Yes, that's possible... Very possible, I would say." 7 No, there aren't. The last one dates back to the late seventies. 8 Yes she does. She says she heard it on the radio this morning. 9 He says that thousands of other people who normally take the RER or the métro will also be trying to get one.

Traduction

1 When I first arrived in Dijon (/ arrived in Dijon for the first time), I asked myself a lot of questions (about France). 2 Kate's current boss often travels to Eastern Europe and Asia. 3 Do you think it's logical to bring a product which is so bulky and really quite inexpensive from China or Japan? 4 Bread cannot be considered as an impulse buy; what's more, it's a very price-sensitive product. 5 I may be the Marketing Manager, but that doesn't mean that I know all the aspects of my firm. 6 The company is thinking of closing down its factories in France because of the high cost of labour. 7 In the seventies, in the pre-Margaret Thatcher days, there were more industrial disputes in the United Kingdom than in France. 8 If the workers continue to (be on) strike (/ continue striking), they'll end up losing their jobs. 9 I saw on the television this morning, that neither the metro, nor the RER will be affected by the dispute. 10 If we can't find a taxi, I think we'll have to walk.

Suggested solutions

CHAPTER 10

Application

1	F
2	K
3	I
4	E
5	G
6	D
7	J
8	C
9	B
10	L
11	A
12	H

Notebook

TRANSLATION

Développement de carrière

Kate et Christopher attendent dans le salon Eurostar de la Gare du Nord à Paris, sur le chemin du retour de Dijon. Christopher vient de revenir du magasin, portant un grand sac qui semble contenir deux ou trois bouteilles de vin.

KATE – Alors, qu'est-ce que tu as acheté, Chris ?

CHRIS – Oh, juste deux ou trois bouteilles de Champagne.

KATE – Pas vraiment typique de la Bourgogne, hein ?

CHRIS – Peut-être pas, mais beaucoup moins cher que ce qu'on peut trouver chez Tesco ou chez Sainsbury ! *(bref silence)* Et toi, Kate, qu'est-ce que tu as acheté ?

KATE – J'ai juste acheté un assortiment de moutardes de Dijon.

CHRIS – De la moutarde de Dijon ?! Tu vas être fusillée à Norwich, si on te voit avec ça ! *(silence)* Au fait, comment tu as trouvé notre réunion, Kate ?

KATE – J'ai été très impressionnée. C'est étonnant de voir à quel point tout le monde parle bien l'anglais : les cadres, leurs assistants, même certains ouvriers quand nous avons fait le tour de l'usine !

CHRIS – Ma foi, ils sont bien obligés, n'est-ce pas, s'ils fabriquent les Norfolk Nuggets?! *(avec un sourire)* Non, sérieusement, UC France, comme la plupart des entreprises françaises, dépense beaucoup d'argent pour la formation professionnelle, et une de leurs priorités est l'enseignement de l'anglais à leurs employés. N'oublie pas que l'anglais est la langue de travail officielle de United Chocolate.

KATE – Je me demande ce que les gens à Norwich diraient s'ils étaient obligés d'apprendre le français !

CHRIS – Je me demande... Remarque, des cours d'anglais ne feraient sans doute pas de mal non plus à certains de nos salariés !

KATE – Tu sais, Chris, il y a des moments où tu peux être <u>très</u> cynique...

Notes

(1) career development : *le développement de carrière* (ou *professionnel*), ou *réalisation du plan de carrière*, par la formation et le perfectionnement.

(2) Burgundy, *Bourgogne*. Cette région est connue dans le monde entier pour ses vins prestigieux. Le Champagne, comme son nom l'indique, ne vient pas de cette région !

(3) Tesco's or Sainsbury's : deux importantes chaînes de supermarchés au Royaume-Uni. Tesco Plc est actuellement le numéro 1 britannique et le numéro 3 mondial, derrière Wal-Mart (USA) et Carrefour (France). J. Sainsbury Plc a été le numéro 1 au Royaume-Uni jusqu'en 1995 mais il est maintenant devancé non seulement par Tesco, mais également par Asda, qui fait partie du Groupe Wal-Mart.

— Dialogue —

CHAPTER 11

Career development *(1)*

Kate and Christopher are waiting in the Eurostar lounge at Gare du Nord in Paris, on their way back from Dijon. Christopher has just returned from the shop carrying a large bag which apparently contains two or three bottles of wine.

Kate — So what did you buy, Chris?

Chris — Oh, just a couple of bottles of Champagne.

Kate — Not very typical of Burgundy *(2)*, is it?!

Chris — Maybe not, but a lot cheaper than you'll find it in Tesco's or Sainsbury's *(3)*! *(slight pause)* And what did you buy, Kate?

Kate — I just bought a selection of Dijon mustard.

Chris — Dijon mustard?! You'll be shot in Norwich *(4)* if they see you with that! *(pause)* What did you think of the meeting by the way, Kate?

Kate — I was very impressed. It's amazing how well everybody speaks English: the executives, their assistants, even some of the workers when we toured the factory!

Chris — Well, they have to, don't they, if they manufacture Norfolk Nuggets?! *(smiling)* No, seriously, UC France, like many French companies, spends a lot of money on professional training, and one of their priorities is teaching their employees to speak English. Remember, English is the official working language of United Chocolate.

Kate — I wonder what the people in Norwich would say if they had to learn French!

Chris — I wonder... Mind you, some of our workers could probably benefit from some English classes, too!

Kate — You know, Chris, at times you can be <u>very</u> cynical...   )))

---

(4) **You'll be shot in Norwich** : Christopher fait sans doute allusion à la célèbre marque de moutarde anglaise, Colman's, qui tout à fait par hasard, est fabriquée à Norwich !

CAREER DEVELOPMENT 117

Translation

Chris *(souriant)* – N'oublie pas, Kate, que tu parles à ton supérieur ! *(silence)* Donc, à part la qualité de l'anglais, comment tu as trouvé la réunion ?

Kate – J'ai été impressionnée par l'importance qu'ils attachent au développement professionnel. La façon dont ils cherchent constamment à évaluer les compétences de leurs employés, et à trouver des solutions de formation professionnelle adaptées à leurs besoins.

Chris – Oui, c'est vrai qu'ils dépensent beaucoup d'argent, et ont l'air de faire du bon boulot. Les entreprises françaises sont même obligées de payer une taxe, un certain pourcentage de la masse salariale, pour financer l'enseignement professionnel au niveau de la formation initiale. Ou elles peuvent choisir de donner de l'argent directement à certaines institutions…

Kate – La fameuse taxe d'apprentissage. Quelqu'un m'a dit qu'ils donnent même de l'argent à l'école de management local, qui est censée être très bonne.

Chris – Mmm… Nous prenons parfois leurs élèves en stage à Norwich.

Kate – Je sais qu'il t'arrive d'être un peu anti-français, Chris – sauf pour le Champagne, bien sûr ! –, mais il y a peut-être des choses qu'ils peuvent nous apprendre au sujet du développement de carrière, non ?

Chris – Oh, absolument ! Il est vrai qu'en Angleterre, notre approche du problème a tendance à être un peu moins "dirigiste", mais je t'avais bien dit que nous allions à Dijon pour essayer d'apprendre… Que je voulais que tu travailles sur un projet concernant le développement professionnel… Que tu fasses un peu d'évaluation de compétences auprès de certaines catégories de salariés pour voir quel développement nous pouvons leur offrir.

Kate – Ça a l'air intéressant !

Chris – Utile, aussi, si jamais nous décidions de fermer l'usine !

Kate – Cynique, tu vois ! *(bref silence)* Je commence quand, Chris ?

Chris – Je t'envoie une note de service demain. *(il regarde l'écran)* Ah, on dirait qu'on peut embarquer.

Notes

(5) payroll, *masse salariale*. Le sens de **payroll** ici est la somme totale des salaires versés aux employés d'une entreprise sur une période donnée.

(6) dirigiste : Christopher semble vouloir montrer à Kate sa connaissance de la politique économique française et du français tout court !

(7) skills assessment, *évaluation* (ou *bilan*) *des compétences*. C'est le point de départ incontournable pour tout développement professionnel.
De toute façon, ce mot français signifiant **in favour of a centrally-planned economy** n'a pas vraiment d'équivalent en anglais. Signe, sans doute, qu'il s'agit bien d'un concept français !

Dialogue

CHAPTER 11

CHRIS *(smiling)* – Don't forget, Kate, that you're speaking to your boss! *(pause)* So apart from the quality of the English, what did you think of the meeting?

KATE – I was impressed by the importance they attach to career development. The way they constantly seek to assess employees' skills, and find appropriate professional training solutions adapted to their needs.

CHRIS – Yes, they certainly spend a lot of money, and seem to do a good job. French companies even have to pay a tax, a certain percentage of their payroll *(5)*, to finance vocational training at school or university level... Or they can choose to give money directly to certain institutions...

KATE – The famous "taxe d'apprentissage." Someone said they even give money to the local school of management, which is supposed to be very good.

CHRIS – Mmm... We sometimes take their students on placement in Norwich.

KATE – I know you can be a little anti-French, Chris – apart from the Champagne, of course! – but there may be some things they can teach us about career development, don't you think?

CHRIS – Oh, absolutely! It's true that in England, our approach to the problem tends to be a little less "dirigiste" *(6)*, but I did tell you that we were going to Dijon to try and learn... That I wanted you to work on a project concerned with career development... To do some skills assessment *(7)* of certain categories of employees and see what development we can offer them.

KATE – Sounds interesting!

CHRIS – Useful too, if ever we did decide to shut down the factory!

KATE – Cynical, you see...! *(slight pause)* When do I start, Chris?

CHRIS – I'll send you a memo *(8)* tomorrow. *(looking at the display screen)* Ah, it looks as if we can board...

)))

(8) **memo**, *note de service*. Peut-on dire à l'âge du tout informatique que le **memo(randum)** existe toujours ? Certainement ! Pour le type de mission que Christopher compte confier à Kate, il lui enverra électroniquement, mais en fichier attaché, une note de service détaillée, en mettant en copie ses supérieurs.

— POUR EN SAVOIR PLUS —

Formation ou Learning

Dans le domaine de la formation professionnelle continue (FPC), de nombreuses différences existent entre la France et le Royaume-Uni. Quoi de plus normal ? Les dispositifs mis en place et les pratiques courantes ne sont que le reflet de deux systèmes politiques, sociaux et – surtout – économiques assez éloignés, voire de deux cultures différentes. On serait même tenté de dire que ces différences ont une valeur d'illustration des "philosophies" respectives de ces deux pays voisins.

Le site web du Centre INFFO ("Information sur la formation tout au long de la vie") nous explique qu'en France "la formation professionnelle continue mobilise l'État, les conseils régionaux, ainsi que les entreprises, les organismes de formation publics et privés, les organisations professionnelles, syndicales et familiales". Cela veut dire qu'il existe un cadre législatif très précis, et les différents dispositifs permettent aux salariés français de bénéficier de formations en alternance, de congés individuels de formation, de contrats ou périodes de professionnalisation. On reconnaît même le droit individuel à la formation. Pas surprenant, donc, que le marché de la FPC soit important dans l'économie française : plus de 25 milliards d'euros en 2005, soit environ 1,5 % du PIB.

Au Royaume-Uni, en l'absence de ce cadre législatif, qui oblige les entreprises à se soucier de la formation de leurs employés, la notion de droit individuel n'existe pas. En revanche, l'initiative de formation est, elle, plutôt individuelle. Il est intéressant de noter, d'ailleurs, que le terme "formation tout au long de la vie" se traduit en anglais par **"life-long learning"** ! Ce qui n'empêche pas beaucoup d'entreprises, cependant, de prendre l'initiative de la formation (ou de l'apprentissage !) de leurs salariés, mais de façon volontaire. Oui, "volontaire" semble être ici le mot-clé. Le gouvernement britannique a introduit en 2007 ce qui s'appelle **"The Skills[1] Pledge"** ("Promesse/Garantie de Compétences"), qui est présenté de la façon suivante :

(...) a voluntary, public commitment by the leadership of a company or organisation to support all its employees to develop their basic skills, including literacy and numeracy, and work towards relevant, valuable qualifications to at least Level 2 (equivalent to 5 good GCSEs). The purpose is to ensure that all staff are skilled, competent and able to make a full contribution to the success of the company/organisation.

Quelle que soit l'approche de la question de la FPC, de toute façon, l'objectif fondamental reste le même : permettre aux employés d'améliorer leurs compétences, afin qu'ils puissent mieux contribuer à la réussite de leur entreprise ou organisation.

[1] **skills** : ce mot signifie *compétences* plutôt "pratiques" par opposition à **"knowledge"**, *les connaissances* théoriques.

— Document —

Internal memorandum

Norfolk Chocolate Ltd
A *United Chocolate* **company**

MAILBOX	
From:	Christopher VINCENT, Personnel Manager
Sent:	Wednesday, September 02, 2011, 17:57
To:	Kate HEWITT, Junior Manager cc: Bill HAYWARD, Alexander SPENCER-JONES
Subject:	Career development / Skills assessment project

Further to our recent conversation, I confirm that I would like you to start work as soon as possible on the Career development / Skills development project.

This project will need to be carried out in two stages:
1) Organise assessment interviews with all production workers aged 55 or less in order to try to evaluate whether their skills and qualifications correspond to the position occupied in the factory.
2) Write a report presenting your findings, broken down according to gender, age and type of work, and making proposals for training, in the case of under-qualification, and career development, should you find cases of over-qualification.

I realise that this is an ambitious and time-consuming project, but I would like you to submit your final report to me within three months. Let's say by December 1st at the latest. I will be happy to assist you in any way I can, and will ask Maria Lopez, our current trainee from Spain, to work full time with you.

Good luck, Kate!

Christopher VINCENT
Personnel Manager

— EXERCICES —

Comprehension

1 Where does Chris buy some Champagne to take back to England with him? **2** Does Kate buy something typical of Burgundy? **3** What did Kate find amazing in Dijon? **4** What reason does Chris give to explain why UC France spends a lot of money on teaching its employees to speak English? **5** Apart from the quality of the English, what else impressed Kate? **6** According to Chris, what are French companies obliged to do? **7** Has Chris heard of the Management School in Dijon? **8** What sort of project does Chris want Kate to work on when they get back to Norwich? **9** What does Chris say which makes Kate repeat her remark about his being "cynical"?

Translation

1 Kate revenait du magasin avec un petit sac qui contenait sans doute de la moutarde de Dijon. **2** Chris serait fusillé à Dijon, si on le voyait avec des bouteilles de Champagne ! **3** Au fait, comment tu l'as trouvé, ce vin de Bourgogne que nous avons bu à Dijon ? **4** Les entreprises françaises sont souvent obligées de parler anglais quand la société mère est britannique ou américaine. **5** On se demande ce qui se passerait si les Britanniques ou les Américains devaient utiliser une autre langue dans l'entreprise ! **6** Même si on a beaucoup d'argent à dépenser, il faut essayer de trouver des solutions adaptées. **7** Je sais que tu es un peu anti-français, Chris, mais les élèves de cette école de management sont très bons. **8** Il voulait qu'elle travaille sur un projet concernant l'évaluation des compétences et le développement de carrière des femmes dans l'entreprise. **9** Ça a l'air très intéressant, Chris, mais je ne pourrai jamais commencer demain. **10** C'est un projet très utile, surtout si United Chocolate décide de fermer certaines unités de production.

EXERCISES

CHAPTER 11

Application

Regardez à nouveau le Document du Chapitre 10 (Industrial relations). Vous verrez que deux expressions sont en italiques. Break down et break out sont des verbes à particule (phrasal verbs). Dans cet exercice, il faut compléter les phrases avec la particule appropriée (voir liste ci-dessous). Mais attention, certaines particules devront être utilisées plus d'une fois. Vous aurez peut-être besoin d'un dictionnaire.

down, even, in, loose, off, open, out, up

Chris was late arriving at work this morning. He told Kate that his car had broken **(1 ....)**.

When he saw the state of his office, he realised that someone must have broken **(2 ....)** during the night.

When he phoned his wife to tell her about his dismissal, she broke **(3 ....)** and started crying.

If she'd told me that her marriage was breaking **(4 ....)**, I wouldn't have given her a warning about her performance.

The key to the cupboard was in my briefcase which got stolen in London. I think we're going to have to break it **(5 ....)**.

If my boss finds out what happened all hell will break **(6 ....)**.

I wish you'd break **(7 ....)** the sales figures region by region so that we can see where the problem is.

They're already ahead of their business plan and should break **(8 ....)** during the third quarter.

She'll probably be coming into work later now that her children have broken **(9 ....)** for summer.

United Chocolate broke **(10 ....)** their negotiations with the Weng-Shu Candy Corporation when it was revealed in the press that the Chinese firm had also been talking to UC's principal rival.

We are having difficulty buying sufficient quantities of cocoa now that fighting has broken **(11 ....)** in that part of Central America.

I'm told that the discussions between the management and the trade unions may break **(12 ....)** if neither party is prepared to make concessions.

SOLUTIONS PROPOSÉES

Compréhension

1 He buys some in the shop in the Eurostar lounge at Gare du Nord in Paris. **2** Yes, she buys a selection of mustard from Dijon. **3** She found it amazing how well everybody spoke English. **4** He says that UC France has to do this because the official working language of United Chocolate is English. **5** Kate was also impressed by the importance they attach to career development. They constantly seek to assess employees' skills, and find appropriate professional training solutions adapted to their needs. **6** Chris says that French companies are obliged to spend a certain percentage of their payroll on professional training, or else the money goes to the government in the form of tax. **7** Yes, he has. He says that they sometimes take their students on placement in Norwich. **8** He wants Kate to work on a project concerned with career development. **9** He says that this project will be useful if ever they decide to shut down the factory.

Traduction

1 Kate had just come (/ was coming) back from the shop holding a small bag which no doubt contained Dijon mustard. **2** Chris would be (/ would get) shot in Dijon if he were seen with bottles of Champagne. **3** By the way, what did you think of that Burgundy (wine) we drank in Dijon? **4** French firms are often forced (/ obliged) to speak English when their parent company is British or American. **5** You wonder what would happen if the British or the Americans had to use another language in the firm (/ at work!) **6** Even if we have plenty of money to spend, we have to try and find solutions which are appropriate. **7** I know you're a little anti-French, Chris, but the students from that Management School are very good. **8** He wanted her to work on a project concerning skills assessment (/ evaluation) and career development for the women in the firm. **9** That sounds interesting, Chris, but I'll never be able to start tomorrow. **10** It's a very useful project, especially if United Chocolate decides to close certain production units.

Suggested solutions

Application

1. down
2. in
3. down
4. up
5. open
6. loose
7. down
8. even
9. up
10. off
11. out
12. down

Notebook

Un emploi mal payé..?!

Kate avance bien avec le projet "développement professionnel et bilan de compétences" que son supérieur, Christopher Vincent, lui a demandé d'entreprendre. Ce matin, elle a un entretien d'évaluation avec une ouvrière de 22 ans qui s'appelle Rachel Barker. On frappe à la porte.

Kate – Entrez !

Rachel – Bonjour. J'espère que je ne suis pas en retard.

Kate – Non, pas du tout. On avait dit 9 h 15, n'est-ce pas ?

Rachel – Je pense, mais je n'étais pas sûre. *(bref silence)* Ça me fait plaisir de te revoir, Kate !

Kate *(surprise)* – Je suis désolée, je ne crois pas que...

Rachel – Tu ne me reconnais pas ?! On était au lycée ensemble, à Cambridge...

Kate – Rachel Edwards...?

Rachel – C'était mon nom à l'époque, oui !

Kate – Oh, c'est incroyable ! Je suis désolée... Je ne t'avais pas reconnue ! Tu as changé, dis donc !

Rachel – Toi aussi, Kate. Mais je t'ai quand même reconnue !

(rires)

Kate – Tu sais, Rachel, je regardais le questionnaire que tu as rempli, et je me demandais... *(elle hésite)*

Rachel – ... comment ça se fait que j'aie un emploi aussi ennuyeux et mal payé...?

Kate *(un peu gênée)* – Eh bien, je veux dire, tu as obtenu ton bac avec un bon niveau. Tu aurais pu...

Rachel – ... aller à l'université ? À l'origine c'était l'idée, bien sûr, et puis j'ai rencontré James, qui travaillait à Norwich, et nous nous sommes mariés, puis nous avons eu notre premier enfant.

Kate – Et tu n'as pas de regrets ?

Notes

(1) appraisal : synonyme d'assessment. (To) appraise, *évaluer*.

DIALOGUE

CHAPTER 12

A low-paid job?!

Kate is making good progress on the career development and skills assessment project that her boss, Christopher Vincent, asked her to undertake. This morning she has an appraisal (1) interview with a 22-year-old production worker called Rachel Barker. There's a knock on the door.

KATE — Come in!

RACHEL BARKER — Good morning. I hope I'm not late.

KATE — No, not at all. We said 9.15, didn't we?

RACHEL — I think so, but I wasn't sure. *(slight pause)* It's nice to see you again, Kate!

KATE *(taken aback)* — I'm sorry, I don't think...

RACHEL — You don't recognise me?! We used to go to school together, in Cambridge...

KATE — Rachel Edwards...?

RACHEL — I was then, yes!

KATE — Oh, how wonderful! I'm sorry... I didn't recognise you! You've changed!

RACHEL — So have you, Kate. But I still recognised you!

(laughter)

KATE — You know, Rachel, I was looking at the questionnaire you filled in and I was wondering... *(she hesitates)*

RACHEL — ... how come I'm doing such a boring, low-paid job...?!

KATE *(a little embarrassed)* — Well, I mean, you do have three good A-levels. You could have...

RACHEL — ... gone to university?! That was the idea to begin with, of course, but then I met James, who worked in Norwich, and we got married and had our first child...

KATE — And you don't have any regrets?

)))

Translation

Rachel – Pas du tout ! J'ai un super mari, deux beaux enfants... Au début, je devais rester à la maison pour élever les enfants, mais nous n'arrivions pas à joindre les deux bouts, avec le crédit immobilier et tout le reste. Alors je suis venue travailler ici !

Kate – Et ça te plaît ?

Rachel – Tout à fait ! Je suis très claire là-dessus, Kate. Il y a une super ambiance ici ! Je n'aime pas trop Christopher Vincent, mais je n'ai pas souvent affaire à lui.

Kate *(souriant)* – Mais tu n'aurais pas pu trouver un meilleur emploi avec tes qualifications ?

Rachel – Quelles qualifications ? Toi, tu en as, des qualifications, j'en suis sûre, Kate. Mais moi, je n'en ai pas ! Et de toute façon, il fallait qu'on reste à Norwich. C'est une ville très agréable à vivre, mais à part chez Norfolk Chocolate et Colman's Mustard, il y a très peu d'emplois disponibles.

(bref silence)

Kate – Tu as dit tout à l'heure, Rachel, que tu avais un emploi ennuyeux et mal payé. En effet, je suis sûre que ça doit être ennuyeux au bout d'un moment... Je l'ai fait moi-même pendant deux ou trois semaines! Alors comme ça, tu penses vraiment que tu n'es pas assez payée ?

Rachel – Tu dois savoir combien nous gagnons, non ?

Kate – Oui, c'est vrai. Beaucoup de tes collègues ont également évoqué ce problème.

Rachel – Donc voilà !

Kate *(elle hésite un instant)* – On devrait vraiment dîner ensemble un de ces jours.

Rachel – Avec plaisir. Il faudrait que tu viennes à la maison. Rencontrer la famille !

Kate – Super ! Enfin, il va quand même falloir que je te pose quelques questions. Pour l'entretien d'évaluation, comme prévu !

Rachel – Vas-y, Kate !

Notes

(2) **(to) make ends meet** : l'expression en français est presque la même : *joindre les deux bouts*.

(3) **mortgage** : le sens précis du mot est *hypothèque*. Quand les Britanniques vous parlent de leur **mortgage**, ils entendent leur *prêt* ou *crédit immobilier*. Comme partout, bien sûr, leur maison reste hypothéquée tant que le prêt n'est pas complètement remboursé.

(4) **precious little** : expression idiomatique qui signifie *pas beaucoup de, très peu de, guère de*.

(5) **fire away** : se dit quand on est prêt à répondre aux questions de quelqu'un et que ce dernier peut commencer. Le sens réel est plutôt guerrier : *Allez, feu !*

Dialogue

CHAPTER 12

Rachel — Not at all! I have a super husband, two beautiful kids... At first, I was going to stay at home and bring up the children, but we just couldn't make ends meet *(2)*, with the mortgage *(3)* and everything. So I came to work here!

Kate — And do you enjoy it?

Rachel — Absolutely! Don't get me wrong, Kate. There's a fantastic atmosphere here! I don't like Christopher Vincent too much, but I don't have much to do with him!

Kate *(smiling)* — But couldn't you have found a better job, with your qualifications?

Rachel — What qualifications?! You have qualifications, I'm sure, Kate. But I don't! And anyway, we had to stay in Norwich. It's a great place to live, but apart from Norfolk Chocolate and Colman's Mustard, there's precious little *(4)* work going.

(slight pause)

Kate — You said something just now, Rachel, about doing a boring, low-paid job. I'm sure it must be boring after a while... I did it myself for a couple of weeks! So you think you're not paid enough?

Rachel — You must know how much we earn, surely?

Kate — Yes, I do. A lot of your colleagues have mentioned the problem too.

Rachel — So there you are!

Kate *(slight hesitation)* — We really ought to get together for dinner some time.

Rachel — I'd love to. You must come round to my place. Meet the family!

Kate — Great! Anyway, I'm still going to have to ask you a few questions. For the assessment interview, as planned!

Rachel — Fire away *(5)*, Kate!

Salaire minimum

En France, lorsqu'on entend parler de "salaire minimum", le terme "SMIC" vient inévitablement à l'esprit. En effet, ce sigle – SMIC – signifie "Salaire Minimum Interprofessionnel de Croissance", dispositif créé le 2 janvier 1970 en application d'un décret du premier ministre de l'époque, Jacques Chaban-Delmas. Le SMIC a remplacé le SMIG (Salaire Minimum Interprofessionnel Garanti), instauré, lui, le 11 février 1950. Il est intéressant de constater, plus de quarante ans après ce changement de sigle, que beaucoup de Français, y compris certains hommes politiques, continuent de parler de SMIG.

Quand on regarde le bulletin de paie de Rachel Barker (voir le document de ce chapitre), on se dit qu'elle doit gagner à peu près le SMIC ; qu'en France, elle serait "smicarde" ! Mais au fait, existe-t-il un salaire minimum au Royaume-Uni ? La réponse est oui, mais seulement depuis le 1er avril 1999. Le **National Minimum Wage**, voté en 1998, était une des promesses de la campagne électorale du Parti travailliste en 1997. Le **New Labour** de Tony Blair, somme toute plutôt pragmatique, voire libéral, voyait en cette mesure une avancée sociale majeure, même si elle intervenait avec presque cinquante ans de retard sur la France !

Bien sûr, on est tenté également de comparer le montant du **minimum wage** britannique avec celui du SMIC en France. En effet, dans quel pays vaut-il mieux être bénéficiaire du salaire minimum ? Sans citer de chiffres, notons qu'au Royaume-Uni, son niveau est fixé en fonction des recommandations d'un organisme indépendant, la **Low Pay Commission**. En tenant compte d'un taux de change certes fluctuant, on peut néanmoins estimer que Rachel n'a rien à envier à une "smicarde", d'autant plus que *l'impôt sur le revenu* (**income tax**) est retenu à la source.

Pour conclure, on peut ajouter quelques statistiques complémentaires. En 2007, 1,3 million de travailleurs étaient concernés par le **National Minimum Wage**. En même temps, on estimait que 292 000 emplois (soit 1,2 % du total) étaient rémunérés à un taux horaire inférieur. En France, plus de deux millions de personnes touchent actuellement le SMIC, c'est-à-dire 1 365 euros brut par mois (au 1er janvier 2011) pour 35 heures hebdomadaires à temps plein. Malheureusement, Il faut préciser qu'environ un quart de ces personnes, payées au SMIC, comme on dit, travaillent à temps partiel.

— DOCUMENT —

CHAPTER 12

A payslip

The next time Rachel sees Kate informally at work, she gives her a copy of her most recent payslip, just to prove her point!

PAYSLIP

UC Plc (Norfolk Chocolate)
23 Riverside Road
Norwich,
Norfolk NR9 1HU

BARKER, Rachel

Week / Month: October 2011
Tax period: 01/04/11 – 31/03/12
Tax Code: 5221
Nat Ins Number: YL319827B
Payroll Reference: 368
Nat Ins Table: B

NET PAY: 978.48

PAYMENTS THIS PERIOD

Statutory Allowances	BASIC PAY	Incremental Payments	GROSS PAY
-	1,390.80	-	1,390.80
Total year to date			9,429.62

DEDUCTIONS FROM GROSS PAY

Income Tax	National Insurance	Student loans	Other Deductions
313.87	98.45	-	
2,128.03	667.49		

Payment date 31/10/11

A LOW-PAID JOB?! 131

— EXERCICES —

Comprehension

1 Why does Kate have an appointment with Rachel Barker this morning? **2** Why does Rachel recognise Kate? **3** Why do you think Kate fails to recognise Rachel? **4** Why do you think Kate is surprised to discover that Rachel is a factory worker for Norfolk Chocolate? **5** Explain why Rachel did not go to university as Kate did. **6** Does Rachel have any regrets about not going to university? **7** Why was it difficult for Rachel to find what Kate calls "a better job"? **8** According to Rachel, what seems to be the main drawback about working in the Norfolk Chocolate factory? **9** Before the assessment interview actually begins, what do Kate and Rachel decide to do?

Translation

1 J'ai un entretien d'évaluation avec mon supérieur ce matin, mais je ne suis pas sûr de l'heure. **2** J'espère au moins que tu l'as reconnue. Tu étais au lycée à Norwich avec elle ! **3** Bien sûr, elle avait regardé son CV avant l'entretien, mais ce n'était pas son nom à l'époque. **4** Comment se fait-il que tu aies trouvé un poste aussi bien payé si tu n'as pas de qualifications ? **5** Si je n'avais pas rencontré ma future femme, je serais resté plus longtemps à l'université, mais je n'ai pas de regrets. **6** Au début, ils n'arrivaient vraiment pas à joindre les deux bouts, mais maintenant ils sont mieux payés. **7** Si James avait pu quitter Norwich, sa femme aurait probablement trouvé un meilleur emploi. **8** Je suis désolé, mais j'ai travaillé dans l'usine pendant dix jours, et ce n'était pas du tout ennuyeux ! **9** Ça me plairait beaucoup de dîner avec toi un de ces soirs, mais pas à la maison, à cause des enfants. **10** Il va quand même falloir que j'évoque ce problème avec mon supérieur ; beaucoup de collègues en parlent.

— EXERCISES —

CHAPTER 12

Application

Regardez à nouveau en détail la fiche de paie de Rachel Barker (voir le Document de ce chapitre). Lisez, ensuite, les affirmations suivantes et dites si elles sont vraies ou fausses. Lorsqu'elles sont fausses, corrigez-les.

1. Rachel Barker, like the other production workers at Norfolk Chocolate, is paid weekly.
2. Rachel's National Insurance number is made up of six figures and three letters.
3. The tax year in the United Kingdom runs from January to December, as in France.
4. Rachel will earn a total of nine thousand, four hundred and twenty-nine pounds, sixty-two pence this year.
5. British workers don't need to worry about putting money aside each month to pay their taxes.
6. The total deductions from Rachel's gross pay this month amount to four hundred and twelve pounds, thirty-two pence.
7. The deduction for national insurance represents less than the amount of tax which is deducted.
8. Rachel is paid at the beginning of each month.
9. Rachel's net pay represents slightly more than two thirds of her gross pay.
10. In a typical year, Rachel can expect to have net earnings of more than twelve thousand pounds.

— SOLUTIONS PROPOSÉES —

Compréhension

1 Kate has asked Rachel Barker to come and see her for an assessment interview, as part of the "career development and skills assessment project" that Christopher Vincent asked her to undertake. **2** Rachel recognises Kate, because they used to go to school together in Cambridge. **3** Kate says that she didn't recognise Rachel because she's changed. But she probably didn't expect to meet her in the factory. **4** Kate is surprised because Rachel was at school with her and she got three good A-levels. **5** Rachel intended to go to university originally, but she met James, her husband. They got married and had their first child. **6** No, Rachel says she has no regrets at all! **7** According to Rachel, it was difficult for her to find a "better job," because she had no qualifications like Kate. She also says that they (she and her husband) had to stay in Norwich where there's not much work available. **8** For Rachel, the main drawback seems to be the low pay. **9** Before beginning the assessment interview, the two girls decide to get together some time for dinner, probably at Rachel's house.

Traduction

1 I've got an assessment (/ appraisal) interview with my boss this morning, but I'm not sure at what time. **2** I hope you recognised her, at least. You were at (grammar) school with her in Norwich! **3** Of course, she'd looked at her CV before the interview, but that (/ it) was not her name then. **4** How come you found such a well-paid job if you don't have any qualifications? **5** If I hadn't met my future wife, I would have stayed longer at university, but I have no regrets. **6** At the beginning, they just couldn't make ends meet, but now they're better paid (/ they earn more). **7** If James had been able to leave Norwich, his wife would probably have found a better job. **8** I'm sorry, but I worked in the factory for ten days, and it's not at all boring. **9** I'd love to have dinner with you one evening, but not at home, because of the children (/ kids). **10** I'm still going to have to mention this problem to my boss; a lot of colleagues are talking (/ have spoken) about it.

— Suggested solutions —

Application

1. Faux : Rachel Barker is paid monthly: this payslip is for October 2011.
2. Vrai.
3. Faux : As indicated on the payslip, it runs from April (Year 1) to March (Year 2).
4. Faux : Rachel has earned this amount since the beginning of the current tax year.
5. Vrai.
6. Vrai.
7. Vrai.
8. Faux : Rachel is paid at the end of each month: 31/10/11 for October 2011.
9. Vrai.
10. Faux : If the year in question is typical, Rachel can expect to have net earnings of only just over eleven thousand pounds.

Notebook

― TRANSLATION ―

Soutien à la communauté locale

Nous sommes mi-novembre. Christopher Vincent a demandé à Kate de venir le voir pour parler du projet "développement professionnel et bilan de compétences", sur lequel elle travaille. Le rapport final doit être rendu pour le 1er décembre au plus tard.

CHRIS – Alors dis-moi, Kate, comment avance le projet ?

KATE – Eh bien, comme je te l'ai déjà dit, nous avons fini les entretiens il y a environ dix jours et nous avons à présent analysé toutes les données…,

CHRIS – "Nous" ?

KATE – Moi et Maria.

CHRIS – Ah, oui, Maria. Elle a donc été utile pour ce projet ?

KATE – Oh, tout à fait ! Je ne sais pas si j'aurais pu y arriver sans elle.

CHRIS – C'est bien. J'ai pensé depuis le début, qu'elle avait un réel potentiel. Et le rapport ? Tu n'as pas oublié qu'il est à rendre pour le 1er décembre ?

KATE – Aucun problème ! Tu l'auras d'ici la fin de la semaine prochaine. En avance, en plus !

CHRIS – Parfait. J'ai hâte de le lire, en particulier tes recommandations, bien sûr.

KATE – J'ai essayé de te tenir régulièrement informé des résultats.

CHRIS – Oui, je te remercie. Et ils ont été très intéressants jusqu'ici. *(bref silence)* Dis-moi, Kate, maintenant que tu as parlé avec tous les ouvriers de moins de 55 ans, est-ce qu'il y a des sujets de mécontentement qui ont été évoqués au cours de tes conversations ?

KATE – À propos de développement professionnel, tu veux dire ?

Notes

(1) data, *données*. Il s'agit théoriquement d'un pluriel (latin) en anglais, le singulier étant **datum**. En fait, on l'utilise de plus en plus couramment comme une unité non comptable, au même titre qu'**information**, et on ne rencontre que très rarement le mot au singulier.

(2) ahead of schedule : expression idiomatique qui signifie tout à fait logiquement *avant la date prévue, en avance sur les prévisions*, etc. Notez également **on schedule**, *à la date prévue*.

(3) findings, *résultats, conclusions*. Ce mot désigne ce qu'on trouve ou découvre quand on fait de la recherche, ou lors d'une étude ou d'une enquête, par exemple, mais également les conclusions qu'on peut tirer de ces résultats.

Supporting the local community

It's mid-November. Christopher Vincent has asked Kate to come and see him to talk about the project on career development and skills assessment she is working on. The final report has to be handed in by December 1st at the latest.

CHRIS — So tell me, Kate, how's the project coming along?

KATE — Well, as I've already told you, we finished the interviews about 10 days ago and have now analysed all the data *(1)*...,

CHRIS — "We"?

KATE — Me <u>and</u> Maria.

CHRIS — Ah yes, Maria. So she's been useful on the project?

KATE — Oh absolutely! I'm not sure I could have managed without her.

CHRIS — Good. I thought from the beginning that she had a lot of potential. And what about the report? You remember it's due on December 1st.

KATE — No problem! You'll have it by the end of next week. Ahead of schedule *(2)* in fact!

CHRIS — Excellent. I'm looking forward to reading it, particularly your recommendations, of course.

KATE — I've tried to keep you regularly informed of the findings *(3)*.

CHRIS — Yes, thank you. And they've been very interesting so far. *(slight pause)* Tell me, Kate, now that you've spoken to all the production workers under 55, are there any areas of dissatisfaction which emerged during your conversations?

KATE — You mean about career development?

)))

— Translation —

Chris – Non, je voulais dire de façon plus générale. Je ne sais pas...,

Kate – Il y a pas mal de personnes, en particulier les ouvriers plus jeunes, qui avaient le sentiment qu'ils n'étaient pas assez payés.

Chris *(de façon un peu agressive)* – Hmm, le sujet de mécontentement habituel ! Personnellement, je trouve qu'ils ne devraient pas se plaindre ! En Roumanie, les gens travailleraient pour le dixième de ce que nous leur payons ici !

Kate – Qu'est-ce que la Roumanie a à voir là-dedans, Chris ?

Chris – Rien ! C'est juste un exemple, c'est tout...! Si un jour nous devions délocaliser...

Kate *(bref silence)* – Justement, voilà un autre sujet d'inquiétude. Pas la délocalisation, mais la fermeture de l'usine à Norwich. Tu m'as déjà rassurée à ce sujet, mais les ouvriers la considèrent encore comme une menace.

Chris – Mais ils ne devraient pas, n'est-ce pas ? *(pause)* Enfin, revenons à nos moutons. Le projet est presque fini, Kate. Bravo ! Mais si je comprends bien, tu auras bientôt besoin d'un nouveau projet pour t'occuper !

Kate – Certainement, oui !

Chris – Eh bien, pas de souci, Kate, parce que j'ai un autre projet pour toi ! Tu sais que l'année prochaine, ce sera le 50e anniversaire de Norfolk Chocolate ?

Kate – Oui, tout à fait ! Au cours des entretiens, beaucoup de gens en ont parlé. Ils ont vraiment l'air de se passionner pour ça.

Chris – J'en suis sûr. Walter Adams, qui a fondé Norfolk Chocolate, a toujours pensé qu'il était essentiel de soutenir la communauté locale. Je présume qu'aujourd'hui, on parlerait de responsabilité sociétale de l'entreprise, mais Walter en faisait déjà avant que ce ne soit la mode !

Kate – Et quel serait mon rôle ?

Notes

(4) **gripe** : mot familier qui signifie *sujet de mécontentement*. On utilise également le verbe **(to) gripe**, *se plaindre, râler, ronchonner*.

(5) **corporate social responsibility**, *responsabilité sociétale de l'entreprise*. On dit également *responsabilité sociale de l'entreprise*, traduction plus proche de l'anglais. Beaucoup de spécialistes préfèrent néanmoins la première version. (Voir page 144 pour plus de renseignements.)

Dialogue

CHAPTER 13

CHRIS — No, I meant more generally. I don't know…,

KATE — Quite a few people, particularly the younger workers, felt they weren't paid enough…

CHRIS *(a little aggressively)* — Hmm, the usual gripe *(4)*! Personally, I don't think they should complain! People in Romania would work for one tenth of what <u>we</u> pay them!

KATE — What's Romania got to do with it, Chris?

CHRIS — Nothing! It's just an example, isn't it…! If one day we had to relocate…

KATE *(slight pause)* — That's another area of concern. Not relocation, but the closure of the factory here in Norwich. You've already reassured me about that, but the workers still see it as a threat.

CHRIS — Well, they shouldn't, should they? Anyway, let's return to what we were talking about. The project is almost finished, Kate. You've done well! But if I understand correctly, you'll soon be in need of something new to work on!

KATE — I suppose I will be, yes!

CHRIS — Well you don't need to worry, Kate, because I have another project for you! You know that next year will be the 50th anniversary of Norfolk Chocolate?

KATE — Oh, absolutely! During the interviews, a lot of people mentioned it. They seem very excited about it.

CHRIS — I'm sure they are. Walter Adams, the founder of Norfolk Chocolate, has always considered it essential to support the local community. I suppose today people would talk about corporate social responsibility *(5)*, but Walter was already doing it before it became fashionable!

KATE — And what would my role be?

 )))

Translation

CHRIS – Nous prévoyons tout un week-end de célébrations ici au mois de mai, et ton rôle serait… d'organiser cet événement !

KATE – Ça a l'air très intéressant, mais ce n'est pas plutôt un projet de marketing ?

CHRIS – Dans une certaine mesure, oui. Mais c'est aussi un projet de ressources humaines. Je viens de parler de RSE. Mais au fond, il s'agit surtout de communication, à la fois externe et interne.

KATE – Et est-ce que notre siège à Bristol ne voudra pas y participer aussi ?

CHRIS – Certainement, et il faudra que tu collabores avec eux… mais je laisserai à Bill Hayward le soin de t'expliquer tout ça.

Notes

(6) **CSR** : les initiales de **corporate social responsibility**. En français l'équivalent est *RSE*. (Voir ci-dessus.) Peut également signifier **corporate social responsiveness**, qui désigne la capacité d'une entreprise à répondre aux attentes sociales ou les actions entreprises.

(7) **Headquarters** : mot militaire, à l'origine, qui signifie *quartier général* ou *poste de commandement*. Dans le monde de l'entreprise, on l'utilise pour désigner *le siège (social)*, qui s'appelle également **head** (ou **registered**) **office**. Notez qu'en abrégé, **headquarters** se dit **HQ**.

(8) **(to) liaise (with)** : encore un terme d'origine militaire, qui vient du mot français (emprunté par l'anglais) *liaison*. Ce verbe a le sens de *collaborer (avec), coordonner son travail (avec), être en contact (avec)*.

— Dialogue —

CHAPTER 13

CHRIS — We're planning a whole weekend of celebrations here in May, and your job would be... to organise the event!

KATE — That sounds very interesting, but isn't it more of a marketing project?

CHRIS — To a certain extent, yes. But it's a human resources project, too. I've just mentioned CSR *(6)*. Basically, it's all about communication, both external and internal.

KATE — And won't Headquarters *(7)* in Bristol want to be involved too?

CHRIS — They certainly will, and you'll have to liaise *(8)* with them... But I'll let Bill Hayward explain all that to you.

— DOCUMENT —

Graphs

Here are a few graphs taken from the final report on career development and skills assessment that Kate is preparing for her boss, Christopher Vincent. Each one is of a different type. Look at them closely and try and understand why different types of graph are used to present different types of data.

Graph 1: Breakdown of production workforce by gender

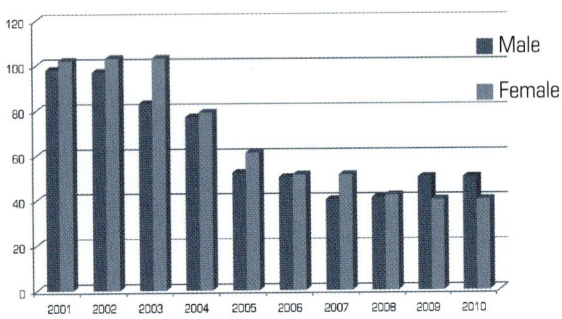

Graph 2: Breakdown of production workforce by educational level (2010 data)

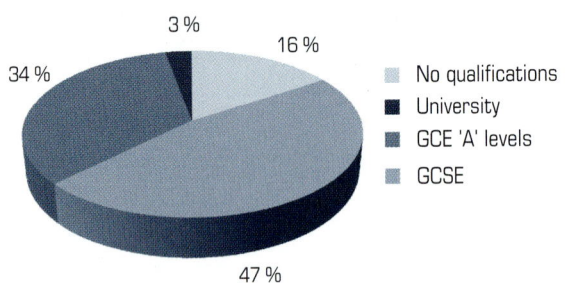

DOCUMENT

CHAPTER 13

Graph 3: Staff turnover rate (excluding departures for retirement)

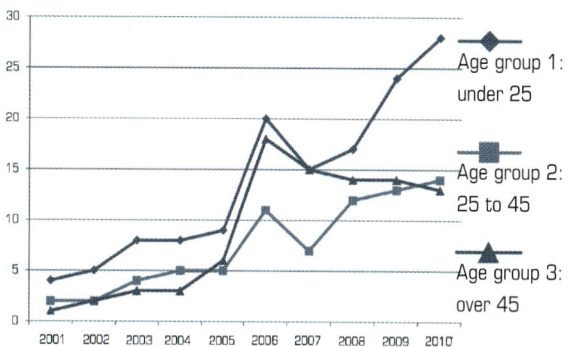

Age group 1: under 25
Age group 2: 25 to 45
Age group 3: over 45

Notebook

SUPPORTING THE LOCAL COMMUNITY

POUR EN SAVOIR PLUS

Sociale ou sociétale ?

Dans le Dialogue de ce chapitre, Christopher Vincent fait allusion à la **corporate social responsibilty**, en suggérant que Walter Adams, fondateur de Norfolk Chocolate, la pratiquait déjà, bien avant que le terme n'existe. Plutôt que d'y voir une sorte de Monsieur Jourdain, faisant de la RSE sans le savoir, saluons un précurseur, qui avait "toujours pensé qu'il était essentiel de soutenir la communauté locale". Même si, bien sûr, ce type d'action ne représente qu'une petite partie de ce qu'on appelle aujourd'hui la responsabilité sociétale (ou sociale) de l'entreprise.

Si on devait définir la **corporate social responsibilty**, on ne pourrait pas faire mieux que de reprendre la définition de la Commission européenne : "l'intégration volontaire par les entreprises de préoccupations sociales et environnementales à leurs activités commerciales et leurs relations avec les parties prenantes" (les fameux **stakeholders**, dont nous avons déjà parlé). Dans le cas de Walter Adams et Norfolk Chocolate, la partie prenante visée est la communauté locale de la ville de Norwich, bien sûr. Une définition plus succincte de la RSE pourrait être "la déclinaison des principes du développement durable à l'échelle de l'entreprise".

Ce concept est né de la sensibilisation croissante de la société civile, depuis les années 1970, aux problèmes d'environnement. Les citoyens exigent en fait une meilleure prise en compte, par les entreprises, des impacts environnementaux et sociaux de leurs activités. Il est évident que la RSE n'est pas uniquement "sociale", et se décline bien au-delà des employés d'une entreprise, des clients ou de la communauté locale dans laquelle elle s'intègre. C'est pour cela que bon nombre de spécialistes préfèrent l'appellation "responsabilité <u>sociétale</u> de l'entreprise" – plutôt que "sociale" –, car cette traduction du terme anglais prend également en compte les dimensions environnementale et économique (dans le sens le plus large) du concept. On parle ainsi, par exemple, de **triple bottom line**[1].

---

[1] L'expression **bottom line** désigne la dernière ligne du bas (**at the bottom**) d'un compte de résultat, qui indique le résultat net (bénéfice ou perte). La notion de **triple bottom line** correspond aux trois dimensions de la RSE (sociale, environnementale et économique). On parle également du triple "p" : respectivement **people**, **planet** et **profit**.

Pour en savoir plus

Imposer de nouvelles contraintes "sociétales" aux entreprises est une très bonne chose ; personne n'oserait affirmer (publiquement, du moins) le contraire. Mais qui dit contraintes dit également contrôles, car il ne faudrait pas que la RSE soit un gadget à la mode, sorte d'instrument de communication. Il est facile pour les entreprises les plus astucieuses de tirer profit d'une image très "sociétalement" responsable. Il existe plusieurs directives et standards d'information financière (ou **reporting**) dans le domaine de la CSR, et depuis la Loi de 2001 sur les nouvelles régulations économiques (NRE), les entreprises françaises, cotées sur un marché réglementé, ont l'obligation de faire état dans leur rapport annuel de la "manière dont la société prend en compte les conséquences sociales et environnementales de son activité".

Notebook

— EXERCICES —

Comprehension

1 Should Kate already have finished her report on career development and skills assessment? **2** Has Kate been working on the project by herself? **3** Does Chris have any idea about the findings of Kate's research? **4** Name the two areas of dissatisfaction which Kate says have emerged during her interviews with workers. **5** How does Chris react when Kate tells him that "quite a few people" consider that they aren't paid enough at Norfolk Chocolate? **6** Why is Norfolk Chocolate planning a whole weekend of celebrations in May? **7** According to Kate, how do a lot of the production workers feel about the idea of these celebrations? **8** How does Chris justify his suggestion that Walter Adams was perhaps ahead of his time as far as corporate social responsibility is concerned ? **9** Will Kate have to work on this new project by herself?

Notebook

Translation

1 J'ai fini les entretiens il y a une quinzaine de jours, mais je n'ai pas encore eu le temps d'analyser toutes les données. **2** J'ai été très utile pour Maria et je me demande si elle aurait pu y arriver toute seule. **3** Kate a toujours essayé de me tenir régulièrement informé des résultats des entretiens, mais j'ai hâte de lire son rapport. **4** Beaucoup d'ouvriers se plaignent d'être payés le dixième de ce que gagnent certains cadres de l'entreprise. **5** Personnellement, je ne vois pas tellement la différence entre la délocalisation et la fermeture de l'usine de Norwich. **6** Chris était rassuré d'apprendre que le rapport final lui serait rendu en avance. **7** J'aimerais que tu travailles d'abord sur un autre projet qui n'a rien à voir avec le 50ᵉ anniversaire. **8** Le soutien à la communauté locale n'est qu'une petite partie de ce qu'on appelle la RSE. **9** La responsabilité sociale de l'entreprise est devenue un terme à la mode, mais pour beaucoup d'entreprises, ce n'est pas du tout nouveau. **10** Chris a dit que Bill Hayward demanderait à Kate de venir le voir, pour lui parler de l'organisation des célébrations en mai.

Notebook

— Exercices —

Application

Les chiffres sont faciles à reconnaître et à comprendre quand on les voit écrits (en chiffres, justement). Par contre, il est toujours plus difficile de les dire !

Vous trouverez ci-dessous les données à partir desquelles les trois graphiques du Document ont été générés. Regardez-les attentivement, puis répondez aux questions portant sur ces données en écrivant vos réponses en toutes lettres.

Graph 1

	Male	Female
2001	100	107
2002	98	110
2003	87	110
2004	73	80
2005	53	65
2006	49	53
2007	41	52
2008	43	45
2009	49	40
2010	48	54

Graph 2

	Percentage by education level	Total	Male	Female
No qualifications	15.69%	16	10	6
GCSE	47.06%	48	20	28
GCE 'A' levels	34.31%	35	17	18
University	2.94%	3	1	2
	100.00%	102	48	54

Graph 3

Percentage of age group per annum	Age group 1: under 25	Age group 2: 25 to 45	Age group 3: over 45
2001	4%	2%	1%
2002	5%	2%	2%
2003	8%	4%	3%
2004	8%	5%	3%
2005	9%	5%	6%
2006	20%	11%	18%
2007	15%	7%	15%
2008	17%	12%	14%
2009	24%	13%	14%
2010	28%	14%	13%

1. In what year did Norfolk Chocolate have 100 male production workers?
2. What percentage of Norfolk Chocolate production workers has an education level corresponding to GCE 'A' levels?
3. What was the turnover rate in 2010 for the 25-45 age group?
4. How many female production workers did Norfolk Chocolate have in 2002 and 2003?
5. What is the total number of production workers who have no qualifications?
6. In what year was the turnover rate highest among the youngest production workers?
7. What was the total number of production workers at United Chocolate in 2006?
8. What percentage of production workers has educational qualifications, regardless of the level?
9. What is the lowest turnover rate experienced by Norfolk Chocolate for any age group?
10. In the last ten years, when did Norfolk employ the highest number of production workers?

— SOLUTIONS PROPOSÉES —

Compréhension

1 No, she has until December 1st and this meeting takes place in mid-November. 2 No she hasn't. She's been working with Maria, the "current trainee from Spain" (voir le Document du Chapitre 11). 3 Yes, he does. Kate's been keeping him regularly informed. 4 The two areas of dissatisfaction that Kate refers to are insufficient pay and fear that the factory will be closed down. 5 Chris reacts a little aggressively and says that people in Romania would work for one tenth of what they earn at Norfolk Chocolate. 6 Norfolk Chocolate is planning to celebrate the 50th anniversary of the founding of the company. 7 She says that a lot of the production workers mentioned the celebrations during the interviews, and that they seem very excited about them. 8 He says that Walter Adams considered it essential to support the local community before it became fashionable, and people started talking about corporate social responsibility. 9 No, not really, because she will have to liaise with "Headquarters in Bristol."

Traduction

1 I finished the interviews about a fortnight ago, but I still haven't had time to analyse all the data. 2 I was very useful for Maria, and I wonder whether she would have been able to manage by herself. 3 Kate has always tried to keep me regularly informed of the findings of the interviews, but I'm looking forward to reading (/ I can't wait to read) her report. 4 A lot of workers complain about the fact that they're not paid a tenth of what some of the firm's executives earn. 5 Personally, I can't really see the difference between relocation and the closure of the factory in Norwich. 6 Chris was reassured to learn (/ when he learned) that the final report would be handed in to him early. (/ It reassured Chris to learn that the ...). 7 I'd like you to work first on another project, which has nothing to do with the 50th anniversary. 8 Supporting the local community is only a small part of what is called CSR. 9 Corporate social responsibility has become a fashionable term, but for many firms, it's not at all new. 10 Chris said that Bill Hayward would ask Kate to come and see him to speak about organising the celebrations in May.

— Suggested solutions —

CHAPTER 13

Application

1. Two thousand and one (*American English*: two thousand one / twenty one).
2. Thirty-four point three one per cent.
3. Fourteen per cent.
4. One/A hundred and ten (*American English*: one/a hundred ten).
5. Sixteen.
6. Two thousand and ten (*American English*: two thousand ten / twenty ten).
7. One/A hundred and two (*American English*: one/a hundred two).
8. Eighty-four point three one per cent.
9. One per cent.
10. Two thousand and two (*American English*: two thousand two / twenty two).

―― TRANSLATION ――

L'entretien d'évaluation de Kate

Nous sommes mi-janvier, et Kate a maintenant officiellement terminé sa période de formation de six mois. Elle a été invitée au siège de United Chocolate UK à Bristol pour passer son entretien d'évaluation avec Alexander Spencer-Jones, directeur des ressources humaines.

Alexander – Bonjour Kate. C'est un plaisir de vous revoir à Bristol ! Je vous en prie, asseyez-vous. *(Kate s'assied à la table et Alexander s'assied en face d'elle.)* À mon avis, vous savez mieux conduire les entretiens que moi. Je vois que vous en avez fait plus de soixante à Norfolk Chocolate cet automne.

Kate – Oui. Soixante-sept pour être précis ! Mais il ne s'agissait que d'entretiens de bilan de compétences avec les ouvriers de production.

Alexander – Peut-être, mais ils avaient autant d'importance que ce que je vais faire cette semaine avec les cadres juniors. J'ai lu votre rapport et j'ai été très impressionné par la qualité de votre travail. Félicitations, Kate !

Kate – Merci.

Alexander – Et est-ce que le projet sur lequel vous avez travaillé a permis de vous donner un bon aperçu des ressources humaines ?

Kate – Tout à fait ! Je traitais des questions de compétences, de qualifications, de développement professionnel…, et j'ai souvent été exposée aux inquiétudes des ouvriers concernant la paie, les perspectives, etc.

Alexander – Mais vous n'avez pas fait que ça…

Kate – Non ! J'ai participé à quelques recrutements, dont des étudiants stagiaires. J'ai occupé la fonction de rédactrice du journal d'entreprise local…

Alexander – En fait, vous avez été bien occupée ! *(bref silence)* Chris me dit qu'il vous a confié l'organisation des célébrations pour le 50ᵉ anniversaire. C'est vous qui avez demandé d'aller plus vers le marketing ?

Notes

(1) **autumn** : n'oubliez pas qu'en anglais américain, *automne* se dit **fall**.

(2) **issue(s)** : attention à ce faux ami, qui en français veut dire *sortie, solution, fin*, etc. En anglais **issue** signifie *question, sujet, problème*. Synonymes : **topic**, **question**, **subject**.

(3) **prospects** = *perspectives*. On parle d'un **job with prospects**. Le mot **prospect** peut également désigner, comme en français, un **prospective customer / client**.

(4) **editor** : attention, c'est encore un faux ami ! En anglais, le mot **editor** signifie *rédacteur en chef*, alors que le mot français *éditeur* se dit **publisher** en anglais.

DIALOGUE

CHAPTER 14

Assessing Kate

It is mid-January and Kate has now officially completed her 6-month training period as a junior manager. She has been invited to United Chocolate's UK headquarters in Bristol for an assessment interview with Alexander Spencer-Jones, Director of Human Resources.

ALEXANDER – So, good morning Kate. It's good to see you in Bristol again! Please take a seat. *(Kate sits down at the table and Alexander sits down opposite her.)* I should think you're better than I am at conducting assessment interviews. I see that you did more than sixty at Norfolk Chocolate this autumn *(1)*!

KATE – Yes. Sixty-seven to be precise! But they were only skills assessment interviews with the production workers.

ALEXANDER – Maybe, but they were just as important for the firm as what I'll be doing this week with the junior managers. I've read your report and I'm very impressed with the quality of your work. Congratulations, Kate!

KATE – Thank you.

ALEXANDER – And did the project you worked on give you a good taste of human resource management?

KATE – Absolutely! I was dealing with issues *(2)* like skills, qualifications, career development..., and I was often exposed to the workers' concerns about pay, prospects *(3)*, etc.

ALEXANDER – But that's not all you did...

KATE – Oh no! I was involved in a few recruitments, including student placements... I acted as the editor *(4)* of the local company newsletter...

ALEXANDER – In fact, you were kept very busy! *(slight pause)* Chris tells me that he's put you in charge of organising the 50th anniversary celebrations. Was it you who asked to move more into marketing?

Translation

Kate – Non. Et en fait, Christopher m'a dit qu'il le voyait comme un projet de ressources humaines également, à cause de sa dimension RSE.

Alexander *(l'air amusé)* – Je crois que c'est un peu ambitieux de la part de Chris de considérer les célébrations comme de la RSE ! Mais enfin... ! Et cela vous convient de vous éloigner un peu du management des ressources humaines pur et dur vers ce que je considère personnellement plutôt comme du marketing ? Ou de la communication, du moins.

Kate – Oui, tout à fait. J'ai beaucoup aimé travailler dans les ressources humaines..., mais je ne suis pas sûre de vouloir choisir ce domaine-là pour ma carrière. Monsieur Hayward a essayé de me donner un aperçu du marketing et de la finance, mais ce n'est pas facile, étant donné que Norfolk Chocolate est avant tout une unité de production.

Alexander – Oui, c'est vrai. *(il réfléchit)* Ce projet de 50e anniversaire représente une excellente opportunité pour vous. Nous avons construit tout un plan marketing pour les Norfolk Nuggets autour de l'événement.

Kate – Oui, je sais. Fiona Richards m'en a déjà beaucoup parlé.

Alexander – Je sais que vous avez travaillé avec Fiona. C'est une grande spécialiste du marketing avec énormément d'expérience. Et une personne merveilleuse ! Si quelqu'un peut vous apprendre la communication, c'est bien Fiona !

Kate – Elle m'a beaucoup aidée jusque-là. J'ai vraiment hâte de la rencontrer plus tard dans la journée. Et je reste à Bristol jusqu'à la fin de la semaine pour travailler avec elle.

Alexander – C'est formidable ! Nous pourrons peut-être déjeuner ensemble un jour tous les trois.

Kate – Très volontiers.

Alexander *(bref silence)* – Est-ce que je peux en conclure que cela vous convient de rester à Norwich jusqu'à l'été ?

Kate – Absolument ! J'attends avec plaisir l'occasion de m'occuper aussi de tous les aspects financiers des célébrations pour l'anniversaire ! *(bref silence)* Au fait, je commence à envisager de faire un MBA...

Alexander – Aaaah... !

Notes

(5) **insight** : ici le sens est *aperçu*. Mais ce mot signifie également *perspicacité*. On pourrait dire de Kate **she has a lot of insight**, *elle est très perspicace*.

(6) **marketing plan** = *plan marketing* : plan concernant un produit, un marché ou toute une entreprise, qui décrit le planning précis des actions à mettre en œuvre pour atteindre des objectifs marketing déterminés.

(7) **marketer** (ou **marketeer**) = *un(e) professionnel(le) du marketing* ; quelqu'un qui travaille dans le marketing.

DIALOGUE

CHAPTER 14

KATE — Well, no. And Christopher actually told me that he saw it as a human resources project too, because of the CSR dimension.

ALEXANDER *(sounding amused)* — I think perhaps Chris is being a little ambitious, considering the celebrations as corporate social responsibility! But still…! And you are happy to move away from pure human resources management towards what I personally consider more as marketing? Or communication, at least.

KATE — Certainly. I've very much enjoyed working in human resources, but I'm not sure I would choose that area for my career. Mr Hayward has tried to give me an insight *(5)* into marketing and finance, but it's not easy, given that Norfolk Chocolate is very much a production unit.

ALEXANDER — Yes, that's true. *(thinking)* This 50th anniversary project is a marvellous opportunity for you. We've built a whole marketing plan *(6)* for Norfolk Nuggets around the event.

KATE — Mmm! Fiona Richards has already told me a lot.

ALEXANDER — I know you've been working with Fiona. She's a great marketer *(7)*, with a wealth of experience. And a wonderful person! If anybody can teach you about communication, it's definitely Fiona!

KATE — She's been very helpful so far. I'm really looking forward to meeting her later today. And I'm staying in Bristol till the end of the week to work with her.

ALEXANDER — Fantastic! Perhaps the three of us can get together for lunch one day.

KATE — I'd love to.

ALEXANDER *(slight pause)* — Can I assume that you're happy to stay in Norwich till the summer?

KATE — Absolutely! I'm looking forward to handling all the financial aspects of the anniversary celebrations too! *(slight pause)* By the way, I've been thinking about doing an MBA…

ALEXANDER — Ah…!

Graphic detail

In the Document, Chapter 13, we can see three different types of graph (or chart). Each type is used for a specific reason, determined by the nature of the data which is to be presented. Today, with Excel and PowerPoint, almost any 'dummy' can generate such graphs and include them in a report or present them at a meeting or conference. There are however a few useful points to remember.

There are three basic ways of presenting data graphically: with columns (or bars), with lines or in the form of a pie. In Chapter 13, Graph 1 is a **column chart**, also known as a **histogram**, in which the numbers of male and female workers, year by year, are presented vertically. The principle is the same for the **bar chart**, or **histogram**, but the 'bars' are horizontal. Such charts are used to display different values of one or more items, and are ideal for showing the variations in the value of an item over time. They can also be used to show the values of several items at a single point in time.

Graph 1

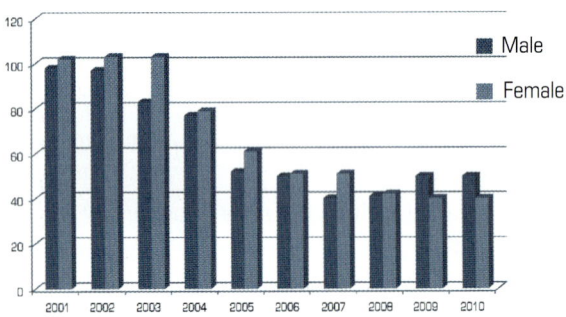

Graph 2, taken from Kate's report, is **a pie-chart**. In this type of display, which the French refer to as a camembert, the pie has been cut into pieces (parts or portions) of varying sizes, depending on the data presented. The pie chart is the perfect solution to represent the different parts of a whole, or the percentages of a total. In Chapter 13, for example, the production workforce is broken down by educational level, expressed as percentages of the total.

Graph 2

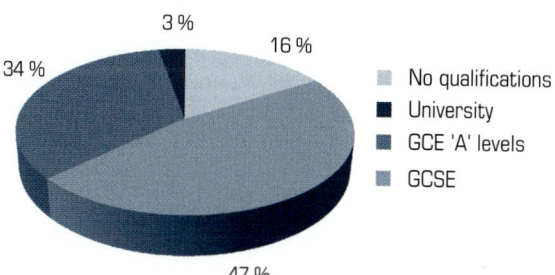

The third type of presentation (Graph 3) used in Chapter 13 is a line graph. This sort of chart is used to illustrate a trend over time and can also show variations in the value of more than one item. Kate used it in her report to show the staff turnover rate, expressed as a percentage, over a ten-year period. The lines for three different age groups are plotted in different colours on the same graph, which makes it easy to compare the trends and the levels. Line graphs, however, do not always show up well on PowerPoint displays and should perhaps be avoided in this context.

Graph 3

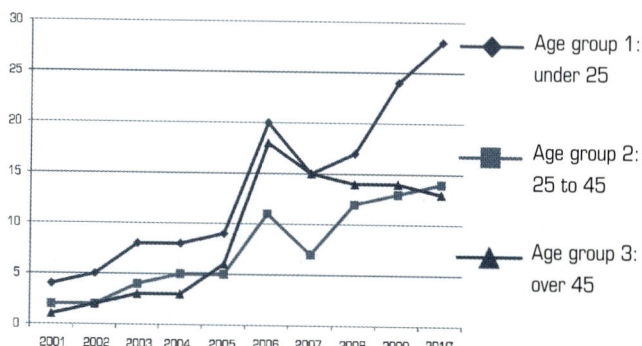

—— POUR EN SAVOIR PLUS ——

Fromage <u>ou</u> dessert ?

Dans le Document de ce chapitre, nous apprenons que le camembert, si cher aux statisticiens français, se dit **pie-chart** en anglais. Voilà une divergence qui est loin d'être neutre du point de vue culturel, et nous sommes tentés de dire qu'une langue, à travers ses proverbes et ses expressions idiomatiques, reflète forcément les goûts alimentaires des peuples qui la parlent. Là où les Français voient un fromage, par exemple, les Anglo-Saxons voient une tarte ! Le Général de Gaulle n'aurait-il pas dit un jour qu'"on ne peut pas gouverner un pays qui offre 365 variétés de fromages" ?! Les Américains n'affectionnent-ils pas l'expression **as American as apple-pie** ?! N'oublions pas, non plus, que la ville de New York s'appelle the **Big Apple**, et qu'un célèbre fabricant américain d'ordinateurs, de baladeurs et de téléphones mobiles **high-tech** a choisi ce fruit comme nom de marque et logo.

De toute façon, les mauvaises langues diront sans doute que les Anglo-Saxons ne peuvent confondre **pie-chart** et fromage : pour les Anglais, ce dernier ressemble plutôt à une sorte de brique jaunâtre sous plastique, et pour les Américains il se présente en tranches carrées, très minces, également sous plastique. Cependant les expressions idiomatiques faisant allusion au fromage existent bel et bien en anglais. Citons, par exemple, **to be cheesed off**, *en avoir marre*, **hard cheese!**, *pas de chance !*, ou le fameux **say cheese**, quand on prend quelqu'un en photo. De la même façon, on trouve bien en français *ce n'est pas de la tarte !* On peut même *tomber dans les pommes !*

Finalement, ce n'est pas si simple que ça. Lorsque les Français (**Frogs, Froggies** ?) pensent aux nourritures ou aux boissons qui peuvent symboliser les fameux "Rosbifs", quoi de plus anglais que le thé ? D'où cette jolie expression **it's not my cup of tea**, qui signifie qu'on n'aime pas particulièrement quelque chose. En cherchant dans un célèbre dictionnaire bilingue anglais-français publié en 1980, on peut lire les "traductions" suivantes : *je ne mange pas de ce pain-là* ou *ce ne sont pas mes oignons !* Pourtant, dans une nouvelle édition de ce même dictionnaire, parue seize ans plus tard en 1996, on trouve *ce n'est pas ma tasse de thé*. Il est fort possible que les Français boivent plus de thé maintenant ; ils continuent, cependant, de parler d'une *tempête dans un verre d'eau* (minérale ? plate ou gazeuse ?) alors que pour les Anglo-Saxons, la tempête se passe plutôt dans une tasse de thé (**a storm in a teacup**).

Pour conclure, disons simplement que **French and English are as different as chalk and cheese**. C'est le jour et la nuit en quelque sorte !

Exercises

CHAPTER 14

Comprehension

1 Why has Kate been invited to Bristol? **2** What does Alexander have to say about the work that Kate has done on skills assessment? **3** Apart from this project, what other activities in the area of human resources has Kate been involved in? **4** Does Alexander consider that Norfolk Chocolate's 50th anniversary celebrations have a CSR dimension? **5** Why has it been difficult for Kate to gain experience of marketing and finance? **6** Why do you think Alexander says that the 50th anniversary project is a wonderful opportunity for Kate? **7** What opinion does Alexander have of Fiona Richards? **8** How long do you think Kate will be staying in Bristol? **9** What does Alexander suggest they do while Kate is in Bristol?

Translation

1 J'ai été officiellement invité au siège de la société par le directeur des ressources humaines. **2** Alexander sait probablement mieux conduire les entretiens que Kate, même si l'évaluation des ouvriers est aussi importante que celle des cadres junior. **3** Alexander a tout de suite félicité Kate, en lui disant que son rapport l'avait impressionné. **4** Les ouvriers ont souvent exprimé à Kate leur inquiétude concernant les salaires, les conditions de travail et le développement professionnel. **5** J'ai pu participer à toutes les activités courantes d'un département de ressources humaines, mais je n'ai vu ni le marketing, ni les finances. **6** Je trouve que c'est un peu prétentieux d'évoquer la RSE en parlant des célébrations du 50e anniversaire. **7** Fiona Richards a beaucoup travaillé sur le plan marketing qui doit accompagner l'événement. **8** Fiona avait confié à Kate au téléphone, que pour elle, Alexander Spencer-Jones était un grand spécialiste des ressources humaines et une personne merveilleuse. **9** Ils vont déjeuner ensemble tous les trois avant la fin de la semaine. **10** Je serais ravi de rester à Norwich jusqu'à la fin du mois de juillet, car après, je vais commencer un MBA.

── EXERCICES ──

Application

Dans le document page 158, nous avons parlé d'expressions idiomatiques et de proverbes ayant un rapport avec les goûts alimentaires.

Dans l'exercice ci-dessous, vous trouverez dans la colonne de gauche douze expressions en anglais inspirées des domaines de la nourriture, de la cuisine ou de la table. Cherchez, dans la colonne de droite, leur équivalent en français. Vous remarquerez qu'en français il n'est pas forcément question de ces mêmes domaines !

Expressions en anglais

1. to have a lot on one's plate
2. to count one's chickens before they're hatched
3. to put all one's eggs in one basket
4. to bite off more than one can chew
5. to know which side one's bread is buttered
6. to have one's cake and eat it
7. to spill the beans
8. to save someone's bacon

Équivalents en français

A. vendre la mèche
B. sauver la peau de quelqu'un
C. avoir le beurre et l'argent du beurre
D. être dans le pétrin
E. avoir du pain sur la planche.
F. avoir d'autres chats à fouetter
G. mettre tous ses œufs dans le même panier
H. tenter quelque chose au-dessus de ses forces / avoir les yeux plus gros que le ventre

Exercises

Chapter 14

9 to make mincemeat of someone

10 to take the biscuit

11 to have other fish to fry

12 to be in / to get into a jam

I être le bouquet

J vendre la peau de l'ours avant de l'avoir tué

K savoir où est son avantage / son intérêt

L réduire quelqu'un en bouillie / démolir quelqu'un / faire de quelqu'un de la chair à pâté

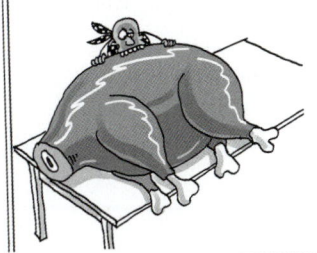

— Solutions proposées —

Compréhension

1 Kate has been invited to United Chocolate's UK headquarters for an assessment interview as she has now completed her 6 month training period as a junior manager. 2 He says that he has read her report and is very impressed with the quality of her work. 3 Kate has been involved in a few recruitments, including student placements, and acted as the editor of the local company newsletter. 4 Probably not. He says that Chris Vincent is being a little ambitious, considering the celebrations as CSR! 5 Because she works at Norfolk Chocolate, a subsidiary of United Chocolate, which is "very much a production unit." In other words, the marketing and finance activities are handled mainly by Headquarters in Bristol. 6 He thinks that the 50th anniversary project is a good opportunity for Kate because Kate will get the chance to work in marketing. A whole marketing plan for Norfolk Nuggets has been built around the event. 7 He has a very good opinion of Fiona! He says she's a great marketer, with a wealth of experience, and a wonderful person. 8 We can assume that Kate will stay in Bristol until the end of the week, because she is going to work with Fiona. 9 Alexander suggests that the three of them (Kate, Fiona and himself) get together for lunch one day.

Traduction

1 I've been officially invited to the company's headquarters by the Director of Human Resources. 2 Alexander probably knows better than Kate how to conduct interviews, even if (/ even though) assessing the workers is just as important as assessing the junior managers. 3 Alexander immediately congratulated Kate, (by) saying that he had been impressed by her report. 4 The workers often expressed their concern to Kate about salaries, working conditions and career development. 5 I was able to take part in all the usual activities of a human resources department, but I saw nothing of marketing or finance. 6 I find it's a little pretentious to mention CSR when talking about the 50th anniversary celebrations. 7 Fiona Richards has worked a lot on the marketing plan which is to accompany the event. 8 Fiona had said to Kate on the phone that as far as she was concerned, Alexander Spencer-Jones was a great human resources specialist and a wonderful person. 9 The three of them are going to have lunch together. 10 I'd be delighted to remain in Norwich until the end of July, because afterwards, I'm going to start an MBA.

— Suggested solutions —

CHAPTER 14

Application

1 E
2 J
3 G
4 H
5 K
6 C
7 A
8 B
9 L
10 I
11 F
12 D

ASSESSING KATE.

— Translation —

Célébrations du 50ᵉ anniversaire

Nous sommes déjà mi-avril. Kate vient de rentrer chez elle après encore une longue journée de travail. Les préparatifs pour les célébrations du 50ᵉ anniversaire se passent très bien et sont sur le point de s'achever. Elle est en train de se servir un verre de vin blanc quand le téléphone sonne.

Kate – Allô, Kate Hewitt à l'appareil.

Molly – Bonsoir, Kate, c'est Molly.

Kate – Ah, Molly...! Quel plaisir d'avoir de tes nouvelles ! On dirait que ça fait une éternité que nous nous sommes parlé pour la dernière fois.

Molly – Mais ça fait une éternité, Kate, ça fait une éternité ! Alors, comment ça va ?

Kate – Oh, j'ai beaucoup de travail. En fait, je viens de rentrer. Mais je vais bien, très bien !

Molly – Alors dans ce cas, quand est-ce que tu viens me voir à Leeds ? Tu sais, il y a des clubs super.

Kate – J'en suis sûre, Molly, et je suis sûre que tu les as tous testés, mais je ne peux vraiment pas m'absenter de Norwich avant les célébrations du 50ᵉ anniversaire en mai.

Molly – Oh là là, tu vas être contente quand elles seront finies, non ?

Kate – En fait, oui et non. C'est vrai qu'elles me donnent beaucoup de boulot, mais en même temps, ça me plaît vraiment de tout organiser...

Molly – Et tu es la seule à travailler là-dessus ?!

Kate – À Norwich, oui, mais je dépends de quelqu'un à Bristol, qui me conseille et me soutient en permanence.

Molly – Et c'est qui ?

Kate – Fiona Richards, du Marketing. Tu la connais ?

Molly – Non, je ne la connais pas.

Kate – C'est une super collègue, avec plein d'expérience..., et Alexander Spencer-Jones a une <u>très</u> haute opinion d'elle...

Notes

(1) **Kate Hewitt speaking** : l'équivalent français serait *Kate Hewitt à l'appareil*. Expression qui a gardé son utilité, même si les échanges téléphoniques sont moins formels qu'avant. On entendra également **who's speaking please?**, *qui est à l'appareil ?*

(2) **(to) think highly of (someone)** : expression idiomatique qu'on peut traduire par *avoir une haute opinion (de quelqu'un)*, *tenir (quelqu'un) en grande estime*.

50th anniversary celebrations

It's mid-April. Kate has just got back home after another long day at work. Plans for the 50th anniversary celebrations have gone very well and are now nearing completion. She's pouring herself a glass of white wine when the phone rings.

KATE — Hello, Kate Hewitt speaking *(1)*.

MOLLY — Hi Kate, it's Molly.

KATE — Ah Molly…! How wonderful to hear from you! It seems ages since we last spoke.

MOLLY — It is, Kate, it is! So how are you, anyway?

KATE — Oh, I'm busy. Just got home, in fact. But I'm fine, really fine!

MOLLY — So when are you going to come up and see me in Leeds, then? There are some great clubs, you know!

KATE — I'm sure there are Molly, and I'm sure you've tested them all, but I really can't get away from Norwich before the 50th anniversary celebrations in May.

MOLLY — God, you'll be glad when they're over, won't you?!

KATE — Well, yes and no. It's true they're giving me a lot of work, but at the same time, it's great organising everything…

MOLLY — And you're the only person working on them?!

KATE — In Norwich yes, but I report to someone down in Bristol who gives me constant advice and support.

MOLLY — Who's that, then?

KATE — Fiona Richards, from Marketing… Do you know her?

MOLLY — No, I don't.

KATE — She's a great person to work with, very experienced…, and Alexander Spencer-Jones thinks <u>very</u> highly *(2)* of her…   )))

Translation

Molly – Quoi, tu veux dire qu'ils sont...?

Kate – Ça ne m'étonnerait pas... J'ai déjeuné avec eux quand j'ai commencé à travailler sur le projet, et je peux te dire qu'ils s'entendent <u>très</u> bien !

Molly *(amusée)* – Eh bien, tant mieux pour eux !

(bref silence)

Kate – Écoute, Molly, pourquoi tu ne viens pas à Norwich pour les célébrations ? Je peux t'avoir une entrée gratuite pour le grand concert de bienfaisance le samedi soir...

Molly – Mais si c'est un concert de bienfaisance, tu ne devrais pas distribuer d'entrées gratuites, Kate !

Kate – Peut-être pas, Molly, mais tu peux me sponsoriser pour ma course à pied pour une œuvre caritative le vendredi après-midi !

Molly – Mais je ne pourrais jamais aller le vendredi. J'ai trop de pain sur la planche.

Kate – Mais tu n'aurais pas besoin d'être là. Il suffit d'aller sur notre site web, www.nnuggets.co.uk, de cliquer sur "Célébrations du 50ᵉ anniversaire", et tu trouveras tout ce que tu as toujours voulu savoir sur cet événement..., y compris comment me sponsoriser !

Molly – Redonne-moi les dates. Je vais vérifier dans mon agenda.

Kate – C'est le vendredi 16 et le samedi 17 mai. Tu coucheras chez moi, bien sûr !

Molly – OK, Kate, c'est d'accord. Pour le samedi du moins. J'attends ça avec impatience !

Kate – Moi aussi. On va bien s'amuser. Et après le concert le samedi soir, United Chocolate organise une grande fête pour tous les gens qui y ont participé... Et je t'y inviterai, évidemment !

Molly – Ça a l'air super ! *(bref silence)* OK, Kate, je te laisse préparer ton dîner. Je vais jeter un coup d'œil sur ton site web ! À bientôt, au revoir !

Kate – Au revoir, Molly, au revoir !

Notes

(3) **(to) sponsor**, *sponsoriser, parrainer, être le garant de, se porter caution pour.* Ici, il s'agit de soutenir financièrement une personne qui s'investit physiquement pour une œuvre caritative. C'est une pratique très courante au Royaume-Uni (voir note 4).

(4) **charity run** : une course à pied qu'on organise ou qu'on entreprend afin de récolter de l'argent pour des œuvres caritatives. Les participants se font parrainer par des **sponsors**, qui donnent chacun une certaine somme d'argent, soit à leur convenance, soit, souvent, en fonction de la distance courue. Il existe bien sûr des variantes comme le **charity swim**, le **charity ride**, le **charity walk**, etc.

(5) **(to) put (someone) up**, *loger (quelqu'un).* À ne pas confondre avec **(to) put up with (someone)**, *supporter (quelqu'un).*

(6) **you're on** : expression idiomatique qui signifie *c'est d'accord, c'est bon.* Synonyme : **it's a deal**.

Dialogue

CHAPTER 15

Molly — What, you mean they're...?

Kate — It wouldn't surprise me... I had lunch with them when I first started working on the project, and I can tell you, they get on <u>very</u> well together!

Molly *(amused)* — Well, good for them!

(slight pause)

Kate — Hey listen, Molly, why don't you come down to Norwich for the celebrations? I can get you a free ticket for the grand charity concert on the Saturday evening...

Molly — Surely if it's a charity concert, you shouldn't be giving away free tickets, Kate!

Kate — Maybe not, Molly, but you can sponsor *(3)* me for my charity run *(4)* on the Friday afternoon!

Molly — But I'd never be able to come down on the Friday, I've got too much work on my plate.

Kate — You wouldn't need to be there. You just go on our website, www.nnuggets.co.uk, click on "50th Anniversary Celebrations," and you'll find everything you always wanted to know about the event..., including how to sponsor me!

Molly — Remind me again of the dates. I'm going to check my diary.

Kate — It's Friday 16th and Saturday 17th May. I'll put you up *(5)*, of course!

Molly — OK, Kate, you're on *(6)*! For the Saturday, at least. I'm looking forward to it!

Kate — So am I! It's going to be a lot of fun. And after the concert on Saturday evening, United Chocolate is organising a big party for everyone involved... And I'll invite you to that, of course!

Molly — Sounds great! *(slight pause)* OK Kate, I'll let you get on with your dinner. I'm going to take a look at your website! Speak to you soon. Bye!

Kate — Bye, Molly, bye!

50th Anniversary Celebrations

— Pour en savoir plus —

Les œuvres caritatives au Royaume-Uni

La **charity** occupe depuis longtemps une place importante au Royaume-Uni, où il existe de nombreuses organisations caritatives, dont beaucoup, comme **Oxfam**, **Save the Children Fund** ou **The British Heart Foundation**, sont connues et reconnues de tous. Elles ont même pignon sur rue, pourrait-on dire, car lorsqu'on se promène dans les rues commerçantes outre-Manche, on est frappé par le nombre de **charity shops** qui côtoient les enseignes les plus connues de la **high street**.

Ces magasins, remplis de vêtements, de livres, de CD et de DVD, d'appareils de petit électroménager, d'occasion la plupart du temps, permettent à ceux qui donnent et à ceux qui achètent de participer à cet effort caritatif. Sans parler de l'économie alternative créée par le phénomène, qui permet de recycler les excès de notre société, tout en offrant des biens de consommation moins chers à des citoyens peu fortunés.

Ces organisations savent que la concurrence est rude et qu'elles ne peuvent plus se contenter de "demander la charité" : le public veut bien donner, mais veut aussi quelque chose en retour. La vente de cartes de vœux en était sans doute la première illustration, mais on pourrait également citer l'organisation de concerts, comme le mythique **Live Aid** à Wembley en 1985, ou de spectacles comiques, comme ceux organisés à l'initiative d'**Amnesty International**, qui ont inspiré la création de **Comic Relief**. Il y a également des événements sportifs : chaque année, par exemple, au mois d'août, le premier match de la saison du football anglais, le **Community Shield** (qui s'appelait jusqu'en 2002 le **Charity Shield**), réunit le champion de la **Premiership** et l'équipe ayant gagné la **FA Cup**. Les recettes de cette rencontre sont versées à des œuvres caritatives choisies par la **Football Association**.

Même s'il est vrai que les gens du spectacle et les sportifs prêtent souvent volontiers leurs talents à ce genre d'initiatives, le public lui aussi veut participer. Cela explique les **sponsored charity runs**, dont il est question dans ce chapitre. À l'âge de l'Internet, elles sont si faciles à organiser grâce à des sites comme www.justgiving.com, www.runnersweb.co.uk ou www.runlikeagirl.co.uk. Et pour ceux qui ne souhaitent pas courir, n'oublions pas le fameux **Red Nose Day** (issu de **Comic Relief**) qui a lieu tous les deux ans, où les gens se font "sponsoriser" et mettent un nez de clown pour se donner en spectacle. Pour la bonne cause, bien sûr !

Cette participation très active du public a donné naissance à ce qu'on appelle le principe de la **golden pound**. Cela veut dire que chaque livre (sterling) que donne le public doit être entièrement consacrée à l'action caritative. Les autres coûts de cette collecte de fonds (administratifs, logistiques, etc.) doivent être pris en charge par des **corporate sponsors**. C'est plutôt un bon principe, non ?!

DOCUMENT

CHAPTER 15

When Molly clicks on the link which Kate sends her in her e-mail, this is what she finds:

NORFOLK CHOCOLATE LTD
50th Anniversary Celebrations
(1962-2012)

Programme

Friday May 16th:

9 am - 5 pm: *Norfolk Chocolate's Riverside Road plant open to visitors Exhibition: Norfolk Chocolate then and now: 50 years of chocolate-making history (a team of NC workers in period dress will manufacture for you to taste the Norfolk Nuggets of 50 years ago on original machines)*

2 pm: *Grand Sponsored Charity Run on Norwich Common Special Guest Star: Olympic Gold Medalist, **Winfield Jackson***

8.30 pm: *Charity Football Match Walter Adam's XI v. Norwich City (at Carrow Road Stadium, Norwich)*

Saturday May 17th:

10 am - 4 pm: *Riverside Road plant open to visitors Exhibition (see above)*

12 noon - 5 pm: *Vintage Car Rally and Exhibition on Norwich Common (all cars were on the roads 50 years ago!)*

8.30 pm: *Grand Charity Concert starring: **Sir Peter McCartney**, singing the hits of 50 years ago, **Will Byman and the Sultans of Rhythm**, **The Limestone Cowboys**, etc.*

NB: Throughout the weekend, 50th anniversary apparel (tee-shirts, baseball caps, etc.) and a wide range of other gift items will be on sale. All proceeds from this very special weekend will go to the Children's Wing Fund of the Norwich Royal Infirmary.

To sponsor a charity runner or to buy tickets or merchandise, click on the links in the above text. For additional information, e-mail us at: info.anniversary@nnuggetts.co.uk

NORFOLK CHOCOLATE LTD
"Supporting the local community for 50 years!"

Comprehension

1 Where is Kate when the phone rings? **2** Do you think that Kate is pleased to receive a phone call after a long day at work? **3** What does Molly mention to try and convince Kate she should go and visit her in Leeds? **4** Will Kate be glad when the 50th anniversary celebrations are finished? **5** Does Kate have sole responsibility for the organisation of the celebrations? **6** If Molly comes to Norwich for the celebrations, what does Kate promise to do for her? **7** What contribution can Molly make towards Norfolk Chocolate's charity efforts? **8** What will Molly have to do to sponsor Kate? **9** Does Molly agree to come down for the 50th anniversary celebrations? **10** What will happen after the Saturday-evening charity concert?

Translation

1 Je venais de terminer mon travail et j'étais en train de préparer le dîner. **2** Qui est à l'appareil, s'il vous plaît ? Ah, c'est Fiona ! **3** Birtwhistle's of Yorkshire fabrique des produits super et Molly les a tous testés. **4** Quand les célébrations pour le 50e anniversaire seront finies, je viendrai te voir à Leeds. **5** Non, Fiona Richards ne dépend pas d'Alexander Spencer-Jones, mais ils s'entendent très bien ! **6** Alexander Spencer-Jones a une très haute opinion de Kate et de Molly aussi. Tant mieux pour elles ! **7** Notre concert de bienfaisance n'est pas gratuit, même s'il est sponsorisé par United Chocolate et beaucoup d'autres partenaires. **8** Molly ne pourrait jamais faire la course à pied ; elle a vraiment trop de boulot ! **9** Pour tout savoir sur les produits de Birtwhistle's, il suffit d'aller voir sur leur site. **10** Kate attend avec impatience de rendre visite à Molly, et elle sait, bien sûr, qu'elle pourra coucher chez elle.

— EXERCISES —

CHAPTER 15

Application

After having dinner, Kate decides to write an e-mail to Molly to give her a little more news and information. Read her message below and choose the correct verb or tense when necessary.

MAILBOX	
From:	Kate Hewitt [khewitt@hotmail.com]
Sent:	Wednesday, April 16, 2012, 22:57
To:	Molly McGuire [mollymag@gmail.com]
Subject:	More news

Hi Molly,

Thanks ever so much for making the effort to phone this evening. It (1 has been / was) really wonderful to speak to you again. I wish we (2 can / could) have spoken longer, but I have (3 been getting / got) in from work so late recently!

It (4 will / would) be really great if you could come down to Norwich for the 50th anniversary celebrations, and if you could aim to arrive on the Friday evening, I (5 'd be / was) free to look after you! As I said, I'll get you a free ticket for the charity concert, but I didn't tell you who (6 tops / is topping) the bill... Sir Peter McCartney, can you believe it?! He (7 's going / was going) to be singing old rock 'n' roll songs from the late 50s, which correspond to the theme of the event. I'm really excited, because I (8 may / must) even get to shake hands with him or speak to him!!!

I'll let you go on our website to see the rest of the programme. Here's the link:
www.nnuggets.co.uk/50thanniversary/programme.lt (9 could / would) be fantastic if you could sponsor me for the charity run, and if you know anyone else at Birtwhistle's who (10 'd like / 'd liked) to help, please pass on the message. Nearly everybody in Norwich is (11 taken / taking) part in the run and I really (12 do / have) want to be one of the top fund-raisers.

)))

Exercices

))) I (13 have forgotten / forgot) to tell you just now, that I have still not heard anything about my MBA application, but I've been told that I should have an answer by the end of May at the latest. I know the Admissions Office has been checking on my references. Wouldn't it be fantastic if I were (14 left / leaving) the UK for Texas in August?!

Well, I must stop now and get to bed. I'm really looking forward to seeing you in May, and until then, I (15 am / 'll be) thinking of you, because I know things are a bit difficult at times in Ilkley! It's a good job you have all those clubs in Leeds to keep your spirits up!

Lots of love, Molly, and speak to you soon.

Kate

xxx

Notebook

— Suggested solutions —

CHAPTER 15

Compréhension

1 Kate is at home. She has just got back home from work. 2 She's pleased to receive a phone call from Molly at last. She says "how wonderful to hear from you!". 3 Molly says that there are some great clubs in Leeds. 4 Yes and no. She says that they're giving her a lot of work, but at the same time, she enjoys organising them. 5 No, she doesn't. She reports to Fiona Richards in Bristol who gives her constant advice and support. 6 Kate says that she can get Molly a free ticket for the grand charity concert on the Saturday evening. 7 Kate says she can sponsor her for her charity run on the Friday afternoon. 8 Kate says she just has to go on the website, www.nnuggets.co.uk, and click on "50th Anniversary Celebrations," and she'll find the necessary instructions. 9 She agrees to come down "for the Saturday at least." 10 After the concert on Saturday evening, United Chocolate is organising a big party for everyone involved.

Traduction

1 I had just finished my work and I was preparing dinner. 2 Who's speaking, please? Ah, it's Fiona. 3 Birtwhistle's of Yorkshire makes great products and Molly has tested them all. 4 When the 50th anniversary celebrations are over, I'll come and see you in Leeds. 5 No, Fiona Richards doesn't report to Alexander Spencer-Jones, but they (do) get on very well together! 6 Alexander Spencer-Jones has a very high opinion of Kate and Molly, too. Good for them! 7 Our charity concert is not free, even if it is sponsored by United Chocolate and many other partners. 8 Molly would never be able to (/ could never) do the run. She's really got too much on her plate (/ too much work). 9 To find out everything about Birtwhistle's products, you just have to go and see on their website. 10 Kate is looking forward to visiting Molly, and she knows, of course, that she'll be able to put her up.

Application

1 was 2 could 3 been getting 4 would 5 'd be 6 is topping 7 's going 8 may 9 would 10 'd like 11 taking 12 do 13 forgot 14 were leaving 15 'll be

Étudiante aux États-Unis

Nous sommes déjà à mi-septembre, et cela fait presque un mois que Kate a commencé son programme MBA "part-time" à Austin au Texas. Elle est en train de déjeuner au restaurant universitaire, lorsqu'un étudiant qu'elle a déjà aperçu en cours s'approche de sa table.

Carlos – Bonjour ! Ça ne te gêne pas si je me mets avec toi ?

Kate – Pas du tout. Je t'en prie, vas-y.

Carlos – Merci ! *(il s'assied à la table de Kate)* Tu sais que ton accent est génial?!

Kate – "Génial" ? Je crois qu'on pourrait utiliser beaucoup de mots pour le qualifier, mais "génial"…?!

Carlos – Oui, je pense qu'on emploie souvent ce mot-là ! *(bref silence - il commence à manger)* Tu dois être anglaise.

Kate – C'est exact. Et j'ai parfois l'impression que je parle une langue étrangère ici au Texas !

Carlos *(il rit)* – Tu t'appelles Kate, non ? Je t'ai vue en cours…

Kate – Exact, une fois de plus ! *(bref silence)* Je t'ai vu en cours aussi, mais je ne me souviens pas de ton nom…

Carlos – Désolé, Kate ! Je m'appelle Carlos. Carlos Garcia.

Kate – Enchantée, Carlos. Et tu dois être mexicain, je suppose. Tu fais souvent allusion au Mexique en cours.

Carlos – Oui, je suis mexicain, mais j'ai aussi la nationalité américaine. Je suis né à San Antonio, et j'y ai fait toutes mes études ; jusqu'à ce que je vienne à Austin pour mon MBA, bien sûr. Ce n'est pas loin d'ici c'est à 150 kilomètres au sud environ, sur l'I-35.

Notes

(1) **Austin** : capitale de l'État du Texas, avec une population d'environ 750 000 habitants. Elle est connue pour son style de musique bien typé, mélange de country et de blues, teinté de sonorités mexicaines, dont Stevie Ray Vaughan est (était) la figure la plus emblématique.

(2) **male** : comme son équivalent féminin, **female**, ce mot peut s'employer sans crainte (et sans la connotation un peu "animale" de *mâle* ou *femelle*) pour désigner le **sexe**, **gender**, de quelqu'un.

(3) **awesome** : mot utilisé familièrement aux États-Unis depuis quelques années avec le sens de **great**, **wonderful**, **superb**. Pensez au français "terrible": en anglais britannique, il a gardé son sens primitif de *terrifiant*.

(4) **San Antonio** : c'est la deuxième ville du Texas, après Houston, avec une population d'environ 1 300 000 habitants. Elle est célèbre, historiquement, pour le siège de Fort Alamo (voir Chapitre 18, Note 3), sans oublier, aujourd'hui, sa grande équipe de basket, les **San Antonio Spurs**.

DIALOGUE

CHAPTER 16

Studying in the USA

Mid-September already, and it's been almost a month since Kate began her part-time MBA program in Austin (1), Texas. She's having lunch in the university restaurant when a male (2) student whom she's already seen in class approaches her table.

Carlos — Hi there! Mind if I join you?

Kate — Not at all. Please go ahead.

Carlos — Thank you! *(sitting down at Kate's table)* You know, your accent is really awesome *(3)*!

Kate — Awesome? I think you could use a lot of words to describe it, but "awesome"...?!

Carlos — Well, I guess we use that word a lot! *(slight pause as he begins to eat)* You must be English.

Kate — That's right. And I sometimes feel I'm speaking a foreign language here in Texas!

Carlos *(laughing)* — Your name's Kate, isn't it? I've seen you in class...

Kate — Right again! *(slight pause)* I've seen you in class too, but I don't remember your name...

Carlos — Sorry, Kate! My name's Carlos. Carlos Garcia.

Kate — Pleased to meet you Carlos. And you must be Mexican, I suppose. You often refer to Mexico in class.

Carlos — Yes I am, but I also have American nationality. I was born in San Antonio *(4)*, and did all my studies there; until I came to Austin for my MBA, of course. San Antonio's not far from here; less than a hundred miles south on I-35 *(5)*.

)))

(5) **I-35** pour **Interstate 35**. Ce type de **highway** (on dit également **freeway** ou **expressway**) a été créé par le **Federal-Aid Highway Act** de 1956, dont le président Eisenhower fut l'ardent défenseur. Les autoroutes avec un numéro impair (I-35, par exemple) traversent le pays du nord au sud, les numéros pairs étant réservés pour les autoroutes est-ouest. L'**I-35** part de **Duluth**, sur les berges du Lac Supérieur dans l'État du Minnesota pour rallier la ville de **Laredo** au Texas à la frontière mexicaine, soit une distance totale de 2 524, 6 km !

Translation

Kate – Bien sûr. Je connais San Antonio.

Carlos – Tu connais San Antonio ?!

Kate – La société pour laquelle je travaille – United Chocolate – y possède une unité de production. Quand je ne suis pas en train d'étudier à Austin, je travaille là-bas !

Carlos *(incrédule)* – Tu travailles pour United Chocolate ? Mais c'est incroyable, ça ! Mes parents travaillent tous les deux pour United Chocolate. Mon père est contremaître, et ma mère travaille toujours sur la chaîne de production.

Kate *(souriant)* – Eh bien, c'est vrai que le monde est petit ! *(bref silence)* J'espère convaincre UC de me laisser choisir comme sujet de projet professionnel un nouveau produit qu'ils préparent. Tiens, au fait, il vise la population hispanique des États-Unis.

Carlos – Et c'est quel genre de produit ?

Kate – Tu comprendras que je ne peux pas te le dire !

Carlos – OK, Kate. Je comprends ! *(bref silence)* Il est comment, ton chili con carne, au fait ?

Kate – Il est très bien. Mais pas assez épicé…

Carlos – J'espère que tu ne considères pas ça comme de la cuisine mexicaine typique !

Kate – Parce que ça n'en est pas ?

Carlos – Pour beaucoup de Mexicains, non. Je trouve que c'est plutôt tex-mex ! Nous n'en mangeons jamais chez nous !

Kate – J'ai encore tellement de choses à apprendre sur le Texas… et sur le Mexique, bien sûr.

Carlos – Hé, il faudra que tu viennes dîner avec ma famille. Pour goûter de la <u>vraie</u> cuisine mexicaine !

Notes

(6) foreman, *contremaître, chef d'équipe*.

(7) Mom, *Maman*. C'est le diminutif de prédilection aux États-Unis.

(8) Hispanic : adjectif ou substantif qui désigne aux États-Unis les citoyens d'origine hispanique (essentiellement Amérique Centrale et Amérique du Sud). On dit également **Latino**. Hispanic – terme officiel utilisé par le gouvernement – a l'ambiguïté de trop faire référence à l'Espagne et la vieille Europe. Il semblerait que la population en question préfère le terme **Latino**, qui fait davantage penser aux Amériques (**Latin-American**). Carlos fait sans doute preuve de galanterie en ne corrigeant pas Kate !

(9) Tex-mex : terme désignant principalement un style de cuisine qui allie les traditions culinaires mexicaines et les produits alimentaires traditionnellement consommés au Texas.

— Dialogue —

CHAPTER 16

Kate — Oh, yes. I know San Antonio!

Carlos — You know San Antonio?!

Kate — The company I work for – United Chocolate – has a production plant down there. When I'm not studying here in Austin, I'm working down in San Antonio!

Carlos *(in disbelief)* — You work for United Chocolate?! Now isn't that just amazing?! Both my parents work for UC. My Dad is a foreman *(6)*, and my Mom *(7)* still works on the production line.

Kate *(smiling)* — Well, it certainly is a small world! *(slight pause)* I'm hoping to convince UC to let me do my professional project on a new product they're working on. It's aimed at the Hispanic *(8)* population of the USA, by the way.

Carlos — What sort of product is that?

Kate — You'll appreciate that I can't tell you that!

Carlos — Fair enough, Kate. I can understand that! *(slight pause)* How's your "chili con carne," by the way?

Kate — It's fine! Not very spicy, though…

Carlos — I hope you don't think that's typical Mexican "cuisine"!

Kate — Well, isn't it?

Carlos — I don't think many Mexicans would think so. I guess it's more Tex-Mex *(9)*. We never eat it at home!

Kate — I still have so much to learn, Carlos, about Texas; and Mexico, of course.

Carlos — Hey, you must come and have dinner with my folks *(10)*. Taste some <u>real</u> Mexican "cuisine"!

)))

---

(10) **folks** : terme utilisé très couramment aux États-Unis pour désigner *les siens, sa famille*.

Studying in the USA

Translation

Kate – Pourquoi pas, ça me ferait très plaisir...

Carlos – Nous pourrions même aller en voiture jusqu'à Monterrey... Au sud de la frontière. Ce n'est pas si loin que ça, et j'ai plein de famille là-bas aussi !

Kate – Eh bien, c'est sûr qu'il va falloir que je pratique mon espagnol...

Carlos – "¿Tu hablas español?"

Kate – "Si, pero no hablo desde hace mucho tiempo..."[1]

[1] traduction française de ces dernières répliques : *"Tu parles expagnol ? – "Oui, mais je ne parle plus depuis très longtemps..."*

Notes

(11) **Monterrey** : ville du nord-est du Mexique, capitale de l'État de Nuevo León, avec une population intra-muros de plus d'un million d'habitants. À ne pas confondre avec la ville de **Monterey** (un seul "r") en Californie. Elle est connue pour son université, l'**Instituto Tecnológico y de Estudios Superiores de Monterrey (ITESM)**, qu'on appelle plus familièrement le **Tec de Monterrey**. Cette institution possède plus de 20 campus à travers le Mexique.

— Dialogue —

Chapter 16

Kate — Why not, I'd love to...

Carlos – We could even drive down to Monterrey *(11)*... South of the border! It's not that far, and I have loads of family down there too!

Kate — Well, I certainly need to practice my Spanish...

Carlos — "¿Tu hablas español?"

Kate — "Sí, pero no hablo desde hace mucho tiempo..."

Kate's MBA program

In this chapter, we see that Kate has begun her MBA program at a prestigious university in Texas. As David Robinson had indicated during Kate's recruitment interview (Chapter 2), United Chocolate encouraged her and agreed to pay a proportion of her tuition fees. In return, however, she had to promise to remain with UC for at least five years after her graduation. This was a small sacrifice, though, as Kate has not the slightest intention of leaving her company!

Her part-time program in Austin will take her nearly two years to complete, and she will have to attend classes most weekends. The curriculum is divided into core[1] classes which take place in year one, and electives, which she will follow mainly in year two. The elective courses are designed to enable students to choose a concentration adapted to their career aspirations, and Kate has already decided that she will choose one of the four concentrations offered by the Department of Marketing. That will give her the chance to study such electives as Marketing strategy, Negotiation, New product development, Brand management, Supply chain management, etc.

Take a look at Kate's two-year schedule below. The other component of the course she will have to work on is her professional project, but as she says to Carlos, she hopes to convince United Chocolate to let her do her professional project on a new product they're working on, aimed at the Hispanic population of the USA. Of course, she'll also need to obtain the approval of her professors.

[1] **core class**, *cours de tronc commun*

Part-time weekend MBA: Year one

Pre-term	Fall	Winter	Spring	Summer
Two-day orientation	Managerial economics	Accounting	Finance	Strategy
	Quantitative analysis	Marketing	Organizational strategy	Elective
	Leadership, values & team management	Operations management	Lab to market workshop I	Professional project
	Professional project	Professional project	Professional project	

Part-time weekend MBA: Year two

Pre-term	Fall	Winter	Spring	Summer
Two-day orientation	Lab to market workshop II	Lab to market workshop III	Elective	Elective
	Elective	Elective	Elective	Elective
	Elective	Elective	Professional project	Professional project
	Professional project	Professional project		

"Divided by a common language"

On attribue habituellement à l'écrivain irlandais, George Bernard Shaw, la célèbre citation, **"England and America are two countries divided by a common language,"** même si on ne la trouve pas dans ses écrits publiés. En fait, peu importe qui en est l'auteur : la remarque est astucieuse et très éloquente pour tous les anglophones, surtout les Anglais et les Américains, bien sûr !

Mais est-ce que la réalité est à ce point préoccupante ? En effet, on pourrait supposer que l'anglais britannique reste incompréhensible pour les anglophones d'outre-Atlantique, et vice-versa. On voit même, aujourd'hui, "l'américain" cité parfois comme langue, au même titre que l'anglais : "Apprenez l'américain !", "Traduit de l'américain", etc. Cela paraît pour le moins un peu exagéré, car n'importe quel Anglais (ou Britannique, disons), normalement constitué comprend sans difficulté l'anglais américain parlé dans des conditions normales. Et cette remarque est valable a fortiori pour le langage écrit.

Cela dit, George Bernard Shaw (si c'était bien lui) n'avait pas tort de vouloir souligner les différences qui séparent ces deux versions d'une langue commune. À son époque, où les moyens de communication (radio, disques, cinéma, télévision, Internet, etc.) étaient peu développés ou n'existaient pas du tout, on pouvait sans doute imaginer une évolution vers deux langues distinctes.

Mais le xxe siècle (et le début du xxie) sont passés par là ! L'anglais britannique a subi les bombardements répétés du cinéma hollywoodien, du rock 'n' roll et surtout des séries télévisées, qui passent sans être **dubbed** (évidemment !) sur les chaînes de télévision des **British Isles**. Et même si les Américains trouvent l'accent britannique à la Hugh Grant plutôt "**quaint**" ou "**cute**," ils le comprennent sans difficulté.
Il reste et il restera toujours (du moins c'est à espérer) des différences entre l'anglais britannique et l'anglais américain, à commencer par l'accent, bien sûr. Mais l'accent **Geordie** (de la région de Newcastle-upon-Tyne au nord-est de l'Angleterre) est sans doute plus éloigné de l'accent **cockney** (de Londres) que ne l'est le fameux **BBC English** de l'anglais de CNN ! Ensuite, il y a quelques différences de vocabulaire (**faucet** [É-U] au lieu de **tap** [R-U], par exemple), d'expressions idiomatiques, de tournures grammaticales et surtout, dans la langue écrite, pas mal de différences d'orthographe.

Pour en savoir plus

Il est intéressant de noter qu'il y une vingtaine d'années, Lands' End, une société américaine de VPC spécialisée dans les habits plutôt BCBG, a essayé de lancer son **catalog** (pardon, **catalogue**) en Angleterre. La tentative s'est heurtée à un mur, car les Anglais n'ont pas voulu de ce document non "traduit de l'américain". Ils y voyaient sans doute, comme souvent, un mépris à connotation hégémonique ! On pourrait presque comprendre l'exaspération des Américains devant l'apparente arrogance de ces quelque 60 millions d'habitants de la vieille Europe qui sont convaincus que l'anglais britannique reste la référence.

Deux pays divisés, donc, par l'histoire, la civilisation et la culture. Mais deux pays qu'une très "**special relationship**" rapproche, parfois au grand dam des Français !

Notebook

Exercices

Comprehension

1 When did Kate start studying in the USA? **2** Have Kate and Carlos already met? **3** What makes Carlos think that Kate "must be English"? **4** What makes Kate think that Carlos must be Mexican? **5** Before coming to Austin, where did Carlos do all his studies? **6** What is Kate's connection with San Antonio? **7** What does Kate hope to obtain from United Chocolate while she's studying in Texas? **8** What sort of new product is UC working on for the Latin-American market? **9** Is "chili con carne" a typical Mexican dish according to Carlos? **10** What reason does Kate give for possibly accepting Carlos's suggestion that they drive down to Monterrey together?

Translation

1 Cela fait presque une semaine que je suis arrivée au Texas. **2** Non, je vous en prie, allez-y ! Ça ne me gêne pas du tout. **3** Beaucoup d'Américains ont l'impression que les Anglais parlent une langue étrangère. **4** Je sais que j'ai déjà eu le Professeur Gillespie en cours, mais je ne me souviens absolument pas de son prénom. **5** Mes parents sont mexicains, mais je suis né aux États-Unis et j'ai aussi la nationalité américaine. **6** College Station se trouve à environ 150 km à l'est d'Austin, mais malheureusement il n'y a pas d'autoroute pour y aller. **7** La société pour laquelle je travaille n'a pas d'unité de production en Amérique latine, mais elle développe de nouveaux produits qui visent ce marché. **8** Kate n'a jamais visité le Mexique, même si elle a appris l'espagnol quand elle était au lycée. **9** Si nous allons jusqu'à Monterrey, nous pourrons goûter la vraie cuisine mexicaine. **10** Si je veux que les gens me comprennent bien à Austin, il faudra que je pratique mon texan !

— Exercises —

CHAPTER 16

Application

Dans le document page 182, nous abordons la question des différences entre l'anglais britannique et l'anglais américain. Nous tenons à préciser, d'ailleurs, que dans un souci de cohérence, nous nous efforçons d'utiliser l'une ou l'autre de ces deux formes d'une "langue commune" en fonction du contexte de l'histoire ou de la situation.

Voici donc un exercice d'observation et de bon sens qui s'inspire de ces différences. Dans les phrases suivantes, essayez de trouver les éléments – orthographe, vocabulaire, etc. – qui peuvent être considérés comme de l'anglais américain. Il y a un (parfois deux) élément(s) par phrase. Essayez également de préciser l'équivalent en anglais britannique (BrE.).

N'hésitez pas à vous référer à un dictionnaire ou autre livre pour vous aider si nécessaire. Bon courage !

1. All of the offices on the first floor were flooded. Someone left the faucet running in the restrooms!
2. Thank you for choosing Best Eastern Hotels. Please take a minute to fill out this questionnaire.
3. During the spring term of year one, Kate and Carlos will both have to study organizational strategy as a core course.
4. Kate found that it was possible to download most MBA catalogs as PDF files.
5. I had to work all summer, so I'm looking forward to taking a vacation in the fall.
6. People shouldn't hesitate to write their congressman if they don't agree with the measures being discussed.
7. Most of United Chocolate's raw materials arrive at their San Antonio plant by railroad.
8. I prefer to fly the same airline whenever I can, in order to obtain as many "frequent traveler miles" as possible.
9. I stopped at the mall on my way to work, but the ATM was out of order.
10. San Antonio is a very dynamic city and it's not always easy to recruit enough skilled labor.

— Solutions proposées —

Compréhension

1 We can assume that Kate started studying in the USA in mid-August or late August: "it's been almost a month" since she began her MBA program in Austin, Texas. **2** Not yet, but Kate has already seen Carlos in class. **3** Carlos thinks Kate must be English because of her accent which he describes as "awesome." **4** She thinks that Carlos must be Mexican because he often refers to Mexico in class. **5** Before coming to Austin for his MBA, Carlos did all his studies in San Antonio. **6** Kate's only connection with San Antonio is the fact that United Chocolate, the company she works for, has a production plant there. **7** She hopes to convince United Chocolate to let her do her final project on a new product they're working on. **8** We don't know. It's obviously confidential, because Kate says she can't say anything about it. **9** Carlos doesn't think that many Mexicans would agree. He thinks it's more Tex-Mex, and tells Kate that they never eat it at home! **10** Kate says that she certainly needs to practice her Spanish.

Traduction

1 It's been almost a week since I arrived in Texas. **2** No, please go ahead! I don't mind at all. **3** A lot of Americans have the impression that the English speak a foreign language. **4** I know I've already had Professor Gillespie in class, but I don't (/ can't) remember his first name. **5** My parents are Mexican, but I was born in the United States and I also have Mexican nationality. **6** College Station is located less than a hundred miles east of Austin, but unfortunately there's no interstate (highway) to go there. **7** The company I work for has no production plants in Latin America, but it's developing new products aimed at that market. **8** Kate has never visited Mexico, even if she learnt Spanish when she was at high school/grammar school. **9** If we go down to Monterrey, we could taste real Mexican "cuisine." **10** If I want people to understand me correctly in Austin, I certainly need to practice my Texan!

— Suggested solutions —

CHAPTER 16

Application

1 ... the faucet (*BrE:* tap)... the restrooms (*BrE*: toilets)!
2 ... to fill out (*BrE:* fill in)...
3 ... organizational (*BrE:* organisational)...
4 ... program catalogs (*BrE:* programme catalogues)...
5 ... a vacation *(BrE:* holiday) in the fall (*BrE:* autumn).
6 ... to write their (*BrE:* to write to their)...
7 ... railroad (*BrE:* rail[way]).
8 ... traveler (*BrE:* traveller)...
9 ... the ATM (*BrE:* cash dispenser)...
10 ... labor (*BrE:* labour).

Notebook

— TRANSLATION —

Étude de marché

Conformément au programme d'études du MBA à mi-temps de l'Université, les étudiants sont tenus de réaliser un projet professionnel pour une entreprise. Kate est montée à Philadelphie et espère convaincre Russ Kingman, Vice-président, Marketing et Ventes, de United Chocolate Inc., de lui confier une étude de marché en vue du lancement éventuel d'un nouveau produit : une barre à la praline de noix de pécan, destinée à la population hispanique des États-Unis. Kate a, semble-t-il, réussi à être convaincante.

Russ Kingman – Voilà, Kate, vous aurez la responsabilité de recueillir toutes les informations pertinentes pour nous aider à prendre la bonne décision concernant le lancement de la barre à la praline de noix de pécan que nous comptons fabriquer sur une chaîne de production flambant neuve à San Antonio.

Kate *(très enthousiaste)* – Génial ! On dirait que tous mes rêves les plus fous se réalisent ! C'est le défi le plus passionnant que j'aie jamais relevé.

Russ Kingman – Notez bien, Kate, que nous sommes conscients des risques que nous prenons. Il se peut que vous manquiez encore un peu de maturité… Et UC ne connaît pas du tout le marché hispanique. Plus que d'autres, les consommateurs hispaniques peuvent beaucoup nous surprendre. Ils sont parfois très difficiles à appréhender… UC vous fixe pour objectif de concevoir une nouvelle méthode de collecte d'informations, de gérer et de mettre en œuvre le processus de cette collecte et d'analyser les résultats.

Kate – Vaste programme ! Quand souhaiteriez-vous que je vous communique les résultats ?

Russ Kingman – L'entreprise a accepté de vous accorder un délai de trois mois. Il vous faudra tout d'abord définir le problème et les objectifs de votre recherche. Cette étape est cruciale. N'hésitez pas à m'en parler chaque fois que vous le jugerez nécessaire. Vous serez votre propre maître, mais il faudra que vous formiez une équipe là-bas à San Antonio pour vous aider. Et de toute évidence, nous devrons travailler en collaboration étroite pour définir le problème et nous mettre d'accord sur nos objectifs de recherche.

Notes

(1) **VP** = Vice-President.

(2) **launch**, **launching (of a product)**, *lancement (d'un produit).* Également **(to) launch**, *lancer,* **(to) bring out**, **(to) release**.

(3) **pecan**, *noix de pécan,* variété de noix récoltée au sud des États-Unis et au Mexique notamment. Même en Louisiane on dit "pacane", l'arrivée de produits américains sur le marché français tend à imposer "(noix de) pécan".

(4) **soft on the edges** (familier), *novice, manquant d'expérience.*

(5) **deadline**, *date limite, délai.* Attention au faux ami **delay**, *retard.*

DIALOGUE

CHAPTER 17

Studying the market

In compliance with the curriculum of the University's part-time MBA program, students are required to carry out a professional project for a company. Kate has gone up to Philadelphia, hoping to persuade Russ Kingman, United Chocolate Inc.'s VP (1), Marketing and Sales, to put her in charge of a market survey for the prospective launch (2) of a new product: a pecan (3) praline bar, aimed at the Hispanic population of the USA. Kate's persuasion seems to have been successful!

RUSS KINGMAN — OK, Kate, you'll be in charge of collecting all relevant information to help us make the right decision concerning the launching of the pecan praline chocolate bar we plan to manufacture on a brand new production line in San Antonio.

KATE *(very excited)* — Wow! It seems my wildest dreams are coming true! This is the most exciting challenge I've taken up so far.

RUSS KINGMAN — Mind you, Kate, we're aware of the risks we're taking. You may still be a little soft on the edges *(4)*... And UC is not at all familiar with the Hispanic market. More than others, Hispanic consumers may be full of surprises. Figuring them out may be awfully tough... UC expects you to design a new method for collecting information, to manage and implement the data-collection process and analyse the results.

KATE — What a program! When would you like me to communicate the findings?

RUSS KINGMAN — The company has agreed to give you a three-month deadline *(5)*. First, you'll have to define the problem and the research objectives. This step is crucial. Don't hesitate to report to me as often as you feel necessary. You'll be your own boss, but you'll need to form a team down in San Antonio to assist you. And obviously we'll have to work closely together to define the problem and agree on our research objectives.   )))

KATE – Cela va de soi ! Je verrai également mon répétiteur à Austin très régulièrement.

RUSS KINGMAN – Bien ! De toute façon, le marketing est une question de bon sens ! *(bref silence)* J'aimerais aussi que votre équipe parcoure les données existantes, étudie les périodiques, les livres et toutes les données commerciales qui figurent dans l'index du commerce de détail de Nielsen. Et bien sûr, vous devrez aussi préparer un questionnaire.

KATE – D'accord ! À l'université, on nous a appris à rédiger un bon questionnaire. Je m'assurerai qu'il soit soigneusement élaboré et testé avant de l'utiliser à grande échelle.

RUSS KINGMAN – Choisissez des termes aussi simples, aussi directs et aussi impartiaux que possible et posez les questions en suivant un ordre logique.

KATE – Je pense que je contacterai les consommateurs par téléphone. C'est le meilleur moyen pour recueillir des informations rapidement.

RUSS KINGMAN – Peut-être… Mais vous aurez sans doute du mal à joindre les jeunes, qui ne sont pas souvent à la maison. Assurez-vous que vous avez leurs numéros de portable. En outre, les Hispaniques vivent plus souvent dehors que nous autres Anglo-Saxons.

KATE – Vous avez raison.

RUSS KINGMAN – Et encore une recommandation : ne me donnez pas trop de statistiques ! Contentez-vous de présenter les conclusions importantes. Vu ?

KATE – Parfaitement ! *(bref silence)* Il y a juste une dernière remarque que je voulais faire… D'après l'inoubliable David Ogilvy, beaucoup de chefs d'entreprise "se servent de la recherche comme un ivrogne d'un lampadaire, non pour y trouver une illumination, mais un support…" Êtes-vous sûr que vous n'avez pas déjà pris la décision de lancer la barre à la praline de pécan, quels que soient les résultats de l'étude ?

RUSS KINGMAN – Grands dieux, non ! Un échec nous coûterait trop cher. Déjà, il me coûterait mon travail !

KATE *(comme s'adressant à elle-même)* – Sans parler du mien !

Notes

(6) **Nielsen's Retail Index** : ouvrage fournissant des informations obtenues lors d'audits réguliers dans plus de 2 000 points de vente aux États-Unis.

(7) **wording**, libellé, rédaction.

(8) **unbiased**, *sans parti pris, objectif, impartial*. **Bias**, *parti pris, a priori, préjugé*.

(9) **Anglo(s)** : Américain(s) d'origine anglo-saxonne.

(10) **David Ogilvy** : cet Écossais, né en 1911, est le fondateur de l'agence **Ogilvy & Mather**, l'une des plus importantes agences de publicité mondiales. Il est également l'auteur de *Confessions of an Advertising Man*, livre qui a fait autorité.

Kate — That makes sense! I'll be seeing my tutor in Austin very regularly too.

Russ Kingman — Good. Marketing is a matter of common sense anyway! *(slight pause)* I would also like your team to do a survey of all the existing data, study periodicals, books and all the commercial data that's to be found in Nielsen's Retail Index *(6)*. And of course, you'll also have to prepare a questionnaire.

Kate — Yes. At the University, they taught us how to write a good questionnaire. I'll make sure it's carefully developed and tested before using it on a big scale.

Russ Kingman — Make the wording *(7)* as simple, direct and unbiased *(8)* as possible and ask the questions in a logical order.

Kate — I think I will contact consumers by phone. It's the best method for collecting information quickly.

Russ Kingman — Maybe. But you may find it difficult to reach young people who are seldom at home. Make sure you have their cell-phone numbers! Besides, the Hispanics live more often out of doors than we Anglos *(9)* do.

Kate — Agreed!

Russ Kingman — And one more recommendation: don't give me too many statistics. Just present the major findings. Is that OK?

Kate — Yes. *(slight pause)* There was just one last point I wanted to make... In the words of the immortal David Ogilvy *(10)*, many managers "use research as a drunkard uses a lamppost, not for illumination but for support..." Are you sure you haven't already made up your mind about the launching of the pecan praline bar whatever the results of the survey?

Russ Kingman — Hell, no! A failure would be too expensive! It would cost me my job for one!

Kate *(as if to herself)* — Not to mention mine!

— POUR EN SAVOIR PLUS —

Les euphémismes

Aux États-Unis, l'*euphémisme*, **euphemism**, adoucissement d'une expression trop crue ou trop choquante, est devenu aujourd'hui partie intégrante du mouvement **politically correct** (**PC**). Ce courant d'idées, moins important que les Français ne le croient, se donne pour but de bannir du vocabulaire les termes racistes, discriminatoires ou insultants. Ainsi un *Noir* est-il appelé **African-American**, un *Indien*, **native American**, un "chairman", **chairperson** ; certaines féministes souhaiteraient même qu'on ne dise plus **history** mais **herstory** ! Et *une personne de petite taille* est **a vertically challenged person**.

Selon ses critiques, le mouvement **PC** participe d'un égalitarisme mal compris. Tout en admirant le **self-made man**, les Américains prennent volontiers parti pour le *plus faible, l'opprimé* (**underdog**) contre le *costaud, tyran* (**bully**). Au pire, le **PC** est ce que Georges Orwell appelle une "novlangue", **newspeak**, et se caractérise par son manque d'humour.

Market Research Questionnaire

Below is a copy of the questionnaire which Kate gave to UC's pollsters[1] for the market study

Hello, I'm conducting a survey with people who eat chocolate. Thank you for answering my questions / for accepting to answer my questions.

Do you eat chocolate bars? ☐ Yes. ☐ No.

Do you prefer ☐ plain chocolate? ☐ milk chocolate?

Offer a sample of the new chocolate bar to the respondent.

Does this product taste good?

☐ poor ☐ 1 ☐ 2 ☐ 3 ☐ 4 ☐ 5 ☐ excellent

Does the filling taste good?

☐ poor ☐ 1 ☐ 2 ☐ 3 ☐ 4 ☐ 5 ☐ excellent

Does the coating taste good?

☐ poor ☐ 1 ☐ 2 ☐ 3 ☐ 4 ☐ 5 ☐ excellent

Does this product have a long-lasting flavour?

☐ poor ☐ 1 ☐ 2 ☐ 3 ☐ 4 ☐ 5 ☐ excellent

Is there a harmonious balance between the ingredients?

☐ poor ☐ 1 ☐ 2 ☐ 3 ☐ 4 ☐ 5 ☐ excellent

Do you like the consistency of this product? ☐ Yes. ☐ No.

What characteristics apply to this product?

Taste of the chocolate:	☐ not strong	☐ just right	☐ too strong
Fat content:	☐ not enough	☐ just right	☐ too much
Sugar content:	☐ not enough	☐ just right	☐ too much
Crispness:	☐ not enough	☐ just right	☐ too much
Softness:	☐ not enough	☐ just right	☐ too much

This product melts in your mouth:

☐ too slowly ☐ at the right speed ☐ too fast

Thank you very much for your cooperation. Have a nice day!

---

[1] enquêteurs

EXERCICES

Comprehension

1 What is Kate's assignment? **2** Why is UC running risks by appointing Kate head of the market research team? **3** What difficulties is the market research team likely to encounter? **4** What are the different steps in the market survey? **5** Why should Kate and Russ Kingman work closely together? **6** According to Russ Kingman, what quality should marketers value? **7** What desk research work will Kate have to carry out? **8** Why is the preparation of a questionnaire a difficult task? **9** In what way do Hispanics differ from Anglos? **10** Why does Kate have misgivings about the survey?

Vocabulary

Complétez les phrases suivantes (pour vous aider, nous avons mis la première lettre des mots manquants) :

1 M...... r...... is the collection, analysis and interpretation of data for guiding marketing decisions. **2** I'm glad our company has finally realized that the l...... of a new product, without previously studying the market, is most hazardous. **3** The most common instrument for data collection is the q...... . **4** A researcher who must gather research information quickly is most likely to use the t...... **5** A c...... is a person who buys goods or services to satisfy his needs. **6** The major f...... of the market study were taken into account by the marketing department. **7** A product d...... 5 years ago is now very often obsolete. **8** Many new products f...... in the market place and new production techniques are often resisted by organized labor. **9** Different w...... might make the meaning of your letter clearer. **10** Marketing people are in the business of m...... the needs of other people. "Find a need and fill it" is the maxim.

— EXERCISES —

CHAPTER 17

Application

Cochez la ou les bonne(s) réponse(s) :

1 What helps a manager make sound business decisions?
a ☐ a sense of leadership
b ☐ pertinent information
c ☐ an MBA from Harvard Business School

2 What should market research do?
a ☐ forecast the future
b ☐ determine consumer behaviour in the future
c ☐ reduce the risk of error in the launching of new products

3 How can market research costs be reduced?
a ☐ by studying existing documents
b ☐ by commissioning business students to do it
c ☐ by contacting a smaller sample of consumers

4 When there are too many products of the same kind on the market, we can say it has reached:
a ☐ boiling point
b ☐ starting point
c ☐ saturation point

5 Which of the following survey techniques offers the greatest advantages in terms of speed of data collection?
a ☐ telephone interviews
b ☐ mail interviews
c ☐ personal interviews

6 Personal interviews, telephone interviews and mail questionnaires are part of:
a ☐ field research
b ☐ desk research
c ☐ academic research

⟩⟩⟩

Exercises

7 Which of the following data-collection techniques is the most costly?
a ☐ mail questionnaires
b ☐ personal interviews
c ☐ telephone interviews

8 To be effective, the questions of a questionnaire must be:
a ☐ biased and precise
b ☐ long and detailed
c ☐ short and simple

9 When he or she analyses the research information, the researcher:
a ☐ divides the respondents into age-groups
b ☐ treats the respondents as a whole group
c ☐ divides the respondents into identifiable groups

10 When a firm decides to carry out a market survey, it is in its interest to hire highly-skilled:
a ☐ investors
b ☐ investigators
c ☐ informers

— Suggested solutions —

CHAPTER 17

Compréhension

1 Kate will be in charge of carrying out a market survey for the prospective launch of UC's new product, a pecan praline bar aimed at the Hispanic population. **2** Kate somewhat lacks experience. She still has to show her ability. **3** UC is not at all familiar with the Hispanic market which may prove to be full of surprises. **4** The different steps are as follows: first, the definition of the problem, then a survey of the existing data, field-research with a questionnaire, the interpretation of responses and finally a presentation of the findings. **5** He wants to make sure Kate will not divert her attention from the research objective. **6** According to him, common sense is very important. **7** She will have to do a survey of existing data, study periodicals, books and also Nielsen's Retail Index. **8** Because a good questionnaire must be carefully developed, the wording of the questions must be simple and clear, and the questions must appear in a logical order. **9** Hispanics live more often out of doors than Anglos do. **10** She wonders whether her research is not just an alibi and whether Russ Kingman has not already made up his mind about the launching of the new product.

Vocabulaire

1 market research **2** launching **3** questionnaire **4** telephone **5** consumer **6** findings **7** designed (or developed) **8** fail **9** wording **10** meeting

Application

1 B
2 C
3 A, B et C
4 C
5 A
6 A
7 B
8 C
9 A et C
10 B

— TRANSLATION —

Moment de détente à San Antonio

Kate et Carlos Garcia, camarade d'études du programme MBA à Austin, sont assis à une table devant un bar le long du River Walk à San Antonio. Kate boit une margarita et Carlos une bouteille de la bière locale.

KATE *(poussant un soupir)* – Ah, Carlos, je crois que je suis en train de tomber amoureuse, *(bref silence)*, de San Antonio !

CARLOS *(souriant)* – Moi, j'en ai toujours été amoureux, mais je suis partial... C'est là que j'ai grandi ! J'ai toujours aimé m'asseoir ici le soir, le long du River Walk.

KATE – C'est très beau, en effet... Merci de m'avoir emmenée à l'Alamo, au fait. Je voulais le voir depuis le tout début.

CARLOS – Tout le plaisir était pour moi ! Merci d'être venue ! *(un moment de silence)* Alors, Kate, tu vas me raconter ta visite à Philadelphie hier ?

KATE – Bien sûr ! C'était une chouette visite ; la première fois que j'ai été au siège américain. J'ai été vraiment impressionnée. Et tu ne devineras jamais qui a passé environ une heure à discuter avec moi...

CARLOS *(sur le ton de la plaisanterie)* – Je ne sais pas, Kate... Le président ? Le directeur général ?

KATE – Pas tout à fait... Le vice-président du marketing et des ventes. Un type qui s'appelle Russ Kingman.

CARLOS – Ouaouh, c'est vraiment fantastique ! Et qu'est-ce qu'il t'a dit, ce vice-président ?

KATE – Qu'il avait décidé de me donner la responsabilité de l'étude de marché pour le nouveau produit dont je t'ai parlé, qui vise la population hispanique...

Notes

(1) **River Walk** : il s'agit d'un aménagement très réussi (commencé en 1939) des berges de la **San Antonio River**, qui traverse la ville du même nom. Beaucoup d'arbres et de nombreux ponts permettent aux promeneurs d'aller d'un côté à l'autre. Les bars, restaurants et autres commerces sont très animés le soir, lorsque la température atteint enfin un niveau plus raisonnable ! Il s'appelle également (c'est logique !) **El Paseo del Rio**.

(2) **margarita** : boisson rafraîchissante, très populaire dans le sud-ouest des États-Unis (du Texas à la Californie). Il en existe beaucoup de variantes, selon les bars, mais les ingrédients de base sont la tequila, la liqueur d'orange, le jus de citron vert, la glace et le sel. Quand vous en commandez, on vous demandera si vous la préférez **on the rocks** ou **frozen** (ou **blended**) (avec de la glace pilée, on obtient un mélange homogène).

(3) **(the) Alamo** : cette **mission** (San Antonio de Valero) a été construite au milieu du XVIIIe siècle par l'Empire espagnol, mais a été utilisée plutôt comme fort au XIXe siècle.

Relaxing in San Antonio

Kate and Carlos Garcia, a fellow MBA student from Austin, are sitting at a table outside a bar along by the River Walk (1) in San Antonio. Kate is sipping a margarita (2) and Carlos a bottle of the local beer.

KATE *(sighing)* — Ah, Carlos, I think I'm falling in love, *(slight pause)*, with San Antonio!

CARLOS *(smiling)* — I've always loved it, but then I'm biased... I grew up here! I've always loved sitting out here in the evening, on the River Walk.

KATE — It is beautiful... Thanks for taking me to visit the Alamo *(3)*, by the way. I'd wanted to see it since I first arrived.

CARLOS — My pleasure! Thank you for coming! *(a moment's silence)* So, Kate, are you going to tell me about your trip to Philadelphia yesterday?

KATE — Of course! It was a great trip, the first time I've been to the US headquarters. I was really impressed. And you'll never believe who spent about an hour speaking with me...

CARLOS *(jokingly)* — I don't know, Kate... The President *(4)*? The CEO *(5)*?

KATE — Not quite... The Vice-President for Marketing and Sales! A guy named Russ Kingman.

CARLOS — Wow, that's really awesome! And what did this VP have to say to you?

KATE — That he'd decided to put me in charge of the market research for the new product I mentioned, aimed at the Hispanic population...)))

En effet, elle a été le théâtre de nombreux troubles entre les troupes mexicaines et celles de la République du Texas. Le siège de l'Alamo – qui a duré 13 jours en 1836 – a sans doute joué un rôle-clé dans la future défaite du Mexique. **"Remember the Alamo!"**

(4) **President**, *président* (du **board** ou *conseil d'administration*).

(5) **CEO** pour **Chief Executive Officer**. Il s'agit du *directeur général*. Bien sûr, les deux fonctions de **president** et de **CEO** sont parfois cumulées. En français, on parle du P.D.G. (*président-directeur général*).

Translation

Carlos – Mais tu ne pouvais pas me dire ce que c'était, comme produit…

Kate – OK, Carlos, je veux bien te le dire, mais il faut que tu comprennes que c'est confidentiel.

Carlos – Tu peux me faire confiance, Kate…

Kate *(elle hésite un instant)* – Il s'agit d'une barre chocolatée à la praline de noix de pécan qui, dans un premier temps, serait fabriquée à San Antonio. Mais si elle marche bien, ils la fabriqueraient également à l'usine de San Diego.

Carlos – Logique. Il y a plein d'Hispaniques dans le sud de la Californie, aussi. Mais pourquoi est-ce qu'ils t'ont choisie, toi ? Je veux dire, tu as beaucoup de talent, je le sais *(sourires)*, mais tu es jeune, plutôt inexpérimentée et tu auras beaucoup de travail avec ton MBA…

Kate – Je crois que le MBA est le facteur-clé… Russ Kingman a dit que c'était une occasion inespérée d'obtenir l'expertise de, je le cite, "quelques-uns des meilleurs professeurs de marketing du pays". "Gratuitement ! "

Carlos *(qui semble très impressionné)* – Et bien sûr, tu auras aussi un accès privilégié à la population hispanique !

Kate – C'est vrai ? *(silence)* Et toi ? Est-ce que tu as déjà réglé la question de ton projet professionnel ?

Carlos – Ce n'est pas encore finalisé, mais je suis sur plusieurs pistes. Quoi qu'il en soit, ce sera dans le domaine de la finance d'entreprise, c'est sûr. C'est pour cette raison que j'ai choisi Austin ! Le Département de Finance a quelques brillants professeurs, aussi !

Kate – Je n'ai aucun doute là-dessus ! *(silence)* Tu sais, quand on y pense, nous sommes pour ainsi dire complémentaires…

Carlos – Complémentaires…?

Kate *(elle rit)* – Eh bien, toi en finance, moi en marketing… Nous ferions une fameuse équipe !

Carlos – Eh bien, comme je te l'ai déjà dit, je suis capable de t'offrir un accès privilégié à la population hispanique ! Quand viens-tu dîner avec ma famille ?

Kate – Quand est-ce que tu m'invites ?

Carlos – Le week-end prochain, ça irait ? Nous n'avons pas besoin d'être à Austin.

Kate – Ça me convient parfaitement !

Notes

(6) faculty : ce terme est utilisé aux États-Unis, et un peu partout dans le monde maintenant, pour désigner tout le corps enseignant d'une université ou d'une **business school**.

(7) lead(s), *piste, voie*. Mot emprunté aux enquêtes policières, qui désigne les différentes idées et opportunités qu'il convient de creuser avant d'arriver à un résultat ou à une décision.

Dialogue

Chapter 18

Carlos – But you couldn't tell me what that product was…

Kate – OK, Carlos, I'll tell you, but you must realise it's confidential.

Carlos – You can trust me, Kate…

Kate *(slight hesitation)* – It's a pecan praline bar, which would be manufactured in San Antonio, to start with. But if it's successful, they'd make it at the San Diego plant, too.

Carlos – Logical. Southern California is full of Hispanics, too! But why did they choose you? I mean I know you're very talented *(smiling)*, but you're young, not very experienced, and you'll be busy with your MBA…

Kate – I think the MBA is the key factor… Russ Kingman said that it was a remarkable opportunity to gain the expertise of, I quote: "some of the top marketing faculty *(6)* in the country." "Free of charge!"

Carlos *(seemingly very impressed)* – And of course, you also have privileged access to the Hispanic population!

Kate – Do I really? *(pause)* What about you? Have you got your professional project sorted out yet?

Carlos – Not finalized, but I have several leads *(7)* I'm working on. But it will definitely be in the area of corporate finance. That was the reason I chose Austin! The Department of Finance has some brilliant faculty, too!

Kate – I'm sure it does! *(pause)* You know, we're sort of complementary, when you think about it…

Carlos – Complementary…?!

Kate *(laughing)* – Well, you in finance, me in marketing… We'd make a good team!

Carlos – Well as I said, I can offer you privileged access to the Hispanic population! When are you going to come and have dinner with my folks?

Kate – When are you inviting me?

Carlos – What about next weekend? We don't have to be in Austin.

Kate – That sounds fine to me!

Relaxing in San Antonio

— DOCUMENT —

The Hispanic population in the USA

As soon as Kate is put in charge of the market research for United Chocolate's new pecan praline bar, which will form the basis of her professional project, she asks herself an obvious question: when we refer to the Hispanic population in the USA, what are we really talking about?

After an hour or so on Internet, she thinks she's gathered enough data to write a short information sheet which she intends to send to Russ Kingman.

According to the most recent official statistics available (figures published in 2006 by the Census Bureau), the Hispanic population is estimated to represent 44.3 million people, or 15% of the total US population. This makes them the nation's largest ethnic or race minority. This latest figure compares with the 22.4 million counted during the 1990 census and the projected figure for 2050 of 102.6 million! Today, only Mexico and Colombia have bigger Hispanic populations than the US; Spain itself has a population of just over 40 million.

In terms of origin, 64% of these people are of Mexican background, 9% Puerto Rican, 3.5% Cuban, 3% Salvadoran and 2.7% Dominican. The rest come principally from the other Central and South American countries. Forty-eight percent of this population lives in two US states, California (13.1 million) and Texas (8.4 million), with 4.7 million of them living in Los Angeles County, California, alone. Nearly half of New Mexico's population (an impressive 44%) is of Hispanic origin.

This is a young population whose median age is 27.4 years, which compares very favourably with that of the population as a whole, 36.4. More than a half of the US house residents who speak Spanish at home (32.2 million) claim to speak English very well. The Hispanic population is also generally well educated, and 59% have at least a high-school education. With a median per capita income of $35,967, the annual spending power of Hispanics cannot be ignored, and currently represents a figure in the region of $600 billion!

Document

At the same time, though, we should not forget that Hispanic businesses are expanding rapidly: already in 2002, the 1.6 million Hispanic-owned businesses generated $222 billion.

When Kate has finished writing this short data sheet, she realizes how rich this information is and how much meticulous interpretation it will require. There will certainly be so much to discuss with Russ Kingman, with her professors and, of course, with Carlos and his folks!

— Pour en savoir plus —

Des réfrigérateurs pour les Esquimaux, ou le marketing ethnique

Le titre est volontairement ironique, mais après tout, pourquoi des barres chocolatées à la praline de noix de pécan plutôt qu'autre chose ? Et qui en a eu l'idée ? Russ Kingman, un commercial de la zone Texas (sud et ouest) ? Est-ce qu'il y avait une boîte à idées dans l'usine de San Antonio ?

Il est vrai, en tout cas, que le pacanier (*carya illinoinensis*), qui donne la fameuse pacane (Voir Note 3, Chapitre 17), pousse naturellement (et est donc cultivé) essentiellement dans le sud des États-Unis, en particulier au Texas et au Mexique (de Coahuila au Jalisco et au Vera Cruz). D'où, sans doute, l'idée de United Chocolate.

De toute façon, le nouveau produit, imaginé par UC, et qui "vise la population hispanique" n'est qu'au stade de l'idée. Kate a été chargée d'une grande étude de marché, qui devrait permettre à United Chocolate de décider si cette barre à la praline de pécan peut devenir réalité, devenir un produit lancé sur le marché. On peut espérer, en tout cas, qu'elle rencontre plus de succès auprès des Hispaniques que les fameux réfrigérateurs auprès des Esquimaux.

Dans ces deux cas, qu'on le veuille ou non, nous sommes en présence de ce que les experts appellent le marketing ethnique, qui consiste d'après B. Cova et O. Badot "à segmenter le marché en s'appuyant sur l'homogénéité d'une souche ethnique de consommateurs (...) et de leur proposer des produits adaptés à leurs caractéristiques physiques et culturelles". En France, ce terme de "marketing ethnique" est plutôt tabou. La société française repose sur des principes républicains d'intégration, et même si on revendique une France multiethnique – "black, blanc, beur", disait-on en 1998, lors de la Coupe du Monde de football – on s'interdit toute représentation d'une minorité.

En Grande-Bretagne, par contre, et surtout aux États-Unis, il semblerait qu'on cherche moins cette sacro-sainte intégration, en laissant se créer et se côtoyer des communautés (autre mot tabou en France !). On a souvent parlé du **melting pot** américain (c'est certes une belle image), mais est-ce que la société américaine ne ressemble pas plutôt à un **salad bowl** ? Tous les ingrédients sont là, mais l'intégration n'a pas eu lieu. Les grandes villes des États-Unis ne sont-elles pas souvent des **patchworks** de communautés ?

Pour en savoir plus

Pas étonnant, donc, qu'au pays du **melting pot** (ou **salad bowl**), le marketing ethnique ne pose pas de problème déontologique pour les **marketers**. Lançons une barre à la praline de noix de pécan sur le marché hispanique ! Quelle belle cible : **44.3 million people in 2006, 102.6 million in 2050** (voir Document) ! Les minorités ethniques en France, à côté, c'est (excusez le jeu de mots) **peanuts**.

On peut se demander, toutefois, si cette segmentation "hispanique", n'est pas un peu simpliste, vu la diversité des pays d'origine que le terme englobe. Ce qu'il ne faut pas oublier, c'est que tous les **Hispanics** (ou **Latinos**) parlent la même langue, l'español, ce qui leur donne une identité, une culture, une certaine solidarité ; de la même façon que la langue anglaise fait des Américains et des Britanniques (et d'autres encore !) des Anglo-Saxons, comme disent les Français.

Notebook

EXERCICES

Comprehension

1 What are Kate and Carlos doing during this conversation? **2** What does Carlos say about San Antonio? **3** Where had Kate and Carlos probably been before coming to the bar? **4** What has Kate not told Carlos so far? **5** Who took time, for about an hour, to speak to Kate during her visit to United Chocolate's US headquarters? **6** What was the conversation about? **7** Where will UC's new product be manufactured? **8** Why does Kate believe she was chosen for this mission, despite her age and lack of experience? **9** What will be the subject of Carlos's professional project? **10** When does Kate agree to have dinner with Carlos's "folks"?

Translation

1 Kate va peut-être tomber amoureuse de Carlos aussi. **2** Personnellement, j'ai toujours aimé la bière locale, mais je suis partial : je suis né ici ! **3** Je voulais voir Philadelphie depuis mon arrivée aux États-Unis. **4** Pendant que j'étais au siège, je n'ai rencontré ni le président, ni le directeur général, mais seulement le vice-président qui s'occupe des finances. **5** Kate va avoir la responsabilité de faire l'étude de marché pour le nouveau produit, une barre chocolatée à la praline de pécan. **6** Si jamais le produit marche bien parmi toutes les populations des États-Unis, UC pourrait décider de le fabriquer dans toutes ses usines américaines. **7** C'est très logique. Il y a beaucoup plus d'Hispaniques dans les États comme le Texas ou la Californie que sur la Côte Est, par exemple. **8** Le Professeur Miller paraît plutôt jeune et inexpérimenté, mais c'est un des plus grands spécialistes de son domaine. **9** Ce n'est pas parce qu'on est complémentaires dans les études ou dans le travail qu'on fera un bon couple dans la vie ! **10** Je viendrai te rendre visite à Austin quand tu m'inviteras.

EXERCISES

CHAPTER 18

Application

Relisez attentivement le Document de ce chapitre et trouvez ensuite la bonne réponse (a, b ou c) à chacune des questions suivantes. N'hésitez pas à chaque fois à dire les chiffres à haute voix en anglais. Bon courage !

1 Between 1990 and 2006 the Hispanic population in the USA:
  a approximately doubled ☐
  b increased by 15% ☐
  c was multiplied by almost 5 ☐

2 Mexico's Hispanic population is:
  a smaller than Spain's ☐
  b larger than the USA's ☐
  c the same as the USA's ☐

3 The total number of Hispanics in California and Texas:
  a is 47 million ☐
  b increased by 48% ☐
  c is more than 20 million ☐

4 New Mexico's Hispanic population:
  a is the largest in the US ☐
  b represents nearly half of its total population ☐
  c is larger than Mexico's ☐

5 The median age of the US Hispanic population is:
  a 9 years lower than the national median age ☐
  b 9 years higher than the national median age ☐
  c over 30 years ☐

6 According to the document:
  a half of US house residents speak Spanish ☐
  b half of US house residents speak English very well ☐
  c 322 million US house residents speak Spanish at home ☐

⟩⟩⟩

— Exercices —

7 The total annual spending power of US Hispanics represents:
 a around $600 billion ☐
 b $35,967 ☐
 c 59% of total US spending power ☐

8 Hispanic-owned businesses in the US
 a have already generated $222 billion ☐
 b generated $222 billion in 2002 ☐
 c generated $16 million in 2002 ☐

Notebook

— Suggested solutions —

CHAPTER 18

Compréhension

1 During this conversation, Kate and Carlos are sitting at a table outside a bar, having drinks. 2 Carlos says he's always loved San Antonio. Of course, he's biased because he grew up there. 3 Prior to this conversation, they'd probably visited the Alamo, because Kate thanks Carlos for taking her there. 4 So far, Kate has not told Carlos about her visit to United Chocolate's American headquarters in Philadelphia. 5 Russ Kingman, UC's Vice-President, Marketing and Sales, spoke to Kate for about an hour. 6 The conversation concerned the market research for the new product aimed at the Hispanic population. Russ Kingman has decided to put Kate in charge of it. 7 UC's new product will be manufactured in San Antonio to start with, but if it's successful, it will also be produced at their San Diego plant. 8 Because she is going to use the new product as the basis for her MBA professional project. Russ Kingman thinks that United Chocolate will thus be able to take advantage of the expertise of the Austin marketing faculty, whom he considers to be among the best in the country. 9 He hasn't finalized the subject of his professional project yet, but it will be in the area of corporate finance. 10 Kate agrees to have dinner with Carlos's family the following weekend.

Traduction

1 Maybe Kate will fall in love with Carlos, too. 2 Personally, I've always loved the local beer, but I'm biased: I was born here. 3 I'd wanted to see Philadelphia since my arrival in the United States. 4 While I was at headquarters, I met neither the President, nor the CEO, but only the vice-president who's in charge of finance. 5 Kate will be in charge of doing the market research for the new product, a pecan praline bar. 6 Should the product be successful with all the US populations, UC might decide to manufacture it in all its American factories. 7 It's (/ That's) very logical. There are more Hispanics in states like Texas or California than on the East Coast, for example. 8 Professor Miller seems quite young and inexperienced, but he's one of the leading specialists in his field. 9 It's not just because we're complementary in our studies or in our work that we'll make a good couple in life! 10 I'll come and visit you in Austin when you invite me.

Application

1	a	5	a
2	b	6	c
3	c	7	a
4	b	8	b

— TRANSLATION —

De la théorie à la pratique

Mary-Ann, sympathique étudiante australienne en anthropologie, est assise à côté de Kate à la bibliothèque. Contrairement à Kate, elle n'utilise pas beaucoup l'ordinateur dans ses études. Elle se met à bavarder avec elle.

MARY-ANN – Ça fait des heures que nous travaillons, Kate ! Nous sommes devenues accros au travail !

KATE – Vraiment? Je n'ai pas vu le temps passer. Les bibliothèques américaines sont tellement agréables que je n'ai même pas l'impression de travailler. Elles sont ouvertes tous les jours jusqu'à minuit, l'accès aux livres est complètement libre…

MARY-ANN – Hum… *(bref silence)* Tu ne penses pas qu'il est temps de faire une pause café-cigarette ?

KATE – Je ne fume pas, mais je boirais bien une tasse de thé !

MARY-ANN – En fait, il faudra que ce soit une tasse de thé glacé. Tu as oublié qu'on est au Texas, pays du soleil, et non pas dans ta mère patrie, l'Angleterre ?

KATE – Tu as raison. Je vais finir par croire que je suis surmenée.

(à la cafétéria)

MARY-ANN *(après une longue gorgée de thé glacé)* – Tu es contente de la façon dont ton rapport avance, Kate ?

KATE – Oui, je fais vraiment du bon travail avec mon ordinateur portable.

MARY-ANN – Tu donnes à fond dans l'informatique, tu es vraiment en état de dépendance, non ?

KATE – Tout ce que peut faire mon portable, c'est tout simplement formidable ! La vitesse à laquelle il saisit, stocke et restitue des tonnes d'informations est stupéfiante. C'est un tel soulagement pour moi qu'il fasse les tâches ennuyeuses et répétitives…

MARY-ANN – …que tu ne voudrais pas faire !

Notes

(1) **workaholic** : néologisme américain formé sur le modèle de **alcoholic** pour désigner une personne "droguée du travail" ou "accro au travail". Voir sur le modèle **computaholic** (phrase 23) et **chocoholic**.

(2) **cuppa** : expression courante souvent employée en Australie et en Angleterre. Forme phonétique de **cup of**.

(3) **smoke-O** (ou **smoko**) : expression australienne pour désigner une pause pendant le travail, qui dure… le temps d'une cigarette.

From theory to practice

Mary-Ann, a friendly anthropology student from Australia, is sitting next to Kate in the library. Unlike Kate, she doesn't use the computer much for her studies. She starts chatting with her.

MARY-ANN — Kate, we've been working for hours! We've become workaholics *(1)*!

KATE — Really! I haven't seen the time go by. American libraries are so pleasant to work in that I don't even feel I'm working. They're open every day until midnight, access to books is unrestricted...

MARY-ANN — Mmm... *(slight pause)* Don't you think it's time for a cuppa *(2)* and a smoke-O *(3)*?

KATE — I don't smoke, but I could do with a cup of tea!

MARY-ANN — As a matter of fact, it will have to be a cup of iced tea. Have you forgotten this is sunny Texas, not Mother England?

KATE — You're right. I'll end up believing I'm overworked.

(in the cafeteria)

MARY-ANN *(after a long sip of iced tea)* – Are you satisfied with the progress of your report, Kate?

KATE — Yes. I'm really doing good work with my portable computer.

MARY-ANN — You're really into computers, a real nerd *(4)*, aren't you?

KATE — My portable computer's possibilities are simply fantastic! It's amazing how quickly it can capture, store and retrieve masses of information. I'm so relieved it takes care of tedious repetitive tasks...

MARY-ANN — ...that you wouldn't want to do!

)))

---

(4) **nerd** : obsédé par la technologie. On emploie aussi les expressions : **techie**, **geek**, **webhead**... Toutefois, **nerd** s'applique plutôt à quelqu'un qui s'investit totalement dans son travail au détriment de son développement personnel. Le profil adolescent attardé, féru de technologie, correspond bien au **nerd**.

Translation

Kate – Ça va sans dire ! Tu sais, un ordinateur est incroyablement doué pour mouliner des chiffres. J'ai rassemblé énormément de données et je les ai mises en mémoire dans une base de données. Puis j'ai analysé toutes les informations en utilisant les statistiques et les modèles disponibles. Quand je pense que j'étais tellement mauvaise en maths, ça me fait bien rire !

Mary-Ann – Eh bien, ne te retiens pas ! *(elles rient toutes les deux)* Alors comme ça, tu t'es servie de ton ordinateur pour le traitement de tes questionnaires ?

Kate – Tout le temps.

Mary-Ann – Je t'imagine parfaitement en train de faire joujou avec tes tableurs, d'imprimer des beaux graphiques en camembert et en barres avec des couleurs...

Kate – Ne va pas t'imaginer que je me laisse distraire. Je n'en ai pas le temps. Par ailleurs, Russ, mon patron, m'a mise en garde contre un trop grand nombre de statistiques. "S'en tenir aux principaux résultats", voilà le mot d'ordre.

Mary-Ann – Comment tu as organisé ton travail ?

Kate – Tout d'abord, il a fallu que je définisse le problème et me fixe un objectif de recherche. Ensuite, j'ai établi un plan pour recueillir des données à partir des sources primaires et secondaires. Après, je n'ai eu qu'à recueillir, traiter et analyser les informations.

Mary-Ann – Autrement dit, tout ce qu'il te reste à faire, c'est d'écrire le mot "Fin" sur ton rapport.

Kate – Non. Je dois encore interpréter les résultats et rédiger mes conclusions, mais ça, bien sûr, mon ordinateur sans cervelle ne peut pas le faire à ma place !

Mary-Ann – Malgré tout, tu ne peux plus te passer de ton portable, ma vieille !

Kate – Il est tellement pratique que c'est un plaisir de travailler avec. Il est à peine plus gros qu'un bloc-notes et je peux l'emporter partout. Je m'en sers à la bibliothèque, dans le train, à la maison...

Mary-Ann – C'est bien ce que je pensais ! L'informatique est devenue ta drogue. Bientôt, tu ne pourras plus faire de différence entre travail et loisirs !

Kate – Y'a pas de danger !

Notes

(5) (to) **get carried away**, *s'emballer, se laisser entraîner* ou comme dans ce dialogue *se laisser distraire*.

(6) **primary sources**, *sources primaires*, c'est-à-dire informations recueillies sur le terrain.

(7) **secondary sources**, *sources secondaires*, c'est-à-dire informations provenant de documents.

(8) **laptop**, *ordinateur portable* (litt. "ordinateur qu'on peut mettre sur les *genoux* [lap]") – comme un bloc-notes –, par opposition à **desktop computer**, celui, plus encombrant, qui est placé sur le *bureau*, **desk**.

Dialogue

Chapter 19

KATE — That goes without saying! You know, my computer is so good at crunching numbers. I collected a lot of data and stored them in a database. Then I analyzed all the information using the statistics and models available. When I think I was such a poor mathematics student, it makes me laugh!

MARY-ANN — Laugh out loud! *(they both laugh)* So, you used your computer to process your questionnaires?

KATE — All the time.

MARY-ANN — I can very well picture you toying with spreadsheets, printing nice colored pie-charts and bar-graphs...

KATE — Don't assume I'm getting carried away *(5)*. I have no time for that. Besides, Russ, my boss, warned me against too many statistics. "Stick to the major findings!" is the watchword.

MARY-ANN — How did you organize your work?

KATE — First, I had to define the problem and set my research objective. Then I figured out a plan for collecting data from primary *(6)* and secondary *(7)* sources. Afterwards, I just had to collect, process and analyze the information.

MARY-ANN — In other words, all you have to do is write "The End" on your report.

KATE — No, I still have to interpret and report the findings, but of course, my brainless computer cannot do that for me!

MARY-ANN — Nevertheless, you can't live without your laptop *(8)*, mate *(9)*!

KATE — It's so convenient that it's a pleasure to work with it. It's hardly any bigger than a note-pad and I can take it anywhere. I use it in the library, on the train, at home...

MARY-ANN — Just what I was thinking! You've become a computaholic. Soon, you won't be able to tell the difference between work and leisure.

KATE — Never fear!

---

(9) **mate**, *copain, copine*. Terme affectueux et familier souvent employé par les Australiens.

FROM THEORY TO PRACTICE

DOCUMENT

Computers in our lives

Computers have revolutionized the workplace and brought with them many advantages: complex tasks are made simple, time is saved and productivity is increased. They are widely used in business management. Thus, accounting, invoicing and pay calculation could not be done without them these days. Likewise, they have proved to be indispensable in production management, financial management (especially connections with banks) and bureautics (word-processing, internal and external communications).

However, computers do not benefit companies exclusively. They have also revolutionized education (computer-assisted education) by introducing a lot of flexibility. Thus, learners may work at their own pace, which is impossible in a traditional classroom. Moreover, students have the possibility to check their progress.

Computer science has altered employees' lives by taking care of repetitive or tedious tasks and by making communications much faster. In no time, managers can know the results and check the evolution of the company. Computers also ensure dynamic interaction between the different departments of the company so that decision-makers may react more quickly.

Computer science keeps evolving towards more miniaturization (portable computers), more power, more speed, stronger integration (one single machine may serve as a telephone, fax machine, videotex, photocopying machine and computer) and easier use (they are said to be "user-friendly"). As a consequence, companies have started recruiting generalists with computer skills and a feel for human relationships rather than just computer-science specialists.
Today, it is becoming possible to work on top of a mountain, in your car, at home, just anywhere...

It appears that computers do not just change employees' working lives, they change people's lives in general, and certainly not just at work.

• When used properly, Information Technology (IT) empowers people by giving them easier and quicker access to information. Thus, individuals are enabled to take action and control work and decision-making in autonomous ways.

DOCUMENT — CHAPTER 19

- Information and Communication Technology (ICT) offers people access to information and communication in underserved populations. Many countries are promoting ICT because they fear that unless less technologically advanced areas have a chance to catch up, the increasing technological advances in developed nations will only serve to exacerbate the already-existing economic gap between technological «have» and «have not» areas. Thus, bridging the «digital divide» is a challenge for developing nations.

However, in the rush to embrace new technology, people are often quick to overlook the problems that can arise from working with computers. Most people who work with computers have integrated the machine into their working lives successfully. They build up a balanced relationship with the computer and use it as a flexible extension of the mind, but others have become adversely affected by the new technology: they insist on efficiency and speed, have a low tolerance for the ambiguity of human behaviour, may indulge in yes/no speech patterns and have expectations of their colleagues that are based not on human capability but on machine capability. Some psychologists believe that working exclusively with computers can lead to a reduction in interpersonal skills. People often find themselves working in isolation from their colleagues and having to use a precise and logical form of decision-making all the time.

—— POUR EN SAVOIR PLUS ——

Accros... au travail !

Dans le dialogue de ce chapitre, il est souvent question de ce qu'on pourrait appeler des dépendances. Mary-Ann exprime à Kate sa crainte qu'elles soient devenues toutes les deux accros au travail (**workaholics**), ou que l'informatique soit devenue la drogue de Kate. En même temps, elle ressent le besoin d'interrompre son travail pour aller fumer une cigarette, alors que Kate semble avoir du mal à se passer de sa tasse de thé !

Dans le monde du travail, ces **addictions** sont prises très au sérieux, mais pas forcément de la même façon. Une dépendance à la drogue ou à l'alcool chez un employé sera toujours considérée comme inacceptable et la présence de telles substances sur le lieu de travail formellement interdite. Au-delà des problèmes légaux, éthiques ou sociaux posés par de telles dépendances, il est souvent dangereux de travailler sous l'emprise de drogues ou d'alcool !

Le tabac, autre substance problématique, n'a pas le même impact direct que la drogue ou l'alcool, sur la performance au travail. Pour certaines personnes – les fumeurs, bien sûr ! – on peut même supposer qu'il calme les nerfs, qu'il soulage le stress, qu'il facilite la concentration... Mais voilà, le tabac est plutôt néfaste à moyen et long terme pour celui (ou celle, de plus en plus souvent) qui fume, et surtout pour tous ses collègues, fumeurs passifs involontaires. C'est donc pour des raisons de santé publique que le tabac est maintenant banni du lieu de travail, et les lois sont beaucoup plus strictes aux États-Unis qu'en France !

Que dire du café ou du thé ? Certes, ces boissons contiennent de la caféine - et on sait que la caféine est mauvaise pour le cœur, entre autres – mais cette substance est présente aussi dans beaucoup de sodas, dont la consommation s'impose peu à peu dans le monde, surtout chez les jeunes. De plus, les entreprises auraient sans doute raison de voir d'un bon œil la consommation du café et du thé, qui par leur action psychostimulante, réveillent les employés fatigués et les poussent à faire leur travail plus vite ! Et la machine à café (vendant aussi du thé ou des sodas) n'est-elle pas, après tout, un formidable point de rencontre et instrument fédérateur d'une équipe ?

Pour en savoir plus

Pour conclure, éloignons-nous des « substances », pour parler de l'informatique, et plus généralement de tous ces jolis jouets multimédia dont raffolent les cadres. On les voit dans le TGV, sur leur ordinateur portable dernier cri, plongés dans leurs fichiers Excel, PowerPoint et Word. Un peu de travail, avant de se détendre en regardant un DVD ! Voilà un excellent moyen pour les entreprises d'imposer une sorte de « fil à la patte » à leurs employés « nomades » et d'en extraire un niveau de productivité encore plus élevé. Bien sûr, un cadre digne du nom se doit maintenant de disposer d'un téléphone portable ultra sophistiqué, type Blackberry ou iPhone. Si l'ordinateur portable pouvait parfois fatiguer les yeux ou engendrer quelques torticolis ou maux de tête, un nouveau phénomène, dû à l'utilisation excessive de ces téléphones et que les entreprises américaines prennent très au sérieux, a fait son apparition : le **Blackberry thumb** !

Décidément, toutes les dépendances ont leurs effets indésirables !

Notebook

— Exercices —

Comprehension

1 Why does Kate like working in American libraries? **2** What shows that Mary-Ann is not so hard-working as Kate? **3** Why has Kate made so much progress with her report? **4** In what way did Kate's computer help her in the drafting of her report? **5** How did Kate cope with the tedious parts of her study? **6** What makes Kate laugh? **7** What wrong assumption does Mary-Ann make? **8** What approach did Russ recommend to Kate? **9** What advantages does a laptop present? **10** According to Mary-Ann, what risks do computer-users run?

Vocabulary

Complétez les phrases avec les mots figurant dans la liste ci-dessous. Chaque mot ne peut être utilisé qu'une fois.

fast, automatic indexing, word-processors, store, check, records, information, file management, production, productivity, printers, computer science.

Computers are more and more used because they are efficient and (**1** ....). Firms have invested a lot in automated (**2** ....) systems. For instance, a company uses computers to (**3** ....) and retrieve customers' files. The (**4** ....) manager uses them to (**5** ....) the stocks. The personnel manager uses them to keep (**6** ....) of the employees. No doubt they have contributed to better (**7** ....). Hardware and software are unsophisticated terms designating different aspects of (**8** ....). Hardware refers to (**9** ....) and (**10** ....) for instance whereas software refers to (**11** ....) and (**12** ....).

— Exercises —

CHAPTER 19

Application

Faites correspondre ces termes ou instructions du vocabulaire du traitement de texte avec leur définition.

Mot ou expression		Définition
1	to twiddle	**A** a list of computer operations
2	to query	**B** a small picture or symbol
3	to cut and paste	**C** to duplicate a highlighted text to put it somewhere else
4	to click	**D** to adjust, to manage to find a solution by playing with the computer
5	menu	**E** to ask for information from a data base
6	window	**F** to record the content of a document under a new file name
7	icon	**G** to transfer data from a distant to a nearby computer or from a computer to a peripheral device
8	to copy	**H** a box on the screen that shows information
9	to download	**I** to press and release the button on the mouse.
10	to save as	**J** to move text from one place and put it somewhere else

SOLUTIONS PROPOSÉES

Compréhension

1 She likes working in American libraries because they are pleasant, they have long opening hours and they offer a lot of freedom. 2 She feels like taking a break. 3 She has made so much progress because she has used her portable computer very efficiently. 4 It captured, stored and retrieved the mass of information she had collected. 5 The computer helped her by performing tedious, repetitive tasks like crunching numbers, calculating statistics, etc. 6 She laughs at the thought that she was bad at mathematics. 7 She assumes that Kate is wasting time playing with her computer. 8 He told Kate to stick to the main findings and not to use too many statistics. 9 A laptop is very convenient because it is small and it can be used practically anywhere. 10 A computer user runs the risk of no longer being able to distinguish between work and leisure.

Vocabulaire

1 fast
2 information
3 store
4 production
5 check
6 records
7 productivity
8 computer science
9 word-processors
10 printers
11 automatic indexing
12 file management

Suggested solutions

CHAPTER 19

Application

1. D
2. E
3. J
4. I
5. A
6. H
7. B
8. C
9. G
10. F

Notebook

TRANSLATION

Différences culturelles

Samedi après-midi, Kate va voir le match de basket-ball opposant l'équipe de UC à Comput'X, l'équipe d'une autre entreprise de San Antonio. Pendant la pause entre la 3e et la 4e période, elle bavarde avec Jaime Maldonado, le contremaître de l'entreprise.

JAIME – Est-ce que vous aimez les matchs de basket-ball, Kate ?

KATE – Et comment ! Les joueurs légendaires des San Antonio Spurs ont donné un retentissement mondial à ce sport. *(bref silence)* Est-ce que le basket-ball est populaire en Amérique du Sud ?

JAIME – Vous seriez surprise par l'extension de ce sport. Il se pratique maintenant dans les métropoles, les petites villes, et de plus en plus dans les zones rurales.

KATE – Je ne l'aurais jamais cru !

JAIME – Il est fort probable que si on donnait un ballon de basket à quelqu'un dans les régions les plus reculées de l'Amérique latine, il saurait quoi en faire.

KATE – Je croyais que tout le monde jouait au foot dans ces pays-là !

JAIME – Le foot est sans aucun doute le sport numéro un, mais, parmi les sports les plus populaires, il est suivi de près par le basket... Au fait, êtes-vous contente de vivre à San Antonio ?

KATE – Je m'y habitue, comme vous avez dû le faire en votre temps. Je crois savoir que vous êtes arrivé d'Équateur il y une dizaine d'années.

JAIME – Oui! Je m'en souviens... Je ne parlais pas très bien l'anglais à l'époque. Et au début, j'ai éprouvé des difficultés à m'adapter au style de vie américain.

KATE – Pourtant, les Américains sont des gens tout à fait simples et accueillants. Je les trouve très serviables.

Notes

(1) **(to) bet**, *parier*. L'expression **you bet!** correspond au français *en effet !* ou *tout à fait !*.

(2) **San Antonio Spurs** (litt. "les éperons de San Antonio"). Célèbre équipe de basket-ball qui a remporté plusieurs fois la finale de la NBA (National Basketball Association).

(3) **(to) get used to (doing something)**, *s'habituer à (faire quelque chose)*. À ne pas confondre avec le verbe **used to** + infinitif, utilisé pour parler de quelque chose que l'on faisait avant, mais que l'on ne fait plus. Cette forme traduit l'imparfait en français : **I used to smoke (but I don't anymore)**, *Avant, je fumais, (mais je ne fume plus)*.

Cultural differences

On Saturday afternoon, Kate goes to watch the basketball game between UC's team and Comput'X, another corporate team from San Antonio. During the interval between the 3rd and 4th period, she chats with Jaime Maldonado, the company's foreman.

JAIME — Do you enjoy watching basketball Kate?

KATE — You bet *(1)*! The legendary players of San Antonio Spurs *(2)* have given a global impact to this game. *(slight pause)* Is basketball popular in South America?

JAIME — You would be surprised by the reach of this game. It is now being played in big cities, small towns and increasingly in rural areas.

KATE — I didn't realize that!

JAIME — Chances are if you give someone a basketball in the most remote areas of Latin America, they will know what to do with it.

KATE — I thought everyone played soccer there!

JAIME — Soccer is undoubtedly the number one sport but after that, you find basketball as the next favourite sport... By the way, are you happy to live in San Antonio?

KATE — I'm getting used to it *(3)*, as you must have done in your time. I understand you immigrated from Ecuador ten years ago.

JAIME — Oh, yes! I remember... I didn't speak much English then. And I found it hard to adjust to the American way of life at the beginning.

KATE — Sure, but Americans are quite informal and hospitable. I find them very helpful.

)))

Jaime – Accueillants, ils l'ont été, mais ils ont eu vite fait de disparaître et de me laisser livré à moi-même.

Kate *(souriant)* – Je vois. Vous attendiez qu'ils vous prennent par la main.

Jaime – Oui, un peu. Et puis il m'a été difficile de m'adapter à la rapidité du rythme de vie.

Kate – Moi, je trouve que les Américains travaillent vite, mais avec décontraction. *(bref silence)* Qu'est-ce qui vous a encore posé des problèmes d'adaptation ?

Jaime *(souriant)* – Ce qui m'a donné le plus de mal a été de ne pas prendre à la légère les calendriers et les dates limite.

Kate – En effet. Ici, on a vite fait d'apprendre que le temps, c'est de l'argent.

Jaime – Et les Américains ne perdent pas de temps en bavardages. Ils vont droit au but.

Kate – Ça, c'est sûr. Pas question de tourner autour du pot, les gens tolèrent assez mal que plusieurs choses se passent en même temps, ils n'admettent pas d'être interrompus par le téléphone ou de voir quelqu'un surgir à l'improviste avec des questions.

Jaime – C'est vrai. En Équateur, notre rapport au temps est plus souple parce que nous vivons beaucoup plus au présent, et chaque fois que c'est possible, nous évitons de nous engager sur des dates déterminées dans le futur… Il m'a fallu pas mal de temps pour comprendre la façon de faire d'ici.

Kate – Il faut bien admettre qu'à San Antonio, les gens sont très directs. Quand un étranger ne comprend rien à quelque chose, c'est à lui de demander des explications. Les gens se font un plaisir de lui répondre.

Jaime – Et ce que j'ai trouvé difficile à accepter au début, c'est le fait que la famille et les amis n'influencent à peu près jamais les décisions. En Amérique du Sud, les gens agissent d'une tout autre manière… Nous sommes des Latins…

Kate – Quand j'y pense, je me rends compte qu'il y a beaucoup de sagesse dans ce vieux dicton : "Il ne faut pas mélanger affaires et amitié"… Oh ! Le match recommence… Regardez ça ! Johnny vient de mettre un panier à trois points pour UC. C'est pas formidable ?

Notes

(4) **trifle**, *bagatelle, broutille, chose insignifiante* d'où le verbe **(to) trifle**, *prendre à la légère*.

(5) **schedule**, *horaire, calendrier, programme*. On peut dire également **(to) schedule**, *programmer, planifier, ordonnancer* ; **scheduling**, *ordonnancement* ; **scheduled flight**, *vol régulier*.

(6) **small talk** (familier), *papotage, menus propos*.

(7) **(not to) have a clue**, *ne pas avoir la moindre idée (de quelque chose), être dans le noir le plus complet*. **Clue**, *indice*, dans une enquête policière. Signifie aussi *indication*. **I'll give you a clue**, *Je vais vous mettre sur la piste*.

Dialogue

CHAPTER 20

JAIME — They were hospitable to me all right, but they soon disappeared, leaving me on my own.

KATE *(smiling)* — I see. You expected them to take you by the hand.

JAIME — In a way. And I found it hard to adjust to the fast pace of life.

KATE — I feel Americans work fast, but in a relaxed way. *(slight pause)* What else did you find it hard to adjust to?

JAIME *(smiling)* — What I found hardest to learn was not to trifle *(4)* with schedules *(5)* and deadlines.

KATE — Indeed. Here, you soon learn that "time is money".

JAIME — And Americans don't waste time with small talk *(6)*. They go straight to the point.

KATE — To be sure, here, there's no beating about the bush. People aren't very tolerant of many different things happening at once, they object to being interrupted by telephone calls or people dropping in with questions.

JAIME — Right. In Ecuador, our attitude to time is more flexible because we live much more in the present and whenever possible, we avoid being tied down to specific dates in the future. It has taken me quite some time to understand the way of doing things here.

KATE — You've got to admit that in San Antonio, people are very straightforward. When an outsider doesn't have a clue *(7)* about something, it is his responsibility to ask for explanations. People will be glad to answer.

JAIME — And what I found very hard to accept at first, was the fact that family and friends hardly ever influence decisions. In South America, people act quite differently... We are Latins...

KATE — Come to think of it, I realize there is a lot of wisdom in the old saying "business and friendship don't mix"... Oh! The game's starting up again... Look! Johnny has just made a 3-point basket. Isn't that wonderful?

―― POUR EN SAVOIR PLUS ――

L'apparente décontraction américaine

L'héritage puritain des États-Unis a conféré une valeur morale au travail, **work ethic**. Par devoir envers soi-même, chacun s'efforce de développer au maximum ses propres dons. Comme le travail est une valeur, il importe donc de travailler vite et bien, et si possible, de faire preuve de décontraction. Dans la vente, surtout, l'accent est mis sur le sourire (**the voice with a smile, smile behind the counter, the smile that wins**, etc). "**People who don't believe in hard work**" marque le peu d'estime dans laquelle on tient les gens que l'on considère comme des paresseux.

[1] **Tutor** : dans les universités britanniques, il s'agit d'un professeur chargé de veiller au bon déroulement des études d'un certain nombre d'étudiants (ses tutees). Il peut être academic ou personal tutor. L'academic tutor rencontre ses étudiants régulièrement lors de tutorials (sorte de cours réunissant un nombre réduit d'étudiants).

DOCUMENT — CHAPTER 20

A student's first impressions of the USA

Kate has kept in touch with Dr Kenneth Beighley who was her tutor[1] at the University of Waringham. She sends him an e-mail letter to give him an account of her first impressions of corporate life in the USA.

MAILBOX	
From:	Kate Hewitt [khewitt@hotmail.com]
Sent:	Wednesday, October 25, 2012, 22:02
To:	Dr Kenneth Beighley [K.Beighley@waringham.ac.uk]
Subject:	My first impressions

Dear Dr Beighley,

I know how eager you are to read my impressions of corporate life in America. Because I still have a lot of work to do on my professional project, I'll just write you a quick note.

Well, I remember you always gave me credit for my buoyancy. This is probably why I am so easily getting used to working in an American company. As a matter of fact, I enjoy corporate life very much and Americans are very kind to me.

Although I try not to be ethnocentric, i.e. not to judge them using English standards, I am tempted to consider that people here get their priorities mixed up. They seem very materialistic, work-oriented and they tend to equate anything new with the best.

I also find them time-motivated and for them, success is synonymous with pace. A waste of time is considered "un-American." An interesting comparison between England and America is the contrast between our football (soccer) and their football. In American football, which I don't find as spectacular as our soccer, matches are divided into sessions where every second, including the last one, counts. The play often stops. During the breaks, the players devise a strategy while spectators nervously watch the clock.

In the USA, there appears to be a real obsession with clocks. "Rock around the clock", which was the first rock 'n' roll song, could only have been written by an American…

Anyway, I feel I'm learning a lot here. For one thing, I'm already making better use of my time and I'm more efficient at work. In my opinion, cultural differences are a resource, not a barrier to be overcome.

I promise to send you a more thorough analysis of my observations in my next letter. I hope you are well and your students aren't giving you too much trouble.

Best regards, Kate Hewitt

EXERCICES

Comprehension

1 Why has basketball become popular all over the world? **2** Has basketball become the most popular sport in South America? **3** What adjustment difficulties did Jaime encounter at the beginning of his stay in the USA? **4** According to Kate, how do Americans behave with strangers? **5** When he arrived in the USA, what did Jaime expect of Americans? **6** What do Americans value in a worker's performance? **7** What different South American conception of time does Kate allude to? **8** How much time do Americans devote to the preliminaries of a negotiation? **9** What role do family and friends play in American business deals?

Conversational English

Comment répondre correctement à quelqu'un ? Dans le monde des affaires, il est très utile de connaître les expressions employées dans des situations informelles. Trouvez la réponse la plus appropriée à chacune des phrases ci-dessous, relevées lors de conversations :

1 It was very kind of you to invite me to a baseball game. **2** Would you happen to know Mr Coyner's phone number? **3** Tomorrow at 8 am would suit me fine. **4** I've decided to take sabbatical leave. **5** How was the baseball game? **6** I'm afraid I haven't got the findings yet. **7** Would you like me to give you a lift to the office? **8** How is their advertising campaign going? **9** Do you know San Antonio at all, Kate? **10** Good luck with your test! **11** What line of work are you in? **12** Are they likely to be at home at this time of day?

Propositions de réponses :
A Accountancy. **B** Smart move! **C** Much better than they expected! **D** It's very kind of you but I prefer to walk. **E** Not a chance! They'll be working. **F** No. In fact, this is my first visit. **G** It's been a pleasure to be with you. **H** Thank you. I'll need it! **I** See you tomorrow morning, then! **J** Never mind! But be sure to give them to me as soon as you have them. **K** Quite spectacular! **L** I might have it in my diary.

— EXERCISES —

Vocabulary revision

Complétez les phrases suivantes avec les mots de la liste çi-dessous:

A deadline **B** layout **C** part-time **D** troubleshooter **E** findings
F wildcat **G** schedule **H** desk-top publishing **I** waiver **J** turnover

1 A (.....) strike is an unofficial strike. **2** The staff (.....) in this company is 25%, which means they replace 25% of their staff every year! **3** I like the (.....) of this poster, i.e. the arrangement of the words and pictures. **4** (.....) enables any skilled computer user to create his own magazine. **5** A (.....) is a person employed specially to discover and remedy the causes of trouble. **6** This student is currently studying towards an MBA on a (.....) basis: his employer has put up money for his studies but he must also carry out some tasks for the company. **7** As John has already taken some business courses, which he feels would be redundant, he hopes to get a (.....) on some subjects. **8** The (.....) for submitting your project is June 1st. After that date, it will no longer be accepted. **9** Instead of paying attention to the (.....) of the market study, the manager was carried away by his enthusiasm and the new product failed. **10** If you don't want to miss the train, you'd better look at the (.....) in the hall of the station.

Notebook

Compréhension

1 Basketball has acquired worldwide fame thanks to excellent teams like the San Antonio Spurs. **2** No, basketball ranks second behind soccer. (/ European football.) **3** At the beginning, he spoke little English and had difficulty coping with the American way of life. **4** Americans are unaffected, they have a genuine sense of hospitality and they help strangers. **5** He expected Americans to take him by the hand. **6** They like a worker to be punctual in his or her assignments. **7** In South America, people have a more casual approach to time. Schedules and deadlines are not always met and tasks may be postponed. **8** Americans devote as little time as possible to preliminaries. **9** Family and friends exert practically no influence on business decisions.

Langage de la conversation

1. G
2. L
3. I
4. B
5. K
6. J
7. D
8. C
9. F
10. H
11. A
12. E

— Suggested solutions —

CHAPTER 20

Révision de vocabulaire

1 F
2 J
3 B
4 H
5 D
6 C
7 I
8 A
9 E
10 G

Notebook

TRANSLATION

Préparation d'une présentation

Trois mois après avoir commencé son étude de marché, Kate est presque prête à la présenter aux dirigeants de United Chocolate. Elle discute avec son ami, Carlos.

CARLOS – Tu es prête pour ta présentation, Kate ?

KATE – Je l'espère ! Je tiens vraiment à faire bonne impression auprès des dirigeants de United Chocolate.

CARLOS – Je n'ai pas besoin de te rappeler que la clé du succès est une bonne préparation. Tu as une idée claire de ce que tu veux dire ? Tu as mis de l'ordre dans tes arguments ?

KATE – Je pense avoir une bonne maîtrise du sujet. Après tout, j'ai beaucoup travaillé à cette étude de marché. J'ai commencé par brasser mes idées, puis j'ai sélectionné les plus pertinentes et les plus adaptées.

CARLOS – OK ! Il ne faut pas trop encombrer ta présentation…

KATE – … Et j'ai passé beaucoup de temps à la structurer.

CARLOS – Une bonne règle de base consiste à annoncer à ton public ce que tu vas lui dire, à le dire, puis à lui redire ce que tu lui as dit.

KATE – Je ne crains pas de me répéter. Je me concentrerai sur le développement de quelques points-clés de façon intéressante et persuasive.

CARLOS – Voilà ! N'oublie pas que ta présentation doit être structurée de façon claire et cohérente et qu'elle doit couvrir les points que tu veux aborder dans un ordre logique.

KATE – J'ai esquissé la structure de mon exposé et je ferai appel à quelques exemples bien choisis et quelques statistiques pour illustrer les principaux points.

CARLOS – Les supports visuels sous forme de graphiques, de schémas, de courbes… peuvent rendre ta présentation plus intéressante et plus facile à comprendre, mais n'essaie pas de mettre trop d'informations dans tes "slides".

Notes

(1) **(to) cram**, *bourrer*. **(To) cram for an exam** signifie *bachoter*.

(2) **rule of thumb**, *règle générale, règle de base*. **By rule of thumb** signifie *à vue de nez*.

(3) **slide**, *diapositive* (que vous avez déjà rencontré en chapitre 5, note 2). Notez que lorsqu'on emploie ce mot dans le contexte de présentations PowerPoint, on a tendance à utiliser le mot anglais **slide**, même en français.

Preparing a presentation

Three months after beginning her market survey, Kate is almost ready to present it to the management of United Chocolate. She is discussing it with her friend, Carlos.

CARLOS – Are you ready for your presentation, Kate?

KATE – I hope so! I definitely want to make a good impression on the management of United Chocolate.

CARLOS – I don't need to remind you that the key to success is good preparation. Do you have a clear idea of what you want to say? Have you organised your points?

KATE – I feel I have a pretty good grasp of the subject. After all, I worked hard on this market survey. I started by brainstorming my ideas and then I selected the most relevant and appropriate ones.

CARLOS – Right. You don't want to cram *(1)* too much into your presentation…

KATE – … And I've spent a lot of time structuring it.

CARLOS – A good rule of thumb *(2)* is to tell your public what you're going to say, say it and then tell your public what you have said.

KATE – I'm not afraid of repeating myself. I'll focus on developing some key points in an interesting and persuasive way.

CARLOS – Right! Bear in mind that your presentation should have a clear, coherent structure and cover the points you want to make in a logical order.

KATE – I've outlined the structure of my presentation and I'll draw on relevant examples and figures to illustrate the main points.

CARLOS – Visual aids in the form of charts, diagrams, graphs, can make your presentation more interesting and easier to understand but don't try to put too much information on your slides *(3)*.

)))

Translation

Kate – Je sais, quand une présentation PowerPoint est trop dense, les gens ont tendance à la regarder plutôt qu'à écouter ce que dit le conférencier. J'essaie de limiter au maximum mes supports visuels. Je veux qu'ils illustrent ce que je dis sans distraire l'attention. Crois-moi ! J'ai travaillé là-dessus !

Carlos – C'est parfait !

Kate – J'ai même pensé à inclure une ou deux anecdotes pour offrir plus de variété et d'humour. Russ Kingman, mon patron, a un très bon sens de l'humour !

Carlos – Je suis ravi de l'entendre... *(bref silence)* Mais je dois aussi te dire que j'ai déjà remarqué chez toi une tendance à parler trop vite quand tu es tendue. Fais attention à ça et limite-toi au vocabulaire que tu connais bien.

Kate – Je sais que j'aurai le trac, au début tout du moins.

Carlos – Alors, ne parle pas trop vite au début de ta présentation, accorde un peu de temps à ton public pour établir une bonne relation avec lui. Les premières impressions sont très importantes, mais je suis sûr que ton enthousiasme et ton intérêt pour le sujet, *(sourire)* sans parler de ton bel accent, sauront séduire ton public.

Kate – Je me sens déjà plus en confiance, mais tu sais, c'est en forgeant qu'on devient forgeron ! J'aimerais répéter ma présentation avec toi. Ça me donnerait l'occasion de mettre le doigt sur les points faibles ou les lacunes.

Carlos – Ça m'apprendra à te donner tant de bons conseils *(bref silence, sourire)*. Non, je plaisantais, chérie ! J'aimerais vraiment que tu t'entraînes à faire ta présentation avec moi !

Notes

(4) (to) stick to, *s'en tenir à, rester fidèle à*. L'expression (to) stick to one's job s'emploie beaucoup. Quant à l'expression (to) stick to one's guns, elle signifie *ne pas abandonner, ne pas lâcher*.

(5) rapport : en anglais, ce mot exprime une idée d'harmonie, d'empathie.

(6) (to) win over, *convaincre, persuader, gagner à sa cause*.

Dialogue

CHAPTER 21

KATE — I know, when a PowerPoint presentation is too dense, people have a tendency to watch it rather than listen to what the speaker is saying. I'll keep my slides as simple as possible. I want them to underline what I'm saying without distracting attention. Believe me, I've worked on that!

CARLOS — Good!

KATE — I have even thought of including one or two anecdotes for additional variety and humour. Russ Kingman, my boss, has quite a sense of humour.

CARLOS — I'm glad to hear it... *(slight pause)* I should also tell you that I've noticed you tend to speak too fast when you're under stress. Pay attention to that and stick to *(4)* the vocabulary you're familiar with.

KATE — I know I'll be nervous at the beginning, at least.

CARLOS — Just don't talk too fast when you begin your presentation, allow some time to establish a rapport *(5)* with your audience. First impressions are very important but I'm sure your enthusiasm and your interest in the subject, *(smiling)* not to mention your beautiful accent, will win your public over *(6)*.

KATE — I already feel more confident, but you know, practice makes perfect. I would really like to practice my presentation with you. It would give me a chance to identify any weak points or gaps.

CARLOS — That serves me right for giving you so much sound advice! *(slight pause, smiling)* No, I was only joking, honey! I'd really love you to practice your presentation on me!

PREPARING A PRESENTATION

— Pour en savoir plus —

Les **lecture tours** (tournées de conférences)

Toute personne qui fait une présentation aspire à être brillante. Or même si un conférencier a bien préparé son exposé, il ne peut jamais être assuré de réussir. Le charisme de l'orateur est un facteur qui compte beaucoup. Le grand écrivain irlandais, Oscar Wilde, ne manquait jamais de séduire son public avec ses mots d'esprit lorsqu'il faisait ses tournées de conférence. Ainsi, en arrivant aux chutes du Niagara, endroit très prisé pour un voyage de noces, il ne fut pas très impressionné par le site et déclara : "Je suppose que ce doit être la première déception pour un couple qui vient ici pour sa lune de miel".

Aux États-Unis, les conférenciers ont pris l'habitude de commencer leurs exposés par une plaisanterie (**opening joke**) pour détendre l'atmosphère. Dans les campus universitaires américains, les étudiants aiment s'instruire en assistant aux tournées de conférences de poètes, d'écrivains, d'acteurs, de journalistes, d'hommes d'affaires, de sportifs, d'anciens espions ou d'hommes (et femmes) politiques à la retraite. Ces derniers, lorsqu'ils ne sont plus au pouvoir, profitent des **lecture tours** pour maintenir leur train de vie en s'assurant une retraite confortable.

DOCUMENT

CHAPTER 21

PowerPoint, Microsoft and Apple

In the dialogue, Kate refers to the PowerPoint presentation she has prepared for the management of United Chocolate. PowerPoint is, of course, a registered trademark of Microsoft Corporation, and the famous presentation software has been part of the Microsoft Office Suite since 1990. Today it is virtually ubiquitous in both the management and academic worlds, and the expression "a PowerPoint" has become almost an eponym[1] for "a presentation".

It would be unfair, however, to talk about Microsoft without mentioning the corporation's arch-rival, Apple Inc., famous for its Mac computers, the iPhone, etc. In fact, the original version of PowerPoint, called Presenter, was designed for the Macintosh (created by Apple) by a company called Forethought, Inc., taken over in 1987 by Microsoft. Both corporations have their supporters and detractors in much the same way as Coca-Cola and Pepsi-Cola. So let's present some key facts and figures about these two icons of computer technology in the style of a PowerPoint presentation!

[1] Voir Chapitre 43, Document.

MICROSOFT CORPORATION
A BRIEF HISTORY

1975: Founded in Albuquerque (New Mexico) by Bill Gates and Paul Allen

1982: First release of MS-DOS (disk operating system)

1985: First retail version of Microsoft Windows

1986: Microsoft goes public

1989: Introduction of Microsoft Office Suite (Word, Excel and Powerpoint)

…/…

APPLE Inc.
SOME KEY DATES

1976: Founded in Cupertino (California) by Steve Jobs, Steve Wozniak and Ronald Wayne

1977: Introduction of the APPLE II computer

1985: Launching of the Macintosh Computer

1998: Launching of the IMAC Computer

2001: APPLE diversifies with the iPod, and in iTunes

2007: The iPhone

2010: The iPad arrives

Exercices

Comprehension

1 Why has Kate prepared her presentation carefully? **2** According to Carlos, what is the key to success in a presentation? **3** Why does Kate feel she has a good grasp of her subject? **4** How did she go about organizing her points? **5** Apart from repeating her main points, how does Kate intend to present her recommendations? **6** What do visual aids bring to a presentation? **7** What mistake do people commonly make when they use visual aids? **8** What does Kate tend to do when she is under stress? What should she do about it? **9** Why should Kate's presentation be good? **10** What does Kate ask Carlos to do?

Application

En vous référant au graphique ci-dessous et à la liste d'expressions décrivant ses différentes parties, indiquez à quelle partie du graphique les expressions correspondent

A On this graph, the volume of our production is mapped against the years. **B** Our production skyrocketed[1]. **C** At that time, our production reached a peak. **D** During this period, the curve indicates a gradual decrease. **E** Unfortunately, our production plummeted[2] in that period. **F** This part of the graph shows a plateau.

[1] to skyrocket, *monter en flèche ou exploser*
[2] to plummet, *chuter*

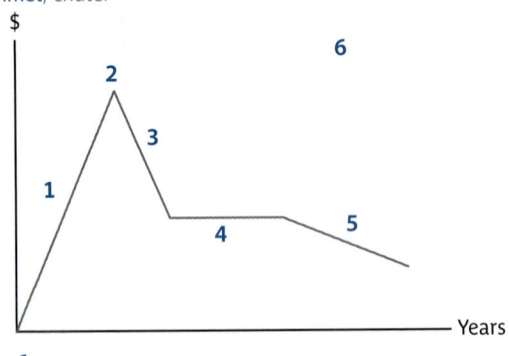

EXERCISES

CHAPTER 21

Vocabulary

Voici des extraits de la présentation de Kate. Complétez les parties manquantes avec les mots ou expressions de la liste. N'utilisez ces mots ou expressions qu'une seule fois.

as you know, as you can see, in other words, I'm going to explain, to sum up, thank, then, first, in more detail, finally

Let me introduce myself. I'm Kate Hewitt, Assistant Marketing Manager. **(1 ....)**, United Chocolate has always made a point of being innovative and forward-looking. **(2 ....)** the reasons why we have decided to launch a new chocolate bar aimed at the Hispanic market. **(3 ....)**, I will go over the reasons for this strategic choice, **(4 ....)**, I'll give a brief analysis and interpretation of the data I have collected and **(5 ....)**, I'll make some recommendations... **(6 ....)** from this graph, the Hispanic market in this part of the USA is rapidly growing. There is more information in the handouts[1] I have prepared and I can go into this **(7 ....)** later. It would be silly to neglect this market. **(8 ....)**, we must be present on the Hispanic market. **(9 ....)**, the prospects are very good for United Chocolate and I would like to **(10 ....)** you all for your attention.

[1] handout : substantif dérivé du verbe **(to) hand out**, *distribuer*. Il peut avoir deux sens : soit un document distribué pendant une présentation ou un cours (comme ici), soit de la documentation commerciale (prospectus, etc.) distribuée au client potentiel.

Compréhension

1 Kate has prepared her presentation well because she wants to make a good impression on the management of United Chocolate. 2 According to Carlos, good preparation is the key to the success of a presentation. 3 Kate feels she has a good grasp of her subject because she has worked very hard on her market survey. 4 She started by brainstorming her ideas and then she selected the most relevant and appropriate ones. 5 She will focus on developing some key points in an interesting and varied way. 6 They can make a presentation more attractive and easier to understand. 7 They tend to make them too complicated; as a result, the audience has a tendency to watch them rather than to listen to the speaker. 8 When she is under stress, Kate tends to speak too fast. She should pay attention to this and stick to the vocabulary she is familiar with. 9 Her presentation should be good because she is enthusiastic and she is interested in her subject. 10 Kate asks Carlos to be the audience for a rehearsal of her presentation.

Suggested solutions

CHAPTER 21

Application

1. B
2. C
3. E
4. F
5. D
6. A

Vocabulaire

1 as you know 2 I'm going to explain 3 first 4 then 5 finally 6 as you can see 7 in more detail 8 in other words 9 to sum up 10 thank

Notebook

— TRANSLATION —

À la banque

Avant de prendre son nouveau poste d'assistante personnelle de Russ Kingman, Vice-président, Marketing et ventes, de UC à Philadelphie, Kate a eu droit à quelques jours de congé. Elle est allée en voiture à Nuevo Laredo, ville mexicaine située près de la frontière avec les États-Unis. Alors qu'elle se promène dans la ville, elle rencontre un étudiant slovène désemparé devant une banque. Il lui demande de l'aide.

Étudiant – Bon sang ! La banque est fermée et j'ai vraiment besoin d'argent ! Est-ce que vous savez où je pourrais encaisser mes chèques de voyage ?

Kate – Vous pourriez peut-être aller dans un bureau de change ou éventuellement un grand hôtel.

Étudiant – Je n'en vois pas dans le coin. Par ailleurs, certains hôtels sont peu disposés à le faire si vous n'êtes pas client… Et je ne peux pas demander ce genre de service à l'auberge de jeunesse où je séjourne.

Kate – Et bien, vous pourriez aller dans un magasin et acheter quelque chose que vous paieriez avec un chèque de voyage…

Étudiant – … Et me retrouver avec une babiole dont je n'ai pas besoin ! Je suis étudiant et j'ai un budget serré. En d'autres termes, je dois me serrer la ceinture, si vous voyez ce que je veux dire…

Kate – Je vois ! *(après un bref silence)*

Étudiant – Je fais des études artistiques et je ne me sens pas très à l'aise avec les chiffres…

Kate – Avez-vous une carte bancaire ?

Étudiant – Bien sûr !

Kate – Dans ce cas, pourquoi ne pas essayer le guichet automatique ?

Étudiant – Comment ?

Notes

(1) Personal Assistant (PA), *assistant(e)*. Attention, il ne faut pas confondre, ici, le mot **personal** (propre à une personne) avec **personnel** (l'ensemble des employés d'une entreprise). Il ne faut pas non plus considérer le poste de **personal assistant** comme simple équivalent de **secretary**. La fonction de **PA**, surtout au niveau d'un vice-président, se rapprocherait plus de celle de chef de cabinet ou de "sherpa" pour un ministre en politique. Nul ne doute que Russ Kingman traitera Kate plutôt comme son adjointe, son bras droit !

DIALOGUE

CHAPTER 22

At the bank

Kate has been given a few days off, before taking up her new position as Personal Assistant (1) to Russ Kingman, UC's Vice-President, Marketing and Sales, in Philadelphia. She has driven down to Nuevo Laredo, a Mexican town situated close to the US border. As she is walking in the town, she meets a stranded Slovenian student in front of the local branch of an American bank. He asks her help.

STUDENT — Good Lord! The bank is closed and I badly need some cash! Do you know where I could cash my traveler's checks?

KATE — Perhaps you could go to a "bureau de change…" or maybe a big hotel.

STUDENT — I can't see one nearby. Besides, some hotels are reluctant to do it if you're not a customer… And I can't expect this type of service from the youth hostel where I'm staying…

KATE — Well, you could go to a shop and buy something and pay for it with a traveler's check…

STUDENT — … And end up with a trinket I don't need. I'm a student and I'm on a tight budget. In other words, I've got to cut corners *(2)*, if you see what I mean…

KATE — I do! *(slight pause)*

STUDENT — I'm an art student and I'm not very comfortable with figures…

KATE – Do you have a debit card?

STUDENT — Of course!

KATE — In that case why don't you try the ATM?

STUDENT — The what?   )))

---

(2) **(to) cut corners**, *économiser son argent*. Cette expression peut avoir une connotation négative, en ce sens qu'elle peut sous-entendre un manque de prudence.

Translation

Kate – Le guichet automatique, le point argent si vous préférez. Bien sûr, ça vous coûtera un peu plus que si vous changiez des euros dans une banque.

Étudiant – Oui, je peux m'attendre à quelques frais supplémentaires, mais à la guerre comme à la guerre ! ... *(rires)* Tenez, voici ma carte slovène.

Kate – Faites voir ! C'est une carte Visa. La machine l'accepte.

Éudiant *(après avoir introduit sa carte dans la machine)* – Dommage ! Les deux seules langues proposées sont l'espagnol et l'anglais. Ce sera donc l'anglais. La machine dit : "Indiquez votre PIN." Qu'est-ce que ça peut bien vouloir dire ? Voyez-vous, je ne parle pas l'espagnol et je ne parle pas couramment l'anglais, surtout lorsqu'il s'agit d'anglais des affaires...

Kate – J'ai du mal à mettre le mot PIN dans le vocabulaire des affaires ! PIN signifie "Numéro personnel d'identification". En d'autres mots, vous devez taper votre code secret.

Étudiant *(il fait ce qui lui a été dit - après une brève pause)* – Voilà ! Et maintenant ?

Kate – Vous ne voulez pas faire un dépôt d'argent. Alors sélectionnez "retrait d'espèces". Combien d'argent voulez-vous ?

Étudiant – L'équivalent de cent euros, mais comme je l'ai déjà dit, je ne suis pas très fort en calcul.

Kate – Cette somme devrait pouvoir durer quelque temps. Maintenant, tapez la somme que je vous indique. *(ironiquement)* J'espère que vous ne vous mettez pas en découvert...

Étudiant – Pas de danger! J'ai droit à un découvert de 500 euros pour m'aider en cas de difficulté, mais je n'ai pas l'intention de l'utiliser.

Kate – En fait, on a tort de penser que les banques vous autorisent un découvert gracieusement. Emprunter avec une autorisation de découvert coûte cher... Maintenant appuyez sur la touche "confirmer...". Ça y est ! Voilà l'argent. N'oubliez pas votre reçu !

Étudiant *(comptant son argent et l'empochant)* – Merci de votre aide ! Je ne sais pas ce que j'aurais fait sans vous.

Kate – Pas de souci ! Nous avons tous besoin d'apprendre. En fait, cette banque est celle où j'ai mon compte courant et je la connais très bien.

Notes

(3) Dans une banque, **teller** = *caissier*.

(4) (to) **punch in**, dans le vocabulaire informatique, signifie *introduire*.

(5) (to) **key in**, *taper*, *saisir*. Le mot **key** signifie la *touche* d'un *clavier*, **keyboard**.

(6) (to) **overdraw**, *avoir un découvert autorisé*, *être à découvert*. Le substantif est **overdraft**.

Dialogue

Chapter 22

KATE — The ATM, automatic teller *(3)* machine; the cashpoint, if you prefer. Of course, it will cost you a little more than if you changed your euros at the bank.

STUDENT — Yes, I can expect to pay some additional charges but in times of hardship, one has to make the best of a bad job *(chuckles)*... OK, here's my Slovenian card.

KATE — Let me have a look at it! Yes, it's a Visa card. The machine will accept it.

STUDENT — *(after inserting his card into the machine)* Too bad, the only two languages which are offered are Spanish and English. It'll have to be English. It says: "Enter your PIN." What is that supposed to mean? You see, I don't speak Spanish and I'm not very fluent in English, especially when it comes to business vocabulary.

KATE — I would hardly consider the word PIN as business vocabulary! PIN means "personal identification number." In other words, you have to punch in *(4)* your secret code number.

STUDENT *(he does as he's told - slight pause)* — Now what?

KATE — You don't want to deposit or put money in. Select "cash withdrawal." How much money do you want?

STUDENT — The equivalent of €100. But as I said, I'm not very good at arithmetic...

KATE — That should keep you going for quite a while. Now, key in *(5)* that amount. *(tongue in cheek)* I hope you're not overdrawing *(6)*...

STUDENT — That's OK! I have an overdraft facility of €500 to help me get through hard times but I don't intend to use it.

KATE — In fact, it's wrong to believe that banks allow you to overdraw for free. Borrowing on overdraft costs money... Now, press "confirm..." And bingo! Here comes your money. Don't forget your receipt.

STUDENT *(counting his money and pocketing it)* — Thanks for your help! I don't know what I would have done without you.

KATE — Don't worry! We all have to learn. Actually, this is the bank where I have my current account and I know it quite well.

— DOCUMENT —

Banks in today's world

The word bank derives from the Italian word *banco*, i.e. the desk used during the Renaissance by Florentine bankers, who used to make transactions over a desk covered by a green tablecloth. Early banks only verified coinage or exchanged one jurisdiction's coins for another's. By the 17th century, London bankers had developed a system with most of the essentials of modern banking: they dealt in foreign exchange, paid interest to attract coin deposits, and, realizing that only a fraction of depositors would demand their cash at any one time, loaned the balance with interest. Firms and individuals got used to exchanging funds through bankers with written drafts, the ancestors of modern checks. Banks also offered loans. Central banks eventually supplanted commercial banks as issuers of notes and currency in most countries. They allow Government to control monetary policy by setting basic interest rates.

Banks follow a twofold objective:

• They develop their activity through the loans they offer to companies and individuals. The turnover depends on the interest they earn, the volume of the flow of capital, the accounts and the various commissions they charge.

• They minimize risk or at least maintain it at a reasonable level, which is often not popular with companies applying for loans. In fact, a sound assessment of risk is necessary for the survival of the bank. Thus, banks manage to avoid payment delays and the bankruptcy of client companies, which often makes it difficult for companies and individuals to borrow money.

In the past, banking almost offered a guarantee that there would be some kind of profit. The rule of the "three 3's" summed up the challenge of being a bank executive: borrow at 3%, lend at a 3-point spread[1] and be on the golf course by 3 pm! But this was before the time of hostile takeovers!

---

[1] Dans cette expression le mot **spread** désigne la différence entre le taux auquel le banquier emprunte et celui auquel il prête. Étant donné que **"three points"** sont l'équivalent de 3%, on déduit qu'il emprunte à 3% et qu'il prête à 6% !

Document

Chapter 22

In the last thirty years, banking has changed enormously. This sector has been characterized by a big concentration trend: many banks have merged or taken over smaller ones. Today, banks are reluctant to issue checks, which are perceived to be an old-fashioned, expensive form of payment. They have introduced new services such as automatic teller machines, insurance schemes and a vast range of investment products. If a customer needs to phone his local bank, he is likely to be put through to a call centre in India as most British banks outsource this kind of service. This solution saves them money but it is not very popular with the public. Computer technology has enabled transactions to be handled electronically, giving birth to the notion of armchair banking. On-line internet banking enables customers to carry out banking operations from the comfort of the workplace or from home. There are even internet-only banks. Furthermore, some supermarket chains also offer banking services as they have large amounts of cash they can lend.

— Pour en savoir plus —

L'image des banques

Les banques n'ont pas toujours bénéficié d'une image favorable dans la littérature et au cours de l'histoire. Aux États-Unis, le président Andrew Jackson a livré contre elles une bataille épique au cours du second quart du XIXe siècle. Il les accusait de concentrer trop de pouvoir économique dans les mains d'une élite. Il qualifiait la banque d'*hydre de corruption* (**a hydra of corruption !**).

Mais aujourd'hui, le vocabulaire de la banque a des connotations plus positives.

L'expression **You can bank on it** signifie *Tu peux compter là-dessus*. Quant à l'adjectif **bankable**, il signifiait "accepté comme garantie par une banque à propos d'un emprunt", mais aujourd'hui, il s'applique aux actrices et aux acteurs qui, par leur seule présence dans un film, peuvent en garantir le succès. Par exemple un producteur de Hollywood pourra dire : *"My next film is likely to be a blockbuster. Brad Pitt who plays the leading role is a bankable actor."*

Les **bank holidays** sont les jours de congé dont bénéficiaient les employés de la banque d'Angleterre. Par extension, ce terme s'applique aux jours de congé attribués aux employés et aux ouvriers sur décision gouvernementale. Ces jours de congé tombent généralement le lundi car les ponts sont inconnus au Royaume-Uni aussi bien qu'aux USA.

Notebook

— Exercises —

Comprehension

1 Where does this dialogue take place? **2** What is the student's problem? **3** What solutions does Kate suggest? **4** Why does the student think the hotel is not a good solution? **5** Why does the student not want to buy something from a shop? **6** What solution does the student finally accept? **7** What is the drawback of that solution? **8** What steps must the student follow to get his money? **9** Why does Kate consider it is wrong to believe banks offer free overdraft facilities? **10** Why does Kate know the bank very well?

Translation

1 Comme les banques ferment tôt dans cette ville ! **2** Je voudrais changer mes euros en pesos. **3** J'ai le regret de vous dire que votre compte est à découvert. **4** Mon salaire est versé sur mon compte tous les mois. **5** Les comptes d'épargne rapportent un intérêt. **6** Mon fils ne croit tout de même pas que je vais lui faire un chèque en blanc ! **7** Je n'ai pas encore reçu mon relevé bancaire de ce mois. **8** Les distributeurs de billets ont beaucoup simplifié la vie des clients des banques. **9** Tout ce que tu dois faire, c'est taper ton numéro d'identification si tu t'en souviens ! **10** Tu veux cent dollars ! Rentre cette somme et appuie sur la touche "confirmez!".

— EXERCICES —

Application

Fill in the gaps in the following conversation with the relevant words.

account, on line, balance, slips, deposit, statement, forms, transfer, income, utility

CUSTOMER: I'd like to open a bank **(1 ....)**, please.

TELLER: Certainly. Do you have some form of identification?

CUSTOMER: Yes. I have my passport. Is that OK?

TELLER: Yes. I also need proof of your current address. Do you have a **(2 ....)** bill?

CUSTOMER: Yes. I have my electricity bill.

TELLER: What kind of account would you like?

CUSTOMER: I'd like a **(3 ....)** account and a savings account.

TELLER: That's fine. We do both. Do you have any proof of **(4 ....)**?

CUSTOMER: Yes. I have brought my pay **(5 ....)** for the last three months.

TELLER: Good. You can also apply for a credit card at the same time, if you like.

CUSTOMER: Yes. That would be great. Do you also offer telephone banking services?

TELLER: Yes, you can do your day-to-day banking over the telephone 24 hours a day.

CUSTOMER: What kind of things can I do?

TELLER: You can check your **(6 ....)**, pay bills, order a **(7 ....)** or even **(8 ....)** money to another bank. But you can also do your banking **(9 ....)**.

CUSTOMER: Good!

TELLER: OK. If you would just like to fill out these **(10 ....)**

— Suggested solutions —

CHAPTER 22

Compréhension

1 This dialogue takes place in front of the local branch of an American bank in a Mexican border town called Nuevo Laredo. **2** The student needs cash but the bank is closed. **3** Kate suggests to the student that he should cash his traveler's checks in a hotel or buy something and pay with a traveler's check. **4** The student says hotels are reluctant to cash traveler's checks for people who are not customers. **5** The student does not want to buy something he does not need. **6** He agrees to use his debit card to withdraw money from an ATM. **7** The student will probably have to pay additional charges. **8** He has to put his card into the machine, enter his PIN number, key in the amount of cash he wants and press "confirm." **9** In her words, borrowing on overdraft costs money. **10** She knows the bank very well because she has a current account there.

Traduction

1 How early banks close in this town! **2** I would like to change my euros into pesos. **3** I'm sorry to tell you that your account is in the red/ overdrawn. **4** My salary is paid into my account every month. **5** Savings accounts earn interest. **6** I hope my son does not believe I'm going to make out a blank check to him! **7** This month's statement has still not reached me. **8** Cash dispensers (/ ATMs) have made the life of bank customers much easier. **9** All you have to do is to punch in your PIN number if you can remember it! **10** You want one hundred dollars ($100)? Key in that amount and press "confirm."

Application

1 account **2** utility **3** deposit **4** income **5** slips **6** balance **7** statement **8** transfer **9** on line **10** forms

TRANSLATION

Rendez-vous

Kate poursuit son existence de femme active comme assistante personnelle de Russ Kingman à Philadelphie. Elle voit brièvement son patron avant qu'il n'aille à un de ses nombreux rendez-vous.

Russ – Qu'est-ce qu'il y a, Kate ?

Kate – Je viens d'avoir Victoria Carter au téléphone.

Russ – Ah oui ! Victoria Carter ! La célèbre militante du mouvement consumériste.

Kate – Elle aimerait vous interviewer. J'ai vérifié dans votre agenda : vous avez vraiment beaucoup d'engagements. J'ai déplacé le rendez-vous de Walter Nacey parce que c'est le plus disponible, et je crois qu'il faut ménager Victoria Carter. J'ai pensé que vendredi à 11 h 30 conviendrait, et que vous pourriez peut-être manger avec elle, ensuite ?

Russ – Pouah ! Et aller dans un restaurant végétarien et boire de l'eau !

Kate – En fait, je l'ai trouvée très agréable au téléphone...

Russ – On verra ! *(bref silence)* Est-ce que, par hasard, vous sauriez quand notre distributeur de Buenos Aires sera en Californie ?

Kate – Monsieur Ocampo ? Oui, il m'a téléphoné hier après-midi. Il prévoit de venir dans notre usine dans deux semaines. Comme ça, vous pourriez le voir en personne.

Russ – Quand vient-il exactement ?

Kate – Le mardi 24.

Russ – Bon ! Je pars à Paris le mercredi 25, et, du coup, j'ai une journée de libre avant mon départ. Au fait, il faut que vos chiffres de vente soient prêts avant la réunion du Conseil d'Administration la semaine prochaine. À vrai dire, j'aimerais qu'ils soient prêts d'ici vendredi après-midi pour que je puisse les regarder ce week-end.

Notes

(1) **career woman** : mot apparu dans le vocabulaire américain pendant la seconde guerre mondiale pour qualifier les femmes qui exerçaient une profession ou étaient dans les affaires.

(2) **consumerist** : le **consumerism** est un mouvement né à la fin des années 1960 avec l'avocat Ralph Nader, qui mena la lutte pour la protection des consommateurs contre les produits de mauvaise qualité ou dangereux pour la santé, la publicité mensongère, etc.

— Dialogue —

CHAPTER 23

Appointments

Kate proceeds with her busy career woman's (1) life, as Personal Assistant to Russ Kingman in Philadelphia. She briefly sees her boss before he goes to one of his many appointments.

Russ — What's wrong Kate?

Kate — I've just had Victoria Carter on the phone.

Russ — Oh yes, Victoria Carter! The notorious consumerist (2) activist!

Kate — She'd like to interview you. I checked in your diary: you have quite a lot of commitments. I rescheduled your appointment with Walter Nacey because he is quite flexible... I think you'd better humour Victoria Carter. I thought Friday at 11.30 am would be a convenient time and perhaps you could have lunch together afterwards...

Russ — Phooey! And go to a vegetarian restaurant and drink water!

Kate — Actually, I found her very pleasant on the phone...

Russ — We'll see about that! (slight pause) Do you happen to know when our distributor in Buenos Aires will be in California?

Kate — Mr Ocampo, yes, he gave me a call yesterday afternoon. He's planning to come to our factory in two weeks so you'll be able to talk to him yourself.

Russ — When is he coming exactly?

Kate — On Tuesday 24th.

Russ — Good! I'm leaving for Paris on Wednesday 25, so that gives me a free day before I leave. By the way, you must have your sales figures ready before the Board meeting next week. As a matter of fact, I'd like to have them ready by Friday afternoon so I can look at them over the weekend.

)))

Translation

Kate – En somme, si j'ai bien compris, le travail doit être fait pour hier !

Russ – Non, pour avant-hier ! Mais vous allez certainement y arriver !

Kate – Je ferai de mon mieux.

Russ – Et j'aimerais aussi lire votre rapport sur la foire commerciale où vous êtes allée la semaine dernière.

Kate – La foire commerciale de San Francisco.

Russ – Oui. *(bref silence)* Et j'allais oublier ! Est-ce que vous avez contacté Jerry Dixon, notre nouvelle "star" de la vente ?

Kate – Il m'a téléphoné hier. Il revient demain après-midi. Vous devriez pouvoir le voir.

Russ – J'ai un déjeuner prévu avec le directeur d'une nouvelle agence de publicité…

Kate – Pas étonnant que vous commenciez à avoir de la bedaine !

Russ *(d'un ton sarcastique)* – Merci ! Ça fait toujours plaisir à entendre ! Je verrai Jerry après. J'espère qu'il ne sera pas retardé. La circulation est parfois difficile à Philadelphie. Disons 16h30. Pourriez-vous l'appeler sur son portable ? Est-ce que vous pensez que vous pourriez aussi être là ? Vous n'avez rien de spécial demain, n'est-ce pas ?

Kate – Non, sauf un rapport et des chiffres de vente pour mon patron bien-aimé.

Russ *(riant)* – Ça ne devrait donc pas causer de difficultés.

DIALOGUE

CHAPTER 23

KATE — You mean, get it done yesterday!

RUSS — No! Get it done the day before yesterday! But I'm sure you can do that!

KATE — I'll do my best.

RUSS — And I'd also like to read your report on the trade fair you went to last week.

KATE — The San Francisco trade fair.

RUSS — Yes. *(slight pause)* Oh! I almost forgot! Have you been in touch *(3)* with Jerry Dixon, our new star salesperson?

KATE — He phoned me yesterday. He's back tomorrow afternoon, so you should be able to see him.

RUSS — I'm scheduled to have lunch with the manager of a new advertising agency...

KATE — Small wonder you've started to develop a paunch *(4)*...

RUSS *(sarcastically)* — Thank you! That's always nice to hear! I'll see Jerry afterwards. I hope he won't be delayed. Traffic is sometimes very bad in Philadelphia. Let's say 4.30 pm. Could you call him on his cell phone? Could you also be there, too, do you think? You haven't got anything on tomorrow, have you?

KATE — Just a report and sales figures to prepare for my beloved boss.

RUSS *(chuckling)* — That shouldn't be any problem, then.

Notes

(3) **(to) be in touch**, *être en contact*. Le mot **touch** fait partie intégrante du vocabulaire de la communication : p. ex., **(to) be in touch with**, **(to) keep in touch with**, **(to) get in touch with**, **(to) be out of touch**, **(to) lose touch**...

(4) **paunch** : mot familier signifiant *bide, bedaine*. L'adjectif est **paunchy**, *bedonnant, ventru*.

— POUR EN SAVOIR PLUS —

La gestion du temps

L'un des paradoxes de l'époque actuelle est que nous disposons d'un très grand nombre d'outils de communication, mais que nous ne savons pas toujours très bien communiquer. Est-il besoin de citer l'exemple des voyageurs occupés à téléphoner dans le train et ignorant leurs voisins ? Le succès des clubs de rencontres témoigne de l'isolement des êtres dans la société, mais aussi, dans le cas des rencontres sur internet, du potentiel des moyens de communication modernes !

Au travail, nous sommes quotidiennement submergés par des montagnes d'informations parce que nous recevons trop de *courriels*, **e-mails**, nous n'archivons pas efficacement, nous cédons trop facilement à la tentation de consulter nos courriels de façon intempestive et nous n'arrivons pas à nous concentrer ... bref, d'une manière générale, nous manquons de temps.

C'est pourquoi les entreprises organisent des séminaires de gestion du temps comportant l'apprentissage de la lecture rapide, les *cartes mentales*, **mind mapping**, et des méthodes de mémorisation.

Notebook

Videoconferencing

There are many ways in which business people communicate today. Face-to-face meetings, telephone calls, e-mails are quite common but videoconferencing has become a viable alternative. It may be defined as an arrangement in which screens linked to telephone lines are used to enable a group of people to communicate with and see each other. This technology is used by companies to organize meetings. Thus, participants may not only share points of view or discuss them but also exchange visual information.

Companies appreciate this form of communication which enables individuals in remote or faraway places to have meetings at short notice. Besides, they save time and money because participants don't have to travel to attend meetings. Teleworkers, i.e. employees working from home, may also communicate with the central workplace by using videoconferencing equipment.

Whereas it relied on highly expensive equipment in the 1990s, it is now available to the general public at a reasonable cost. Personal video/teleconference systems based on webcams, personal computer systems and internet connectivity have thus become affordable and have made videoconferencing accessible to many people.

Videoconferencing brings its contribution to education: pupils or students in secluded or isolated places can attend lectures from home and communicate with teachers and fellow-students. They can learn from each other, share information, take virtual field trips or become acquainted with other parts of the world.
It may prove to be a useful tool for the hard of hearing who can practice lip reading. Likewise, the deaf can communicate with each other in sign language.

Some critics, however, claim that videoconferencing impairs communication because people, conscious of being on camera, may not be as spontaneous as when they use a traditional telephone.

EXERCICES

Comprehension

1 What image of Victoria Carter does Russ Kingman have? **2** Why did Kate reschedule Walter Nacey's appointment? **3** Why is Russ Kingman not very pleased at the prospect of having lunch with Victoria Carter? **4** Who would Russ Kingman like to see? **5** What assignment does Russ Kingman give to Kate? **6** Why does he give her very short notice? **7** What else does he want Kate to submit to him? **8** Why is Russ Kingman starting to get a paunch? **9** Why might Jerry Dixon arrive a bit late at the factory?

Application 1: Getting a phone conversation in order

Mettez ces phrases en ordre pour recréer la conversation téléphonique que Kate a eue avec Monsieur Ocampo.

A That's all right, you don't need to apologize.
B Speaking! How nice to hear from you Mr Ocampo!
C I have just arrived at your factory and I wanted to thank you for sending a taxi to pick me up at the airport. I really appreciated it.
D Good afternoon. This is Julio Ocampo. May I speak to Kate Hewitt?
E Did you have a pleasant trip?
F Well, thanks again for arranging everything for my arrival.
G Goodbye Mr Ocampo, I'll see you tomorrow.
H I hope you'll get a good rest after your meeting with Mr Kingman. Well, I'm afraid I have to hang up now because I have an appointment soon.
I Don't mention it, you're very welcome. I must apologize for not picking you up myself but I have a very busy schedule.
J Yes but the flight from Buenos Aires was very long and I feel a bit tired.

Application 2: Vocabulary

Complétez le paragraphe qui suit avec les mots de la liste ci-dessous.

appointments, jot down, arrangements, meeting places, cancel, phone, confirm, postpone, diary, timetables

When you want to organize a weekend with friends, a business lunch with a customer or a meeting with colleagues, you need to be able to make **(1 ....)** efficiently. You must also communicate times and **(2 ....)**. When you are with the people concerned, it is easy, but it can be more complicated if you make **(3 ....)** over the **(4 ....)**. Keep in mind that in most English-speaking countries, the 24-hour clock is only used for **(5 ....)**. It is always a good idea to **(6 ....)** appointments at the end of the call and **(7 ....)** the date in your **(8 ....)**. Of course, you or the other party may have to **(9 ....)** the appointment and fix a later time and different place. You may even have to **(10 ....)** it altogether.

Notebook

— Solutions proposées —

Compréhension

1 Russ Kingman has a rather negative image of Victoria Carter: he sees her as a notorious consumer activist. **2** Kate rescheduled Walter Nacey's appointment because she feels Russ Kingman should make a point of seeing Victoria Carter early in order to humour her. Besides, Walter Nacey is quite flexible. **3** He is not very pleased because Victoria Carter will probably want to go to a vegetarian restaurant and drink water. **4** Russ Kingman would like to see Mr Ocampo, United Chocolate's distributor in Buenos Aires. **5** He asks her to prepare her sales figures for the next Board meeting. **6** He gives her very short notice because he would like to study her sales figures over the weekend. **7** He also asks Kate to submit her report on the San Francisco trade fair to him. **8** He seems to have business lunches often. **9** Jerry might arrive late at the plant because the traffic in Philadelphia is a bit slow at times.

Notebook

— Suggested solutions —

Application 1 : remettre une conversation téléphonique dans l'ordre

D B C I A E J H F G

Application 2 : vocabulaire

1 appointments or arrangements 2 meeting places 3 appointments or arrangements 4 phone 5 timetables 6 confirm 7 jot down 8 diary 9 postpone 10 cancel

Notebook

TRANSLATION

Préparation d'un voyage d'affaires

Kate est très enthousiaste parce que Wes Coyner, le Directeur des ventes, lui a demandé de rendre visite à des clients à Kuala Lumpur, en Malaisie. Elle prépare son voyage avec Julia, la secrétaire du service marketing.

Kate – Ça, alors ! Je suis désolée pour ce pauvre Monsieur Coyner. Comme tu le sais, il s'est cassé la cheville en randonnant dans le parc national Yosemite, mais son congé maladie me donne l'occasion d'aller à Kuala Lumpur à sa place.

Julia – Tu en as de la chance ! Mais tu ne vas pas voyager seulement pour ton plaisir !

Kate – Non. En fait, je prends ce voyage d'affaires très au sérieux parce que je vais voir des clients difficiles en Malaisie.

Julia – De toute façon, qu'il s'agisse d'un voyage d'affaires ou d'un voyage d'agrément, il vaut toujours mieux être bien préparé. Commençons par réserver ton vol. Je ne pense pas que tu veuilles voyager sur une compagnie low cost.

Kate – Monsieur Coyner m'a dit de voyager sur une compagnie classique, bien que je n'aie rien contre un service réduit au strict minimum offert par les compagnies low cost s'il le faut.

Julia – Ce ne sera pas nécessaire. *(regardant l'écran de son ordinateur)* J'ai trouvé un vol de Philadelphie à Kuala Lumpur pour un prix raisonnable. Départ vendredi 10 à 21h00, arrivée à Paris samedi 11 à 10h25. Départ de Paris le même jour à midi, arrivée à Kuala Lumpur à 7h25, le dimanche 12. Retour : départ de Kuala Lumpur vendredi 17 à 23h59, arrivée à Amsterdam à 6h05, le 18. Départ d'Amsterdam à 12h50, arrivée à Philadelphie à 15h40, le même jour.

Kate – Bien sûr, j'aurais préféré un vol direct. Je n'aime pas changer d'avion dans un hall de transit. Mais je suis jeune ! Et l'escale à Amsterdam me donnera l'occasion d'une vision fugitive de cette ville ! Je m'arrangerai pour arriver de bonne heure au comptoir d'enregistrement de l'aéroport, parce que je veux un siège près du hublot.

Notes

(1) a call, *une visite.* (To) call on a client, *rendre visite à un client.* (To) call on signifie aussi *faire appel à*, comme dans les expressions (to) call on somebody's services ou (to) call on somebody's patience.

(2) Yosemite National Park : À quelques heures seulement de San Francisco, Los Angeles et Reno, le parc national de **Yosemite** (du nom la tribu des Yosémites qui habitait cette vallée), est à visiter pour la splendeur de ses montagnes (jusqu'à 4 300 mètres), ses glaciers, ses profondes vallées et ses chutes d'eau. On y fait la rencontre de la faune sauvage, dont des ours, très amicaux, qui essaieront de venir vous faire la causette si vous laissez la fenêtre de votre voiture ouverte !

— DIALOGUE —

CHAPTER 24

Preparing a business trip

Kate is very excited because Wes Coyner, the Sales Director, asked her to call on (1) customers in Kuala Lumpur, Malaysia. She is preparing her trip with Julia, the Marketing Department's secretary.

KATE — Wow! I feel sorry for poor Mr Coyner. As you know, he broke his ankle, while hiking in Yosemite National Park *(2)*, but his sick leave gives me an opportunity to fly to Kuala Lumpur in his place.

JULIA — Lucky you! But you won't be traveling for pleasure only!

KATE — No. As a matter of fact, I'm taking this business trip very seriously because I'll be seeing some tough customers in Malaysia.

JULIA — Anyway, whether traveling for business or pleasure, it's always as well to be prepared. Let's start by booking your flight. I don't suppose you want to travel with a low-cost airline.

KATE — Mr Coyner told me to travel with a big carrier although I have no objection to the no-frills *(3)* service offered by low-cost airlines if necessary.

JULIA — It won't be necessary. *(looking at her computer screen)* I've found a reasonably priced flight from Philadelphia to Kuala Lumpur. Departure Friday 10th at 9.00 pm, arrival in Paris on Saturday 11th at 10.25 am. Departure from Paris the same day at 12 noon, arrival in Kuala Lumpur at 7.25 am on Sunday 12th. For your return flight: departure from Kuala Lumpur on Friday 17th at 11.59 pm, arrival in Amsterdam at 6.05 am on the 18th, departure from Amsterdam at 12.50 pm, arrival in Philadelphia at 3.40 pm the same day.

KATE — Of course, I would have preferred a direct flight. I don't like to change planes at hubs *(4)*. But I'm young and the stopovers in Amsterdam will give me a chance to catch a glimpse of this city! ... I'll arrange to arrive early at the airport check-in because I want a window seat.)))

(3) no-frills, *sans superflu* (tels que plateaux-repas, écouteurs pour la radio...).

(4) hub, *plate-forme* ou *hall de transit*. Il s'agit d'un aéroport ou un "hub" lorsqu'une ou plusieurs compagnies coordonnent leurs vols en volume et en horaires pour faciliter la correspondance, voire pour pousser les clients à voyager sur leurs lignes. Par exemple, Chicago est un "hub" United, Dallas-Fort Worth un "hub" American, Atlanta un "hub" Delta, etc.

── Translation ──

Julia – Et je te conseille de choisir la travée près de la sortie ou de la cloison, parce qu'elle offre plus d'espace pour les jambes en classe économique… *(bref silence)* Au fait, tu as ton visa ?

Kate – Oui. Je viens de l'avoir.

Julia – Assure-toi que tes bagages ne dépassent pas le poids réglementaire. Il n'est pas impossible que les gens du service Finances de UC refusent de payer un supplément de bagages.

Kate – Je ne pars que pour cinq jours ! Et j'ai appris à voyager léger.

Julia – Bien. Alors, maintenant, il faut que nous trouvions un hôtel. En général, Monsieur Coyner préfère les hôtels faisant partie d'une chaîne.

Kate – J'aimerais mieux descendre dans un hôtel situé au centre-ville et avec du cachet, ce qui peut manquer à un hôtel d'une grande chaîne.

Julia – Voyons si je peux te trouver un hôtel de ce type. *(elle pianote sur son ordinateur)*

Kate – N'importe quel hôtel fera l'affaire du moment qu'il est équipé de photocopieurs et d'une connexion internet en wifi.

Julia – N'espère pas trouver un centre d'affaires dans le type d'hôtel que tu recherches.

Kate – Mais je peux fort bien me passer d'un centre d'affaires !

Julia – L'hôtel Patna semble convenir parfaitement. Il est bien situé, près du centre-ville, il a du charme, il offre un service de chambre pour un repas tranquille après une longue journée de réunions et de présentations. Tu peux même avoir un lit de 1,60 mètre de large !

Kate – Une chambre simple avec un lit normal devrait suffire. Mais est-ce que l'hôtel Patna a un étage non-fumeur ?

Julia – Oui, tout à fait ! Tu voudras louer une voiture à ton arrivée ? Beaucoup d'agences de location à Kuala Lumpur proposent des voitures équipées d'un GPS.

Kate – Non, merci ! Je préfère prendre un taxi ! C'est beaucoup plus reposant.

Notes

(5) **amenities** : faux ami puisqu'il s'agit des *équipements* ou *installations*.

(6) **wireless Internet connection** : litt. "connexion internet sans fil", communément désignée sous l'appellation **wifi**, contraction de **wireless fidelity**.

(7) **business center** : dans un grand hôtel il s'agit d'un centre d'affaires équipé avec beaucoup d'installations permettant au voyageur d'avoir un bureau temporaire au lieu de travailler dans sa chambre.

Dialogue

Chapter 24

JULIA — And I advise you to choose the exit row or the bulkhead row because they offer more leg room in economy class... *(slight pause)* By the way, do you have your visa?

KATE — Yes. I've just got it.

JULIA — Make sure your luggage is not too heavy. UC's finance people might refuse to pay the excess baggage charge.

KATE — I'm only leaving for 5 days! And I've learnt to travel light.

JULIA — Good! So now, we must find a hotel. Mr Coyner usually favors chain hotels.

KATE — I'd rather stay in a centrally located hotel which has the character that a large chain hotel may lack.

JULIA — Let me see if I can find that kind of hotel. *(she types on her computer)*

KATE — Any hotel will do as long as it provides business amenities *(5)* including copying facilities and a wireless Internet connection *(6)*.

JULIA — Don't expect to find a business center in the type of hotel you want.

KATE — I can do without a business center *(7)*!

JULIA — The Patna Hotel seems to be a very good prospect. It's conveniently located near the center, it has character, it provides room service for a quiet dinner after a long day of meetings and presentations. You can even have a queen-sized bed *(8)*!

KATE — A single room with a normal bed should be enough. But does the Patna Hotel have a non-smoking floor?

JULIA — Yes, indeed! Will you want to rent a car on arrival? Many rental agencies in Kuala Lumpur offer cars with on-board navigation systems.

KATE — No, thanks! I prefer to take a taxi! It's much more relaxing.

---

(8) **queen-sized bed** : grand lit de 160 cm de large ; il y a aussi des **king-sized beds**, d'environ 200 cm de large.

Pour en savoir plus

Les voyages d'affaires

Les voyages d'affaires font partie de la vie de l'entreprise, mais ils ont un coût en temps et en argent. Il est donc de l'intérêt des entreprises que ces voyages soient aussi profitables que possible. En conséquence, elles s'efforcent de savoir s'ils sont absolument nécessaires ou s'il ne vaut pas mieux utiliser le téléphone ou la visioconférence, si un cadre moyen ne peut pas être envoyé à la place d'un cadre supérieur, s'ils ne peuvent pas être différés jusqu'à ce que la situation soit mieux maîtrisée ou s'il ne vaut pas mieux inviter le(s) partenaire(s) à se déplacer.

Si le voyage est décidé, le responsable qui se déplace a intérêt à en déléguer l'organisation à un employé en qui il a confiance. Il évitera de partir aux *heures de pointe*, **rush hour**, et *tirera le meilleur parti de son itinéraire*, **will optimise his itinerary**, pour rencontrer le plus de personnes possible. Il sera bien informé sur les dates de rendez-vous, les adresses et numéros de téléphone de ses interlocuteurs. Il aura soigneusement préparé sa valise avec des vêtements adaptés au climat du pays dans lequel il se rend et ses dossiers qu'il pourra revoir dans l'avion ou à l'hôtel. Il donnera une copie de son itinéraire et de ses rendez-vous à ses collaborateurs qui restent dans l'entreprise.

── DOCUMENT ──

CHAPTER 24

WILD ROVER TRAVEL AGENCY

PLAN YOUR TRIP

Tick the matching box
Means of transport:

Flight	☐	Cruise	☐
Rail	☐	Car	☐

Book together and save:
Flight + hotel ☐
Flight + car ☐
Flight + hotel + car ☐
Train + hotel ☐
Train + car ☐
Train + hotel + car ☐
Hotel + car ☐

Trip information:
Round trip ☐   One way ☐   Multiple destination ☐

Date when I wish to take the trip:
Leaving from: _____ Going to: _____
Departure time: Month: _____ Day: _____ Year: _____
Return time: Month: _____ Day: _____ Year: _____

Number of adults (19-64): _____
Number of seniors (65+): _____
Number of children (0-18): _____

Additional options:
Airline: First or business class ☐ Economy class ☐ Non stop only ☐
Train: First class ☐ Second class ☐

EXERCICES

Comprehension

1 Why has Mr Coyner asked Kate to fly to Kuala Lumpur in his place? **2** How does Kate feel about this trip? **3** What is Julia's opinion about traveling? **4** What kind of flight does Mr Coyner usually book? **5** What does Kate appreciate about her flight to Kuala Lumpur? **6** What advantage do the exit row and the bulkhead row offer in economy class? **7** Why should Kate's luggage not be overweight? **8** Why does Kate prefer a hotel in the center of Kuala Lumpur to a chain hotel? **9** What are Kate's requirements concerning the hotel where she will stay? **10** Why does she refuse to rent a GPS-equipped car?

Translation

1 Est-ce qu'il vous reste des places pour le vol de jeudi prochain ? **2** Est-ce que je pourrais avoir une place près du couloir ? **3** Combien de temps dois-je attendre ma correspondance ? **4** Pouvez-vous me dire où se trouve la récupération des bagages du vol 6449 en provenance de San Diego ? **5** Assurez-vous que votre valise ne contienne aucun des objets dangereux mentionnés sur cette carte. **6** Est-ce qu'il reste des chambres libres dans votre hôtel, s'il vous plaît ? **7** Pourrais-je avoir une chambre avec lit double donnant sur le jardin ? **8** Quels sont vos tarifs hebdomadaires pour la location d'une voiture de première catégorie ? **9** Est-ce que je bénéficie d'une assurance pour les préjudices personnels et les dommages causés par un accident ? **10** Y a-t-il un service de navette d'autobus entre l'hôtel et l'aéroport ?

Exercises

CHAPTER 24

Application

Complétez les phrases avec les mots suivants.

boarding card, gate, check, increases, check-in, overseas, conveyor belt, required, exchange rates, surcharges

If you decide to travel **(1 ....)**, make sure your passport is still valid. Besides, before visiting a foreign country, you should also **(2 ....)** that a visa is not **(3 ....)**. Find out what the booking conditions say about **(4 ....)** because of fuel-price **(5 ....)** or changes in foreign **(6 ....)**. Arrive early at the airport **(7 ....)**. You will be asked to put your luggage on the **(8 ....)**. If you are not carrying forbidden objects, you will receive a **(9 ....)** and you will be invited to proceed to the departure **(10 ....)**.

Notebook

Compréhension

1 Mr Coyner asked Kate to fly to Kuala Lumpur in his place because he broke his ankle while hiking in Yosemite National Park. 2 Kate feels very excited but she is taking this trip very seriously. 3 Julia feels that whether one travels for business or pleasure, one should be well prepared. 4 Mr Coyner usually books a flight on a big carrier. 5 Kate appreciates it when there is no change of plane at a hub. 6 Both the exit row and the bulkhead row offer more leg room in economy class. 7 If Kate's luggage is too heavy, UC's Finance Department might refuse to pay the excess baggage charge. 8 Kate prefers a hotel in the center of Kuala Lumpur to a chain hotel because she thinks the former is likely to have more character. 9 Kate wants her hotel to be equipped with copying facilities and a wireless Internet connection. She also wants to stay on a non-smoking floor. 10 Kate refuses to rent a GPS-equipped car because she feels that taking a taxi is more relaxing.

Traduction

1 Do you have any seats left on next Thursday's flight? 2 Could I have an aisle seat, please? 3 How much time do I have before my connecting flight? 4 Could you please tell me where I could find the baggage reclaim for flight 6449 from San Diego? 5 Make sure your suitcase does not contain any of the hazardous items mentioned on this card. 6 Are there any vacancies left in your hotel please? 7 Could I have a twin room overlooking the garden please? 8 What are your weekly rates for the rental of a compact car? 9 Do I benefit from a valid insurance policy for personal injury and collision damage to the car? 10 Is there a bus shuttle service between the hotel and the airport?

— Suggested solutions —

Application

1 overseas
2 check
3 required
4 surcharges
5 increases
6 exchange rates
7 check-in
8 conveyor belt
9 boarding card
10 gate

Notebook

TRANSLATION

Faire ou ne pas faire des emplettes

Kate dispose d'un peu de temps libre avant son vol retour vers les États-Unis. Elle a été invitée par Bob Jalan, cadre marketing travaillant pour l'un des clients de UC. Comme Bob vient d'être nommé à un poste aux États-Unis, il soutire des informations à Kate. À son tour, Kate veut qu'il réponde aussi à ses questions sur la Malaisie, surtout celles concernant les emplettes.

Kate – Ce serait facile d'aller faire des folies dans les magasins de Kuala Lumpur. Je veux résister à la tentation, mais j'aimerais bien rapporter quelques souvenirs ou des vêtements à la maison.

Bob – Comme on dit, "détendez-vous, laissez-vous aller, puis ouvrez les cordons de votre bourse !", il y en a pour tous les goûts ! Si vous étiez là pendant la fête de la méga-vente, vous tomberiez à la renverse en faisant vos courses rien qu'en voyant les prix incroyablement bas.

Kate – À ce point-là !

Bob – Oui. D'ailleurs, quand les gens visitent mon pays, il s'avère qu'ils ne peuvent pas ne rien acheter. Il y en a bien peu qui rentrent chez eux les mains vides.

Kate – J'ai jeté un rapide coup d'œil sur les magasins de Kuala Lumpur et je suis sidérée par la variété de marchandises que l'on y trouve. Ça va des équipements très perfectionnés de haute technologie aux vêtements haute couture. La ville semble être une destination très appréciée pour ceux qui veulent faire du shopping.

Bob – Elle rivalise avec Hong-Kong et Singapour pour ses centres commerciaux. Si vous avez du temps, ne manquez pas d'aller à celui de Suria KLCC. Il y a une fontaine spectaculaire, des jardins et une belle place, et … Ah ! J'allais oublier, il offre un grand choix d'importants magasins de haute couture.

Kate – Ça a l'air tentant !

Bob – Et vous pouvez aussi trouver des bibelots dans les ruelles bondées.

Notes

(1) **(to) pump somebody for information**, *soutirer des informations à quelqu'un.* On dit aussi **(to) pump something out of somebody**.

(2) **(to) go on a spree**, *faire la bringue.* Par extension, **(to) go on a shopping spree**, **(to) go on a spending spree** signifient *faire des folies dans les magasins, faire chauffer la carte bleue.*

(3) Aux États-Unis, le mot **mall** signifie aussi *rue piétonne.*

(4) **leading**, *important.* L'adjectif anglais **important** s'applique surtout aux personnes, notamment aux "VIP" !

To go shopping or not to go shopping?

Kate has some free time before her flight back to the USA. She has been invited for a drink by Bob Jalan, a marketing executive working for one of UC's customers. As Bob has just been appointed to a position in the USA, he has pumped (1) Kate for information. Now, Kate wants him to answer her questions about Malaysia and more particularly about shopping.

KATE — It would be easy to go on a spending spree *(2)* in Kuala Lumpur. I want to resist the temptation but I'd like to take a few souvenirs or clothes home.

BOB — As we say, "simply let your hair down and your purse strings loose!" There's something for everyone. If you were here during the Mega Sale Carnival period, you'd be knocked off your feet when shopping because of the amazingly low prices.

KATE — Really?

BOB — Yes. Anyway, for people visiting my country, it appears that shopping is a must. Very few of them go back home empty-handed.

KATE — I've had a very quick look at the shops in Kuala Lumpur and I'm amazed by the variety of goods available. They range from sophisticated high-tech equipment to designer fashion clothes. The city seems to be a very popular shopping destination!

BOB — It rivals Hong Kong and Singapore with its shopping malls *(3)*. If you have time, be sure to go to Suria KLCC. It has a spectacular fountain, gardens and a beautiful piazza and... oh, I almost forgot, it houses a great selection of leading *(4)* "haute couture" outlets.

KATE — Sounds tempting!

BOB — And you can also find knick-knacks in the jam-packed lanes.   )))

Translation

Kate – Je suppose qu'il est de bon ton de marchander sur les marchés.

Bob – Bien sûr, à moins que les prix ne soient indiqués. Mais c'est peu probable... Êtes-vous aventureuse, Kate ?

Kate – Jusqu'à un certain point.

Bob – Alors essayez de marchander dans les petites boutiques ! Utilisez vos talents de négociatrice dans la ville chinoise ; il y a une multitude d'échoppes qui offrent la gamme la plus incroyable de produits.

Kate – J'aimerais bien essayer, mais il ne me reste que quelques heures avant mon vol. Je sais que c'est amusant de négocier les prix, mais ça prend pas mal de temps... Vous savez, entre discuter serré, faire semblant de s'indigner, décider puis revenir en arrière, et tout le tralala...

Bob – C'est vrai, ce n'est pas fait pour les gens pressés, mais vous allez passer à côté d'une expérience culturelle intéressante. Si vous ne disposez que de peu de temps libre, je vous conseille de voir quelques-uns des parcs et des jardins de la ville. Vous serez fascinée par la beauté et le parfum incroyable de leurs fleurs.

Kate – Je suis frappée par le fait que, tout en étant une ville très moderne avec beaucoup de gratte-ciels, Kuala Lumpur offre autant d'agréables parfums qu'on ne trouve ni en Europe ni en Amérique du Nord.

Bob – Il y a aussi de vieux bâtiments coloniaux qui sont bien préservés.

Kate – À propos de goûts et d'odeurs, j'ai beaucoup apprécié de goûter aux délicieux fruits locaux et à la cuisine malaise.

Bob – Oui, en général, les visiteurs apprécient beaucoup notre cuisine.

Kate – Je devrais faire une promenade dans un parc pour faire fondre les calories.

Bob – Pourquoi pas ? Mais vous savez, la cuisine malaise n'est pas connue pour faire grossir.

Kate – De toute façon, j'aurais bien besoin d'exercice, et je peux toujours acheter des objets artisanaux comme souvenirs pour ma famille au magasin hors taxes de l'aéroport.

Bob – Je suis sûr que vous y trouverez des coffrets à bijoux en bois, des ustensiles de cuisine en bambou, des porte-monnaie colorés en perles...

Kate – Et pour une fois je me passerai de nouveaux vêtements. J'en ai déjà tellement !

Notes

(5) On dit (to) bargain for a lower price, *négocier une baisse de prix*.

(6) host signifie **large number**, *foule, multitude*.

(7) (to) haggle over, *marchander*. On dit aussi (to) haggle about something, qui peut également vouloir dire *chicaner, chipoter sur quelque chose*.

(8) hogwash, *blabla, baratin*, dans le sens de "foutaises".

(9) (to) work off, *se débarrasser de* (kilos superflus).

Dialogue

Chapter 25

KATE — I suppose bargaining *(5)* is expected in the markets.

BOB — It is, unless fixed prices are displayed. But that's unlikely... Are you adventurous, Kate?

KATE — Up to a point!

BOB — Then try your hand at bargaining in the little shops! Use your bargaining skills in Chinatown, there's a host *(6)* of stalls offering the most incredible range of goods.

KATE — I'd love to give it a try but I only have a few hours left before my flight. I know it's fun to haggle over *(7)* a price but it takes a lot of time... You know, the heated discussion, the feigned indignation, the reversible resolutions and all the hogwash *(8)*...

BOB — True, it's not for hurried people but you'll miss an interesting cultural experience. If you have just a little leisure time, I advise you to see some of the parks and gardens of the city. You'll be mesmerized by the beauty and fragrant perfume of their flowers.

KATE — I'm struck by the fact that although Kuala Lumpur is a very modern city with lots of skyscrapers, there are so many nice fragrances that one can't find in Europe or North America.

BOB — There are also old colonial buildings that are well preserved.

KATE — Talking about tastes and smells, I've enjoyed so much tasting your delicious local fruits and the Malaysian cuisine.

BOB — Yes, visitors usually appreciate our cuisine very much.

KATE — I should take a stroll in a park to work off *(9)* the calories.

BOB — Why not? But Malaysian cooking is not supposed to be fattening.

KATE — Anyway, I could use some exercise and I can buy handcrafted souvenir items for my family from the duty-free shop at the airport.

BOB — I'm sure you'll find wooden jewelry boxes there, kitchen utensils made of bamboo, colourful purses made of beads...

KATE — And for once, I'll forget the clothes. I already have so many!

Luxury stores, shopping malls and duty-free stores

Luxury stores:
Some stores specialize in luxury goods such as perfume, high fashion clothes, hand bags, jewelry... in order to fulfill the wishes of the rich. They distribute premium brands to brand-conscious consumers. Statistics reveal that the number of big spenders keeps growing in the world. "Incomes continue to explode at the top rungs," an analyst commented.

Luxury stores have built their reputation on customer service. They have managed to offer a superior quality of service that few competitors can match. In order to keep their competitive edge, luxury goods purveyors like to rely on limited editions to retain exclusivity. The exclusive approach practiced by luxury stores pays off but wealthy customers are hard to please! There is also a delicate balance between a luxury item's price and its perceived worth because even rich consumers are aware of notions like value for money. However, luxury retailers offering lower-priced items to attract more buyers risk suffering a loss of image.

Shopping malls:
A shopping mall is a center housing a variety of retail outlets with interconnecting walkways enabling visitors to walk easily from store to store. When the shopping mall concept was developed after the Second World War, "designing" larger department stores was necessary to make the projects viable and to attract consumers who would visit the smaller stores in the mall as well. These larger stores are known as anchor stores. The emergence of shopping malls is linked to the rise of suburban and automobile culture in the USA. This is why they were created away from downtown. Today, they usually consist of a whole array of shops adjoining a pedestrian area, which allows shoppers to walk without worrying about vehicle traffic.

Now, there are large shopping complexes practically all over the world: the USA, Canada, Argentina, Europe, Indonesia, Malaysia, the Philippines, China, the United Emirates, Australia... In Canada, some shopping centers were built underground because of the harsh weather conditions in winter. In Britain, many shopping centers are located in old shopping districts in town centers as the city planning policy prioritizes the development of existing town centers.

In some shopping malls, there are food courts consisting of stalls offering different cuisines.

Malls have been blamed for ruining traditional retail stores located in the center of cities but many consumers prefer malls with their spacious parking facilities, entertaining environment and security guards over downtown areas which often suffer from limited parking, poor maintenance and limited police protection.

Duty-free stores:

The term "duty-free store" designates a retail outlet which does not apply national taxes or duties. The first duty-free store opened at Shannon Airport, Ireland, in 1946. It was immediately successful and was copied worldwide. It rapidly became a source of profit for airports, airlines, ferry companies… In this kind of store, consumers find such products as perfume, cigarettes, alcohol or jewelry.

People purchasing duty-free goods in duty-free stores cannot consume them in the airport. They take them to the country of destination under that country's tax rules.

Duty-free stores were abolished for travel within the EU in 1999 but are retained for people travelling outside the EU.

La contrefaçon

La *contrefaçon*, **counterfeiting**, sévit le plus souvent dans les domaines de l'argent, des documents tels que passeports et permis de conduire, des vêtements, des produits pharmaceutiques, des pièces de rechange, des logiciels, CD et DVD, des montres et des produits de luxe.

Les *faussaires* sont appelés **copycats** ; le terme **bootleg** désigne un produit de contrefaçon très bien imité, tandis que le mot **knockoff** est une réplique d'une qualité inférieure.

La contagion de produits contrefaits s'est accélérée et mondialisée au cours des dernières années, à tel point qu'on estime aujourd'hui que la contrefaçon représente 5 à 7 % du commerce mondial !

Le dollar US et l'euro sont des devises qui éveillent des vocations de faussaire, d'autant plus que la photocopie et l'informatique permettent des reproductions très fidèles. Ceci entraîne une réduction de la valeur réelle de l'argent et une augmentation des prix, car il y a davantage d'argent en circulation.

Quant aux entreprises victimes de contrefaçons, elles sont amenées à augmenter le prix de leurs produits. Elles réagissent en recrutant des avocats pour tenter d'interdire les imitations qui risquent de ternir leur réputation. Les douaniers ont le droit de fouiller les bagages des voyageurs et de confisquer les produits suspects.

Notebook

— Exercises —

Comprehension

1 Why does Bob want Kate to tell him about the USA? **2** What temptation does Kate want to resist? **3** What is the best time to go shopping in Kuala Lumpur? **4** How does Kate think she'll be using her spare time before the flight? **5** What seems to characterize people who visit Kuala Lumpur? **6** Why is Suria KLCC an interesting place for a tourist? **7** What must a tourist shopping in Chinatown be prepared to do? **8** According to Bob, what is also fascinating in Kuala Lumpur? **9** Why does Kate want to take a stroll in a city park? **10** What did she decide to buy in Kuala Lumpur?

Translation

1 Quelle est la première chose que tu t'achèteras en arrivant à Kuala Lumpur ? **2** Pourrais-je voir ce coffret de bijoux en bois ? **3** Les ustensiles de cuisine en bambou sont sur ce rayon, là-bas. Venez avec moi, je vais vous les montrer. **4** On peut prendre beaucoup de plaisir à marchander : j'ai toujours discuté les prix, et vous seriez surpris de savoir combien d'argent on peut économiser. **5** Est-ce que vous avez du shampooing pour cheveux gras ? Je n'en ai pas vu dans votre rayon "cosmétiques". **6** Dans ce magasin, on vend presque tout, du pain aux journaux, et les écoliers s'arrêtent toujours sur le chemin de l'école pour dépenser quelques pièces en bonbons ou en glaces. **7** Pourriez-vous me donner un autre sac en plastique, j'ai déjà tellement de choses à emporter ? **8** Comme je n'ai plus le temps de faire des courses, j'achèterai un T-shirt au magasin détaxé de l'aéroport. **9** Est-ce que vous avez des piles pour mon appareil photo ? – Les voici. **10** Je cherche une chemise en coton ; j'aimerais en acheter une de taille moyenne, de préférence verte. Pourrais-je l'essayer ? Est-ce que vous acceptez les paiements par carte de crédit ?

— EXERCICES —

Application

Complétez ce courriel avec les mots suivants :

delay, references, dispatched, receipt, form, repeat, items, shipping, pre-payment, terms

Dear customer,
We advise you to return the attached (**1** ....) as soon as possible so that your order can be processed without (**2** ....). Please, do not forget to supply bank (**3** ....). Our usual (**4** ....) for new customers are 30% (**5** ....) but we are pleased to offer you a small discount in the hope that it will lead to (**6** ....) orders. Once you have chosen (**7** ....), they will be (**8** ....) within three days of (**9** ....) of your order. As soon as your order has been processed, you can track (**10** ....) details on our website.

Notebook

— Suggested solutions —

Compréhension

1 Bob would like Kate to tell him about the USA because he would like to have some information about the country where he has been offered a job. 2 Kate would like to resist the temptation to go on a spending spree in Kuala Lumpur. 3 The best time to go shopping in Kuala Lumpur seems to be the Mega Sale Carnival which is held there each year. 4 Kate may spend her spare time shopping in Kuala Lumpur but she is undecided. 5 The people who visit Kuala Lumpur usually go home after purchasing a lot of items in the city. 6 Suria KLCC is an interesting place for a tourist because it has a lot to offer: a spectacular fountain, gardens and a beautiful piazza, not to mention leading "haute couture" outlets. 7 A tourist shopping in Chinatown must be prepared to spend a lot of time haggling over prices. 8 According to Bob, the beauty and the fragrant perfume of Kuala Lumpur's gardens and parks are also fascinating. 9 Kate wants to take a stroll in a city park because she thinks she has eaten too many Malaysian dishes and she would like to work off the calories. 10 She decided to buy handcrafted souvenirs in the duty-free shop at Kuala Lumpur airport.

Traduction

1 What is the first thing you're going to buy when you arrive in Kuala Lumpur? 2 Could I see that wooden jewelry box? 3 The kitchen utensils made of bamboo are on that shelf over there. Come with me, I'll show them to you. 4 One can take a lot of pleasure in bargaining: I have always haggled over prices. You'd be surprised at how much you can save. 5 Have you got any shampoo for greasy hair? I haven't seen any in your cosmetics department. 6 This shop sells almost everything, from bread to newspapers, and pupils on their way to school always stop to spend a few coins on candies or ice creams. 7 Could I have another plastic bag? I've already got so much to carry. 8 As I no longer have time to do any shopping, I will buy a T-shirt in the duty-free shop at the airport. 9 Have you got any batteries for my camera? – Here you are. 10 I'm looking for a cotton shirt; I'd like a medium size, preferably a green one. Could I try it on? Do you accept payment by credit card?

Application

1 form 2 delay 3 references 4 terms 5 pre-payment 6 repeat 7 items 8 dispatched 9 receipt 10 shipping

―― Translation ――

Un événement mondain : une dégustation de vins

Le "club du Drapeau à l'Ours", association visant à faire mieux connaître le vin chez United Chocolate, a organisé une dégustation sur le thème "vins de l'ancien monde, vins du nouveau monde". À la fin de celle-ci, Kate discute avec Marlize Beyers, l'œnologue qui a parlé des vins.

Kate – J'ai beaucoup aimé cette dégustation et j'ai vraiment apprécié vos commentaires, Marlize. Vous avez utilisé des mots simples et rendu l'univers du vin accessible pour nous tous.

Marlize – Merci. Il vaut mieux oublier d'être snob quand on déguste des vins. Ce qui compte, c'est le plaisir qu'on en tire.

Kate – J'ai déjà rencontré des connaisseurs prêts à vous faire croire qu'il faut un "doctorat en appréciation du vin" pour avoir le droit de participer à une dégustation !

Marlize – Pas étonnant que les jeunes se mettent à boire de la bière ou des alcools plus forts tels que le whiskey, la vodka ou la tequila. Il n'y a pas besoin d'être un expert pour apprécier le vin ! Dès l'instant où on se donne la peine de garder ses yeux, son nez et son palais en éveil, on peut apprécier le vin en amateur heureux de jouir des bonnes choses de la vie.

Kate – J'ai aussi apprécié le plaisir d'être en bonne compagnie, d'échanger des impressions sur les... attendez que je regarde les notes que j'ai prises dans mon petit carnet... les arômes raffinés du riesling de Rheingau, la grande puissance et la grande finesse des Bourgogne blancs, le plaisir donné par le zinfandel de la vallée de Napa aux arômes épicés et vifs, les arômes de groseilles à maquereau du sauvignon blanc de Nouvelle-Zélande, ou de l'excellent cabernet au riche bouquet de cassis de la vallée de l'Aconcagua au Chili...

Notes

(1) **Bear Flag Club** : Aux États-Unis, il n'y a pas de *comités d'entreprise*, **works councils**, en tant que tels, mais il existe une vie associative très active dans les sociétés. Le drapeau de l'ours, qui symbolise la république californienne, a été hissé en 1846 à Sonoma. D'ailleurs, la Californie est parfois qualifiée de "Bear Flag State."

(2) **Rheingau Riesling** : Le riesling est un *cépage*, **grape variety** (*cultivar*), blanc de grande classe. Il est originaire de la vallée du Rhin (le Rheingau) située entre Mayence et Bingen.

(3) **Napa Valley Zinfandel** : Le zinfandel, parfois appelé familièrement "**Zin**," est un cépage rouge très répandu en Californie, où il donne des vins distingués et de bonne longueur. La Vallée de Napa, située au Nord de la baie de San Francisco, est la région viticole la plus célèbre de Californie, voire des États-Unis.

A social event: a wine-tasting party

The Bear Flag Club (1), a wine appreciation society within United Chocolate, has organized a wine-tasting party on the theme "wines from the old world and wines from the new world." When it's over, Kate chats with Marlize Beyers, the enologist who spoke about the wines.

KATE — I loved the tasting and I really appreciated your comments, Marlize. You used very simple words and made the world of wine accessible to all of us.

MARLIZE — Thank you. It's better to forget to be a snob when you taste wine. What matters is the pleasure you get.

KATE — I've already met connoisseurs who would have you believe that you need a PhD in wine appreciation to be allowed to taste!

MARLIZE — Small wonder young people turn to beer or harder stuff like whiskey, vodka or tequila. There's no need to be an expert to enjoy wine! As long as you are prepared to take a little trouble to let your eyes, your nose, and your palate fulfill their natural process, you can enjoy wine as an amateur happy to enjoy the good things in life.

KATE — I also appreciated the pleasure of good company, of exchanging impressions on the... let me look at the notes I jotted down in my little notebook... refined spicy fragrance of the Rheingau Riesling *(2)*, the great power and finesse of white Burgundy, the spicy, spirited treat of Napa Valley Zinfandel *(3)*, the gooseberry flavours of New Zealand Sauvignon Blanc *(4)* or the excellent, rich blackcurranty Cabernet *(5)* from the Aconcagua Valley in Chile.   )))

(4) **Sauvignon blanc** : cépage blanc originaire de la vallée de la Loire et du Bordelais devenu très populaire en Nouvelle-Zélande, où il se caractérise par des arômes de feuilles de cassis, de fumée ou de pierre à fusil.

(5) **Cabernet** : Le cabernet-sauvignon, cépage noble du Bordelais, donne de grands vins rouges qui se caractérisent par l'intensité de leur couleur, leurs arômes de cèdre et de cassis, leurs tanins et leur acidité. Ce cépage a été transplanté avec succès en Californie, en Australie et au Chili.

Translation

Marlize – C'est une bonne idée de prendre des notes. Elles devraient vous permettre d'acquérir un vocabulaire étendu de la dégustation et de développer votre mémoire sensorielle.

Kate – Hélas ! On ne devient pas dégustateur du jour au lendemain !

Marlize – C'est vrai. C'est un exercice d'humilité ! ... Vous pouvez me croire, lors d'une dégustation à l'aveugle, mes suppositions tombent souvent à côté.

Kate – Mais vous continuez d'apprendre !

Marlize – Oui, et j'adore déguster ! Malheureusement, il n'existe pas de "modèle de vin unique", comme on dit, qui pourrait servir de critère de base. Dans le domaine du vin comme dans celui de l'art, le goût doit s'apprendre.

Kate – La distinction que vous avez établie entre le nouveau et l'ancien monde m'a intéressée.

Marlize – L'ancien monde, la France en particulier, est attaché à la tradition. Une histoire riche a énormément influencé les vins exceptionnels d'une région comme la Bourgogne, par exemple, alors que le nouveau monde a adopté sans coup férir les technologies nouvelles et les méthodes de marketing moderne.

Kate – Pensez-vous qu'à l'avenir, la mécanisation sera plus répandue ?

Marlize – Sans aucun doute. On peut maintenant programmer à l'avance une vinification entière, puis la contrôler simplement par ordinateur. Les frais de production des grandes entreprises du nouveau monde sont donc comparativement assez faibles. La mécanisation ne donne pas les vins les plus passionnants, mais elle peut au moins garantir qu'ils seront presque sans défaut. Le secteur du vin dans certaines régions d'Europe, qui produisent en grandes quantités mais n'ont pas adopté la modernité, se trouve à un tournant critique.

Kate – L'important, c'est de satisfaire le client ! *(elles rient toutes les deux)* Marlize, qu'est-ce que l'avenir réserve au secteur du vin ?

Notes

(6) **blind tasting**, *dégustation à l'aveugle*. Elle consiste à goûter des vins dont on a caché l'étiquette. Les dégustateurs doivent deviner quels vins ils boivent.

(7) **vintage** a deux sens : 1) la *vendange*, 2) l'*année, le millésime*. **A vintage car**, *une voiture ancienne, une voiture d'époque*.

(8) **poised** : qui tient en équilibre. (**To**) **be poised to do**, *être sur le point de faire quelque chose*.

(9) **industry** a un sens plus large en anglais qu'en français. Ce mot signifie aussi *secteur*. Un producteur français digne de ce nom serait choqué par l'expression *industrie du vin* alors que **wine industry** n'a rien de péjoratif en anglais.

— Dialogue —

CHAPTER 26

MARLIZE — It's a good idea to take notes. They should help you acquire a varied wine-tasting vocabulary and develop your sensorial memory.

KATE — Unfortunately, one doesn't become a wine taster overnight!

MARLIZE — Right. It's an exercise in humility! ... Believe me, when there is a blind tasting *(6)*, my guesses are often erroneous.

KATE — But you keep learning!

MARLIZE — Yes and I love tasting! Unfortunately, there is no "single model of wine," as they say, to serve as a yardstick. Taste in wine, as in art, has to be learnt.

KATE — I was interested in the distinction you made between the old world and the new world.

MARLIZE — The old world, France in particular, is attached to tradition. A rich history has crucially influenced the extraordinary wines of a region like Burgundy, for example, whereas the new world has readily embraced modern technology and modern marketing techniques.

KATE — Do you think that in the future, mechanization will become more widespread?

MARLIZE — Undoubtedly. An entire vintage *(7)* can now be programmed in advance and then simply monitored. The production costs of large new world companies are therefore comparatively low. While mechanization does not give the most exciting wines, it can at least ensure that they will be relatively fault-free. The wine industry of some European regions which produce large quantities but have not embraced modernity, is poised *(8)* at a critical turning point.

KATE — Keep the customer satisfied! *(they both laugh)* Marlize, what lies ahead for the wine industry *(9)*?

Translation

Marlize – En gros, un système à deux niveaux : d'un côté, les grosses maisons de vins continueront de produire des vins corrects sans être toutefois exceptionnels, de l'autre côté, les vignerons exerçant leur métier dans des endroits privilégiés continueront de faire des vins de grande classe...

Kate – C'est déprimant, comme évolution !

Marlize – Laissez-moi finir ! J'espère aussi qu'il continuera d'y avoir de grandes entreprises, dans le nouveau monde comme dans l'ancien, qui relèveront avec succès le défi de vinifier de grandes quantités de vins de bonne qualité.

Kate – Au fait, je crois savoir que vous êtes sud-africaine, et vous n'avez pas parlé de votre pays !

Marlize – Pour commencer, je ne ferais pas figurer "la nation de l'arc-en-ciel" parmi celles du nouveau monde. Après tout, notre secteur du vin a plus de 340 ans. L'Afrique du Sud produit d'excellents vins comme ceux de Constantia ou de Stellenbosch. En outre, les investissements et l'expertise de l'étranger contribuent à mettre l'Afrique du Sud sur de bons rails.

Notes

(10) **the rainbow nation**, *la nation arc-en-ciel*, terme sous lequel la République d'Afrique du Sud est parfois désignée en raison de la diversité de sa population : noire, métisse, indienne, blanche...

MARLIZE — Basically, a two-tier system: on the one hand, industrial wineries will keep producing decent, if unexceptional wines; on the other hand, winegrowers in privileged sites will keep making outstanding wines...

KATE — ... What a depressing development!

MARLIZE — Let me finish! I also hope there will continue to be large companies, in the old world as well as in the new world, who successfully meet the challenge of making large volumes at a high quality level.

KATE — By the way, I understand you are South African and you haven't spoken of your country!

MARLIZE — For one thing, I wouldn't include the rainbow nation *(10)* in the new world. After all, our wine industry is over 340 years old. South Africa produces some excellent wines, like those made in Constantia or Stellenbosch. Besides, foreign investment and expertise is helping to set a positive course.

A SOCIAL EVENT: A WINE-TASTING PARTY.

POUR EN SAVOIR PLUS

Les clubs de dégustation

Depuis la fondation du premier club de dégustation à l'université d'Harvard en 1994, les clubs d'amateurs de vin et les ateliers de dégustation se sont beaucoup développés dans les meilleures écoles de commerce américaines. En effet, de plus en plus d'étudiants en MBA considèrent que s'y connaître en vin ne fait pas seulement partie de l'art de vivre, mais est aussi un rite d'initiation nécessaire pour toute personne qui veut faire carrière dans les affaires, la finance, ou à la bourse.

Les raisons de cet engouement s'expliquent par le caractère poétique et sensuel du vin, boisson qui a toujours beaucoup inspiré les artistes au cours des âges. Pour de futurs hommes d'affaires, le vin sert à nouer des relations fructueuses. Bon nombre d'étudiants s'inscrivent dans les clubs de dégustation parce qu'ils y trouvent une convivialité de bon aloi et parce qu'ils s'y amusent, ou plutôt ils apprennent en s'amusant. Ils souhaitent connaître le vin, ne serait-ce que parce qu'ils ne veulent pas éprouver d'embarras au moment de commander une bouteille au restaurant lors d'un repas d'affaires, en présence de leur patron, de leurs clients… ou de leurs beaux-parents.

Laissons au président du club d'Harvard le soin de conclure : "Aujourd'hui, la connaissance du vin est une compétence indispensable dans le monde des affaires."

Notebook

A wine tasting

Tasters usually make notes about the wines they taste. They find these notes useful and referring back to them is a pleasure for amateurs. Any system storing sufficient information for an individual's purpose in an efficient way is adequate. Some people give grades to the wines they taste. Some tasters choose to record their impressions on separate cards for each wine like the one below:

PARTICULARS

Appellation ....
Country ....
Area ....
Vintage ....
Tasting date ....
Name of estate ....
Supplier ....
Price ....

APPEARANCE (clarity, intensity, depth, colour, viscosity…)

NOSE (intensity, development, aromas…)

TASTE (sweetness, acidity, alcohol, tanins, body, aromas, wood, balance, finesse, length…)

OVERALL JUDGEMENT (quality, value, maturity…)

Comprehension

1 Why did Kate appreciate Marlize's comments? **2** What attitude characterizes some connoisseurs? **3** What matters when you taste wine? **4** What else is enjoyable in a wine tasting? **5** Why is a good command of wine tasting difficult? **6** What difference did Marlize make between the old world and the new world? **7** What is the effect of mechanization on the quality of wine? **8** How does Marlize see the future of the wine industry? **9** Why is she not really pessimistic? **10** According to Marlize, what are the assets of South African viticulture?

Vocabulary
Complétez ce texte avec les mots suivants :

agents, representatives, demands, samples, estate, wine broker, networks, wine growers, purchase, wine merchants

In Burgundy, many **(1 ....)** work on small family plots. When they live in well-known villages, they tend to sell their wine at the **(2 ....)**. As commercial firms do not have the time to seek out the wine they require, the **(3 ....)** who has a thorough knowledge of the area tastes **(4 ....)** of the appellations produced by the growers and submits them to **(5 ....)** who are likely to be interested in them. In the case of a **(6 ....)** he receives a percentage of the price. Wholesalers aim at meeting the new **(7 ....)** from the home market and abroad. They develop commercial **(8 ....)**. In France, they sell through **(9 ....)** and they have **(10 ....)** abroad.

Application

Courriel – demande de renseignements
Remettez les phrases de ce courriel en ordre.

A Susan Rankin
Senior Purchasing Manager
Serendipity Wine Imports Inc.

B I am e-mailing you off your website, which I found through Google.

C Subject: Purchase of Corton wines

D We are interested in purchasing a few cases of your Corton wine, which we first discovered in a New York restaurant, for distribution in the US.

E Thanks in advance. Sincerely.

F TO: domainefrapillon@aloxe-corton.com

G Serendipity Wine Imports Inc. is one of the largest import agents for foreign wines and markets and distributes fine wines to over 200 wholesalers and retailers in the Middle West, a market of approximately 10 million wine drinkers.

H FROM: srankin@serendip.com

I I'll be in your area from the 3rd to the 10th of next month and would welcome the opportunity of meeting you to discuss preliminary terms and arrangements.

J DATE: ....

— Solutions proposées —

Compréhension

1 Kate appreciated Marlize's comments because she used simple words. She felt that Marlize made the world of wine accessible to all participants. **2** Some connoisseurs have a snobbish attitude. They consider that only connoisseurs should taste wine; as a result, young people are turning away from wine and prefer drinking beer, whiskey, vodka or tequila. **3** What matters when you taste wine is the enjoyment you get by keeping your eyes, your nose and your palate alert. **4** The company and the discussion about the wines are also enjoyable. **5** A good command of tasting is difficult because it is an art that cannot be mastered overnight. It is also an exercise in humility because one is often wrong in one's guesses. **6** The old world is attached to history and tradition whereas the new world resorts to state-of-the-art technology and modern marketing techniques. **7** It enables producers to make unexciting but relatively fault-free wines. **8** According to Marlize, there will be, on the one hand, industrial wineries which will produce standardized wines, and on the other hand, small winegrowers who will produce outstanding, expensive wines in privileged regions. **9** Marlize is not really pessimistic because she believes some large companies, in the old world as well as in the new world will sell large volumes at a high quality level. **10** South African viticulture is not very recent because it is 340 years old; some excellent wines are produced in Constantia and Stellenbosch and foreign investment and expertise contribute to raising its standards.

Suggested solutions

CHAPTER 26

Vocabulaire

1 wine growers 2 estate 3 wine broker 4 samples 5 wine merchants
6 purchase 7 demands 8 networks 9 representatives 10 agents

Application

J H F C B G D I E A

Notebook

TRANSLATION

Visite de l'entreprise pour un client important

Un important client argentin, Monsieur Ocampo, visite actuellement le siège social de UC à Philadelphie. Au cours de son séjour, Kate l'emmène à San Antonio pour lui montrer l'usine de cette ville.

M. Ocampo – Mmm ! Cette douce odeur de chocolat se répand partout !

Kate – C'est agréable, n'est-ce pas ? *(ils traversent l'usine pour se rendre sur le côté du bâtiment)* Voici le quai sur lequel les sacs de fèves de cacao sont déchargés. Elles sont ensuite vidées dans une trémie et nettoyées. Et ici, vous pouvez voir les grands fours dans lesquels elles sont torréfiées.

M. Ocampo – C'est une étape importante pour obtenir de bons arômes de chocolat, j'imagine !

Kate – Vous voulez dire une étape fondamentale ! Lorsqu'elle est terminée, les fragiles fèves torréfiées sont ensuite ouvertes. À l'aide de jets d'air, on sépare l'enveloppe du centre des fèves de cacao, connu sous le nom de grué. Cette opération s'appelle le vannage.

M. Ocampo – Ne fait-elle pas penser au processus d'élaboration de la farine où les matières plus légères sont éliminées par soufflerie tandis que les substances plus lourdes tombent à travers le souffle d'air ?

Kate – Eh bien, voilà une comparaison tout à fait appropriée ! Ensuite, le grué est broyé pour obtenir un liquide, connu sous le nom de liqueur de cacao.

M. Ocampo *(assimilant les explications de Kate)* – Je vois... Et que se passe-t-il après ?

Kate – La liqueur de cacao est mélangée avec le sucre de cacao et un complément de beurre de cacao pour faire du chocolat noir ou du chocolat à croquer. Ce mélange est transformé en une pâte onctueuse en passant à travers des cylindres de raffinage. Dans le cas du chocolat au lait, le lait est ajouté avant que le mélange ne soit introduit dans les broyeuses-raffineuses. Cette étape s'appelle le conchage.

Notes

(1) (to) show someone round, *faire visiter quelqu'un.* De même, on dira (to) show someone in, *faire entrer quelqu'un,* (to) show someone to the door, *accompagner quelqu'un à la porte.*

(2) bay : loading bay, unloading bay, *aire de chargement, aire de déchargement.*

A tour of the company for a major customer

Mr Ocampo, a major customer from Argentina, is currently visiting UC's headquarters in Philadelphia. During his stay, Kate takes him to San Antonio and shows him round (1) the factory down there.

Mr Ocampo — Mmm! The air is filled with the sweet smell of chocolate!

Kate — Nice, isn't it? *(they walk across to the side of the building)* Here is the bay *(2)* where the sacks of cocoa beans are unloaded. They are then emptied into a chute and cleaned. And here, you can see the large ovens in which they are roasted.

Mr Ocampo — A major stage in developing a good chocolate flavour, no doubt!

Kate — You mean a fundamental one! When it's finished, the brittle, roasted beans are then cracked open. Jets of air are used to separate the shell from the centre of the cocoa beans known as the nib. This operation is called winnowing.

Mr Ocampo — Isn't it similar to the process found in flour making where the lighter material is blown away while the heavier substance falls through the air jet?

Kate — A very relevant comparison indeed! Afterwards, the nib is ground to make the liquid known as cocoa mass.

Mr Ocampo *(taking in Kate's explanations)* — Mmm... And what happens next?

Kate — The cocoa mass is mixed with cocoa sugar and extra cocoa fat to make dark or plain chocolate. The mixture is made into a smooth paste by passing through refining rollers. For milk chocolate, the milk is added before the mixture is put into the refining rollers. This stage is called conching.

M. Ocampo – Et combien de temps dure le conchage ?

Kate – Nous remuons le chocolat à croquer et le chocolat noir dans la machine à concher pendant pratiquement deux jours. Avec le chocolat au lait, le temps de conchage est plus court.

M. Ocampo – Deux jours ! Je suis impressionné. Maintenant, je comprends pourquoi votre chocolat a une texture aussi lisse, aussi soyeuse.

Kate – Une fois cette étape achevée, le chocolat est pompé dans une cuve de stockage chauffée. Avant d'être conditionné, il passe à travers un cycle de refroidissement et de réchauffage appelé tempérage, pour s'assurer qu'il se cristallise avec une belle surface brillante.

M. Ocampo – Et si vous me parliez de cette chaîne de moulage ?

Kate – C'est elle qui produit nos pralines de pécan. Nous sommes de gros consommateurs de délicieuses noix de pécan de Louisiane... *(ils franchissent une porte à l'extrémité de la chaîne)* Et maintenant, le stade final : l'emballage et le conditionnement. Dès que le chocolat est refroidi, il est emballé dans du papier d'aluminium, du film alimentaire ou tout autre emballage, pour qu'il reste frais.

M. Ocampo – Je trouve les conditionnements d'UC très colorés et très attrayants.

Kate – Oui, nous en sommes très satisfaits. Bien sûr, ils indiquent aussi le nom du produit, et des informations telles que les ingrédients, le poids et la date limite de consommation.

M. Ocampo – Je crois savoir que votre usine est ouverte au public.

Kate – Oui, toute l'année. Cette usine, où nous produisons un million de livres de chocolat par jour, est une destination appréciée par toute la famille, grâce à ses attractions passionnantes, ses hébergements luxueux et toutes sortes de choses à faire toute l'année. Je vous en prie, n'oubliez pas de dire à vos clients de venir nous voir bientôt.

M. Ocampo – Comment pourraient-ils résister à toutes ces friandises qui vous mettent l'eau à la bouche ?

Notes

(3) (to) set : l'un des sens de (to) set est *faire prendre* lorsqu'il est appliqué à des gelées ou des confitures. Pour le chocolat, on dira *solidifier* ou *cristalliser*.

(4) packing : synonyme à la fois de wrapping et de packaging, mais à quelques nuances près (voir les notes 5 et 6). Cela explique l'apparente ambiguïté de la traduction française de ce dialogue !

(5) wrapping, *emballage*. Ce mot exprime plus l'idée d'envelopper un produit que packing.

(6) packaging, *conditionnement*. Ce mot exprime la façon dont un produit est présenté. À noter la différence entre packing et packaging. Dans le second terme,

Dialogue

Mr Ocampo — How long is the conching stage?

Kate — We stir plain and dark chocolate in the conching machine for up to two days. With milk chocolate, the conching period is shorter.

Mr Ocampo — Two days! I'm impressed. Now, I understand why your chocolate has such a smooth, silky texture.

Kate — The finished chocolate is pumped to a heated storage tank. Before being used, it is taken through a cooling and heating cycle called tempering to make sure it sets *(3)* with an attractive, glossy surface.

Mr Ocampo — What about this moulding line?

Kate — It produces our pecan pralines. We are big consumers of delicious Louisiana pecan nuts. *(they pass through a door at the end of the line)* And now the final stage: packing *(4)* and wrapping *(5)*. As soon as the chocolate is cooled, it is wrapped in a suitable foil, film or other packaging to keep it fresh.

Mr Ocampo — I find UC's packaging *(6)* colourful and attractive.

Kate — We're quite pleased with it. Of course, it also gives the product's name and such details as ingredients, weight and how long it will keep.

Mr Ocampo — I understand your facility is open to the public.

Kate — Yes, all year round. This factory in which we produce one million pounds *(7)* of chocolate a day is a popular destination for the whole family with its thrilling attractions, luxurious accommodations *(8)* and plenty to do all year round. Please be sure to tell your customers to visit us soon!

Mr Ocampo — How could they resist tasting so many mouth-watering treats?

---

il y a une notion commerciale – présentation, marketing – qui n'existe pas dans **packing**, *emballage*.

(7) **pound**, *livre*. Cette unité de poids, toujours utilisée officiellement aux États-Unis, équivaut à 453,59 grammes, soit environ un demi-kilo.

(8) **accommodation**, *le logement*. En américain, on emploierait plutôt le mot **housing**.

Le tourisme industriel

Au cours des dernières années, le *tourisme industriel*, **industrial tourism**, s'est développé, surtout dans les domaines de l'*industrie lourde*, **heavy industry**, des *industries de transformation*, **processing industry**, et de l'*industrie agro-alimentaire*, **food industry**. Les centrales nucléaires, les fabriques d'automobiles, les cristalleries, les chocolateries et les caves sont des buts de voyage recherchés par les touristes qui, selon la formule consacrée, ne veulent pas bronzer idiots. Le public intéressé manifeste de la curiosité pour des objets dont il se sert tous les jours, mais dont, la plupart du temps, il ignore comment ils sont fabriqués ou assemblés. Les retraités et les scolaires sont les personnes qui apprécient le plus les visites d'usines, situées en général près de chez eux. Il s'agit alors d'un tourisme de proximité.

Pour leur part, les entreprises voient dans le tourisme industriel un moyen de communiquer sur leurs produits. Ainsi, la visite de centrales nucléaires souvent jugées dangereuses permet de montrer, d'expliquer et de rassurer. En outre, les industries trouvent dans cette forme de tourisme le moyen de développer leur *image de marque*, **corporate image** et de *fidéliser de futurs clients*, **develop customer loyalty**. Les visites d'entreprises agro-alimentaires se terminent par des dégustations qui sont très appréciées et débouchent souvent sur des ventes.

Industrial tours

The following advertisement was published in the local press.

Industrial tours will take place every Thursday in July and August. Each tour includes transportation and lunch and is limited to a specified number of participants. Tours will be filled on a first-come, first-served basis.

Industrial tour 1: Lars Johanson, Inc.

This long-established furniture company is well known for its innovative office furniture designs. Its growth since its foundation in 1876 has been tremendous. Today, Lars Johanson, Inc. is leading the way in another area: it is doing everything it can to limit its adverse effect on the environment. It recycles vinyl, foam, office paper, telephone books, lubricating oil and even old office furniture, which it reconditions and sells. Since 1985, much of the trash that cannot be recycled has fuelled Johanson's waste-to-energy plant, which saves $500,000 a year in fuel and landfill costs. When the company realized that its furniture finished with tropical wood was contributing to the destruction of the rain forest in developing countries, it banned the use of mahogany and rosewood. Come and discover this company which is very sensitive to its environment. This tour requires a minimum of 10 participants.

Industrial tour 2: Polar Bear Creameries

When Paul Emile Valentin began making ice cream in 1908, it churned out only two gallons a day and the ice cream did not make it very far from the creamery. A century later, with its name changed to Polar Bear Creameries, the company still bills itself as "the little creamery around the corner." But its peak output now tops 100,000 gallons a day. Polar Bear's success has been carefully planned and controlled by Paul Emile Valentin's descendants. Now the company has a huge, ultra-modern facility. Its labs have kept up with the times. During a given year, Polar Bear makes as many as 39 flavours. It was quick to appeal to diet-conscious ice cream lovers. Come and discover this fascinating company which has its own distribution system and delivers directly to the store, not to a warehouse, helping to ensure that the ice cream stays fresh. Come and discover a company which has managed to grow big without losing the benefits of being small. At Polar Bear Creameries, Monday night's milk is ice cream on its way to the store by Wednesday.

Departure: 7.30 am in front of the Chamber of Commerce.
Return: 5.30 pm in front of the Chamber of Commerce.

For more information, contact the Chamber of Commerce.

Comprehension

1 What makes Mr Ocampo pleased at the beginning of his tour of the company? **2** What happens to the cocoa beans once they have been unloaded? **3** What does winnowing consist in? **4** How does the mixture of cocoa mass, cocoa sugar and extra fat become a smooth paste? **5** When is the milk in milk chocolate added? **6** According to Mr Ocampo, what accounts for the smooth, silky texture of UC's chocolate? **7** What is the purpose of tempering? **8** Where does UC find its pecan nuts? **9** What information to the consumer is conveyed by UC's packaging? **10** Why is UC's plant a popular destination for families?

Translation

1 Bonjour, Monsieur Ocampo. Je voudrais vous souhaiter la bienvenue dans notre site de production. **2** Nous allons tout d'abord aller au poste de sécurité pour prendre nos badges. **3** Après avoir montré un film sur l'entreprise dans la salle de conférence, la directrice des ressources humaines a fait visiter les installations aux visiteurs. **4** Pour des raisons de sécurité, les visiteurs ont dû mettre un casque et porter une blouse blanche. **5** Par ici, svp ! Veuillez me suivre. Je passe devant pour vous montrer le chemin. Allons vers le laboratoire. **6** À votre droite, vous pouvez voir la machine à concher. **7** Pour ceux d'entre vous qui ne sont pas au courant de ce procédé, je vais expliquer brièvement comment nous fabriquons le chocolat dans notre usine. **8** Si vous avez des questions, n'hésitez pas à m'interrompre. **9** Si vous voulez, vous pouvez prendre des brochures sur notre entreprise. **10** Maintenant, nous allons nous rendre à la cafeteria de l'entreprise pour prendre des rafraîchissements.

Exercises

Application

Dès son retour en Argentine, M. Ocampo envoie un courriel de remerciements à Kate Hewitt. Essayez de remettre les phrases de son message en ordre.

A The next time that you are in Argentina,
B Please give my regards to your colleagues in Philadelphia.
C I am writing to thank you
D as well as the business side of things,
E It was a great pleasure to meet them all.
F for the very interesting tour of UC's plant and your hospitality.
G I really enjoyed the meal we had at that brewery afterwards
H I found your explanations very clear and informative.
I it will be my pleasure to return your kindness
J I am sure my visit has laid the basis for a good long term business relationship.

Notebook

—— Solutions proposées ——

Compréhension

1 The sweet smell of chocolate in the air makes Mr Ocampo pleased at the beginning of his tour of the company. 2 Once they have been unloaded, the cocoa beans are emptied into a chute and cleaned. 3 Winnowing consists in separating the shell from the center of the cocoa beans with jets of air. 4 The mixture of cocoa mass, cocoa sugar and extra cocoa fat becomes a smooth paste by passing through refining rollers. 5 The milk in milk chocolate is added before cocoa mass, cocoa sugar and extra cocoa fat are put into the refining rollers. 6 According to Mr Ocampo, the fact that plain and dark chocolate are stirred for up to two days in the conching machine, accounts for the smooth, silky texture of UC's chocolate. 7 Tempering aims at making sure that the chocolate sets with an attractive, glossy surface. 8 UC buys its pecans in the state of Louisiana. 9 Information about the ingredients used, the weight and how long the chocolate will keep are conveyed by UC's packaging. 10 UC's plant is a popular destination for families because the company offers thrilling attractions, luxurious accommodations and plenty to do all year round.

Notebook

— Suggested solutions —

CHAPTER 27

Traduction

1 Good morning Mr Ocampo. I'd like to welcome you to our production facilities. **2** Let's go first to the security gates to get our badges. **3** After showing a film about the company in the conference room, the Human Resources Manager showed the visitors round the facilities. **4** For safety reasons, the visitors had to put on a helmet and wear a white coat. **5** This way, please. Please follow me! I'll go first and show you the way. Shall we proceed to the laboratory? **6** On your right, you can notice the conching machine. **7** For those of you who are not familiar with this process, let me explain briefly how chocolate is made in our plant. **8** If you have any questions, do not hesitate to stop me. **9** If you like, you can have some descriptive literature about our company. **10** Now, let's go to the company cafeteria for refreshments.

Application

1 C
2 F
3 H
4 J
5 D
6 G
7 A
8 I
9 B
10 E

Translation

Rencontre avec un journaliste

Kate donne une interview à Mike Rowe, étudiant préparant un MBA en communication. Il écrit une série d'articles sur le travail effectué dans les entreprises par les diplômés de l'université pour The Exponent, *le journal des étudiants.*

Mike – Si je comprends bien, M. Kingman ne tenait pas à te donner la permission de m'accorder une interview !

Kate *(réfléchissant)* – Tu sais, la couverture médiatique est une arme à double tranchant… M. Kingman se fait du souci à propos de tout ce qui pourrait ternir l'image de UC.

Mike – Y compris un article dans un journal d'étudiants ! Ne t'en fais pas ! "The Exponent" n'est pas un journal à scandales… *(ils sourient tous les deux)* Bon, pour commencer, pourrais-tu me donner des informations élémentaires sur UC ?

Kate – La société a été fondée par Samuel Marquette, le septième fils d'un éleveur de vaches laitières avisé qui avait émigré de sa belle province natale de Québec à Prairie du Chien, dans l'État du Wisconsin…

Mike – … La laiterie de l'Amérique !

Kate – Exact ! Samuel Marquette a commencé à fabriquer du chocolat au lait en 1908. Pendant la première guerre mondiale, le gouvernement a reconnu la valeur du chocolat, à la fois comme produit nourrissant et comme stimulateur du moral des soldats combattant en France. Notre fondateur rusé a réussi à décrocher un contrat avec l'armée des États-Unis et il a approvisionné les troupes en chocolat au lait.

Mike – Je suppose que l'entreprise de Samuel Marquette n'a fait que croître.

Kate – Oui. Elle est parvenue à prospérer pendant la crise de 1929 et a été constituée en société en 1953, après la mort de Samuel Marquette. Grâce à des modernisations technologiques, à des acquisitions et au développement continuel de nouveaux produits, je suis heureuse de dire que l'entreprise a connu une croissance spectaculaire… Le siège social a été transféré à Philadelphie.

Notes

(1) **a series**, *une série*. Noter le **s** final au singulier. Ce mot est invariable au pluriel.

(2) **alumnus** : mot latin signifiant *ancien élève, ancien étudiant d'une université*. Le pluriel est **alumni**. Et l'université est souvent désignée sous le terme de **alma mater** (litt. "mère nourricière"). Chaque année, au semestre d'automne, les diplômés des universités américaines se retrouvent lors de la cérémonie de **Homecoming**.

(3) Au chapitre 6 (note 6), vous aviez rencontré **(to) be keen on (sth.)**, *bien aimer (qqch.)*. Lorsque cette expression est suivie d'un verbe + **-ing** elle signifie *tenir à* (un plan, un projet), *être chaud pour* (une idée). On trouvera également **to (be) keen to** + verbe à l'infinitif : *tenir à* (idée d'insistance).

DIALOGUE

Meeting a journalist

Kate is giving an interview to Mike Rowe, a student who is studying towards an MBA in communication. He is writing a series (1) of articles about the work performed in companies by the university's alumni (2) for The Exponent, the students' newspaper.

MIKE – I understand Mr Kingman was not too keen (3) on allowing you to grant me an interview!

KATE *(thinking)* – You know, media coverage is a double-edged sword... Mr Kingman is very worried about anything that could affect UC's image.

MIKE – Even an article in a student paper! Don't worry! "The Exponent" is not a muckraker (4)... *(they both smile)* Well, to start with, could you give me some background information about UC?

KATE – The company was founded by Samuel Marquette, the seventh son of a savvy milk farmer who had emigrated from his beautiful native province of Quebec to Prairie du Chien, in the state of Wisconsin...

MIKE – ... America's dairyland!

KATE – Right! Samuel Marquette started manufacturing milk chocolate in 1908. During World War 1, the government recognized chocolate's worth as both nourishment and a morale booster to soldiers fighting in France. Our wily founder managed to land a contract with the US Army and supplied the troops with milk chocolate.

MIKE – I assume Samuel Marquette's company kept growing...

KATE – Yes. It managed to thrive during the depression and it was incorporated (5) in 1953, after Samuel Marquette's death. Thanks to technological modernization, strategically astute acquisitions and continued new product development, I'm happy to say the company grew dramatically... The headquarters was moved to Philadelphia.)))

(4) muckraker, presse à scandale (litt. "remueur de boue"). Mot employé par le président Theodore Roosevelt contre des journaux qu'il accusait de déshonorer la presse.

(5) incorporated, constitué en société par actions. L'abréviation de ce mot est Inc.

Translation

Mike – ... Au fait, quand l'usine de San Antonio a-t-elle été ouverte ?

Kate – En 1969... *(bref silence)* Malheureusement, l'industrie du chocolat n'a pas échappé aux effets de la récession du début des années 1990, qui s'est caractérisée par d'importantes restructurations, des licenciements économiques, des fusions et des acquisitions, des fermetures d'usines et des coupes dans les budgets publicitaires. Les ventes ont chuté.

Mike – Comment UC a-t-elle surmonté la crise ?

Kate – Principalement en diversifiant sa gamme de produits. Par exemple, UC a lancé plusieurs boissons chocolatées. De plus, nous avons profité de la demande en chocolat sur de nouveaux marchés comme la Chine, la Russie et d'autres pays émergents.

Mike – Est-ce que les goûts des consommateurs ont changé ?

Kate – Oui. Les consommateurs ont pris conscience des effets de l'alimentation sur la santé. Les ventes de nos confiseries allégées, de nos desserts allégés et de nos articles chocolatés sans graisse ont grimpé en flèche depuis le milieu des années 1990.

Mike – Personne ne niera que le chocolat est bon pour le moral des gens, mais est-ce qu'il est vraiment bon pour la santé ?

Kate – Le chocolat contient des éléments bénéfiques tels que le calcium, le magnésium et le cuivre. Par ailleurs des études préliminaires sur le court terme ont semblé indiquer que la consommation de produits contenant du chocolat peut être bénéfique sur le plan cardiovasculaire.

Mike – Et la caféine ?

Kate – La quantité minime de caféine présente dans le chocolat vient des fèves de cacao, alors que la caféine des sodas est ajoutée lors du processus de fabrication. Je peux aussi te dire que UC fournit toutes les informations sur la nutrition pour aider les clients à adopter un régime alimentaire équilibré. Nous aimons avoir des nouvelles de nos clients et savoir ce qu'ils pensent de nos produits.

Notes

(6) **consolidation**, *consolidation, regroupement*. Ici, on pourrait traduire par *acquisition*.

(7) **(to) weather a storm** : expression métaphorique signifiant littéralement *essuyer une tempête*. Cette expression pourrait se traduire par *se tirer d'affaire*.

(8) **benefit**, *avantage*. Attention, ce mot est un faux ami. *Bénéfice* se dit **profit**.

Dialogue

MIKE — ... By the way, when did the San Antonio plant open?

KATE — In 1969... *(slight pause)* Unfortunately, the chocolate industry didn't escape the effects of the recession of the early 1990's, which was characterized by major restructuring, layoffs, mergers and consolidations *(6)*, plant closures and advertising budget cuts. Sales dropped.

MIKE — How did UC weather the storm? *(7)*

KATE — Mainly by diversifying its product base. For instance, UC launched several cocoa beverage products. Also, we benefited from the demand for chocolate in new markets such as China, Russia and other emerging economies.

MIKE — Have consumer tastes changed?

KATE — Yes. Consumers have become health conscious. The sales of our light candies, light desserts and fat-free chocolate items have skyrocketed since the mid-1990's.

MIKE — No-one will deny that chocolate is good for people's morale but is it really good for people's health?

KATE — Chocolate contains beneficial components such as calcium, magnesium and copper. Besides, short-term preliminary studies have suggested that consumption of products containing chocolate may provide cardiovascular benefits *(8)*.

MIKE — What about caffeine?

KATE — The small amount of caffeine present in chocolate occurs in the cocoa beans, unlike the caffeine in soft drinks which is added during the manufacturing process. I can also tell you that UC provides the nutritional information on its products to help customers balance their diet. We like to hear from our customers and know what they think about our products.

Mike *(bref silence)* – Des rumeurs faisant état d'un risque de pénurie de cacao et d'une augmentation de son prix sont en circulation. Ce risque est vraiment fondé ?

Kate *(souriant)* – Je n'ai pas consulté ma boule de cristal, mais je peux t'assurer que UC a adopté des solutions technologiques pour accroître son efficacité et abaisser ses frais de production.

Mike – D'accord. *(bref silence)* Maintenant, une question d'ordre général : combien de personnes sont employées par UC ?

Kate – UC emploie 9 000 personnes dans le monde et est présente dans 14 pays. Nous exportons nos produits dans plus de 70 pays répartis sur toute la planète.

Mike – ... Enfin, voilà ma dernière question : comment les étudiants doivent-ils s'y prendre pour poser leur candidature à un emploi temporaire ou permanent chez UC ?

Kate – Tu peux leur dire de consulter www.unitedchocolatejobs.com pour obtenir des renseignements sur les possibilités d'emploi.

MIKE *(slight pause)* – Reports are circulating about the risk of a shortage of cocoa and an increase in prices. Is that risk grounded?

KATE *(smiling)* – I haven't looked into my crystal ball but I can assure you that UC has adopted technological solutions to increase efficiency and lower production costs.

MIKE – OK. *(slight pause)* Now, a general question: how many people does UC employ?

KATE – UC employs 9,000 people worldwide and it is present in 14 countries. We export our products to over 70 countries worldwide.

MIKE – ... And my last question will be: how do students apply for a temporary or a permanent job at UC?

KATE – You can tell them to visit www.unitedchocolatejobs.com to access information on career opportunities.

POUR EN SAVOIR PLUS

L'image de l'entreprise

L'*image de l'entreprise* (**corporate image**) est l'opinion que le public et les salariés ont d'une société donnée, de l'image qu'elle projette, ainsi que de sa renommée. Inutile de préciser qu'une entreprise se retrouve dans une situation délicate lorsque l'image perçue par le public diffère de celle qu'elle a en réalité, ou veut donner d'elle-même. Ainsi, une compagnie pétrolière responsable d'une marée noire aura toutes les difficultés du monde à se faire passer pour une société socialement responsable. Les facteurs contribuant à l'image de l'entreprise sont très nombreux et très divers, mais nous pouvons citer son personnel, ses clients, ses produits, ses services, son ancienneté, l'opinion des médias, des syndicats, des organisations de défense de l'environnement, des associations de consommateurs…

Il existe des sociétés spécialisées dans la revalorisation de l'image des entreprises. Elles agissent par le moyen de campagnes dirigées vers les employés de l'entreprise aussi bien que le public. Les moyens qu'elles utilisent vont des articles dans la presse aux relations avec la communauté, en passant par toutes sortes d'opérations de relations publiques. Il importe de susciter la sympathie des consommateurs et d'augmenter le chiffre d'affaires de l'entreprise !

Notebook

In-house magazines and corporate communication tools:

Traditionally, the press has always been the target of a company's public relations strategy. Furthermore, most companies have their own in-house publication. In-house magazines are used for internal communication and can be a very effective tool. Let's keep in mind, however, that if communication is not effective in an organization, the grapevine is a serious competitor. This informal communication network among the employees of a company can permeate the entire organization and does not always follow regular communication channels!

The person in charge of the in-house magazine must first define a strategy by establishing the objectives of the magazine. He or she must think of the readers, know who they are and what works for them. Of course, the content is fundamental: the editor has to find out what makes news, select stories and features, choose his/her contributors, know how to use them and keep them keen. They need writing skills: for instance, they must know how to structure the articles, make a dry text sparkle, find the right angle.

Finally, the design of the in-house publication should not be overlooked in an age when people have little patience with mediocre layouts. This is why many companies subcontract the publication of the in-house magazine to advertising agencies.

Today, the whole media industry forms the target of a company's communication: radio, websites, computer networks, TV... The new media blur the difference between oral and written communication and help each other to be more effective.
Entertaining the press or media is undertaken when trying to gain as much media coverage as possible: this may be done for a product launch or to promote an acquisition.
The market for promotional materials includes pens, balloons, mouse pads carrying the company's logo and contact details. These items help promote goodwill between a company and its public. Websites have become an essential public relations tool that can convey information to potential customers on how to contact an organization, discover its products and services, learn about its history, study its financial reports...

Comprehension

1 Why was Mr Kingman not too keen on the interview? **2** In what circumstances did Samuel Marquette experience his first business success? **3** What factors accounted for the company's steady growth? **4** What were the effects of the recession of the early 1990's on the chocolate industry? **5** How did UC face the recession? **6** What changes in consumer behavior since the mid-1990's has UC recorded? **7** Why is the presence of caffeine in UC's products not a health hazard, according to Kate? **8** How is UC prepared to face the risk of a cocoa shortage and an increase in cocoa prices? **9** What should students interested in a job at UC do?

Translation

1 Quelles sont les forces de votre société ? Comment en tirez-vous parti ? **2** Quelles sont les faiblesses de votre société ? Comment y faites-vous face ? **3** Quels changements prévoyez-vous dans cette industrie ? **4** Quels changements sont susceptibles de menacer l'avenir de votre société ? **5** Sur le plan stratégique, comment avez-vous réagi à la concurrence ? **6** Quelle législation à venir peut-elle affecter votre entreprise ? **7** Quels programmes de formation offrez-vous à vos employés ? **8** Quel est le style de management de votre société ? **9** Quels sont les principaux défis auxquels votre société est confrontée ? **10** Pourquoi votre OPA cause-t-elle du mécontentement chez les employés de la société-cible ?

Vocabulary

Trouvez l'intrus : dans la liste de mots suivants, dites quel mot n'est pas synonyme des trois autres.

1. works, fabric, factory, plant
2. to license, to lay off, to make redundant, to fire
3. to be unemployed, to be on the dole, to be jobless, to be stuck
4. to hire, to recruit, to involve, to take on
5. dwindling market, growing market, expanding market, booming market
6. flat market, volatile market, sluggish market, stable market
7. distributor, wholesaler, middleman, broker
8. retail outlet, point of sale, magazine, corner shop
9. to design a product, to launch a product, to bring out a product, to introduce a product
10. promotion, special offer, discount, advertisement

Notebook

— SOLUTIONS PROPOSÉES —

Compréhension

1 Mr Kingman was not too keen on the interview because he is worried that a negative article might tarnish UC's image. **2** Samuel Marquette experienced his first major business success when he managed to land a contract with the US army during World War 1. **3** The factors accounting for UC's steady growth are unceasing technological modernization, strategically astute acquisitions and continued new product development. **4** The effects of the recession of the early 1990's on the chocolate industry were: major restructuring of the industry, layoffs, mergers and consolidations, plant closures, advertising budget slashes and plummeting sales. **5** UC reacted to the crisis by diversifying its product base, for instance by introducing several cocoa beverage products. **6** Consumers have become more health conscious: they buy more "light" and fat-free chocolate products. **7** According to Kate, the small amount of caffeine present in UC's products occurs in cocoa beans but no caffeine is added to UC's products. **8** UC has already adopted technological solutions to increase its efficiency and reduce its production costs. **9** Students interested in a job at UC should visit UC's website, www.unitedchocolatejobs.com, to access information on career opportunities.

Notebook

Suggested solutions

Traduction

1 What are your company's strengths? How do you make the most of them?
2 What are your company's weaknesses? How do you deal with them?
3 What changes do you anticipate in this industry? 4 What changes are likely to threaten the future of your company? 5 How have you responded strategically to the competition? 6 What pending legislation may affect your firm? 7 What training programs do you offer to your employees? 8 What is your company's management style? 9 What major challenges is your company facing? 10 Why does your takeover bid cause frustration among the target company's employees?

Vocabulaire

1. fabric
2. to license
3. to be stuck
4. to involve
5. dwindling market
6. volatile market
7. broker
8. magazine
9. to design a product
10. advertisement

Notebook

TRANSLATION

Le salon de Guangzhou

Amy Zhou, Américaine d'origine chinoise travaillant au service marketing, s'est beaucoup impliquée dans les préparatifs de la participation de UC à la foire de Canton. Elle fait part de ses projets à Kate.

AMY – J'ai beau avoir déjà assisté à des salons et savoir de quoi il retourne, la planification et la gestion du processus sont une tout autre affaire !

KATE – Oui. C'est une lourde responsabilité. Les salons sont l'un des meilleurs moyens d'aller au-devant de nos clients et de nos prospects dans un laps de temps relativement court.

AMY – Je suis parfaitement consciente que la participation de UC à la foire de Canton doit nous aider à créer cette première impression qui est primordiale !

KATE – J'ai confiance qu'elle ouvrira la porte à de futurs contrats.

AMY – Une porte qu'il sera peut-être difficile de franchir !

KATE – Allons ! Ça en vaut la peine. Notre direction n'investirait pas dans ce salon si elle n'espérait pas en retirer des avantages... et nos concurrents pourraient profiter de notre absence.

AMY – J'aimerais bien que notre première participation soit une réussite.

KATE – Les objectifs ont-ils été fixés correctement ?

AMY – Le service marketing a passé un temps fou à réfléchir sur nos raisons d'exposer, le public ciblé, le message que nous voulons faire passer, ce que nous voulons retirer du salon...

KATE – Est-ce que notre stand sera beau ?

AMY – Ça n'a pas été une sinécure de déterminer à quoi il devait ressembler. Nous avons fini par opter pour un stand de 4,50 mètres facile à transporter, à monter et à démonter par notre personnel.

Notes

(1) **Guangzhou** : cette grande ville chinoise était autrefois connue sous le nom de Canton (voir page 324).

(2) **target audience**, *cible de communication*. Ensemble de personnes qu'un annonceur veut atteindre. En plus de la cible marketing composée d'acheteurs possibles, elle comprend toutes les personnes susceptibles de s'intéresser au produit ou d'avoir une influence sur son achat.

(3) **booth** : terme employé pour désigner la petite structure destinée à l'exposition de marchandises ou de services lors d'une foire. Synonymes : **stall**, **stand**.

The Guangzhou Trade Fair

Amy Zhou, a Chinese American in the Marketing Department, has been working very hard on the preparation of UC's participation in the Guangzhou (1) Trade Fair. She informs Kate about her plans.

Amy – I may have already attended trade shows, I may know what they are about, but planning and managing the process is a completely different animal!

Kate – Yes. It is a big responsibility. Trade shows are one of the best ways to meet a large number of our customers and prospects in a relatively short period of time.

Amy – I'm fully aware that UC's participation in the Guangzhou Trade Fair is supposed to help us create that all-important first impression!

Kate – I am confident that it will open the door for future contracts.

Amy – A door that it may be difficult to get our foot into!

Kate – Come on! It's worth the effort. Our management would not invest in it if they did not expect to get dividends… and our competitors could take advantage of our absence.

Amy – I would like our first participation to be successful.

Kate – Have the goals been set right?

Amy – The Marketing Department has spent a lot of time thinking about the reasons why we are exhibiting, the target audience (2), the message we want to convey, what we want to get out of the show…

Kate – Will our booth (3) look nice?

Amy – Determining what it should look like was quite tricky. In the end, we opted for a 15-foot size that can be easily shipped, assembled and disassembled by our booth staffers.

)))

Translation

Kate – Notre personnel est-il prêt ?

Amy – Nous envoyons nos représentants qui ont le plus le sens du contact. Ils connaissent notre entreprise par cœur, et ils sont enthousiastes, énergiques, ils savent écouter…

Kate – Et c'est toi qui vas les encadrer ! Après tout, tu es la "régionale de l'étape"…

Amy – Si on veut. C'est vrai que je suis née près de Canton, mais j'ai quitté la Chine alors que j'étais tout bébé… Ils savent tous que nous voulons construire notre notoriété en Chine, ils sont bien informés sur nos concurrents et connaissent les avantages compétitifs de nos produits.

Kate – Quels produits nouveaux allons-nous présenter ?

Amy – Du chocolat aromatisé au thé ! Les chocolats à l'Earl Grey sont tout simplement délicieux et ceux parfumés au thé vert sont aussi très bons.

Kate – Est-ce que tu as déjà fait un publipostage d'avant-salon ?

Amy – Oui. Et nous ne surchargerons pas les visiteurs de documentation coûteuse qu'ils jetteront à la poubelle. Nous avons décidé de nous en tenir à un prospectus bien fait, pas cher et donnant une vue d'ensemble.

Kate – Tu as raison ! Le salon entraîne un investissement en marketing considérable.

Amy – Il nous faudra payer des frais de location d'espace, de conception de présentoir, de déplacement, d'hébergement, d'impression de documents promotionnels et d'échantillons à distribuer aux visiteurs. De plus, il y a les frais encourus sur place pour l'électricité, le nettoyage du stand, l'accès à Internet, et aussi la manutention.

Kate – C'est effectivement un gros investissement ! Mais notre équipe devrait faire de bons contacts.

Notes

(4) brand awareness, *notoriété d'une marque*. Synonyme : **recognition**. Faculté qu'ont les clients potentiels de reconnaître ou de se souvenir d'une marque. Veillez à ne pas utiliser le mot **notoriety** dans un contexte marketing car ce terme est négatif ; synonyme de **disrepute**, **ill-repute**, il signifie "triste réputation". De même, l'adjectif **notorious** signifie "tristement célèbre". **Notorious** est aussi le titre d'un film d'Alfred Hitchcock (*Les Enchaînés*.)

(5) mail shot a pour synonymes **direct mail**, **mailing**, **mailing campaign**. Message de vente transmis par voie postale à des prospects (clients potentiels) sélectionnés sur fichiers. On utilise le terme **shot** pour exprimer une idée d'incertitude : on tire un coup sans être certain d'atteindre la cible. Le **video mailing** est un support efficace.

DIALOGUE

CHAPTER 29

KATE — Is our staff ready?

AMY — We are sending our most "people-oriented" representatives. They know the company inside out, they are enthusiastic, full of energy, they are good listeners…

KATE — And you'll be coaching them! After all, you are the local girl…

AMY — You could put it like that. It's true that I was born near Guangzhou, but I left China when I was just a little baby… They all know we want to build brand awareness *(4)* in China, they are fully informed about our competitors and they know the competitive advantages of our products.

KATE — What new products will we present?

AMY — Chocolate infused with tea! The Earl Grey-flavoured chocolates are simply delicious and those flavoured with green tea are very good too.

KATE — Have you already done a pre-show mail shot *(5)*?

AMY — Yes. And we won't overload visitors with expensive literature that they will just throw in the trash. We have decided to stick to a well-made, economical *(6)* overview leaflet.

KATE — You're right! The fair involves a considerable marketing investment.

AMY — We'll have to pay for space rental, display design, travel, accommodation, promotional literature and items to give to attendees. In addition, there are the costs incurred at the fair for electric power, booth cleaning, Internet services and also drayage *(7)*…

KATE — A big investment, no doubt! But the team should make some good contacts.

)))

---

(6) **economical**, *économique*, en ce sens "qu'il permet d'économiser de l'argent". Ne pas confondre avec l'adjectif **economic** qui s'applique à tout ce qui a trait à l'économie ou aux sciences économiques. L'adverbe, par contre, est toujours **economically**.

(7) **drayage** : ce mot vient de **dray**, véhicule destiné à transporter de lourdes charges.

THE GUANGZHOU TRADE FAIR

— Translation —

Amy – Nos représentants leur enverront des lettres en réponse à leurs demandes. Nos lettres comporteront une offre spécifique qui devrait les encourager à se manifester en retour.

Kate – Je ne vois pas pourquoi tu te fais du souci, Amy. Tu as fait de ton mieux et je suis sûre que le salon sera réussi.

Amy – Merci de m'avoir écoutée... Je crois que j'avais besoin d'être rassurée.

Notes

(8) (**to**) **address** : employé comme verbe transitif, ce verbe est synonyme de (**to**) **deal with**.

Dialogue

CHAPTER 29

Amy — Our representatives will send them letters, addressing *(8)* their requests. The letters will include a specific offer that should encourage the contact to get back to us.

Kate — I don't see why you should worry, Amy. You've done your best and I'm sure the trade show will be successful.

Amy — Thank you for listening to me... I guess I needed to be reassured.

―― Document ――

Guangzhou Trade Fair Registration Form
15-19 April 2013

Mail-in Deadline: December 15

Please Note!!! Read Carefully!

We are expecting another large Trade Fair. SPACE may be in short supply. We strongly recommend that you return this application with your payment as soon as possible. Stands will be assigned on a first-come, first-served basis. No stands will be reserved until payment is received.

It may be necessary to limit the number of stands available to exhibitors. There is also a possibility that we may not be able to honour all requests for stands. Special requests for stand locations (e.g. next to another company) should be noted in the "SPECIAL REQUEST" section below and submitted as soon as possible. Locations with electric outlets are limited.

Please complete all the information below. Applications should be received NO LATER THAN DECEMBER 15.

NAME	
BADGE NAME	
ADDRESS	
CITY	
POSTAL CODE	
COUNTRY	
PHONE	
FAX	
E-MAIL	

FIRST TRADE FAIR STAND $1,150.00 *(If you wish to attend any banquets or go on a tour, you must sign up for them and pay for them with a separate check.)*	
ADDITIONAL STAND(S) $990.00	

DOCUMENT

CHAPTER 29

STAND HELPERS	
1st STAND HELPER NAME	
BADGE NAME	
2nd STAND HELPER	
BADGE NAME	
3rd STAND HELPER	
BADGE NAME	

LOCATION WITH ELECTRIC OUTLET (Phone, Fax, Internet line available. Call for details.) Additional fee: $99.00	
TOTAL FOR TRADE FAIR STAND(S), ELECTRIC OUTLET etc...	
SPECIAL REQUEST	

Signature
DATE

As soon as all applications have been received and processed, we will advise and confirm space assignment. When you register, a complete floor plan, schedule and other information will be included in your registration package.

)))

Pour en savoir plus

Canton ou Guangzhou ?

Il est parfois difficile de comprendre les noms des villes chinoises. Pour des personnes habituées à parler de Pékin ou de Canton, les noms de Beijing ou de Guangzhou sont évidemment moins familiers. Qu'on la désigne sous le nom de Canton ou de Guangzhou, cette ville est l'une des plus intéressantes de Chine. Située sur la rivière des Perles, c'est la capitale de la province de Guangdong. Elle s'est développée au contact des Européens, et notamment des Français au XIXe siècle. Elle fut l'une des premières villes chinoises à s'ouvrir aux investissements étrangers au début des années 1980. En raison de sa situation géographique, elle se caractérise par un mode de vie méridional. Cette grande ville a une histoire et une culture très riches. Le dialecte cantonais – que certains considèrent comme une langue –, fortement enraciné, se parle avant tout à Hong-Kong. La cuisine cantonaise est très réputée. Quant à la foire internationale de Canton, l'une des plus importantes du monde, elle se déroule deux fois par an, en avril et en octobre. Depuis 1988, Canton est jumelée avec Lyon.

Notebook

Comprehension

1 Why is Amy worried about the Guangzhou Trade Fair? **2** What benefit can UC draw from its participation in the Guangzhou Trade Fair? **3** Why has UC's management decided to participate in the fair? **4** How did UC's marketing department set about preparing the fair? **5** How were the staff members participating in the trade fair selected? **6** What were they briefed about? **7** What new products will UC present to its visitors at the fair? **8** What kind of literature will UC make available to its visitors? **9** What costs will UC incur at the Guangzhou Trade Fair? **10** Why did Amy want to speak to Kate?

Translation

1 Un salon est une exposition organisée afin que les entreprises d'un secteur spécifique puissent avoir une vitrine pour leurs nouveaux produits ou services. **2** Notre participation à ce salon entraînera un investissement marketing considérable. **3** Je suis sûr que davantage d'entreprises participeront au salon de cette année qu'à celui de l'an dernier. **4** Cette ville est la seule de Chine à accueillir un événement de ce genre. **5** Pendant une durée de cinq jours, les visiteurs pourront voir, goûter et acheter nos produits. **6** Amy a passé beaucoup de temps à enseigner les coutumes chinoises aux vendeurs. **7** À notre salon, vous aurez l'occasion de rencontrer des fournisseurs de presque tous les produits disponibles en Chine. **8** Il sera peut-être nécessaire de limiter le nombre de stands mis à la disposition des exposants. Les stands seront attribués sur la base du premier arrivé, premier servi. **9** Nous ferons de notre mieux pour répondre aux besoins de tous les exposants, mais nous ne pouvons leur garantir un emplacement particulier. **10** Vous pouvez bénéficier de nos tarifs réduits d'hébergement à l'Hôtel du Soleil Levant si vous réservez par notre intermédiaire.

— EXERCICES —

Vocabulary

Synonymes : trouvez l'équivalent d'origine latine (colonne de droite) de ces mots d'origine anglo-saxonne (colonne de gauche) :

Origine anglo-saxonne		Origine latine	
1	fair	A	requirements
2	staff	B	to provide
3	output	C	assistance
4	help	D	to reserve
5	job	E	exhibition
6	needs	F	production
7	to book	G	personnel
8	to give	H	occupation
9	lift	I	to verify
10	to check	J	elevator

Notebook

— Suggested solutions —

CHAPTER 29

Compréhension

1 Amy is worried about the Guangzhou Trade Fair because she feels there is a big gap between what she knows about trade fairs and their actual organization. 2 UC can expect to contact potential customers and break into the Chinese market. 3 UC's management has decided to participate in the Guangzhou trade fair because it is likely to be a good investment and also because it does not want to let its competitors take advantage of its absence to break into the Chinese market. 4 UC's marketing department spent a lot of time devising its participation. 5 The staff members who are the most "people-oriented," the most familiar with the company, enthusiastic, energetic and also good listeners were selected. 6 They were briefed about UC's competitors and the competitive advantages of UC's products. 7 UC will present chocolates infused with various kinds of tea: Earl Grey and green tea among others. 8 UC will hand out a well-done but economical overview leaflet. 9 UC will incur considerable costs such as space rental, display design, travel, accommodation, promotional literature and items to give to visitors, not to mention electric power, booth cleaning and Internet services and also drayage. 10 Amy wanted to be reassured.

Traduction

1 A trade fair is an exhibition organized so that companies in a specific industry can showcase their new products and services. 2 Our participation in this trade fair will involve a considerable marketing investment. 3 I am sure more companies will participate in this year's trade fair than in last year's. 4 This city is the only one in China to host an event of this type. 5 Over a five-day period, visitors will be able to see, sample and buy our products. 6 Amy spent a lot of time teaching the sales team Chinese customs. 7 At our trade fair, you will have the opportunity to meet suppliers of almost every product available in China. 8 It may be necessary to limit the number of booths to exhibitors. Booths will be assigned on a first-come, first-served basis. 9 We will do our best to accommodate booth holders but we cannot guarantee any special location. 10 You can benefit from our discounted "Rising Sun Hotel" accommodation rates if you book through us.

Vocabulaire

1	E	6	A
2	G	7	D
3	F	8	B
4	C	9	J
5	H	10	I

TRANSLATION

Pour le succès du marketing mix

Tout en continuant d'assurer la fonction d'Assistante personnelle de Russ Kingman, Kate a maintenant été officiellement nommée chef de produit pour la nouvelle barre à la praline de pécan, baptisée "Amigo". Il est 20h30 au siège de UC à Philadelphie. Kate et Russ ont travaillé au-delà de l'horaire habituel. Avant de partir, Russ sort une bouteille de bourbon qui était cachée dans le tiroir du bas de son bureau.

Russ – Que diriez-vous d'un verre de whiskey, Kate ?

Kate – Alors juste une goutte. Et ce n'est pas pour l'amour de la boisson…

Russ – … mais pour le plaisir de m'accompagner. *(il sert deux verres de whiskey)* Eh bien, Kate, il nous reste maintenant à prendre une décision difficile sur le prix de nos barres Amigo.

Kate – Je suis entièrement favorable à une décision de prix fondée sur les coûts. Nos coûts doivent servir de base à un prix plancher auquel UC peut prétendre pour les Amigo. Nous devons fixer un prix qui couvre tous les frais de production, de distribution et de vente du produit, plus un retour sur notre investissement. Il est normal d'ajouter une marge à nos coûts !

Russ *(sirotant son whiskey)* – Mais ce n'est pas aussi simple que ça.

Kate – Je suis bien d'accord. Il est inévitable que nous fixions nos prix sur la base de ceux de nos concurrents…

Russ – …plutôt que de nos coûts et de nos recettes !

Kate – En effet, nos principaux concurrents fixent la norme pour les décisions de prix sur l'ensemble de l'industrie. Néanmoins, j'espère que nous ferons mieux que rentrer dans nos frais.

Russ – Bien sûr, il est toujours difficile de connaître les prix pratiqués par nos concurrents.

Notes

(1) **marketing mix** : dosage des facteurs de commercialisation, *"marketing mix"* ; combinaison optimale des différents facteurs de commercialisation d'un produit ou d'un service, compte tenu des objectifs, des moyens, et surtout, des éléments d'information dont on dispose (voir page 333).

(2) **product executive**, *chef de produit*. Cette fonction, qu'on retrouve surtout dans les grandes entreprises, concerne la responsabilité marketing d'un produit (ou d'une marque, éventuellement). C'est le chef de produit qui prendra les décisions relatives au "marketing mix" de son produit.

(3) **(to) set the floor**, *fixer un prix plancher*. **Floor** signifie *limite inférieure, seuil* (à la baisse). Le contraire est **ceiling**, *plafond, seuil* (à la hausse).

DIALOGUE

CHAPTER 30

Getting the marketing mix (1) right

As well as continuing to act as Personal Assistant to Russ Kingman, Kate has now been officially appointed as Product Executive (2) for the new pecan praline bar, christened "Amigo." It's 8.30 pm at UC's headquarters in Philadelphia. Kate and Russ have been working after hours. Before leaving the office, Russ produces a bottle of Bourbon which was stashed away in the bottom drawer of his desk.

Russ — How about a glass of whiskey, Kate?

Kate — A small one then. And it's not for the sake of drink...

Russ — ... but for the sake of company! *(he pours two glasses of whiskey)* Well, Kate, we now have a difficult decision to make concerning the price of our Amigo bars.

Kate — I'm all in favor of cost-oriented pricing. Our costs must set the floor (3) for the price UC can ask for Amigo bars. We want to charge a price that covers all the costs for producing, distributing and selling the product, plus a fair return on our investment. It's only fair to add a mark-up (4) to our costs!

Russ *(sipping his whiskey)* – It's not as simple as that, though.

Kate — Agreed. We cannot avoid setting our prices on the basis of our competitors' prices...

Russ — ...rather than our costs and revenues!

Kate — Indeed, our main competitors set the standard (5) for price decisions in the entire industry. Nevertheless, I hope we'll do better than break even (6).

Russ — Of course, it's always difficult to know what prices our competitors charge.

)))

(4) **mark-up**, *marge bénéficiaire*. On dit aussi **profit margin**.

(5) **(to) set the standard**, *fixer la norme*. On peut dire aussi **(to) set the trend**, **(to) set the benchmark**.

(6) **(to) break even**, *atteindre le point d'équilibre, le seuil de rentabilité*. **Break-even point**, *seuil de rentabilité, point mort*.

Translation

Kate – Bien que leurs informations soient un secret bien gardé, je me suis arrangée pour jeter un coup d'œil sur leurs chiffres.

Russ – Il se peut cependant qu'ils ne nous renseignent pas beaucoup, puisque les prix réels sont fixés par le biais de négociations.

Kate – En effet, je vois ce que vous voulez dire quand vous dites qu'il n'est pas très facile d'aborder la tâche d'établir des prix. Je m'en rends compte ! Mais permettez-moi de me répéter. Nous devons aussi essayer d'offrir des prix compétitifs tout en réalisant des bénéfices. Je suis assez confiante. Ne faisons-nous pas très attention au contrôle des coûts ? Bien sûr, nous pourrions encore mieux faire. Il faut encore rationaliser et simplifier le fonctionnement.

Russ *(riant)* – On croirait entendre ce bon vieux Dan Bush, notre cher directeur financier !

Kate – Allons Russ ! Soyez sérieux quelques instants ! Vous savez que UC achète au plus bas et que nos acheteurs n'ont pas leur pareil pour dénicher des noix de pécan bon marché et faire des économies supplémentaires en faisant pression sur les fournisseurs. L'ALENA nous est favorable. Les noix de pécan sont meilleur marché au Mexique : nous n'avons pas de droits de douane à payer.

Russ – Les producteurs de noix de pécan du Texas et de Louisiane seraient certainement ravis de vous entendre. Au fait, êtes-vous bien sûre de vouloir faire carrière dans le marketing ? Si j'étais à la place de ce cher Dan Bush, je me ferais du souci.

Kate – Arrêtez de vous moquer de moi, Russ ! Vous savez bien qu'il serait stupide de négliger des possibilités de réaliser des économies. Des coûts plus bas signifient des prix plus bas, et des prix plus bas signifient davantage de bénéfices sur les ventes.

Russ – Bien sûr, Kate. Je vous taquinais ! Qu'avez-vous fait de votre sens de l'humour ?
(Ils sourient tous les deux et boivent une gorgée.)

Notes

(7) (to) tackle : ce mot fait d'abord partie du vocabulaire sportif. Il signifie *plaquer*. (To) tackle a problem, *s'attaquer à un problème, aborder un problème*.

(8) (to) streamline : litt. "donner un profil aérodynamique". Ici, signifie *rationaliser, moderniser*.

(9) thrifty, *économe*. Thrift signifie *l'épargne, l'économie*. Aux États-Unis, thrift est également un mot familier pour un "savings and loan institution" (S&L), sorte de caisse d'épargne spécialisée dans les prêts immobiliers (équivalent approximatif de la building society britannique).

(10) (to) ferret out, *dénicher, découvrir*. Ce mot vient de ferret, *furet*.

DIALOGUE

CHAPTER 30

KATE — Although their information is closely guarded, I managed to get a look at their figures.

RUSS — They may not be informative, though, because the actual prices are established through negotiation.

KATE — Yes, indeed, I see what you mean when you say that the task of setting a price is not easily tackled *(7)*. I realise that! But allow me to repeat myself. We must also try to offer competitive prices whilst making some profit. I'm fairly confident. Don't we pay a lot of attention to cost control? Of course, we could still do better. We still have to streamline *(8)* and simplify operations.

RUSS *(laughing)* – That sounds very much like ol' Dan Bush, our dear Finance Director!

KATE — Come on Russ. Be serious for a while! You know that UC is a thrifty *(9)* shopper and our buyers certainly know how to ferret out *(10)* cheap pecan nuts and squeeze suppliers for extra savings. NAFTA *(11)* is good for us. Pecan nuts are cheaper in Mexico: we have no customs duties to pay on them.

RUSS — Texas and Louisiana pecan producers would surely be delighted to hear you. By the way, are you sure you want to make a career in marketing? If I were ol' Dan Bush, I would get worried.

KATE — Stop kidding me *(12)*, Russ! You know it would be foolish to overlook chances to economize. Lower costs mean lower prices and lower prices mean greater profits.

RUSS — Of course Kate. I was just teasing you! Where did you leave your sense of humor?
(They both smile and take a sip.)

(11) **NAFTA : North American Free Trade Agreement**. *Accord de libre échange nord-américain (ALENA)* entre les États-Unis, le Canada et le Mexique. Ce "marché commun" nord-américain est entré en vigueur en 1994.

(12) **Stop kidding me!**, *Arrête de me faire marcher !* Autres expressions : **No kidding!**, *Sans blague !* ; **You can't kid me!**, *Tu ne me la feras pas !* ; **(to) kid**, *raconter des blagues*.

— Pour en savoir plus —

L'invasion du marketing dans notre vie

Le marketing, qui apparut aux États-Unis au cours des années 1920, affecte tous les aspects de notre vie quotidienne. Il est devenu un facteur-clé de réussite pour les entreprises parce qu'il leur permet d'améliorer leurs résultats de façon très sensible. Il n'est pas l'apanage des grandes entreprises des pays industrialisés. Depuis l'élection du président Kennedy, en 1960, on reconnaît son importance en politique. Des agences gouvernementales comme **Amtrack** (l'équivalent étasunien de la SNCF), le **US Postal Service** ou l'armée y ont recours. Il en va de même pour *les associations à but non lucratif*, **non-profit organizations**, telles que les écoles, les hôpitaux, *les œuvres de charité*, **charities**, et même les églises.

Notebook

Marketing mix and pricing

Marketing mix is a combination of marketing variables used to achieve objectives and satisfy the target market. It consists of four major factors (known as the "Four P's"): Product, Place (distribution), Promotion and Price. A fifth "P" is often added: Positioning (relative to your competitors).

Price is the "something of value" in an exchange. A buyer exchanges purchasing power for satisfaction derived from a product or service.

The pricing policy is the course of action for achieving pricing objectives.
Promotional pricing – In order to increase sales, companies may temporarily price their products below the list price. Promotional pricing, which is viewed as an incentive to customers, takes several forms:
– **Trade discounts** – they are offered by the manufacturer to wholesalers and retailers.
– **Cash discounts** – a rebate is offered to buyers who pay their bills cash.
– **Quantity discounts** – a reduction is offered to buyers who buy large volumes.
– **Seasonal discounts** – price reductions are offered to buyers who buy a product or service out of season, e.g. winter rates in hotels.
– **Trade-in allowances** – reductions given for turning in an old item when buying a new one, e.g. automobiles or small appliances.
Discriminatory pricing – This is to allow for differences in customers, products and locations. Movie theatres, for example, may offer discounts for children and senior citizens, groups, early performances or Wednesday performances.
Companies may also offer discounts from normal prices to increase sales and reduce inventories. Some manufacturers prefer to make an effort in other directions by offering low-interest financing, longer warranties or free maintenance.
Psychological pricing – This is a pricing policy designed to encourage purchases. Among possible policies, prestige and odd pricing may be considered.
Prestige pricing – Consists in setting artificially high prices to convey a prestigious image. Luxury products such as fast cars, high-fashion clothes or perfume tend to be prestige-priced.
Odd pricing – Consists in ending a price with an odd number so as to influence customers' perceptions. Odd pricing assumes that consumers will buy more of a product at $99.99 than at $100.00 because they will perceive the product to be a bargain.

— EXERCICES —

Comprehension

1 Do Russ and Kate work according to a strict schedule at UC? **2** What is Kate's first idea about a pricing policy for Amigo bars? **3** How does she justify her opinion? **4** What other pricing policy factors should be taken into account? **5** What type of information about the competition does Russ Kingman find difficult to obtain? **6** Why do price lists provide unreliable information? **7** Why is Kate hopeful that UC will do better than break even with Amigo bars? **8** What does Kate reveal about UC's buying policy? **9** Why does NAFTA offer interesting opportunities for UC? **10** Why would Texas and Louisiana pecan producers not be pleased to hear Kate?

Vocabulary

Choisissez le mot qui convient :

1. Kate studies economy/economics at the university.
2. Melanie is normally a very conscious/conscientious secretary.
3. Jaime Maldonado has found a job/work as a foreman.
4. UC plans to rise/raise its prices by 5% next year.
5. Will the plummeting price of pecan nuts effect/affect oursales?
6. We have just received an advice/advisory note informing us that the pecan order has been dispatched.
7. The cost of life/living keeps going up.
8. Keep in mind that this is only an incentive/estimate. The final price could be higher.
9. As it is a buyer's/seller's market for the time being, you should manage to find the items you need at a very reasonable price.
10. UC's workers did not complain because their wages kept pace/place with inflation.

— EXERCISES —

CHAPTER 30

Application

Toutes les entreprises fixent des prix pour leurs produits ou leurs services. Indiquez le nom du prix (colonne de droite) correspondant à chaque produit ou service (colonne de gauche).

Produit ou service   Nom du prix

1 executive   **A** barter
2 salesperson   **B** interest
3 worker   **C** rent
4 dentist   **D** premium
5 bank   **E** salary
6 motorway   **F** fee
7 apartment   **G** commission
8 insurance   **H** bribe
9 dishonest person   **I** toll
10 aboriginal tribe   **J** wage

Notebook

GETTING THE MARKETING MIX RIGHT

— Solutions proposées —

Compréhension

1 No. They seem to be used to working after hours. 2 She would like the price of Amigo bars to do better than cover the cost of producing them. 3 She thinks it's only fair for UC to be rewarded for its efforts in the field of research, production, promotion and distribution. 4 Competitors' prices cannot be ignored in the highly competitive environment of chocolate bars. 5 Information about competitors' prices is very difficult to obtain. 6 Actual prices, which are determined through negotiation, are different from the prices mentioned in price lists. 7 Because UC has managed to reduce costs to a minimum. 8 UC buyers seem to have a knack for buying products cheaply. 9 Because the cost of pecan nuts is lower in Mexico and UC will be able to import them without having to pay duties. 10 As the prices they charge are higher than those charged by their Mexican competitors, they are likely to lose market share.

Notebook

— Suggested solutions —

CHAPTER 30

Vocabulaire

1. economics
2. conscientious
3. job
4. raise
5. affect
6. advice
7. living
8. estimate
9. buyer's
10. pace

Application

1. E
2. G
3. J
4. F
5. B
6. I
7. C
8. D
9. H
10. A

Notebook

TRANSLATION

Contact avec une agence de publicité

Kate a invité Alan Carr, directeur de la clientèle d'une importante agence de publicité, pour une présentation au cours de laquelle elle définit le produit, les objectifs, les moyens et le calendrier de la campagne publicitaire pour les Amigo.

Alan Carr – Inutile de vous dire que j'espère un réel partenariat entre nous.

2 Kate – Je dois admettre que c'est très intéressant de mettre au point une campagne publicitaire avec une agence. Nous savons très bien ce que nous voulons et nous compterions sur vous pour la rédaction d'annonces, les illustrations, la production technique et la formulation du plan médias.

Alan Carr – Tout d'abord, il nous faudrait définir nos objectifs publicitaires en termes clairs, précis et mesurables.

Kate – Eh bien, en ce qui nous concerne, nous voulons pénétrer le marché hispanique avec nos Amigo. Nous aimerions en vendre 30 millions d'ici un an.

Alan Carr – C'est un objectif pour le moins ambitieux !

Kate *(souriant)* – Nous n'aurions pas envisagé de travailler avec vous si nous n'avions pas pensé que vous pourriez nous aider à l'atteindre.

Alan Carr – Mais la réussite a un prix...

Kate – Nous ne voulons pas dilapider nos ressources financières... D'un autre côté, nous sommes disposés à faire le maximum d'efforts pour investir suffisamment, afin que notre programme puisse atteindre ses objectifs sur le plan de la publicité et du marketing. En fait, au lieu de payer la traditionnelle commission de 15 % sur les factures supports et production, nous préférons ramener la commission à 13 % et nous vous verserions des primes allant jusqu'à 5 % si vous faites un travail exceptionnel.

Notes

(1) **Customer Service Manager**, *directeur de la clientèle*. Principal négociateur d'une agence de publicité. Il détermine les stratégies de communication.

(2) **brief**, *mission* (sens général). Ici **brief** signifie une présentation orale et/ou écrite d'un problème commercial à ceux qui auront à le résoudre.

(3) **media plan**, *plan médias*. Il précise les médias et les supports qui seront nécessaires pour atteindre le public cible.

(4) **billing(s)**, *somme(s) facturée(s) au(x) client(s)*. Au singulier uniquement, signifie également *facturation* (synonyme : *invoicing*). **Billing (invoicing) department**, *service facturation*.

(5) **bonus**, *prime*. **Performance-related bonus**, *prime de rendement*.

Contacting an advertising agency

Kate has invited Alan Carr, the Customer Service Manager (1) of a leading advertising firm, for a briefing (2) session in the course of which she defines the product, the objectives, the means and the deadlines for the Amigo bar advertising campaign.

ALAN CARR — Needless to say, I hope we'll become real partners.

KATE — I must admit it is quite interesting to develop an advertising campaign with an agency. We pretty much know what we want and we'd rely on you for copywriting, artwork, technical production and formulation of the media plan (3).

ALAN CARR — First, we would need to define our advertising objectives in clear, precise and measurable terms.

KATE — As far as we're concerned, we want to break into the Hispanic market with our Amigo bars. We would like to sell 30 million of them within a year.

ALAN CARR — That's certainly an ambitious goal!

KATE *(smiling)* – We wouldn't have considered working with you if we hadn't thought you were able to help us meet it.

ALAN CARR — Success comes at a price...

KATE — We don't want to squander our financial resources... Conversely, we are willing to make every effort to budget enough money so that our program can achieve its advertising and marketing objectives. As a matter of fact, instead of paying the traditional 15% commission on media and production billing (4), we prefer to lower the commission to 13%, and we'd pay bonuses (5) of up to 5% if you do outstanding work.

)))

Translation

Alan Carr – À vrai dire, je ne suis pas surpris par votre proposition. De plus en plus de clients lient la rémunération de leur agence de publicité aux résultats... Ce point est négociable. Si nous faisons du bon travail ensemble, nous parviendrons à créer le message que vous souhaitez communiquer au marché cible.

Kate *(lui tendant un rapport)* – Ce rapport contient les arguments de vente des barres chocolatées à la praline de pécan à mettre en avant dans le programme.

Alan Carr – Avez-vous indiqué les caractéristiques importantes que les produits de la concurrence ne présentent pas ?

Kate – Bien sûr. Nous attendons de l'agence qu'elle trouve des mots, des symboles et des illustrations qui soient significatifs, familiers et attrayants pour ces gens, hispaniques pour la plupart, qui constituent notre marché cible.

Alan Carr – De toute évidence, il nous faudrait travailler sur un message concis et simple pour l'affichage, vous savez... les panneaux publicitaires, les autobus, etc. Et de brèves annonces radiophoniques pour les stations de radio.

Kate – Et pour les annonces dans les magazines et les journaux ?

Alan Carr – Elles peuvent comporter un tout petit peu plus de détails et davantage d'explications, du moment qu'elles attirent l'attention des lecteurs.

Kate – Votre agence travaille-t-elle vite ?

Alan Carr – Oui, nous sommes connus pour notre rapidité. Notre directeur artistique et nos créatifs sont tous très bons. Ils pourraient présenter des crayonnés dans des délais très brefs. Je serais en mesure de vous soumettre les premières ébauches d'ici une semaine.

Kate – C'est parfait ! Je propose que nous nous rencontrions à nouveau pour les examiner et éventuellement discuter du plan médias.

Notes

(6) Le mot **client** est employé de préférence à **customer** par les professions libérales et les prestataires de service : avocats, banquiers, comptables, publicitaires, etc., et dans tous les secteurs commerciaux, surtout s'il s'agit d'un client important.

(7) **target market**, *marché ou public cible*. Marché qu'un annonceur espère atteindre par une action de communication.

(8) **outdoor displays**, *affichage, publicité extérieure* (grands panneaux publicitaires, murs peints, métro, autobus, train, gare, etc.).

(9) **billboard**, *panneau d'affichage*. Au Royaume-Uni, on utilise plutôt le mot **hoarding**.

DIALOGUE

ALAN CARR – To be quite honest, I'm not surprised by your proposal. More and more clients *(6)* are tying their ad. agencies' compensation to performance... This point is negotiable. If we work well together we'll be able to create the message you wish to communicate to the target market *(7)*.

KATE *(handing a report to him)* – This report contains the selling features of pecan praline bars to be stressed in the program.

ALAN CARR – Have you mentioned the important features that the competitors' products don't have?

KATE – Of course. We expect the agency to find words, symbols and illustrations that are meaningful, familiar and attractive to the people, mostly Hispanics, who make up our target market.

ALAN CARR – Obviously, we would have to work on a concise, simple message for outdoor displays *(8)*, you know... billboards *(9)*, announcements for radio stations and so on.

KATE – What about magazine and newspaper advertisements?

ALAN CARR – They can include just a little more detail and longer explanations, as long as they grab the reader's attention.

KATE – Does your agency work fast?

ALAN CARR – Yes, we are known for our speed. Our Artistic Director and our copywriters *(10)* are all very, very good. They could come up with roughs *(11)* very soon. I could submit the first drafts to you within a week.

KATE – Alright! I suggest we meet again to examine them and possibly discuss the media plan.

---

(10) **copywriter** (synonyme : **creative writer**), *créatif*. **Creative department**, *service création*.

(11) **rough**, *crayonné* (avant-projet d'une annonce publicitaire sous forme de dessin).

POUR EN SAVOIR PLUS

Les slogans

À l'origine, le mot "slogan" désignait le cri de guerre des tribus écossaises. Aujourd'hui, c'est une brève formule publicitaire qui frappe par son caractère imagé et attrayant. De ce fait, il est facile à retenir et apparaît tout à fait bien adapté au caractère américain épris de concision et de rapidité. Il est d'ailleurs normal que le slogan s'épanouisse au pays du Reader's Digest. Le slogan est aussi largement utilisé en politique : "Yes, we can!," pour l'élection de Barack Obama en 2008, par exemple.

Pour trouver un bon slogan, David Ogilvy recommande d'appliquer le principe "Kiss" (**K**eep **i**t **s**imple, **s**tupid!). Force est de constater que quelques slogans simples sont, ou ont été, sur toutes les lèvres : "**A diamond is forever,**" "**Don't be vague, ask for Haig (whisky),**" "**Coke is it!,**" "**Guinness is good for you**" ou encore le slogan d'AT&T : "**Reach out and touch someone.**"

Notebook

Advertising and society

Youngsters, farmers, teachers, old people, ecologists, political radicals, slum dwellers, the deaf and the blind, none of these audiences is totally insensitive to advertising. Whether it is considered the new opium of the people, a form of art, a reflection of society, a trivial game, a form of waste or hidden persuasion, advertising is part of today's life.

Apart from business, many organizations such as governments, environmental groups and even church groups rely on advertising to reach a variety of target markets or to make the public aware of their activities.

In fact, advertising goes back to the dawn of time. But it was the launching of the first newspapers which really boosted it. In the USA, Benjamin Franklin, who founded a newspaper, is considered the father of American advertising. In France, André Citroën is often considered a pioneer because he used the Eiffel Tower for neon-sign advertising.

The main criticisms levelled at this form of communication are that it makes people buy products they do not need, that it takes unfair advantage of children and that it makes people too materialistic. Although there is no denying that advertising has been misused, today abuses are more the exception than the rule. Governments and consumer organizations try to curb misuse and misrepresentation. But it is true that people are exposed to as many as 1,600 messages a day!

At worst, advertisements are misleading. At best, they only show the bright side of products. To some extent, they highjack[1] people's quest for happiness by convincing them that they will indeed be happy if they buy this or that product.

Advertising has become a valuable communication tool in our society. As it is a tool, it is neither good nor bad. It all depends on the use advertisers make of it. Actually, it seldom initiates new trends or offers unconventional images of people or lifestyles, because in most cases, it merely reflects attitudes and changes present in our society. In the best case, advertising informs consumers. It also persuades them to buy a company's product rather than the competitor's and it reminds them they may need the product again.

[1] ici : détourner.

EXERCICES

Comprehension

1 Why does Alan Carr hope to become UC's true partner? **2** What does Kate expect from an advertising agency? **3** What is a major advantage of working on the Amigo bar campaign? **4** What shows that Kate has a lot of confidence in Alan Carr's company? **5** Why does Kate suggest lowering the commission and offering a bonus for outstanding work? **6** What is the purpose of the report prepared by Kate? **7** What aspect of the report is Alan Carr especially interested in? **8** What media have Alan Carr and Kate considered using? **9** What media have they failed to consider using? **10** What is the process used by UC in order to select an advertising agency?

Vocabulary

Que trouve-t-on sur une affiche ? Placez dans les lignes de gauche les mots de vocabulaire suivants correspondant aux éléments de l'affiche figurée à droite :

signature, body of copy, headline, illustration, subheadline.

1 _____

2 _____ Savor

3 _____ A Delicious Treat!

4 _____ Our bars are made with 100% natural products. We use only the freshest, most delicious ingredients: chewy golden caramel, hearty pecan nuts, real Vermont maple sugar and dark chocolate.

5 _____ AMIGO

6 _____ Pecan praline bars
A new UC product

— Exercises —

Application

À quels produits (colonne de gauche) s'appliquent ces slogans (colonne de droite) ?

	Products		Catchphrases
1	Tour operator	**A**	Give a little tenderness.
2	Mattress	**B**	A better career begins with our diploma.
3	Save the bears	**C**	Let us make the journey worthy of your destination.
4	Beer	**D**	You are looking at the reason why a lot of our competitors don't build wagons any more.
5	Razor	**E**	The Cabernet that fooled the French.
6	Automobile	**F**	Announcing several closeness improvements. Our closest shave. Ever.
7	Bank	**G**	Doomed… Doomed… Doomed?
8	Charolais beef	**H**	Sleep better on air.
9	South African wine	**I**	Perhaps the one thing worse than dying is outliving your money.
10	Business school	**J**	The message is in the bottle.

— Solutions proposées —

Compréhension

1 Because it would mean his agency would get the contract and develop a program with UC. 2 She expects the advertising agency to take care of the advertising campaign and media plan. 3 The objective, however ambitious it may seem, is clearly defined. 4 She would not have got in touch with him if she had not thought his agency was able to take up the challenge. 5 She thinks it will motivate the agency more. 6 As the agency selected will work with UC, it is important to communicate a lot of information to them. The advertising campaign must be consistent with UC's strategy. 7 He is interested in the competitive advantages of Amigo bars. 8 They have considered outdoor displays, radio, magazines and newspapers. 9 They have failed to consider television. 10 UC must have studied the performances of different companies and selected those whose creative approach it thinks is suited to Amigo bars. It has invited them for a briefing session. The agencies interested will submit their proposals to UC, who will decide whom the project will be assigned to.

Notebook

Suggested solutions

CHAPTER 31

Vocabulaire

1. Illustration
2. Headline
3. Subheadline
4. Body of copy
5. Signature

Application

1. C
2. H
3. G
4. J
5. F
6. D
7. I
8. A
9. E
10. B

Notebook

TRANSLATION

Le contrôle de qualité

Kate a rendez-vous avec Torleiv Bilstad, originaire de Norvège et responsable du contrôle de qualité chez UC, pour faire le point sur les opérations de production d'Amigo. Il lui fait visiter la nouvelle chaîne de production de l'usine de San Antonio.

KATE – Eh bien, Torleiv, les ouvriers de la production semblent satisfaits.

TORLEIV BILSTAD – Ils ne se plaignent pas, en effet. Cette chaîne de production flambant neuve nous donne à tous une occasion idéale de repartir de zéro. Nos locaux favorisent une plus grande efficacité dans un cadre de travail idéal.

KATE – La direction a veillé à ce que les employés soient bien pourvus en bureaux, laboratoires, vestiaires et laveries, cantines pour tous... *(bref silence)* Torleiv, est-ce que la qualité des Amigo est conforme aux normes ?

TORLEIV BILSTAD – Oui, elle répond à nos attentes.

KATE – C'est un compliment que j'apprécie à sa juste valeur ! J'ai souvent entendu parler de votre perfectionnisme viking...

TORLEIV BILSTAD *(souriant)* – Vous savez, en Norvège, on considère que le moindre détail a la plus grande importance.

KATE – Je suis d'accord avec vous..., jusqu'à un certain point. J'entends par là dans la mesure où ça n'entrave pas l'efficacité opérationnelle.

TORLEIV BILSTAD – Comme la technologie la plus moderne est intégrée dans un ordre logique dans cette usine, l'économie des opérations est garantie. La chaîne de production représente une combinaison soigneusement programmée de compétences et d'expérience humaines avec la haute technologie et l'automatisation.

KATE *(désignant une machine)* – Cette machine-là, que fait-elle ?

Notes

(1) **(to) take stock of**, *faire l'inventaire* (premier sens). Sens dérivé : *faire le point, évaluer, jauger, faire le bilan*.

(2) **a clean sheet**, *un casier judiciaire vierge* (dans le vocabulaire juridique). Des expressions telles que **(to) start with a clean sheet**, **(to) keep a clean sheet**, sont couramment employées dans des contextes autres que juridiques. L'expression s'utilise par exemple dans le football, aussi, lorsqu'une équipe ne concède pas de but pendant un match.

(3) **facilities** : mot souvent employé au pluriel, qui signifie *équipements, installations*. Attention : le mot *facilité*, au sens de "simplicité", doit se traduire par **easiness, ease**.

— Dialogue —

CHAPTER 32

Quality control

Kate has an appointment with Torleiv Bilstad, UC's Norwegian-born Quality Control Manager, to take stock of (1) the Amigo production process. He's showing her the new production line at the San Antonio factory.

Kate — Well Torleiv, the production workers seem satisfied.

Torleiv Bilstad — As a matter of fact, they don't complain. This brand new production line gives all of us an ideal opportunity to start with a clean sheet (2). Our facilities (3) encourage greater efficiency in a pleasant working environment.

Kate — Management wanted the workers to be well catered for (4) with nice offices, laboratories, locker and laundry rooms, canteen facilities for all... *(slight pause)* Torleiv, is the quality of Amigo bars up to standard?

Torleiv Bilstad — Yes. It meets our expectations.

Kate — That is a compliment from the Gods! I have often heard about your Viking perfectionism...

Torleiv Bilstad *(smiling)* – You know, in Norway, people consider that every single detail is of the utmost importance.

Kate — I agree with you..., up to a point. I mean, insofar as it doesn't hamper operating efficiency.

Torleiv Bilstad — As the latest technology is incorporated in a logical sequence in this plant, economy of operation is ensured. This production line represents a carefully scheduled combination of human skill and experience with high technology and automation.

Kate *(pointing at a machine)* – What task does this machine perform?   )))

---

(4) **(to) cater for**, *pourvoir*. **(To) cater**, *préparer la nourriture*, d'où **a caterer**, *traiteur*, et **catering**, *restauration "hors foyer"*.

Translation

Torleiv Bilstad – C'est une broyeuse à cinq cylindres qui garantit que l'affinage va procurer sa finesse au cacao.

Kate – La poudre atteint quel degré de finesse ?

Torleiv Bilstad – Le diamètre idéal des particules se situe entre 15 et 25 microns.

Kate – Et que se passe-t-il si vous n'obtenez pas cette dimension ?

Torleiv Bilstad – Si elle est supérieure, le chocolat a une texture sableuse ; si elle est inférieure, il colle au palais.

Kate – Est-ce le seul problème de contrôle de qualité que vous devez affronter ?

Torleiv Bilstad – Non, la cristallisation n'est pas facile non plus. Nous chauffons le chocolat à une température de 70 °C pendant 72 heures et nous le laissons refroidir par paliers très progressifs de manière à obtenir des cristaux fins et stables. Ce processus doit se prolonger dans le temps. Sinon, le chocolat blanchit.

Kate *(souriant)* – Dommage que nous n'ayons pas conçu une barre de chocolat blanc ! Elle aurait été plus facile à fabriquer !

Torleiv Bilstad *(prenant une barre Amigo sur la chaîne)* – Kate, que diriez-vous d'un Amigo ?

Kate – J'en meurs d'envie ! *(tout en la savourant)* Mmm ! C'est délicieux ! Mais quel est le verdict de l'expert ?

Torleiv Bilstad *(avec ironie)* – Belle couleur de mûre sauvage… De bons arômes dus à une judicieuse sélection de fèves de cacao… Fèves de cacao torréfiées à la température optimale… Le refroidissement s'est passé en souplesse… Mélange harmonieux de chocolat et de noix de pécan… Pas de doute, cette barre chocolatée devrait satisfaire le consommateur le plus exigeant.

Kate *(amusée)* – J'ai déjà commencé à apprécier fortement les Amigo. Si je n'y prends pas garde, je ne pourrai plus m'en passer. Comment réussirai-je à garder ma ligne ?

Notes

(5) **grinder**, *broyeuse*. **Grinder** signifie également *molaire*. **(To) grind**, *broyer, moudre*. Quant au substantif **grind**, il signifie *boulot, corvée* !

(6) **(to) cope with**, *s'occuper de, se charger de*. **(To) cope with a situation**, *faire face à une situation*. **(To) cope**, *se débrouiller, s'en tirer*. **He just can't cope any more**, *il ne s'en sort plus, il n'est plus dans la course*.

(7) **F** pour **Fahrenheit** : unité de mesure de température anglo-saxonne encore utilisée aux États-Unis. Pour convertir des degrés Fahrenheit en degrés centigrades (ou Celsius), retrancher 32 et multiplier par 5/9. Pour convertir des degrés centigrades en degrés Fahrenheit, multiplier par 9/5 et ajouter 32.

— Dialogue —

CHAPTER 32

Torleiv Bilstad — This five-roller grinder *(5)* ensures that the refining will give the cocoa its sharpness.

Kate — How fine is the powder?

Torleiv Bilstad — The ideal diameter of particles is 15 to 25 microns.

Kate — What happens if you don't obtain that size?

Torleiv Bilstad — If it's bigger, the chocolate has a sandy texture; if it's smaller, it sticks to the palate.

Kate — Is it the only quality control problem you have to deal with *(6)*?

Torleiv Bilstad — Crystallization is no easy matter either. We heat the chocolate to a temperature of 160 °F *(7)* for 72 hours and let it cool down in very gradual stages so as to obtain fine, stable crystals. The process has to be long drawn out. Failing this, the chocolate blanches.

Kate *(smiling)* – Too bad! We should have designed a white chocolate bar! It would have been easier to manufacture!

Torleiv Bilstad *(taking an Amigo bar on the line)* – Kate, would you care for an Amigo?

Kate — I'm dying for an Amigo! *(savoring it)* Mmm! It's delicious. But what is the expert's verdict?

Torleiv Bilstad *(tongue in cheek)* – Nice blackberry color... Good aromas determined by a judicious selection of cocoa beans *(8)*. Cocoa beans roasted at the optimum temperature... The cooling process went smoothly... Harmonious blend of chocolate and pecan nuts... No doubt, this bar should satisfy the most demanding consumer.

Kate *(amused)* – I've already developed a strong liking for Amigo bars. If I don't pay attention, it will turn into an addiction. How will I manage to keep a slim figure?

---

(8) **bean**, *haricot, graine, fève*. **French beans** ou **green beans**, *haricots verts*. **Cocoa beans, coffee beans, soya beans**, *fèves de cacao, fèves de café, fèves de soja*. **(To) be full of beans**, *être en pleine forme*. **He hasn't a bean**, *Il n'a pas un radis*.

— DOCUMENT —

Certification questionnaire

Please complete this questionnaire and attach any relevant supporting information describing your company's Food Safety Management System and activities, e.g. Company publicity material.

On receipt of the completed questionnaire, a proposal detailing our audit procedures will be prepared and submitted for your approval.

Company Name _____
Address _____
If company is part of a group, please specify group _____
Tel N° _____ Fax N° _____
E-mail Address _____
Website Address / URL _____

Type of request:
Initial certification ☐
Renewal of existing certification ☐
Extension, modification ☐

If your company already has third-party certification, please give details:
Name of the certification body _____
Standard _____

Do you have a Food Safety/Quality System? Yes ☐ No ☐
If Yes, please tick and indicate what type
Paper ☐   Electronic ☐   Mixed ☐

Total number of employees on site to be registered
Full time ☐   Part time ☐   Temporary ☐
Total number of employees related to food product safety
Full time ☐   Part time ☐   Temporary ☐

Please list the main activities on site _____

Please indicate the schedule of the main production lines included in the scope of this survey.

_____

DOCUMENT — CHAPTER 32

Give details if a shift system operates or activities are conducted outside working hours.

_____

Please give details of the following identifying any subcontracted processes where applicable and attach a simplified process flow scheme.

Production process _____
Number of lines _____

Production floor area (m^2) _____
Does your operation have a test/laboratory facility?
Yes ☐ No ☐
Is your test/laboratory facility certified by an outside organization?
Yes ☐ No ☐
What form of maintenance activities do you undertake?

_____

What form of logistical activities do you undertake?

_____

— Pour en savoir plus —

La traçabilité

La *traçabilité*, **traceability**, peut être définie comme la capacité de trouver, pour un produit donné, la trace de chacune des étapes de sa conception, de sa fabrication et de sa distribution, ainsi que la provenance de chacun de ses composants. Très souvent, elle concerne les produits alimentaires. Ainsi, cette notion s'est imposée en France à la suite de *la crise de la vache folle*, **the mad cow disease (BSE[1]) crisis**. La traçabilité permet d'identifier un produit afin de pouvoir le retirer très rapidement du marché en cas de non-conformité ou de danger.

Il n'existe pas de loi imposant aux entreprises de mettre en place un système de traçabilité, sauf dans certains secteurs d'activité sensibles tels que l'industrie pharmaceutique ou la viande bovine, mais chaque industriel doit assurer la conformité des produits qu'il met sur le marché, ce qui sous-entend que l'entreprise réalise le suivi de sa production. En fait, la traçabilité permet d'améliorer la qualité, le service et l'efficacité d'une entreprise.

[1] bovine spongiform encephalopathy

Notebook

— Exercises —

Comprehension

1 What shows that UC does not trifle with quality? **2** What were UC's objectives when it built its new production line in the San Antonio plant? **3** Why does Kate give a lot of credit to Torleiv Bilstad's opinion? **4** According to Kate, what is the danger of perfectionism? **5** Why does Torleiv Bilstad think the dangers of perfectionism are limited in the plant? **6** What important quality factor has not been overlooked? **7** Why does the refining quality matter a lot? **8** Why must the cooling process be closely monitored? **9** What do Torleiv Bilstad's comments on the Amigo bar remind you of? **10** What is Kate concerned about?

Vocabulary

Chacune des phrases ci-dessous est la description d'une des 10 fonctions suivantes. Laquelle ?

A apprentice **B** production manager **C** foreman **D** quality control manager **E** maintenance engineer **F** shift worker **G** director of human resources **H** shop steward **I** product executive **J** trainee

1 This member of a local branch committee of a trade union has been chosen by his fellow workers to represent them. **2** This workman has authority over the others in the workshop. **3** He deals with relationships between individual employees, their problems, their grievances. **4** He has agreed to work for a number of years in return for being taught a trade. **5** This student is acquiring valuable experience by working under the supervision of an engineer. **6** He is responsible for implementing plans for a product, monitoring results and taking corrective action. **7** He starts work as soon as another group of workers finishes. **8** He is in charge of production in the plant. **9** He is responsible for the upkeep of the assembly line. **10** He checks that the product is up to standard.

— EXERCICES —

Application

Dans la colonne de gauche, vous trouverez une liste de caractéristiques concernant divers produits (colonne de droite). Faites correspondre caractéristiques et produits. Même si vous ne comprenez pas le sens de chacun des mots, ne vous découragez pas : un message se perçoit de façon globale.

Characteristics

1 Inside the case beats a movement that has taken a year to make, from the very first operation on the first tiny part through to the final assembly by our craftsmen in Geneva.

2 Genuine textured cowhide, pocket for airline tickets, two full-length pockets, opening across entire width with separate snap-on travel cheque-holder, six credit-card pockets. ID pocket and passport compartment.

3 Rich blending of up to six varieties of fine Arabica beans from the world's finest plantations. Precision roasting process.

4 Rich tan color. Black metal frame. Roomy 14" x 17" x 6" cargo compartment plus three handy expandable outside pockets. Two 2" adjustable shoulder straps.

5 Special knit "gives" naturally to fit any head (man's or woman's); never constricts or binds..., caresses your scalp with gentle warmth.

6 Real lamb, an ingredient not often found in this type of product, brewer's rice and other wholesome ingredients. It's naturally preserved with vitamin E. It has no added artificial colours or preservatives.

7 Genuine premium-quality calf leather is hand-stitched. Inside, three compartments plus a card and pen-holder. Outside, two expandable pockets and a zipper section.

8 Plush and huggable, full-jointed reproduction of the 1903 original version offered to Theodore Roosevelt.

9 This item made of silk twill features a contemporary pattern of computer parts, chips and circuitry on a black background.

10 Plump and juicy, tree-ripened, extra-good taste. Shipped directly from our groves since 1948.

Products

A oranges

B backpack

C sleepcap

D teddy bear

E tie

F watch

G wallet

H dog food

I coffee

J school bag

— Suggested solutions —

CHAPTER 32

Compréhension

1 UC has appointed a quality control manager who is known for his perfectionism. **2** It wanted to build a functional, brand new production line which could provide a pleasant working environment for the workers. It also wanted to improve quality by making good use of human resources. **3** Because Torleiv Bilstad is not known for being complacent. **4** If too much attention is paid to detail, operating efficiency may be forgotten, which would be detrimental to the company. **5** Torleiv Bilstad thinks that UC can pay attention to detail because economy of operation is ensured by the latest technology. **6** The human factor (human skill and experience) plays a big part in UC's new production line. **7** Because, if the size of particles is not up to standard, it affects the taste of chocolate bars. **8** If it is not gradual, the chocolate blanches. **9** They make us think of wine-tasting comments. **10** Kate is afraid of putting on weight.

Vocabulaire

1	H	6	I
2	C	7	F
3	G	8	B
4	A	9	E
5	J	10	D

Application

1	F	6	H
2	G	7	J
3	I	8	D
4	B	9	E
5	C	10	A

TRANSLATION

Promotion du produit

Kate et le Docteur Clifford Cutler, qui était son superviseur de projet à l'université, discutent librement au téléphone de quelques-uns des problèmes soulevés par le lancement imminent des Amigo.

DR CUTLER – Donc, vous venez de m'expliquer que UC souhaite communiquer des informations positives et convaincantes sur ses produits à son marché cible. Vous voulez également présenter le message dans un langage compréhensible pour le marché.

KATE – Je crois que pour cela, j'ai fait ce qu'il fallait !

DR CUTLER *(riant)* – Quelle femme ! *(de nouveau sérieux)* D'après ce que je crois comprendre, vous avez vraiment fait du bon travail jusqu'à maintenant. Grâce à votre minutieuse étude de marché, UC a recueilli des données utiles qui seront vitales pour réussir à communiquer avec son marché cible. *(bref silence)* Je suppose que Carlos a pu vous aider en ce qui concerne la population hispanique !

KATE – Comment vous avez deviné ?! *(bref silence)* Nous savons quel type d'information persuadera les consommateurs d'acheter les Amigo. Nous savons aussi qui sont nos clients, et quelles données ils utilisent quand ils prennent des décisions d'achat.

DR CUTLER – Ce qui veut dire que UC peut maintenant planifier, mettre en œuvre, coordonner et contrôler tous les outils de communication concernant les transactions interentreprises. La publicité, la promotion des ventes, la vente directe au client et les relations publiques seront, bien sûr, les quatre éléments principaux du mix-promotion.

Notes

(1) **issue**, *question, sujet, problème*. Attention au risque de faux-ami. L'*issue* (dans le sens de "sortie") se traduit par **exit**. **Issue (of a magazine)** signifie *numéro d'un magazine*, **back issue**, *ancien numéro*. **(To) issue** signifie *émettre, publier*.

(2) **(to) grasp**, 1. *saisir, empoigner.* 2. *comprendre.* Par exemple : **This subject is within everybody's grasp**, *Ce sujet est à la portée de tout le monde.*

(3) **B to B = Business to Business**. *Transactions interentreprises, de professionnel à professionnel, de société à société.*

(4) **advertising**, *publicité.* Il y a une différence entre **advertising** et **publicity** : bien que le but recherché par une entreprise qui utilise ces deux formes de communication soit le même, ces deux mots ne sont pas synonymes. **Advertising** est une forme de communication de masse, faite pour le compte d'une organisation appelée l'*annonceur*, **advertiser**, qui paie un support pour diffuser un message généralement

Promoting the product

Kate and Dr Clifford Cutler, who was her advisor at the University, are having an open discussion on the phone about some issues (1) raised by the impending launch of Amigo bars.

DR CUTLER — So, you've been explaining to me that UC wishes to communicate to its target market positive, persuasive information about its products. You also want to present the message in a language the market can grasp (2).

KATE — I think I've seen to that!

DR CUTLER *(chuckling)* — That's a girl! ... *(serious again)* From what I gather, you've been doing a really good job so far! Thanks to your thorough market survey, UC has collected useful data which will be critical in successfully communicating with its target market. *(slight pause)* I imagine Carlos was able to help you, when it came to the Hispanic population!

KATE — How did you guess?! (slight pause) We know what type of information will persuade consumers to buy Amigo bars. We know who our customers are, we know what information data they use when making purchasing decisions.

DR CUTLER — Which means that UC can now plan, implement, coordinate and control all B to B (3) communication tools. Advertising (4), sales promotion, personal selling and public relations will of course be the four major elements of your promotion mix (5).

)))

trouvé par une agence de publicité. La publicité est une communication partisane, intéressée, au service d'une cause le plus souvent commerciale, mais qui, parfois, peut être sociale ou politique. **Publicity** est une forme de communication gratuite, non personnelle, véhiculée par les médias, souvent à l'instigation du service des relations publiques. On pourrait traduire **publicity** par "compte-rendu de presse". Aux États-Unis, le mot **publicity** était autrefois synonyme de *relations publiques*.

(5) **promotion mix**, *mix-promotion* ou *mix-communication*, sélection et dosage des différents moyens de communication : publicité, relations publiques, promotion des ventes, PLV, etc.

Kate – Bien que le retour sur information de la publicité soit généralement assez long... si toutefois il y a retour, nous avons l'intention d'orienter nos publicités télévisées vers le jeune public des émissions enfantines du samedi matin. Ainsi, nous pouvons espérer le fidéliser à la marque pendant ses jeunes années.

Dr Cutler – Attention ! L'association des diététiciens est en train de prôner l'interdiction de la publicité télévisée sur la malbouffe destinée aux enfants !

Kate *(en colère)* – Mais nos Amigo ne sont pas de la malbouffe ! Les diététiciens de notre équipe de chercheurs y ont veillé ! Par ailleurs, une interdiction serait inapplicable. Ce sont les parents, et non les gouvernements, qui devraient décider de ce que les enfants doivent manger.

Dr Cutler – De toute façon, je ne pense pas que la pub pour l'alimentation disparaîtra des écrans avant longtemps... car en réalité elle recèle moins de force de persuasion que d'autres formes de promotion.

Kate – J'en suis consciente. La communication directe avec les acheteurs potentiels tels que les supermarchés constituera un autre élément de notre mix-promotion. En raison de sa nature "interpersonnelle", la vente directe peut être très efficace.

Dr Cutler *(avec ironie)* – Comme c'est de la communication avec un seul individu, ça coûte cher aussi.

Kate – Et c'est pourquoi nous privilégierons la promotion des ventes. Nous offrirons aux détaillants, aux vendeurs et aux consommateurs diverses incitations telles que des bons de réduction, des tirages au sort, des ristournes, des présentoirs pour les Amigo... Pensez seulement aux frissons que procurerait un tirage au sort dans lequel les consommateurs gagneraient des voyages pour Cap Kennedy ou Disneyland Paris !

Dr Cutler – Et pour les relations publiques ?

Notes

(6) **commercial** : faux ami. Ce nom signifie *publicité audiovisuelle* (cinéma, TV).

(7) **loyalty**, *fidélité*. **Brand loyalty** : *fidélité à une marque*, attachement conduisant un consommateur à refuser d'acquérir d'autres marques. (**To**) **develop customer loyalty**, *fidéliser la clientèle*. **Loyalty card**, *carte de fidélité*.

(8) **sweepstakes** : loteries où le gagnant rafle l'ensemble des mises : **he "sweeps in" all the stakes**.

Dialogue

CHAPTER 33

KATE — Although feedback from advertising is generally slow, if it occurs at all, we intend to target TV commercials *(6)* at children during their Saturday morning programs. Thus, we can hope to establish brand loyalty *(7)* during the early years of their life.

DR CUTLER — Please note that the Dieticians Association is calling for a ban on TV advertising of junk food to kids!

KATE *(flaring up)* – Our Amigo bar is no junk food! The dieticians in our research team have seen to that! Besides, a ban would be unworkable. Parents, not governments, should decide what children eat.

DR CUTLER — Anyway, I don't think food ads on TV are going to disappear any time soon... As a matter of fact, advertising has less persuasive power over customers than other forms of promotion.

KATE — I'm aware of that. Face-to-face communication with potential buyers such as supermarkets will be another element of our promotional mix. Because of its one-to-one nature, personal selling can be very effective.

DR CUTLER *(ironically)* – Because it is communication with only one individual, it costs a lot, too.

KATE — Which is why we will give priority to sales promotion. We will offer retailers, salespersons and consumers various inducements such as coupons, sweepstakes *(8)*, refunds, displays for purchasing Amigo bars... Just think of the thrill of a sweepstake in which consumers could win trips to Cape Kennedy or Disneyland Paris!

DR CUTLER — What about public relations?

⟩⟩⟩

Translation

Kate – Elles seront planifiées et mises en œuvre de façon à être compatibles avec les autres éléments du mix-promotion et à les renforcer. J'ai préparé des communiqués de presse et encouragé les gens des medias à les diffuser et à les imprimer. Un bon nombre de journalistes ont été invités à visiter notre nouvelle chaîne de production de San Antonio. On devrait parler de nos nouvelles installations dans les magazines, les journaux, à la radio, à la télévision.

Dr Cutler – Serez-vous prêts à temps pour le lancement ?

Kate – Ça vaudrait mieux ! Il faut que nous lancions les Amigo début septembre, pour la rentrée scolaire, au moment où les consommateurs acquièrent de nouvelles habitudes.

Dr Cutler *(bref silence).* – Au fait, Kate, j'ai également entendu parler d'une de vos idées mirobolantes par "Radio Moquette"…

Kate – Quelle idée mirobolante ?

Dr Cutler – Des montgolfières en forme de barres Amigo.

Kate *(riant)* – Ce n'est pas du tout une idée mirobolante, c'est un outil promotionnel particulièrement visible, comme dirait mon professeur de marketing préféré !

Notes

(9) **flashy**, *tapageur, clinquant, tape-à-l'œil.*

(10) **grapevine** : au sens littéral *vigne, treille*. (**To**) **hear** ou **to learn something on the grapevine**, *apprendre quelque chose de manière indirecte* et surtout par *des bruits de couloir*. On emploie aussi l'expression **bush telephone**, *téléphone arabe.*

Dialogue

Chapter 33

KATE – It will be planned and implemented so that it is compatible with and supportive of the other elements in the promotion mix. I have prepared news releases and encouraged media people to broadcast and print them. Quite a few journalists have been invited to visit our new San Antonio production line. We should have magazine, newspaper, radio and TV news stories about our new facilities.

DR CUTLER – Will you be ready in time for the launching?

KATE – We'd better be! We've already started the production tests, and we have to launch Amigo bars in early September when children go back to school and consumers acquire new habits.

DR CUTLER *(slight pause)* – By the way, Kate, I have also heard about a flashy *(9)* idea of yours, on the grapevine *(10)*...

KATE – What flashy idea?

DR CUTLER – Hot-air balloons shaped like Amigo bars!

KATE *(laughing)* – It's not a flashy idea but a high-visibility promotional tool... As my favourite marketing professor would say!

Pour en savoir plus

Concours, jeux et sweepstakes

Les concours, les jeux et les **sweepstakes** fournissent aux consommateurs l'occasion de gagner de l'argent, des voyages ou des marchandises grâce au hasard ou à leurs efforts. Ceux qui participent à un concours doivent deviner le nom d'un produit, reconnaître une publicité chantée (jingle), inventer un slogan… Un jury détermine le vainqueur. Dans le cas des jeux, le consommateur reçoit des lettres manquantes, des images, des numéros de bingo chaque fois qu'il achète un article. Ces lettres, images ou numéros augmentent ses chances de gagner un prix. En ce qui concerne les sweepstakes, le nom des gagnants est tiré au sort. Ces trois méthodes de promotion sont très populaires auprès des consommateurs américains.

Notebook

Public relations

Public relations is designed to establish, maintain or improve mutual understanding, acceptance and trust between an organization and the various publics with whom it has contact.

It is used to inform people about a firm's products, brands and activities, to enhance its image, to maintain it if it is favorable or to overcome a negative image (e.g. in the case of an environmental disaster).

Among the tools which are at a public relations officer's disposal, we can mention news releases, audio-visual material, speeches by a charismatic manager, special events such as competitions, anniversaries, exhibits, grand openings, etc.

Public relations privileges press relations by placing newsworthy information in the news media, lobbying, i.e. dealing with lawmakers to promote or defeat regulations and counseling, i.e. advising management about public issues and company image. It must also be pointed out that organizations usually do not neglect internal communications to promote understanding within the firm.

Among the most famous public relations operations, we can mention the "I love New York" campaign which attracted millions of tourists to the depressed US city, the newspaper and media coverage of Macy's Thanksgiving Day Parade in New York City or the Sears Trophy for the national collegiate football championship.

Public relations appears to be a credible communication tool as it is informative without attempting to be persuasive (the message is not repeated). It appears to be objective.
For marketers, public relations can be a very effective and fairly inexpensive tool, but today, companies must be very imaginative and innovative in this field. For instance, most company news releases are ignored by the press, which explains why many PR officers try to develop personal relationships with media editors.

A taste for communication is critical for success in a PR job. A college or business school education combined with writing skills appears to be the best preparation for a PR career but many employees also learn on the job.

EXERCISES

Comprehension

1 What useful effects has Kate's market study had? **2** How does UC intend to use the data collected? **3** What is the combination of advertising, sales promotion, personal selling and public relations called? **4** Why doesn't Kate believe in a ban on TV advertising of food to kids? **5** What is the drawback of TV commercials? **6** Why is face-to-face communication with potential buyers usually effective? **7** Why will Kate privilege sales promotion? **8** What is a necessary condition to make public relations effective? **9** What public relations action has Kate prepared? **10** What advantage does Kate see in Amigo bar-shaped hot air balloons?

Vocabulary

Remplissez les cases vides par le mot approprié.

1 Public relations is designed to create or maintain a favorable _____ for an organization.
A portrayal; **B** picture; **C** image; **D** drawing

2 When Amigo bars were launched, UC issued a press _____ to all news agencies.
A release; **B** warning; **C** item; **D** advertisement

3 A _____ seems more real and believable to readers than ads do.
A lie; **B** cartoon; **C** hoax; **D** news story

4 The _____ of the photograph was very witty.
A legend; **B** caption; **C** print; **D** issue

5 This dishonest firm lost its case because it was proven guilty of _____.
A wrong information; **B** sensational news; **C** lying publicity; **D** misleading advertising

Exercises

6 UC _____ $200,000 for the launching of Amigo bars.
A invested; **B** squandered; **C** withdrew; **D** allocated

7 Russ Kingman feels sponsorship is the most effective way of creating _____ towards UC in this town.
A civility; **B** goodness; **C** good times; **D** goodwill

8 This clever advertising manager knows how to _____ the strengths of a firm successfully.
A play up; **B** show off; **C** turn on; **D** hijack

9 The journalists were entertained at a convenient _____ with good transport and parking facilities.
A location; **B** spell; **C** stage; **D** course

10 Kate used all available _____ of communication to get her message across.
A canals; **B** charts; **C** flows; **D** channels

Notebook

Exercices

Application

Les mots de la colonne de gauche font partie du vocabulaire des relations publiques. À quelle définition (à droite) correspondent-ils ?

Characteristics	Products
1 public relations	**A** a film distributed to TV stations and newspapers in the hope that its content will be used in news stories
2 feature article	**B** informal oral communication
3 op-ed (opposite editorial page)	**C** a 3,000-word article prepared for a specific publication
4 editorial film	**D** a meeting held for media representatives
5 news release	**E** a picture with a brief description of the event pictured
6 captioned photograph	**F** a written account of somebody's life
7 word of mouth	**G** a newspaper page devoted to signed articles by commentators of varying viewpoints
8 grapevine	**H** communication activities aimed at creating and maintaining a favorable image of the organization
9 press conference	**I** a one-page typewritten copy about the purchase of brand new high-tech equipment
10 biography	**J** person-to-person method of spreading rumours, gossip, unofficial information by informal or unofficial information

— Suggested solutions —

CHAPTER 33

Comprehension

1 It has enabled UC to know prospective customers' personalities and purchasing behavior and thus to communicate with this target market successfully. 2 UC intends to plan, implement, coordinate and control the various aspects of communication. 3 It is called the promotion mix. 4 Kate thinks a ban on TV advertising of food would be both impractical and unworkable. 5 They have less persuasive power than people commonly believe. 6 Because personal relationships are established between seller and buyer. 7 Because it is cheaper. 8 Public relations must be well-integrated into the promotion mix. 9 She has prepared news releases for media people and organized guided tours of the new San Antonio production line for newspaper, radio and TV journalists. 10 Many people can see them.

Vocabulary

1	C	6	D
2	A	7	D
3	D	8	A
4	B	9	A
5	D	10	D

Application

1	H	6	E
2	C	7	B
3	G	8	J
4	A	9	D
5	I	10	F

TRANSLATION

La vie d'un vendeur

Kate se fait un plaisir de bavarder avec Jerry Dixon, l'un des nouveaux vendeurs "vedettes" de UC. Elle le rencontre dans son bureau après qu'il a terminé son rapport.

KATE – L'entreprise a engagé des ressources importantes dans la formation des forces de vente.

JERRY DIXON – En effet. Nous avons reçu des cours intensifs de la part de directeurs des ventes et de spécialistes techniques de l'entreprise, sans parler de diverses conférences de motivation, y compris par un entraîneur de football bien connu !

KATE – Vraiment ? Eh bien, les entraîneurs de football sont sûrement bons pour gonfler le moral de leur équipe, mais est-ce qu'ils peuvent réellement motiver une force de vente ?

JERRY – Un personnage célèbre dans le monde du sport est bien placé pour aider les vendeurs à améliorer leurs résultats par la motivation.

KATE – UC a plein de bonnes idées. Toutefois, je suis un peu sceptique quant à celle-là. Après tout, les entraîneurs manquent en général d'expérience et de jugeote en affaires.

JERRY – Mais ils donnent aux vendeurs l'ardeur et la soif de réussir une vente. À court terme, un conférencier "motivant" peut créer un climat de vente positif dans une entreprise.

KATE – À quelles méthodes de formation et à quel matériel l'entreprise a-t-elle eu recours ?

JERRY – Cela a été très varié : conférences, films vidéo, textes, exercices de simulation, études de cas, formation sur le lieu de travail...

KATE – Quelle est la clé de la réussite dans la vente, Jerry ?

Notes

(1) **salesperson** : la fonction commerciale comprend des postes divers, qui portent des noms variés : **sales rep(resentative)**, **travel(l)ing salesman**, **commercial travel(l)er**, **area manager**, **sales manager**, **technical salesman**, **sales engineer**, ...Des titres différents peuvent, en fait, impliquer des responsabilités semblables, et le même titre peut impliquer des responsabilités différentes. C'est pourquoi le candidat à un emploi doit toujours s'informer pour savoir en quoi consiste l'emploi pour lequel il postule.

(2) **savvy**, *jugeote, bon sens*. Ce terme familier, très américain, vient en fait du français *savoir-faire*.

DIALOGUE

CHAPTER 34

A salesperson's *(1)* life

Kate is pleased to have a chat with Jerry Dixon, one of UC's new star salesmen. She meets him in his office after he has completed his report.

KATE — The organization has devoted substantial resources to training the sales force.

JERRY DIXON — Indeed, it has. We have been given crash courses by sales managers and the technical specialists from within the organization, not to mention various motivational speakers, including a well-known football coach!

KATE — Really? Well, football coaches are good at pumping up their team, but can they really motivate a sales force?

JERRY — A famous sports figure is in a good position to help salespeople improve their performance through motivation.

KATE — UC has plenty of good ideas. Still, I'm a bit sceptical about that one. After all, coaches usually lack business experience and savvy *(2)*.

JERRY — But they make a sales force excited and hungry to win a sale. In the short run, a good motivational speaker can create a positive state of mind about sales in a company.

KATE — What training methods and materials did the company use?

JERRY — Very varied ones: lectures, video-films, texts, simulation exercises, case studies, on-the-job training...

KATE — What's the key to success in sales, Jerry?   )))

Translation

Jerry – À mon avis, pour réussir, un vendeur doit communiquer avec les clients et ne pas les considérer comme des objets. Tout comme le lieutenant Columbo, il sait écouter. Il doit résoudre les problèmes, et non pas se sortir de situations gênantes par le bluff ou en rejetant sa responsabilité sur les autres…

Kate – Comment réagissez-vous lorsque vous vous heurtez à un refus ?

Jerry – J'essaie de ne pas me sentir personnellement visé par ce refus. J'essaie de le prendre comme une source d'informations dont je peux tirer parti. Vous savez, un vendeur doit toujours améliorer ses compétences.

Kate – Ça fait plaisir de rencontrer quelqu'un d'aussi positif !

Jerry – J'aime beaucoup mon travail. UC laisse à sa force de vente une assez grande marge de liberté. Elle assure aussi un bon revenu et des primes.

Kate – Quel système de rémunération vous offre-t-on ?

Jerry – Une combinaison satisfaisante de salaire et de commission. Par ailleurs, UC offre un certain nombre d'avantages en nature. Et bien sûr, elle rembourse les frais.

Kate – Avec de telles conditions, vous ne pouvez que travailler efficacement.

Jerry – Eh bien, Wes Coyner, le directeur des ventes, a tout fait pour. Il s'est arrangé pour porter au maximum le temps que les vendeurs consacrent à la vente et réduire au minimum le temps et les frais occasionnés par les déplacements et l'attente.

Kate – Je sais aussi que Wes insiste beaucoup pour que la force de vente bénéficie de toutes sortes d'avantages en nature.

Jerry – Ça compte beaucoup pour moi d'avoir un smartphone, une assurance maladie, des congés payés, etc. Et j'oubliais, une carte d'adhérent à une salle de sport. *(avec un sourire)* Elle pourrait m'être bien utile, pour perdre un peu de cette bedaine !

Notes

(3) **incentive**, *prime d'encouragement, mesure incitative.*

(4) **sales compensation**, *rémunération.* Compensation signifie également indemnité, dédommagement.

(5) **fringe benefits et perks** (phrase 19) sont synonymes et se traduisent par *avantages en nature.* Le terme **perks** est l'abréviation de **perquisites.**

Dialogue

CHAPTER 34

JERRY — In my opinion, in order to succeed, a salesman must communicate with customers and not make objects of them. Like Lieutenant Columbo, he's a good listener. He must solve problems and not bluff his way out of situations or blame others.

KATE — How do you react when you face a refusal?

JERRY — I try not to take rejection personally, I try to take it as information I can learn from. You see, a salesman must always upgrade his skills.

KATE — It's good to meet someone who is so positive!

JERRY — I love my work. UC gives its sales force an adequate degree of freedom. It also provides a good income and incentives *(3)*.

KATE — What sales compensation *(4)* program are you offered?

JERRY — An adequate income mix of salary and commission. Besides, UC offers a certain number of fringe benefits *(5)*. And, of course, it reimburses expenses.

KATE — In such conditions, you can only work efficiently.

JERRY — Well, Wes Coyner, the Sales Director, has seen to it. He has managed to maximize the sales force's sales time and to minimize time and expenses spent on traveling and waiting.

KATE — I also know that Wes insists a lot on the sales force being able to enjoy all kinds of perks.

JERRY — It means a lot to me to have a smart phone, sickness benefits, paid vacations, etc. And I was forgetting, membership of a health-club. *(smiling)* Might come in handy to lose a bit of this paunch!

A SALESPERSON'S LIFE

Pour en savoir plus

Le sport et l'entreprise

L'immense popularité du sport aux États-Unis est reflétée par le nombre de pages et de titres que lui consacrent les journaux locaux et nationaux. De même, les retransmissions de matches figurent parmi les programmes télévisés les plus regardés.

L'entreprise encourage la pratique du sport (baseball, basket-ball, volley-ball, etc.) au sein de ses clubs, et accorde des facilités d'entraînement aux participants. Pour les dirigeants, l'intérêt du sport est qu'il contribue au moral des employés et à la bonne image de l'entreprise. Les employés qui ne font pas partie des équipes se font un devoir d'assister aux matches (voir le Chapitre 20 !), quelle que soit la température extérieure, et d'encourager leurs collègues, qui figurent parmi les personnes les plus populaires de l'entreprise.

— DOCUMENT — CHAPTER 34

A salesperson's report

Every salesperson at UC has been assigned a sales territory. Jerry Dixon has based his business on three platforms:
- a buying platform consisting of regular, loyal customers;
- a working platform consisting of customers he has approached but who are not yet buyers;
- a market platform consisting of customers he has identified but not yet approached.

After each call on his customers, Jerry Dixon fills out the following form:

Analysis of Results

Customer's name and address: _____

Type of customer: _____

Business potential: _____

Purpose of call: _____

Date of call: _____

Person met: _____

Function in the company: _____

Nature of the message conveyed: _____

How did the customer respond to this message? _____

What argument interested him most? _____

Have all our services been put forward? _____

Has an order been placed?: _____

Follow-up date: _____

EXERCICES

Comprehension

1 Why is Kate pleased to have a chat with Jerry Dixon ? **2** What appears to be a priority at UC? **3** What kind of training has UC provided for its sales force? **4** Why was a football coach hired to train the sales force? **5** What does Jerry think of a talk by a well-known football coach? **6** According to Jerry, what are the qualities of a good salesperson? **7** What effect should rejection have on a salesperson? **8** What kind of pay does Jerry receive? **9** What characterizes Wes Coyner's approach to salesmanship? **10** What problem can a health-club membership help Jerry solve?

Translation

1 Notre politique est de bien former le personnel commercial. **2** Nos vendeurs ont suivi des cours intensifs à la Chambre de Commerce. **3** Pourquoi pensez-vous que les entraîneurs manquent de sens commercial ? **4** Contrairement au directeur des ressources humaines, le chef du service commercial croit à la formation sur le terrain. **5** Les jeunes vendeurs croient tout connaître de la vente parce qu'ils ont fait beaucoup d'études de cas à l'école. **6** Il est faux de croire qu'un vendeur peut se tirer d'affaire en bluffant. **7** Certains grossistes se sont plaints que le commercial (/représentant) de notre entreprise parlait trop et ne les informait pas assez. **8** Si seulement les commerciaux faisaient autant attention à ce qu'ils disent qu'à la façon dont ils s'habillent ! **9** Ce vendeur n'est même pas capable de citer un prix sans regarder son tarif. **10** Dans une vente réussie, il n'y a ni gagnant, ni perdant, mais deux gagnants.

Application

Mr Donald Gonnerman essaie de téléphoner à Wes Coyner, directeur des ventes à UC à propos d'une commande qu'il a passée récemment. C'est la standardiste qui lui répond.
Remettez la conversation en ordre.

1. Good morning. This is Don Gonnerman, a wholesaler from Springfield, Missouri. I would like to speak to Mr Coyner about the order I placed the day before yesterday.

2. I'd like to know whether the 250,000 Amigo bars I ordered the day before yesterday have been despatched.

3. United Chocolate in Philadelphia. Good morning.

4. I will, indeed.

5. You're welcome. Goodbye.

6. Thank you very much, Mr Coyner.

7. Wes Coyner speaking. Hello Mr Gonnerman. What can I do for you?

8. In that case, could you please add an extra 50,000 bars to my order. I'm sending a fax for confirmation right away.

9. I'll put you through to him. Could you hang on a second, please?

10. Not yet. They will be despatched by truck tomorrow morning and they should arrive in Springfield the following day.

— Solutions proposées —

Compréhension

1 Because she is interested in discussing sales with one of the company's best salespeople. 2 The training of the sales force appears to be a priority at UC. 3 It has provided commercial as well as technical training to its sales force. 4 Because UC thought a coach could motivate the sales force effectively. 5 He thinks it has positive effects in the short run. 6 A good salesperson is a good communicator who respects the customers, considers them as partners, listens to them and tries to solve their problems. 7 A good salesperson should not consider it as a personal failure but as an opportunity to learn. 8 He receives a fixed salary and and commission. Besides, he's entitled to some fringe benefits. 9 Wes Coyner insists on efficient work by making sure salespeople devote as much time as possible to the sales act. 10 It can help him solve his weight problem.

Notebook

— Suggested solutions —

CHAPTER 34

Traduction

1 Our policy is to train the sales force well. **2** Our salespeople have followed crash courses at the Chamber of Commerce. **3** Why do you think coaches lack business sense? **4** Unlike the Director of Human Resources, the Head of the Sales Department believes in on-the-job training. **5** Young salespeople think that they know the ins and outs of sales because they worked on many case studies at school. **6** It's a mistake to think that a salesperson can bluff his way out of situations. **7** Some wholesalers complained that our company's rep (/ representative) talked too much and informed them too little. **8** If only sales representatives were as careful about what they say as they are about the way they dress! **9** This salesman is not even able to quote a price without looking at his price list. **10** In a successful sale, there is neither a winner nor a loser but there are two winners.

Application

3 1 9 7 2 10 8 4 6 5

Notebook

TRANSLATION

Responsable export

Kate vient d'être nommée Directeur Export. Comme assistante, elle a choisi Amy Zhou, une collègue du Service Marketing, pour qui elle a toujours eu de l'estime (voir Chapitre 29). Dans son luxueux bureau avec suite au 30ᵉ étage d'un immeuble à Philadelphie, qui donne sur la Rivière Delaware, Kate discute de son emploi du temps pour les quatre semaines à venir avec Amy.

KATE – Les dates de mon voyage sont maintenant plus ou moins définitives. Je partirai aussitôt après notre réunion de direction mensuelle, la semaine prochaine. Tu trouveras sur l'ordinateur un itinéraire provisoire.

AMY – D'accord. Quelle sera ta première destination ?

KATE – Ma première étape sera Singapour, pour assister au Congrès International du Conditionnement Alimentaire. Peux-tu, s'il te plaît, me réserver une place sur un vol sans escale – classe affaires – et confirmer les réservations d'hôtel sur place ?

AMY – J'ai déjà envoyé un courriel à tous nos délégués régionaux pour leur faire savoir que tu les réuniras là-bas pour un briefing informel.

KATE – Bien. Cela me rappelle qu'il nous faudra une salle de réunion.

AMY – Je m'en suis occupé. J'ai réservé une salle pour environ vingt-cinq personnes, avec toutes les installations audiovisuelles.

KATE – Félicitations ! Tu as fait du beau travail ! J'aimerais aussi que tu prépares, à ma signature, un projet de mémo adressé à tous les directeurs de vente pour expliquer le but de ma démarche : rencontrer les équipes locales et faire un certain nombre de visites de politesse à nos clients importants afin d'établir une relation personnelle avec eux.

AMY – As-tu eu le temps de jeter un coup d'œil sur mon récapitulatif des chiffres de vente des deux premiers trimestres, ventilés par zones ?

Notes

(1) **agenda**, *programme, emploi du temps* mais aussi *ordre du jour* (d'une assemblée ou d'un conseil d'administration). Attention : *agenda* se dit **diary** (**pocket diary**, *agenda de poche* ; **desk diary**, *agenda de bureau*).

(2) **(to) draft**, *rédiger* (le brouillon, l'avant-projet de quelque chose). D'où **rough draft**, *brouillon, premier jet, ébauche*. Également **draft contract**, *projet de contrat*.

(3) **(to) break down**, *répartir, décomposer, ventiler* (un compte, une statistique, des chiffres).

In charge of exporting

Kate has just been appointed Export Manager. As her assistant, she has chosen Amy Zhou, a Marketing Department colleague she has always esteemed (see Chapter 29). In her luxurious office and suite on the 30th floor of an office building in Philadelphia, overlooking the Delaware River, Kate is discussing her agenda (1) for the next four weeks with Amy.

KATE — The dates of my trip are now more or less final. I will leave immediately after our monthly executive meeting, next week. You will find a tentative itinerary on the computer.

AMY — Right. What will be your first destination?

KATE — My first stop will be Singapore, to attend the International Food Packaging Conference. Can you please book me on a non-stop flight – business class – and confirm hotel reservations there?

AMY — I've already sent an e-mail to all our area representatives to let them know that you will be holding an international briefing session there.

KATE — Good. That reminds me that we will need a seminar room.

AMY — That has been attended to. I've reserved space for about twenty-five, with all the audio-visual equipment.

KATE — Congratulations! You've done a great job on that! I would like you to draft (2) a memorandum for my signature addressed to all Sales Managers, explaining the purpose of my trip: to get to know our local staff and to pay courtesy calls to our important clients, so as to establish a personal relationship with them.

AMY — Did you have time to look at my recap of sales figures for the first two quarters, broken down (3) by area?

)))

Translation

Kate – Oui, c'est du beau travail, et qui m'a été d'un grand secours. Merci mille fois ! Il semble que ça marche bien pour nous, sauf au Japon.

Amy – En effet. Notre part de marché y stagne depuis trois ans. Nos campagnes de publicité n'ont pas eu beaucoup de succès.

Kate – C'est donc là qu'il faudra concentrer nos efforts dans les mois à venir... Au fait, qui est ce Monsieur Tanabe avec qui j'ai rendez-vous vendredi matin ?

Amy – C'est le directeur des achats d'une grande chaîne de magasins japonais, qui fait le tour du pays à la recherche de nouveaux produits. Nous n'avons encore jamais fait d'affaires avec eux.

Kate – Ce serait peut-être une bonne idée de l'inviter à déjeuner. Vois s'il est libre et quel genre de nourriture il aime : simple et robuste, à l'américaine, ou bien chinoise ou japonaise.

Amy – Puis-je te suggérer d'inviter aussi Hideko Mishima, banquière chez Bank of America, qui s'occupe de nos comptes et du financement de nos exportations ?

Kate – Pourquoi cette suggestion ?

Amy – Je suis sûre que Monsieur Tanabe apprécierait la présence d'une compatriote. Toi aussi, tu trouverais sa compagnie agréable. Elle incarne le mélange parfait du raffinement oriental et du pragmatisme américain ; le premier, de naissance, et le second, par formation. Elle a étudié deux ans à Wharton.

Kate – Merci pour ce conseil. Voilà une manière bien agréable de combiner affaires et obligations sociales. De toute façon, il était prévu que je rencontre Madame Mishima avant mon départ. Cela contribuera à créer d'emblée une relation cordiale. Veille à nous choisir un endroit sympathique pour le déjeuner !

Notes

(4) **retail stores**, *magasins de détail* ; **retailer**, *détaillant*. Notez que **wholesale** signifie *vente en gros*, et **wholesaler**, *grossiste, commerçant en gros*.

(5) **Wharton** est l'*école de management* (**graduate school of business**) de l'université de Pennsylvanie, à Philadelphie, une des plus prestigieuses des États-Unis, dont une spécialité est l'enseignement de la finance.

Dialogue

CHAPTER 35

KATE — Yes, that was a neat job and a great help. Thanks a lot. We seem to be doing well, except in Japan.

AMY — As a matter of fact, our market share has been stagnant there for the last three years. Our advertising campaigns haven't been much of a success.

KATE — That is where we will have to concentrate our efforts in the next few months... By the way, who is this Mr Tanabe that I have an appointment with on Friday morning?

AMY — He's the purchasing manager for a large chain of Japanese retail stores *(4)*, touring the country in search of new products. We haven't done any business with them yet.

KATE — It might be a good idea to take him out to lunch. Could you find out whether he is free and, if so, what sort of food he likes? Healthy American, Chinese or Japanese?

AMY — May I suggest you also invite Hideko Mishima, a banker at Bank of America, who handles our accounts and the financing of our export trade?

KATE — Why do you say that?

AMY — I'm sure Mr Tanabe would appreciate the presence of a fellow countrywoman. You'd enjoy her company, too. She's the perfect blend of oriental refinement and American pragmatism. The former by birth, the latter by training. She studied for two years at Wharton *(5)*.

KATE — Thanks for the suggestion. That would be a nice way to combine business and social obligations. As a matter of fact, I was scheduled to meet Ms Mishima before my departure. This will help to create a congenial relationship quickly. Make sure you choose a nice place for lunch.

Les repas d'affaires

Si, parmi les autres *frais de représentation* (**entertainment expenses**), le déjeuner d'affaires n'occupe pas, aux États-Unis, la même place qu'en France, il n'en reste pas moins important dans toute négociation. Les "restaurants à note de frais" (**expense-account restaurants**) en tirent largement profit. On y boit moins de vin qu'en France – et, par ailleurs, certaines entreprises n'acceptent pas de rembourser les boissons alcoolisées –, mais les cocktails sont incontournables. Le *fisc* (**IRS, Internal Revenue Service**) autorise leur déduction (**tax deduction**) dans la limite du raisonnable.

Au cours du repas, qui dure d'habitude moins longtemps qu'en France, on aborde des propos généraux en prenant soin d'éviter les sujets polémiques. Ce n'est en général qu'au dessert que l'on parle "affaires", l'hôte essayant de faire en sorte que ce soit le client qui prenne l'initiative. Après le repas, l'hôte envoie un message de remerciements à son invité et en profite pour lui proposer des pistes de collaboration future formalisant la discussion qui a eu lieu pendant le repas. Aujourd'hui, il n'est pas rare que les Américains organisent des *petits-déjeuners d'affaires* (**business breakfasts**).

— DOCUMENT —

CHAPTER 35

A page from Kate's diary

Even though Kate uses all the usual high-tech information and communication tools, she still likes to have a good old-fashioned desk diary with her when she's traveling! Here's the page where Amy has written in the schedule for the first few days of Kate's visit to Singapore.

JANUARY				
	15 MONDAY	16 TUESDAY	17 WEDNESDAY	18 THURSDAY
8	MONTHLY EXECUTIVE MEETING		ARRIVE Singapore at 06:40, check in at Raffles Hotel	
9				International briefing session with Area Representatives at IFPC (Seminar Room N° B011)
10				
11				
12	DEPART PHL at 11:49 (Flight UA851) stopover in Beijing			
1				LUNCH with Gho Tok Choug (CEO, Sematek Holdings), followed by meeting with Board at company's HQ
2			Informal visit to International Food Packaging Conference	
3				
4				
5				
6		ARRIVE Beijing at 18:25		
7				COCKTAIL for local UC staff at Raffles Hotel
8				
		DEPART Beijing at 00:10 (flight SQ801)		

IN CHARGE OF EXPORTING

Comprehension

1 What shows that Kate does not take the monthly executive meeting lightly? **2** Why does she plan to fly to Singapore first? **3** What detail shows that Amy has prepared Kate's stay in Singapore carefully? **4** How will the seminar room be equipped? **5** What does Kate expect from her trip? **6** What country poses a problem for UC? **7** Why is Mr Tanabe touring the USA? **8** Why does Amy suggest inviting Hideko Mishima? **9** What is a major difference between Hideko and Mr Tanabe?

Vocabulary

Il arrive que deux mots anglais soient associés pour former un nom composé avec ou sans séparation, comme par exemple "credit card." Associez les mots figurant sur les colonnes de gauche et de droite. Vous ne devez employer chaque mot qu'une fois.

1	word	**A**	flow
2	cash	**B**	trust
3	fringe	**C**	sale
4	field	**D**	mark
5	unit	**E**	exchange
6	stock	**F**	sheet
7	delivery	**G**	processor
8	balance	**H**	date
9	trade	**I**	benefits
10	bargain	**J**	work

Application

*Regardez à nouveau le Document de ce chapitre (**A page from Kate's diary**). Ensuite, lisez les affirmations suivantes le concernant, et dites si elles sont vraies ou fausses. Lorsqu'elles sont fausses, corrigez-les.*

1. The monthly executive meeting is scheduled to last for one and a half hours.
2. Amy was unable to book Kate a non-stop flight to Singapore as she was requested to do.
3. Kate's flight, UA851, arrives in Beijing at 6.00 pm.
4. Amy has not reserved a hotel for Kate for Monday night.
5. Kate does not arrive in Singapore till the second day following her departure.
6. Kate must check in to the Raffles Hotel at 6.40 on Wednesday morning.
7. We can assume that Kate is hoping for a quiet evening after her informal visit to the International Food Packaging Conference.
8. On Thursday, Kate will meet the area representatives at the International Food Packaging Conference.
9. Kate will meet the Board of Sematek Holdings in Seminar Room No B011
10. The cocktail on Thursday for local UC staff is scheduled to start at 7.00 am.

Compréhension

1 She makes a point of attending it before leaving. **2** Because she wants to attend the International Food Packaging Conference. **3** She has already informed the area representatives about Kate's briefing session and reserved a seminar room. **4** There will be audio-visual equipment. **5** She expects to get to know UC's local staff as well as the company's major clients. **6** Japan poses a problem because its market share has been stagnant for three years and advertising campaigns have not been successful there. **7** He is in search of new products for his company. **8** Because she thinks Mr Tanabe will appreciate the presence of a fellow countrywoman. **9** Hideko is more familiar with the American way of life because she studied for two years at Wharton.

Vocabulaire

1	G
2	A
3	I
4	J
5	B
6	E
7	H
8	F
9	D
10	C

— Suggested solutions —

CHAPTER 35

Application

1. Faux : It is scheduled to last two hours, from 8.00 to 10.00 am.
2. Vrai.
3. Faux : Flight UA851 arrives in Beijing at 18.25 (6.25 pm).
4. Vrai.
5. Vrai.
6. Faux : 6.40 in the morning is the arrival time of her flight from Beijing. She will check in at the Raffles Hotel as soon as possible after that.
7. Vrai.
8. Vrai.
9. Faux : She will meet the Board of Sematek Holdings at the company's headquarters.
10. Faux : The cocktail is scheduled to start at 7.00 pm (in the evening!).

Notebook

─── Translation ───

Le développement durable

Kate Hewitt et Russ Kingman discutent à bâtons rompus dans le bureau de Russ.

Russ – Je viens de lire l'article que cet étudiant, Mike Rowe, a écrit sur UC dans The Exponent.

Kate – Il vous a plu ?

Russ – Et comment ! À vrai dire, je ne m'attendais pas à un papier aussi bienveillant… Je ne m'attendais pas non plus à ce qu'il soit si bien écrit ! Mike Rowe fera sans doute une brillante carrière dans le journalisme… Je suis content qu'il n'ait pas cherché à trop en savoir sur les risques de pénurie de cacao.

Kate – Ainsi, le risque existe, malgré les démentis de l'association des producteurs de chocolat !

Russ – La production de cacao dépend de nombreux facteurs tels que la météo, les insectes nuisibles, les guerres…

Kate – Je sais… Le recul de la forêt tropicale humide dans des pays producteurs de cacao comme le Brésil, le Costa Rica, le Ghana, la Côte d'Ivoire, la Malaisie et l'Indonésie est très inquiétant, bien que je ne comprenne pas exactement pourquoi.

Russ – La demande continuelle de produits à base de cacao a entraîné un accroissement de la superficie des exploitations de cacaoyers, notamment dans des zones défrichées… L'industrie chocolatière n'est pas la seule fautive ; l'industrie du bois a aussi sa part de responsabilité dans la destruction de forêts. Et il est inutile que je parle de l'agriculture extensive qui entraîne le défrichement de vastes zones de forêt tropicale pour laisser la place à l'élevage de bétail… Or, le milieu naturel du cacaoyer se trouve à l'ombre de la forêt tropicale humide où la pollinisation et la désinsectisation se produisent de manière naturelle. À mesure que l'on met en place de nouvelles plantations, on utilise davantage d'engrais et de pesticides … C'est un cercle vicieux !

Notes

(1) **freewheeling** (litt. "en roue libre").

(2) **I sure did** : Cette forme grammaticale, bien qu'incorrecte, est souvent utilisée aux États-Unis. Pour être correct, il vaudrait mieux dire **I certainly did**.

(3) **sympathetic**, *compatissant, favorable, bienveillant*. Attention, ce mot est un faux ami. *Sympathique* se dit **friendly**, **nice**.

(4) **depletion**, *diminution, réduction*.

(5) **acreage**, *superficie*. **Acre(s)** : unité de mesure de superficie, toujours utilisée couramment aux États-Unis et au Royaume-Uni. Un hectare est égal à 2,47 **acres**.

(6) **logging industry**, *industrie forestière, exploitation du bois*. **The logger** étant *le bûcheron*.

DIALOGUE

CHAPTER 36

Sustainable development

Kate Hewitt and Russ Kingman are having a freewheeling (1) discussion in Russ's office.

Russ — I have just read the article that student, Mike Rowe, wrote about UC in The Exponent.

Kate — Did you like it?

Russ — I sure did! (2) To be honest, I did not expect such a sympathetic (3) paper... Nor did I expect it to be so well written! Mike Rowe will probably have a brilliant career in journalism. I'm glad he wasn't too inquisitive about possible cocoa shortages.

Kate — So, the risk exists despite denials by the chocolate producers' association!

Russ — The production of cocoa depends on a lot of different factors, like the weather, pests, wars...

Kate — I know... The depletion (4) of the tropical rainforest in cocoa-producing countries like Brazil, Costa Rica, Ghana, Ivory Coast, Malaysia and Indonesia is a great concern, though I don't quite understand why.

Russ — The continuing demand for cocoa products has led to an increase in cocoa farming acreage (5), mainly in cleared areas... The chocolate industry is not the only one to blame, the logging industry (6) is also responsible for the destruction of forests and I needn't mention extensive farming which involves clearing vast areas of rainforest to make way for cattle ranches... Now, the cacao (7) tree's natural habitat is in the shade of the rainforest where pollination and pest control occur naturally. As new plantations are carried out, more fertilizers and pesticides are being used... It's a vicious circle!)))

(7) **cacao** : en anglais, ce mot s'utilise uniquement pour désigner l'arbre, cacaoyer, ou les graines de l'arbre à partir desquelles on fabrique le *cacao*, **cocoa**. Mais attention, ces dernières sont également couramment désignées sous le nom de **cocoa beans**, *fèves de cacao*. (Voir Chapitre 32).

— Translation —

Kate — C'est vrai, les pratiques agricoles ont eu un effet néfaste sur l'environnement, mais les fermiers veulent une vie décente. Comment promouvoir des principes de conservation dans des communautés souffrant de la pauvreté ?

Russ — Je dois admettre que les bénéfices pour les cultivateurs de cacaoyers sont très faibles pour le moment.

Kate — Est-ce que UC n'a pas déjà fait quelque chose pour prendre en main cette situation ?

Russ — Si, en effet. Nous avons déjà commencé... Lorsque nous avons pris conscience de l'ampleur du problème, nous avons mis en place un programme d'assistance à l'intention des paysans du Guatemala et du Belize pour maintenir et même accroître la productivité à des niveaux viables sur le plan économique, non nuisibles pour l'écologie et acceptables sur le plan culturel.

Kate — Quels résultats attendez-vous de ce programme ?

Russ — Nous espérons mettre en place un approvisionnement renouvelable en cacao dans les dix prochaines années. J'espère aussi qu'à long terme nous pourrons étendre ce programme à tous les pays producteurs de cacao.

Kate — Pourquoi UC a-t-elle choisi le Guatemala et le Belize ?

Russ — Pour des raisons historiques, entre autres. Le savoureux secret du cacaoyer a été découvert il y a plus de deux mille ans en Amérique Centrale. "Cacao" est en fait un mot maya signifiant "bonne nourriture". Les Mayas mélangeaient des graines broyées avec divers assaisonnements pour obtenir une boisson épicée et mousseuse que les Aztèques appelaient "xocolatl".

Kate — Comme ce serait bien si UC pouvait donner de vrais droits aux cultivateurs de cacao dans le monde !

Russ — Chez UC, nous devons nous fixer pour but d'assurer un bénéfice confortable aux petites fermes familiales qui cultivent notre chocolat.

Kate — Comment UC prévoit-elle de tenir cet engagement de justice sociale ?

Notes

(8) (to) address a situation, *aborder une situation, prendre en main une situation.*

(9) sound, *sain, solide.*

(10) (to) empower : donner à quelqu'un le pouvoir de (mieux) contrôler sa propre vie ou situation. Donner à quelqu'un le pouvoir légal d'agir. Le substantif est **empowerment**, *autorisation.*

DIALOGUE

CHAPTER 36

KATE — True, farming practices have had an adverse environmental impact, but farmers want to live decently. How can you promote conservation principles in communities suffering from poverty?

RUSS — I must admit that the profits for people growing cacao trees are currently very low.

KATE — Hasn't UC already done something to address this situation *(8)*?

RUSS — Indeed. We have already started... When we became aware of the extent of the problem, we set up a program to assist farmers in Guatemala and Belize in maintaining and even increasing productivity at levels that are economically viable, ecologically sound *(9)* and culturally acceptable.

KATE — What results do you expect from this program?

RUSS — We hope to establish a sustainable supply of cocoa within the next decade. I also hope that in the long run, we will extend this program to all cocoa-producing countries.

KATE — Why did UC choose Guatemala and Belize?

RUSS — For historical reasons among others. The tasty secret of the cacao tree was discovered over two thousand years ago in Central America. Cacao is actually a Mayan word meaning "good food." The Maya people mixed ground seeds with various seasonings to make a spicy frothy drink which the Aztecs called "Xocolatl..."

KATE — How nice it would be if UC could really empower *(10)* cocoa farmers around the world!

RUSS — At UC, we must aim at making sure our chocolate benefits small family farms.

KATE — How does UC plan to achieve this commitment to social justice?

)))

Translation

Russ – En offrant des prix équitables aux paysans grâce à des contrats directs à long terme, en leur proposant des programmes de formation aux techniques d'agriculture biologique et d'agriculture durable, en les encourageant à utiliser des méthodes pérennes du point de vue écologique et à conserver les ressources naturelles.

Kate – Ainsi, UC pourrait imposer une marche à suivre pour l'industrie chocolatière et démontrer que le commerce peut, en fait, être un vecteur de développement durable.

Russ – Malheureusement, les effets bénéfiques du commerce équitable ne sont pas ressentis par tous les paysans qui le pratiquent, en raison d'une demande insuffisante de leurs produits. Ils ne vendent que 20 % de leur production selon les termes du commerce équitable, le reste partant sur les marchés mondiaux à des prix inférieurs.

Kate – C'est pourquoi nous devons construire un marché pour les produits du commerce équitable dans les pays développés.

Russ – D'autant plus que nous savons que l'agriculture biologique donne des produits de qualité supérieure. Les plantations de cacaoyers à l'ombre de la forêt tropicale humide ne contribuent pas seulement à protéger la diversité de la forêt, elles sont aussi plus productives. Dans ce cas particulier, la productivité et la qualité ne sont pas incompatibles.

Kate – Oui. Après tout, les Mayas ont été les premiers à cultiver le cacaoyer, et ils l'ont fait pendant des siècles. Avec un peu d'aide de la part d'UC et de consommateurs éclairés, leurs descendants peuvent en faire pousser pendant encore de nombreux siècles...

Notes

(11) (to) set standards, *imposer un modèle*, et/ou *fixer des normes*.

(12) enlightened, *éclairé* (cf. **Age of Enlightenment** : xviiie siècle, *Siècle des lumières*).

Dialogue

Russ — By offering fair prices to farmers under direct long-term contracts, by providing them with training programs in organic and sustainable farming techniques, by encouraging them to use ecologically sustainable methods and to conserve natural resources...

Kate — Thus, UC could set new social and environmental standards *(11)* for chocolate companies and demonstrate that trade can indeed be a vehicle for sustainable development.

Russ — Unfortunately, the benefits of fair trade are not reaching all farmers because of insufficient demand for their crops. They only sell 20% of their production on fair trade terms, the rest goes to the world market at lower prices.

Kate — That is why we need to build a market for fair trade products in developed countries.

Russ — All the more so because we know that organic farming results in higher quality. Shade-grown cacao farms not only help protect rainforest diversity but they are more productive. In this particular case, productivity and quality are not necessarily incompatible.

Kate — Yes. After all, the Maya people were the first to grow the cacao tree and they have grown it for centuries. With a little help from UC and enlightened *(12)* consumers, their descendants may be growing it for many more centuries...

POUR EN SAVOIR PLUS

L'éthique et les affaires

Vaste sujet englobant aussi bien la gouvernance de l'entreprise que l'exactitude des comptes et des audits, les relations avec le personnel, les pratiques commerciales ou le respect de l'environnement, *l'éthique* (**ethics**) est devenue un élément fondamental dans le monde des affaires depuis les années 1980. Cette décennie "de frime et de fric" a été marquée par de graves scandales financiers comme l'affaire Elf en France ou l'affaire Enron aux USA.

La notion d'éthique s'étend aux devoirs de l'entreprise vis-à-vis de la communauté avec laquelle elle est liée par un accord tacite. Ainsi, elle offre des emplois aux résidents et paie des impôts qui sont censés bénéficier à la collectivité.

Au XXIe siècle, le besoin d'éthique dans le monde des affaires ne fait que croître, et l'industrie est amenée à se moraliser davantage sous la pression d'initiatives publiques et de la législation. Les entreprises se posent la question de savoir si leur objectif principal est de maximiser les gains des actionnaires ou d'assurer le bien-être de leurs employés et de leurs fournisseurs. Par ailleurs, des études ont montré que les employés éprouvaient plus de satisfaction à travailler pour des entreprises soucieuses d'éthique. Toutefois, les belles intentions affichées peuvent se retourner contre leurs auteurs. Ainsi, le groupe British Petroleum (BP) qui avait redéfini ses valeurs à la lumière de considérations éthiques (**Beyond Petroleum**, slogan reflétant la priorité accordée au respect de l'environnement) a vu son image grandement ternie après la marée noire qui a frappé la Louisiane au printemps 2010. L'éthique est enseignée dans les universités américaines et en Europe, bien sûr, notamment dans les écoles de management françaises.

Maya Treasure Chocolates

Our mission and fair trade:

The mission of **Maya Treasure Chocolates** is to improve the livelihood of small cocoa-producing farmers in Central America.

Our goals:

We will spare no effort to:
- manufacture a high-quality and affordable range of chocolate products accessible to all chocolate lovers;
- raise awareness of fair trade issues among retailers and consumers;
- be highly visible and vocal in the chocolate sector and thereby act as a catalyst for change.

Our priorities:

By selling through fair trade, farmers build a better future for themselves, their families and their communities. By supporting fair trade, we make choices in line with our belief in human dignity and affirm it by promoting:
- fair wages;
- the security of long-term trading contracts;
- guaranteed minimum health and safety conditions;
- education and training opportunities for producers, especially women;
- women's rights;
- children's rights;
- indigenous rights;
- environmental rights.

Fair Trade Certification:

In the USA, Fair Trade Certification is performed by Transfair USA, an independent certifier of fair trade products and part of an international network.

EXERCICES

Comprehension

1 Why is Russ Kingman pleased with Mike Rowe's article? **2** What subject did Mike Rowe not really deal with? **3** Why is the depletion of the rainforest a major concern? **4** What characterizes modern cocoa farming methods? **5** What is the major dilemma for cocoa farmers? **6** What has UC set out to do to solve this problem? **7** Why did UC choose to help farmers in Guatemala and Belize? **8** What is Kate's dream for the future of cocoa farmers? **9** Why is the way to social justice still very long for cocoa-producing farmers? **10** How could fair trade benefit cocoa-producing farmers, UC and consumers?

Translation

1 Le trésor des Aztèques n'était pas constitué de métaux précieux, mais de fèves de cacao. **2** Les chauves-souris empêchent la prolifération d'insectes nuisibles sans qu'il soit besoin de recourir à des pesticides coûteux et dangereux. **3** UC a soutenu les cultivateurs à des moments difficiles, lorsque l'ouragan Astrid a déraciné beaucoup de cacaoyers et qu'il a fallu les replanter. **4** Pour satisfaire la demande de chocolat, l'Espagne a établi des plantations dans ses colonies d'Amérique. **5** Pendant des siècles, le chocolat est resté un produit de luxe consommé uniquement par le gratin de la société. **6** La révolution industrielle a ouvert la voie à l'âge des usines : la machine à vapeur a permis de broyer les fèves de cacao et de produire rapidement de grandes quantités de chocolat. **7** Pour satisfaire la demande mondiale du marché actuel, la fabrication du chocolat dépend à la fois de techniques anciennes dans les fermes et de techniques modernes dans les usines. **8** On estime que l'industrie chocolatière est responsable de la destruction de 14 % de la forêt tropicale en Afrique occidentale. **9** Paradoxalement, l'industrie chocolatière a eu pour conséquence un effet négatif sur l'environnement et l'économie des pays tropicaux : de la déforestation au travail des enfants. **10** Non seulement les exploitations de cacaoyers à l'ombre des forêts contribuent à protéger la diversité de la forêt tropicale humide, mais elles sont aussi plus productives.

Vocabulary

Complétez les phrases de ce paragraphe avec les mots suivants.
agents, dips, empower, invested, liberalized, licensed, opportunity, pooled, precarious, small-scale.

Most of the cocoa purchased by the Aztec Treasure Company is grown by **(1 ....)** family farmers on 4 or 5 acres of land. They know that cocoa is a **(2 ....)** business. The trees are vulnerable to various diseases and pests and although chocolate is one of the world's favourite treats, the prices of cocoa often **(3 ....)** below levels at which it pays enough for cacao-tree farmers to survive. When the market became partially **(4 ....)** in the early 1990's, some farmers realized they had an **(5 ....)** in an industry where their voices were not often heard. They set up a **(6 ....)** buying company that would be run by farmers and for their benefit. These farmers **(7 ....)** resources to set up a farmers' co-op and thus manage the selling process more efficiently than the government cocoa **(8 ....)**. The farmers' co-op has a mission to **(9 ....)** farmers in their efforts to gain a dignified livelihood, to increase women's participation and to develop the environmentally friendly cultivation of cocoa. The farmers' co-op has **(10 ....)** its fair trade income in building schools, sinking wells and providing mobile medical clinics for farmers in remote growing regions.

— Solutions proposées —

Compréhension

1 Russ Kingman is pleased with Mike Rowe's article because it is sympathetic to UC and also because it is well written. **2** Mike Rowe did not really deal with the subject of a possible future risk of cocoa shortage. **3** The depletion of the tropical rainforest is a major concern because when cocoa is grown in the shade of the tall, mature trees of the forest, pollination and pest control occur naturally. **4** Modern cocoa farming methods entail the clearing of forests and the use of fertilizer and pesticides. **5** In order to make a decent living, it seems that farmers resort to practices which have an adverse effect on the environment. **6** UC has set up a program to assist farmers in Guatemala and Belize in maintaining and even increasing productivity at levels that are economically viable, ecologically sound and culturally acceptable. **7** UC chose to help farmers in Guatemala and Belize because their distant ancestors, the Maya people, were the first to grow cocoa in these countries. **8** Kate's dream is to see cocoa-farming families benefit from their work. **9** Farmers still have a long way to go because even those who work on fair trade terms do not benefit from fair trade. The demand for their crop is insufficient because it amounts to only 20% of their production and they have to sell the remaining 80% on the world market at lower prices. **10** Fair trade could benefit farmers by offering them a just reward for their efforts, it could benefit UC by offering it a steady supply of good quality, organic raw material and it could benefit customers by offering them high quality chocolate.

Notebook

— Suggested solutions —

Traduction

1 The Aztecs' treasure did not consist of precious metals but of cocoa beans. **2** Bats prevent the proliferation of pest insects without the use of costly, dangerous pesticides. **3** UC supported cacao-tree growers during difficult times, when hurricane Astrid ripped out many cacao-trees and replanting was needed. **4** To meet the demand for chocolate, Spain established plantations in its American colonies. **5** For centuries, chocolate remained a luxury product consumed only by society's upper crust. **6** The industrial revolution ushered in the era of the factory: the steam machine made it possible to grind cocoa beans and produce large amounts of chocolate quickly. **7** To meet the demand of today's global market, chocolate manufacturing relies both on ancient techniques on the farm and new techniques in the factory. **8** It is estimated that the chocolate industry is responsible for 14% of the destruction of West Africa's rainforest. **9** Paradoxically, the international chocolate industry has led to negative effects on the economy and the environment of tropical countries, from deforestation to child labor. **10** Not only do shade-grown cocoa farms help protect the rainforest, but they are also more productive.

Vocabulaire

1 small-scale **2** precarious **3** dips **4** liberalized **5** opportunity **6** licensed **7** pooled **8** agents **9** empower **10** invested

Notebook

Délocalisation ou externalisation ?

Kate prend un café à la cafétéria de UC. Elle est assise à côté de Jaime Maldonado. Le contremaître vient de lire le journal, et il en commente les informations.

JAIME – Encore une fermeture d'usine ! Grizzly Motors va délocaliser son usine de Phoenix en Inde.

KATE – Les réductions d'effectifs dans les entreprises ne sont pas nouvelles ! La décision de délocaliser est séduisante pour une société quand une usine vieillissante a besoin d'être modernisée ou remplacée. Elle évite ainsi des dépenses d'investissement.

JAIME – Les emplois sont transférés vers d'autres pays où les coûts de main-d'œuvre sont jusqu'à 80 % moins élevés qu'ici... D'un autre côté, si un pays comme l'Équateur, où je suis né, peut profiter de délocalisations, là-bas, les gens ne doivent pas être mécontents de la situation.

KATE – Et l'entreprise américaine non plus ! En transférant des services et des tâches de fabrication de routine à des nations qui ont un surplus d'ouvriers possédant un bon niveau scolaire, elle est en mesure de réduire ses frais généraux et d'améliorer son efficacité. La main-d'œuvre et le capital des États-Unis peuvent être réaffectés dans des industries créatrices de plus forte valeur ajoutée.

JAIME – Et en encourageant le développement économique dans des pays émergents, les entreprises américaines développeront les marchés étrangers pour leurs produits et leurs services.

KATE – Ça, c'est la théorie, mais les syndicats s'opposent fortement à de telles pratiques parce qu'elles entraînent des licenciements dans le pays. En fait, les syndicats entrent dans la lutte pour maintenir les emplois dans le pays. Qui sait ? Les grandes sociétés devront peut-être faire face à un retour de bâton.

Notes

(1) **outsourcing** : mot qui signifie à la base *sous-traitance* ou *externalisation*. Aujourd'hui, dans un contexte de mondialisation, la sous-traitance se fait souvent dans des pays où le coût de la main d'œuvre est moins cher. On entend parler également de **offshoring**, mais ce terme comporte plutôt une notion supplémentaire de "havre fiscal".

(2) **downsizing** : terme s'appliquant à l'industrie. Il signifie *coupe, réduction, contraction*.

Relocation or outsourcing (1)?

Kate is having a cup of coffee in UC's cafeteria. She's sitting next to Jaime Maldonado. The foreman has been reading the newspaper and is now commenting on the news.

JAIME — Another factory closure! Grizzly Motors will relocate its Phoenix plant in India.

KATE — Corporate downsizings (2) are not new. The decision to relocate is appealing for a corporation when an ageing factory needs modernization or renewal. Thus, it avoids capital expenditure.

JAIME — Jobs are shifted to other countries where labor costs are up to 80% lower than here... On the other hand, if a country like Ecuador, where I was born, can benefit from relocations, people there shouldn't be unhappy about this situation.

KATE — Nor should the US company! By sending routine service and engineering tasks to nations with a surplus of educated workers, it is able to reduce overheads and improve efficiency. The US labor force and capital can be redeployed (3) to higher-value (4) industry.

JAIME — And by encouraging economic development in emergent countries, US companies will develop foreign markets for their goods and services.

KATE — That's the theory, but unions strongly object to such practices because they entail lay-offs at home. Actually, the unions are moving into the fight to keep jobs at home. Who knows? Corporations may have to face a backlash.)))

---

(3) **redeployed**, *reconverti, réaffecté.*

(4) **higher-value** : *créatrice de plus forte valeur (ajoutée).*

TRANSLATION

Jaime – Est-ce que l'industrie agro-alimentaire est concernée par les délocalisations ?

Kate – Pas vraiment. Pressées par les prix des matières premières qui ne font qu'augmenter, et les détaillants qui deviennent de plus en plus puissants, beaucoup de sociétés agro-alimentaires luttent pour limiter les coûts et se tournent vers les externalisations.

Jaime – Et j'imagine que UC envisage d'externaliser.

Kate – Oui, effectivement. Elle a commencé à externaliser une partie de ses approvisionnements en Afrique occidentale il y a cinq ans. Une externalisation plus vaste peut être une réponse de bon sens aux défis du monde d'aujourd'hui.

Jaime – Comment ça ?

Kate – Le fait d'avoir quelqu'un sur le terrain dans les pays producteurs de cacao permet à une société d'avoir un bien meilleur contrôle de la qualité. Je pense aussi qu'une présence là-bas est une bonne chose en termes de coûts et d'innovation.

Jaime – Vous êtes donc en désaccord avec les syndicats !

Kate – En ce qui concerne la délocalisation, je n'ai aucune difficulté à compatir avec la détresse des ouvriers qui perdent leur emploi. Mais l'externalisation contribue à améliorer la compétitivité des entreprises. Dans une économie mondialisée, celles qui négligent leurs approvisionnements ou des services bon marché sont condamnées à perdre des marchés, et les entreprises sur le déclin ne recrutent pas de personnel.

Jaime – Que restera-t-il à UC si elle continue à externaliser ses approvisionnements ?

Kate – UC peut se concentrer sur la fabrication du produit fini, son marketing, sa vente et sa distribution et moins sur les parties peu rentables de la chaîne de valeur. Vous voyez, le fait d'avoir recours à notre fournisseur en Afrique occidentale nous revient moins cher et nous donne plus de souplesse que d'envoyer là-bas une équipe d'acheteurs.

Jaime – Quels sont les projets de UC pour le cacao d'Amérique centrale ?

Kate – Des membres du conseil d'administration sont très favorables à cette région du monde où est né le chocolat. Un contrat d'approvisionnement à long terme a été signé entre UC et l'office guatémaltèque du cacao, il y a quelques années.

Dialogue

Chapter 37

Jaime — Is the food industry concerned by relocation?

Kate — Not really. But many food corporations are squeezed by ever-increasing raw materials prices and ever-stronger retailers. They struggle to contain costs and turn to outsourcing.

Jaime — And I imagine UC is considering outsourcing.

Kate — Yes, indeed. It started outsourcing supplies in West Africa five years ago. More extensive outsourcing may be a sensible response to today's challenges.

Jaime — How so?

Kate — Having someone on the ground in the cocoa-producing countries gives a company much better quality control. I also feel that a presence there is a good thing in terms of costs and innovation.

Jaime — So, you disagree with the unions!

Kate — As far as relocation is concerned, I can easily sympathize with the plight of workers losing their jobs. But outsourcing helps improve the competitiveness of companies. In a globalized economy, firms that neglect cheaper supplies or services are doomed to lose markets and declining companies do not create jobs.

Jaime — What will be left for UC to do if it keeps outsourcing supplies?

Kate — UC can focus on manufacturing the end-product, marketing, selling and distributing it, and less on the low value-added parts of the value chain. You see, resorting to our supplier of West African cocoa is cheaper and more flexible than sending a team of purchasers there.

Jaime — What are UC's plans for Central American cocoa?

Kate — Some board members feel strongly about this region of the world where chocolate originated. A long-term supply agreement was signed between UC and the Guatemala cocoa board a few years ago.

》》

— Translation —

Jaime – Formidable !

Kate – Et ce n'est pas tout ! Cet accord devrait ouvrir la voie à la construction d'une usine de haute technologie qui produira de la liqueur de cacao, du beurre de cacao et de la poudre de cacao. Elle en transformera 75 000 tonnes dans un premier temps.

Jaime – Ça, c'est une nouvelle ! Je suis vraiment content d'apprendre que UC apportera sa contribution à l'économie du Guatemala.

Kate – L'usine bénéficiera des derniers avancements de la technologie pour garantir que le cacao guatémaltèque soit produit selon les normes les plus élevées.

Jaime – Ça m'a tout l'air d'être un partenariat gagnant-gagnant !

Kate – Oui. Créer des produits à valeur ajoutée au Guatemala ne sera pas seulement un atout pour les Guatémaltèques, mais permettra aussi à UC d'offrir une gamme plus vaste de produits à base de cacao pour répondre à la demande des consommateurs de par le monde.

Notes

(5) state-of-the-art, de haute technologie, à la pointe du progrès, dernier cri.

Notebook

— Dialogue —

Chapter 37

Jaime — Great!

Kate — That's not all! This agreement should pave the way for a state-of-the art *(5)* plant to be built that will produce cocoa liquor, butter and powder, processing 75,000 metric tonnes initially.

Jaime — This is great news! I'm excited to hear that UC will be making a contribution to Guatemala's economy.

Kate — The plant should incorporate some of the latest technology to ensure Guatemala cocoa is processed to the highest standards.

Jaime — It looks like a win-win partnership!

Kate — Yes. Creating value-added products in Guatemala will not only be good for the people of Guatemala but will also allow UC to provide a greater range of cocoa products to meet the needs of consumers around the world.

Notebook

— POUR EN SAVOIR PLUS —

Autour de la "délocalisation"

La délocalisation est une des manifestations de la *mondialisation*, **globalization**, phénomène qui a apporté en anglais de nouvelles dimensions à des mots apparentés, et même créé des mots nouveaux.

Comme nous l'avons vu plus haut, **outsourcing**, qui désignait à l'origine la simple sous-traitance, signifie de plus en plus souvent *l'externalisation* vers des pays étrangers de services ou de tâches de fabrication de routine. Le mot anglais **externalization**, d'ailleurs, s'appliquait lorsqu'une entreprise faisait effectuer par un prestataire extérieur, à l'étranger ou non, une activité jusqu'alors réalisée par l'entreprise elle-même. De la même façon, le mot **offshoring** est employé lorsque des entreprises externalisent des services de **back office**, *post-marché*, tels que l'enregistrement de transactions, la réalisation d'opérations de règlements et de livraison à l'étranger où les coûts de main-d'œuvre sont inférieurs. Quant au terme **multisourcing**, il est employé dans le cas de larges accords d'externalisation, comme dans le domaine des *technologies de l'information*, **information technology**.

Notons qu'à travers le vocabulaire, les anglophones expriment une vision plus positive de la *délocalisation*, qu'ils nomment **relocation** : le préfixe **re-** étant plus affirmatif que le privatif *dé-*. Mais les Américains n'ont-ils pas été les premiers à parler du concept de "destruction créatrice", **creative destruction** ?

Notebook

The growth of outsourcing

The word outsourcing refers to the delegation of non-core operations from internal production to an external entity specializing in the management of that operation. Thus, outsourcing resorts to experts from outside the entity to perform specific tasks that it used to perform itself.

Today, many firms engage in extensive outsourcing, a choice which has become an accepted dimension of corporate strategy. As outsourcing keeps growing in importance, its nature and focus are evolving.

Whereas, in a not so distant past, outsourcing took place in manufacturing industries, it is now spreading rapidly within service industries and, above all, becoming global. For instance, it is estimated that hardly 40% of the production value of a US-made car now comes from the USA.

Outsourcing takes on many forms: some firms outsource their core primary activities, which means that they no longer engage in in-house manufacturing. This practice, very common in the textile industry, for instance, is usually referred to as relocation. Other firms outsource information technology, accounting systems, distribution... In so doing, they expect to cut costs and focus on core competencies, but they also place part of their fate in the hands of firms which, quite naturally, aim to maximize their profits. Such a situation may sometimes entail a conflict of interests.

Furthermore, some firms may fail to realize business value. In the case of outsourced call centres, service is considered of lower quality by the general public who find the agents' accent, vocabulary and phraseology sometimes difficult to understand.
Offshore outsourcing for the purpose of saving costs may also have a negative influence on the productivity of a company. Paradoxically, some firms feel that workers in a developing country using hand tools are more productive than workers from developed countries using high-tech machines simply because their salary is much lower.

The image of a company may suffer from an offshoring decision. In the European Union, the Transfer of Undertakings Protection of Employment (TUPE), protects employees whose business is being transferred to another business, but US labor laws are not so protective.

For most economists, however, outsourcing does not represent a threat to the economy of any country. They view outsourcing as a form of trade. They argue that food malls would cease to exist, were it not for outsourcing.

— EXERCICES —

Comprehension

1 What news is Jaime commenting on? **2** According to Kate, what motivates companies to relocate? **3** Why is Jaime not altogether unhappy about relocations? **4** What benefits does a company draw from relocation? What benefits does a host company draw from a relocation decision made by a company from a developed country? **5** What is the attitude of labor unions to the issue of relocation? **6** Why are food companies interested in outsourcing? **7** Why does Kate feel it is necessary for a company to resort to outsourcing nowadays? **8** What consequences does the outsourcing of supplies have for UC? **9** What plans does UC have for Central America? **10** What benefits will Guatemala's economy and UC draw from the company's project?

Translation

1 Comme les salaires croissants contraignent les entreprises à trouver des moyens pour devenir plus compétitives, certaines d'entre elles installent des usines ou externalisent leur production à des sous-traitants dans des pays émergents. **2** Le défi avec l'économie de l'Internet est que comme certaines sociétés apparaissent et disparaissent à la vitesse de l'éclair, les employés vont d'un emploi à l'autre à un rythme tout aussi rapide. **3** La décision de l'entreprise a déclenché une réaction violente du syndicat. **4** Grâce au nouveau programme de formation à la haute technologie, les ouvriers syndiqués peuvent apprendre de nouvelles compétences nécessaires s'ils veulent garder leur emploi. **5** Si nous réduisions le coût du travail, nous serions plus efficaces. **6** Dans certains secteurs comme l'édition de journaux et le transport aérien, les salariés de la vieille économie sont confrontés aux changements de la nouvelle économie. **7** D'après un sondage, une majorité écrasante d'électeurs pensent que les délocalisations seront un thème majeur de la campagne électorale. **8** Alors que certains pays développés insistent sur

Exercises

la mondialisation de l'économie, ils veulent aussi arrêter les délocalisations qui font partie du processus de mondialisation. **9** Les emplois perdus au profit des délocalisations représentaient moins du quart de tous les emplois perdus dans notre pays l'an dernier. Les trois quarts restants ont été perdus à cause des restructurations d'entreprises. **10** Le type de délocalisation le plus récent concerne des entreprises qui font de la recherche et du développement très poussés à l'étranger.

Vocabulary

Complétez le texte qui suit avec les mots proposés ci-dessous :
advances, blue-collar, falling, foreign, manufacturing, relocation, rise, skills, trade, white-collar.

The widespread offshoring of (**1** ....) jobs that previously seemed immune to (**2** ....) competition has attracted much public attention. Although workers in (**3** ....) industries have long been exposed to this type of competition, trends such as (**4** ....) communication costs, the (**5** ....) of the Internet commerce and other technological (**6** ....) have made a wide spectrum of jobs vulnerable to (**7** ....) across borders. For years, policy makers and (**8** ....) advocates recommended training and the acquisition of technical (**9** ....) as the remedy for the depressing wage effects of trade on (**10** ....) workers' wages. This prescription was always insufficient and the recent trend toward offshoring white-collar work serves to emphasize this.

Compréhension

1 Jaime is commenting on the relocation of Grizzly Motors' Phoenix plant in India. 2 According to Kate, companies relocate their ageing factories which need modernization or renewal in order to avoid capital expenditure. 3 Jaime is not altogether unhappy about relocation because developing countries like Ecuador, where he was born, may benefit from relocations. 4 A US company benefits from a reduction of its overheads and an improvement of its efficiency. Thus, it can redeploy its labor force and capital to higher-value industry. The economy of the host country benefits from relocation because new jobs are offered to its workers. 5 Unions strongly object to relocation because it entails unemployment at home. 6 Food companies are interested in outsourcing because with the increasing prices of raw materials and the strength of retailers, they have to keep costs down. 7 Kate feels it is necessary for a company to resort to outsourcing nowadays because it helps increase the competitiveness of companies, and companies which are not competitive lose markets and do not recruit workers. 8 UC's outsourcing of supplies entails refocusing on manufacturing the end-product, marketing, selling and distributing it. 9 UC plans to build a state-of-the-art plant that will produce cocoa liquor, butter and powder in Guatemala. 10 This project will offer skilled jobs to Guatemala workers, and UC will be able to offer a greater range of cocoa products to its customers.

Notebook

Suggested solutions

Traduction

1 As rising wages force companies to find ways to become more competitive, some of them are setting up plants or outsourcing their production to sub-contractors in emergent countries. 2 The challenge with the Internet economy is that, as companies come and go at lightning speed, employees move from job to job at an equally fast pace. 3 The company's decision triggered a union backlash. 4 Thanks to the new high-tech training program, union workers can learn new skills which will be necessary if they want to keep their job. 5 If we reduced labor costs we would be more efficient. 6 In some industries like newspaper publishing or airline transport, old-economy workers face new-economy changes. 7 According to an opinion poll, an overwhelming majority of voters think that relocations will be a major issue in the electoral campaign. 8 While some developed countries insist on globalization of the economy, they also want to stop outsourcing, which is part of the globalization process. 9 Jobs lost through relocations were less than a quarter of all jobs lost in our country last year. The remaining three quarters were lost through corporate restructuring. 10 The newer type of outsourcing involves companies that do highly skilled research and development abroad.

Vocabulaire

1 white-collar 2 foreign 3 manufacturing 4 falling 5 rise 6 advances 7 relocation 8 trade 9 skills 10 blue-collar

Notebook

Investissements en Russie

Kate discute avec Boris Medvedev, un jeune Russe qui effectue un stage au service financier avec Dan Bush. Boris a contribué à la préparation du projet d'investissement de UC en Russie et a aidé à le boucler.

Kate – Il apparaît clairement que la Russie sera le marché-cible de UC en Europe de l'Est !

Boris – Et comment ! Les consommateurs russes adorent le chocolat. Avec une consommation par habitant de 4,5 kilos par an, ils mangent déjà plus de chocolat que les Français !

Kate – Et pourtant la France est un pays où la consommation de chocolat est une tradition !

Boris – D'après une récente étude de marché, le Russe moyen mangera 6 kilos de chocolat par an d'ici cinq ans.

Kate *(impressionnée)* – Eh bien dis-moi, Boris, tu t'es drôlement documenté !

Boris – Oui. J'ai consacré pas mal de temps à travailler sur les plans de UC à propos de la Russie avec Dan Bush. Après tout, c'est pour cette raison que UC m'a offert un stage.

(bref silence)

Kate – Je crois savoir que UC a un projet de développement ambitieux dans ton pays.

Boris – Les ventes de UC en Russie ont triplé durant les cinq dernières années, et elle s'est fixé comme objectif de les tripler à nouveau dans les trois ans à venir suite à l'ouverture d'une usine près de Moscou.

Kate – J'ai entendu dire que la construction de l'usine de pointe de UC a, en fait, commencé.

Boris – Oui. Le président de l'entreprise a posé la première pierre le mois dernier. L'usine devrait être opérationnelle au second semestre de l'année prochaine.

Notes

(1) **You've done your homework** : littéralement, **homework** signifie le *travail* que le professeur demande aux élèves de faire à la maison. Cette expression est employée, comme c'est le cas ici, lorsque quelqu'un a bien préparé son sujet.

Dialogue — Chapter 38

Investing in Russia

Kate is talking with Boris Medvedev, a young Russian carrying out an internship in the finance department with Dan Bush. Boris has contributed to the preparation of UC's investment project in Russia and has helped finalize it.

KATE — It clearly appears that Russia will be UC's key target market in Eastern Europe!

BORIS — You bet! Russian consumers love chocolate. With a per capita consumption of 4.5 kilos a year, they already eat more chocolate than the French!

KATE — France being a traditional chocolate country!

BORIS — According to a recent market study, the average Russian will eat 6 kilos of chocolate per year in five years from now.

KATE *(impressed)* – You've certainly done your homework *(1)*, Boris!

BORIS — Yes. I spent a lot of time working on UC's plans concerning Russia with Dan Bush. After all, that was the reason why UC offered me an internship.

(slight pause)

KATE — I understand UC has an ambitious development project in your country.

BORIS — UC's sales in Russia have trebled in the last five years and it has set a target of trebling them again within three years after opening a plant near Moscow.

KATE — I heard that the construction of UC's state-of-the-art factory has actually begun.

BORIS — Yes. The President of the company laid the foundation stone last month. The factory should be operational in the second semester of next year.

⟩⟩⟩

Translation

Kate – À quelle somme s'élève l'investissement ?

Boris – Trente millions de dollars, et il est prévu qu'elle emploie 75 personnes.

Kate – C'est une fameuse somme ! J'imagine que tu es content de voir UC investir dans ton pays natal.

Boris – Et pas uniquement parce que, comme tout bon Russe, j'adore le chocolat ! *(ils rient)* Cet investissement se justifie pleinement. Les nouvelles installations de UC seront plus proches de son marché potentiel. La société est assez intelligente pour exploiter l'importante opportunité commerciale que représente la Russie.

Kate – Les choses vont vite dans ton pays ! Quand je t'entends parler, j'ai l'impression que l'époque où la bourse russe était considérée davantage comme un terrain miné que comme un havre de paix remonte à des années-lumière !

Boris – Les arguments en faveur des investissements en Russie deviennent très intéressants maintenant. Les états de service de ce pays sont bons, les réserves de change sont élevées, une classe moyenne fait son apparition…

Kate – Mais ton image n'est-elle pas trop optimiste ?

Boris – Bon, je reconnais que la Russie est encore vulnérable, mais tant que le gouvernement offrira la stabilité politique à laquelle aspirent fortement le marché, le monde des affaires et la population du pays, il est évident que c'est un pays où il faut investir. Ce n'est pas Dan Bush qui dira le contraire !

Kate – Oui. Elle appartient au club des pays qui bougent, désignés sous le nom de BRIC : Brésil, Russie, Inde, Chine. Et elle est très peu endettée !

Boris – Je suis assez optimiste. L'économie russe se déplace de secteurs dépendant de matières premières telles que le pétrole ou les minerais vers des biens de consommation.

Kate – Cette situation devrait permettre à la Russie de faire face à une crise mondiale et d'engranger de bons dividendes dans les années à venir.

Notes

(2) (to) make sense : se dit de quelque chose qui est raisonnable ou compréhensible. Le mot **sense** signifie *bon sens*. Attention : l'adjectif **sensible** ne signifie pas "sensible", mais *sensé, raisonnable*.

(3) credentials : litt. "preuve d'autorité", de statut, de droit acquis, généralement sous forme écrite. Pourrait aussi se traduire par "références". Par extension, le mot s'applique à tout ce qui ne peut qu'inspirer confiance ou permettre de croire en quelque chose ou en quelqu'un. Il peut d'ailleurs s'agir de qualifications formelles, universitaires ou professionnelles.

Dialogue

Kate — How much does the investment amount to?

Boris — $30,000,000... And the factory's expected to employ 75 people.

Kate — Quite a lot of money, indeed! I suppose you are happy about UC investing in your native country.

Boris — And not just because, like all good Russians, I love chocolate! *(they laugh)* This investment makes a lot of sense *(2)*. UC's new facility will be closer to its rapidly-growing customer base. The company is smart enough to capture the great market opportunity presented by Russia.

Kate — Things are moving fast in your country! When I listen to you talk, I get the impression that the time when Russia's stock market was considered more of a war zone than a safe haven is light years away!

Boris — The case for investment in Russia is growing stronger now. The country's credentials *(3)* are robust, the foreign exchange reserves are high, a middle class is emerging...

Kate — But isn't your picture too rosy?

Boris — Well, I admit that Russia is still vulnerable, but as long as the government provides the market, the business community and the domestic population with the political stability they crave, Russia is an obvious country for an investor. Dan Bush wouldn't deny that!

Kate — Yes. It belongs to the club of the on-the-move BRIC economies: Brazil, Russia, India and China. And it is not too deep in debt.

Boris — I feel optimistic. Russia's economy is shifting from commodity-dependent sectors like oil and mining to consumer goods industries.

Kate — That feature should carry Russia through any global downturn and help deliver solid returns for the years to come.

Pour en savoir plus

La BERD

La BERD (**EBRD** : **E**uropean **B**ank for **R**econstruction and **D**evelopment) a été fondée en 1991, à la chute du communisme en Europe de l'Est et en Union soviétique. Ces pays avaient alors besoin d'un soutien financier pour développer le secteur privé dans un environnement démocratique. Aujourd'hui, la BERD s'efforce aussi de développer les économies de marché et la démocratie dans les pays d'Asie Centrale.

Cette banque est entre les mains de 61 pays et deux institutions intergouvernementales. Bien que ses actionnaires appartiennent au secteur public, elle investit principalement dans des entreprises privées, le plus souvent avec des partenaires commerciaux.

Le mandat de la BERD stipule qu'elle ne doit travailler que dans des pays qui s'engagent à respecter des principes démocratiques. Cette banque veille aussi à ce que les projets qu'elle finance respectent l'environnement.

BRIC

The acronym BRIC refers to four countries: Brazil, Russia, India and China, which changed their political system at the end of the 20th century and adopted global capitalism. This denomination was forged by global investment bank Goldman Sachs in 2001. BRIC economies are growing faster than those of the developed world and will eventually shift the balance of economic power provided they remain politically stable, maintain progressive economic policies and manage to develop economic institutions which will support growth.

If we are to believe the thesis of the Goldman Sachs investment bank, the BRIC economies will become a much larger force in the global economy faster than most commentators think. By the year 2050, they should eclipse most of the world's current richest.

The links between these four countries are rather loose. India and China are rapidly becoming major suppliers of manufactured goods and services while Russia and Brazil remain major suppliers of raw materials. India's and China's populations keep growing whereas Russia's and Brazil's are shrinking. In other words, there is more growth in manufacturing and services than in raw materials production. On account of the low age of its working population, the Indian economy has the potential to grow the fastest among the BRIC countries.

Although these four countries do not form a political alliance comparable to the European Union, or even a formal trading association like ASEAN, they have taken steps to increase their political cooperation if only to have more clout in negotiations with the developed world. Besides, bilateral and even trilateral agreements have been signed between them.
Foreign investments in the third world by BRIC countries, especially China, are developing. China's and India's need for third-world resources, coupled with the developing world's need for money is producing a potent relationship between them. Many African countries view Chinese investments as an opportunity. They appreciate China's strict business approach and its non- interference in their domestic affairs.

Nevertheless, in spite of their faster growth, in per capita terms, the BRIC economies will continue to lag behind those of the developed world.

— EXERCISES —

Comprehension

1 What is Boris's internship assignment? **2** Why will Russia be UC's target market in Eastern Europe? **3** What do the chocolate consumption statistics given by Boris show? **4** What target does UC hope to reach in the three years following the construction of its new plant in Russia? **5** Why did the President of UC recently go to Russia? **6** Why is Boris happy about UC investment in Russia? **7** What significant changes occurred in Russia's economy? **8** Why does Boris consider it a good idea to invest in Russia? **9** What condition is necessary for successful investments in Russia? **10** What should the consequences of Russia's economic shift be?

Translation

1 Le climat défavorable aux investissements et d'autres obstacles tels que des impôts spécifiques ont découragé les investisseurs. **2** Les entreprises étrangères sont soumises à des paiements de droits au gouvernement pour le privilège de faire des forages pétroliers. **3** Quelques investisseurs importants ont bénéficié d'exonérations fiscales. **4** À la fin de l'année dernière, le secteur du pétrole et du gaz a représenté 38 % de la totalité des investissements étrangers. **5** Certains analystes ont estimé que les investissements étrangers dans ce pays émergent pourraient atteindre 70 millions de dollars l'an prochain. **6** La politique budgétaire prudente de ce pays, ses faibles taux d'inflation, d'intérêt et de chômage, attirent les investisseurs. **7** Ce pays offre des conditions idéales pour la croissance et la prospérité des entreprises. **8** Trimestre après trimestre, année après année, ses résultats remarquables le démarquent de ses concurrents. **9** Je pense que ce pays est un endroit idéal où investir, travailler, vivre et élever une famille. **10** Après avoir obtenu une part satisfaisante du marché intérieur, cette entreprise se tourne maintenant vers l'exportation.

Exercises

Application

Complétez les phrases de la colonne de gauche avec la phrase appropriée de la colonne de droite.

1 For a very long time, Russia has been a source of raw materials,	**A** develop dysfunctional societies.
2 Raw materials are very necessary,	**B** even more see it as a business opportunity.
3 This country strives to produce raw materials as economically as possible	**C** such as further deregulation of the market and reduction of bureaucracy.
4 Corporate restructuring is starting to show significant results,	**D** for 45% of the Russian government's tax revenues.
5 If Russia becomes a true free market economy,	**E** furs, grain, lumber, metals and oil.
6 At the moment, oil and gas account	**F** with annual productivity gains of 10% in many companies.
7 Saudi Arabia, Brazil, the Congo and Russia tend to	**G** because of uncertainties surrounding the current election cycle.
8 Last year, the country underperformed most global emerging markets	**H** but their real price has been in constant decline throughout history.
9 When it grants loans, the IMF attaches some conditions	**I** in 20 years, it could have a standard of living like the American one.
10 Many investors view market volatility as a warning sign;	**J** by inducing foreign technology and capital to come and help them.

— SOLUTIONS PROPOSÉES —

Compréhension

1 Boris's internship assignment consists in working on UC's investment in Russia and helping finalize it. **2** Russia will be UC's target market in Eastern Europe because its per capita chocolate consumption is growing very fast. **3** The chocolate consumption statistics given by Boris show that the Russians already eat more chocolate than the French and will really increase their consumption in the next five years. **4** UC hopes to treble its sales in Russia in the next five years. **5** The President of UC went to Russia in order to lay the foundation stone of UC's new plant. **6** Boris is happy about UC's investment because Russia is his native country and also because the investment is very significant and it will provide work for 75 people. **7** The most significant change is that now investors no longer consider that Russia is a hazardous country. **8** Boris considers that it is now a good idea to invest in Russia because the financial conditions of the country have improved. **9** The necessary condition for successful investments in Russia is political stability. **10** Russia's economic shift from commodity-dependent sectors to consumer goods industries should carry the country through the crisis and bring it profits.

Notebook

— Suggested solutions —

CHAPTER 38

Traduction

1 The poor investment climate and other obstacles such as special taxes have discouraged investors. 2 Foreign firms are subject to royalty payments to the government for the privilege of drilling for oil. 3 Some major investors have received tax exemptions. 4 At the end of last year, the oil and gas sector accounted for 38% of total foreign investment. 5 Some analysts have estimated that foreign investment in this emergent country could reach $70 million next year. 6 The cautious fiscal policy, low inflation, interest and unemployment rates of this country attract investors. 7 This country offers ideal conditions for business to grow and prosper. 8 Quarter after quarter, year after year, its outstanding track record sets it apart from its competitors. 9 I think this country is a great place to invest, work, live and raise a family. 10 After obtaining a satisfactory share of the home market, this company is now turning towards exports.

Application

1	E	6	D
2	H	7	A
3	J	8	G
4	F	9	C
5	I	10	B

Notebook

— Translation —

Négociation commerciale

Kate est toujours restée en contact avec son amie australienne, Mary-Ann, qu'elle a rencontrée pendant ses études au Texas. À l'occasion d'une visite en Australie, elle décide de rencontrer Bruce Paterson, l'oncle de Mary-Ann. Il se trouve aussi être le directeur de "Black Swan Traders", un important grossiste qui distribue des denrées alimentaires en Australie-Occidentale.

BRUCE PATERSON *(lui serrant la main)* – Bonjour, Kate. Ravi de vous rencontrer. Mais asseyez-vous donc ! *(Kate prend un siège)* Mary-Ann pense beaucoup de bien de vous.

KATE – Ravie de l'apprendre. Mary-Ann est très gentille.

BRUCE – Est-ce que vous vous plaisez en Australie ?

KATE – C'est formidable ! Visiter l'Australie a toujours été l'un de mes rêves les plus chers. *(bref silence)* Mais venons-en à notre sujet… et j'espère que nous pourrons parler de l'Australie plus tard.

BRUCE – Bravo ! Mary-Ann m'a dit que vous étiez une femme d'affaires efficace. Bien, j'ai donc étudié votre proposition pour un accord de distribution des barres chocolatées de United Chocolate en Australie-Occidentale. Vous aimeriez que notre État soit un marché-test.

KATE – Oui. Inutile de dire qu'à UC, nous souhaitons que ce soit le début de relations d'affaires fructueuses pour nos deux entreprises.

BRUCE – C'est un point de vue que je partage.

KATE – Bien. Pouvons-nous maintenant nous mettre d'accord sur une façon globale de procéder dans notre négociation ?

BRUCE – Quel plan suggérez-vous ?

Notes

(1) **Western Australia**, *Australie-Occidentale*, l'un des six États australiens. Capitale : Perth. La mascotte de l'État est le cygne noir.

(2) **Good day** (prononcer *[g'day]*). En Australie, cette expression est utilisée au lieu de **good morning**, **good afternoon** ou **good evening**.

(3) **Oz** : nom parfois donné à l'Australie, pays "magique". Clin d'œil au film **The Wizard of Oz**, *Le Magicien d'Oz*.

(4) **good on you!** : équivalent australien de **well done!**

A business negotiation

Kate has always kept in touch with her Australian friend, Mary-Ann, whom she met while studying in Texas. During a visit to Australia, she decides to meet Bruce Paterson, Mary-Ann's uncle. He also happens to be the manager of "Black Swan Traders," a major wholesaling company distributing foodstuffs in Western Australia (1).

BRUCE PATERSON *(shaking her hand)* – Good day *(2)* Kate! Pleased to meet you. Do take a seat! *(Kate sits down)* Mary-Ann thinks highly of you.

KATE – I'm certainly happy to hear that. Mary-Ann is very sweet.

BRUCE – How do you like it here in Oz *(3)*?

KATE – It's great! Visiting Australia has always been one of my most cherished dreams. *(slight pause)* But let's get down to business... and hopefully we'll talk about Australia later.

BRUCE – Good on you *(4)*! Mary-Ann told me you're an effective businessperson. Well, I've studied your proposal for a distribution agreement for UC's chocolate bars in Western Australia. You'd like our State to be a test market.

KATE – Yes. Needless to say, we at UC hope this will be the beginning of a fruitful business relationship between our two companies.

BRUCE – I share that view.

KATE – Good. Can we now agree on an overall procedure for our negotiation?

BRUCE – What outline do you suggest?

)))

— Translation —

Kate – J'aimerais commencer par vous poser quelques questions sur Black Swan Traders et le type de services que vous proposez. Puis nous pourrons passer à la définition des objectifs poursuivis par UC en Australie-Occidentale. S'il apparaît que nos points de vue sont à peu près convergents, nous pourrons parler de conditions tarifaires, de livraison et de logistique.

Bruce – À ce moment-là, nous aurons sûrement très faim ! Nous pourrions aller dans un restaurant BYO. J'ai une superbe bouteille de chardonnay de la Margaret River que j'aimerais vous faire déguster.

Kate – Bonne idée ! Mary-Ann ne tarit pas d'éloges sur les vins australiens, Monsieur Paterson.

Bruce – Appelez-moi Bruce, je vous en prie !

Kate – Eh bien, Bruce, où votre entreprise distribue-t-elle des denrées alimentaires ?

Bruce – Dans tous les points de vente appropriés d'Australie-Occidentale. Du fait de sa bonne conception, notre système de distribution nous donne un avantage concurrentiel.

Kate – Quelle sorte de relations commerciales avez-vous avec les supermarchés ?

Bruce – Je ne pense pas beaucoup vous étonner en vous disant que les grandes surfaces sont puissantes et influentes. Nous sommes loin de l'époque où les fabricants avaient toutes les cartes en main…

Kate – … mais maintenant les supermarchés mènent la danse. Est-ce que nos barres chocolatées seront aussi vendues par le biais de distributeurs automatiques ?

Bruce – Oui, pratiquement partout, même au diable vauvert.

Kate – Pardon ?

Notes

(5) BYO : abréviation de **B**ring **Y**our **O**wn. Restaurant qui permet aux clients de consommer le vin qu'ils apportent moyennant un droit de bouchon minime. Des variantes existent, comme BYOB(ottle), BYOW(ine), BYOB(eer), BYOS(pirit), etc.

(6) Chardonnay : cépage bourguignon, populaire en Australie, produisant un vin blanc racé.

(7) Margaret River : région tempérée au sud de l'Australie-Occidentale.

(8) competitive edge, *avantage concurrentiel*. Cf. to have an edge on (or over) one's competitor.

DIALOGUE

CHAPTER 39

KATE – I would like to begin by asking you some questions about Black Swan Traders and the kind of services you offer. Then, we could move on to a definition of UC's objectives in Western Australia. If it appears that we have a broad agreement, we will talk about possible pricing, delivery and support arrangements.

BRUCE – By that time, we will probably be very hungry! We could go to a BYO *(5)* restaurant. I've a great bottle of Chardonnay *(6)* from Margaret River *(7)* that I'd like you to taste!

KATE – That sounds good. Mary-Ann is rhapsodic about Australian wines, Mr Paterson.

BRUCE – Call me Bruce, please!

KATE – Well, Bruce, where does your company distribute foodstuffs?

BRUCE – In all suitable outlets in Western Australia. Our well-structured distribution system gives us a competitive edge *(8)*.

KATE – What kind of business relationships do you have with supermarkets?

BRUCE – I don't think I'll surprise you much if I tell you that supermarkets are powerful and influential. It used to be that manufacturers held all the cards...

KATE – ...whereas now, supermarkets own the arena. Will our chocolate bars also be sold through vending machines?

BRUCE – Yes. Virtually everywhere, even beyond the rabbit-proof fence *(9)*!

KATE – I beg your pardon? 〉〉〉

---

(9) **beyond the rabbit-proof fence** : en Angleterre, on dirait **at the back of beyond**. Allusion aux grillages construits pour arrêter les lapins, considérés comme des animaux nuisibles en Australie. Cette barrière était censée séparer les zones habitées des grands espaces désertiques où prolifèrent les lapins.

Translation

Bruce – La cambrousse, si vous préférez, le bled, les coins les plus reculés. J'oublie toujours que "nous sommes séparés par une langue commune", comme disait George Bernard Shaw en parlant de l'Angleterre et l'Amérique! Chez Black Swan Traders, nous nous rendons compte que les barres chocolatées doivent être vendues dans le plus grand nombre possible de points de vente, afin de fournir au consommateur le maximum d'occasions de voir le produit, et de facilités pour l'acheter.

Kate – Vous avez raison ! Même si un produit est excellent, les questions vraiment importantes tournent autour du consommateur. Au fait, je tiens à vous assurer que chez UC, nous ne vous considérons pas comme notre "intermédiaire", mais comme notre "client". Nous sommes tout à fait disposés à négocier des marges confortables, des offres spéciales, des primes, de la publicité associée, des concours de vente…

Bruce – Génial !

Notes

(10) **outback** : terme désignant les parties reculées de l'Australie.

(11) **brand exposure** : **exposure** signifie *exposition, visibilité*. Dans le contexte du dialogue, **maximum brand exposure** implique que l'on cherche à offrir une visibilité maximum pour que le client se familiarise avec la marque.

(12) **cooperative advertising**, *publicité associée*. Publicité menée à frais communs entre le producteur et le distributeur.

(13) **Beaut!** : idiome australien exprimant l'enthousiasme. Synonyme : **Great!, Marvellous!**

Dialogue

BRUCE — The outback *(10)*, if you prefer, the bush, the wilderness. I keep forgetting that "we are divided by a common language" as George Bernard Shaw said about England and America! At Black Swan Traders, we realise that chocolate bars must be sold in as many outlets as possible to provide maximum brand exposure *(11)* and consumer convenience.

KATE — You're right! However good a product may be, the truly important questions revolve around the consumer. By the way, let me assure you that at UC, we don't mean to distribute our products <u>through</u> you but <u>to</u> you. We are quite prepared to discuss interesting margins, special deals, premiums, cooperative advertising *(12)*, sales contests...

BRUCE — Beaut *(13)*!

Notebook

— POUR EN SAVOIR PLUS —

L'Australie

Les Aborigènes ont commencé de peupler l'Australie 40 000 ans avant les premières explorations du continent par les Hollandais au XVIIe siècle. Le Capitaine Cook a pris possession de ce pays au nom de la couronne d'Angleterre en 1769. Six colonies ont été établies au cours des XVIIIe et XIXe siècles, et plusieurs d'entre elles ont servi de colonies pénitentiaires. En 1901, elles se sont fédérées et Van Diemen's Land est devenu l'Australie. Grâce à ses ressources agricoles et minières, le pays s'est développé rapidement. Depuis les années 1970, l'Australie s'est transformée pour devenir un pays dont l'économie compte sur le plan international. Pendant les années 1990, elle a connu l'une des plus fortes croissances parmi les pays de l'OCDE. Depuis l'adhésion du Royaume Uni à l'Union Européenne, l'Australie a pris davantage conscience de sa situation géographique et s'est intégrée à la zone économique de l'Asie du Sud-Est. La société australienne est devenue multiculturelle avec l'afflux d'immigrants asiatiques.

Superficie : 7 686 850 km^2 (14 fois la France)
Population : 22,5 millions d'habitants (en 2010)

[1] **cutting all poppies down to size** : litt. "couper tous les coquelicots à la même hauteur". En français, on dirait *couper toutes les têtes qui dépassent*.

Mary-Ann's letter about Australia(ns)

Kate has prepared her trip to Australia very seriously. She asked her good friend Mary-Ann, from Perth, to give her a few tips about the Australian way of life.

As you know, I'm not a business specialist! However, here is some information about my home country.

Many outsiders have a romantic view of Australia, which they see as a land of opportunity at a time when opportunity, especially in the business world, seems to be declining. But what is the reality?

Today, Australia is keen to integrate its economy into Asia because it feels a little isolated in the face of such big Western economic entities as the EU or NAFTA, but this does not mean it is turning its back on the rest of the world. On the contrary! Although it claims to be an Asian country, it is firmly committed to Western ideas and values.

You will find that Australians are easy to live with. They are generally helpful, tolerant but revolted by injustice. In their worship of equality, they tend to suspect power, side with the underdog and believe that authority is automatically wrong. Such an attitude may be viewed as an inheritance from the time when Australia was a penal colony. This anti-authoritarian attitude is summed up by the expression "cutting all poppies down to size[1]." As Australians worship equality, you will understand that they worship few heroes. However, they respect talented sportsmen, scientists and artists, provided they don't have an inflated ego. What people are matters more than their social origins.
You asked me what Australians looked like. Well, there are all kinds, including a sizeable number of fat ones. As my countrymen are known to appreciate beer, there are beer bellies! But of course, you'll find plenty of good-looking surfers on beaches!

As far as the language is concerned, the Australian accent is quite noticeable. It may even be unintelligible to untrained ears! For example, a "bison" (basin) is something an "Ors-trayl-yan" washes his hands in. "Save" rhymes with "five" and "soak" with "how."

Anyway, I hope you won't feel "crook" (ill) in Perth. You should find that "Aussies" are "fair dinkum" (honest). Oh, just one more thing: some nasty character may call you a "pom" or "pommie." This is not too flattering a word to designate a Brit. But just ignore him. "Goodoh" (OK)?

— EXERCICES —

Comprehension

1 What activity is Black Swan Traders involved in? **2** Why is Bruce Paterson happy to meet Kate? **3** Why does Bruce say that Kate is an effective businessperson? **4** What deal would Kate like to negotiate with Bruce? **5** What shows that Kate has prepared the negotiation carefully? **6** How would you characterise the atmosphere of the negotiation between Kate and Bruce? **7** Why isn't Kate impressed when Bruce speaks about the efficiency of Black Swan Traders' distribution system? **8** With what form of distribution is UC likely to encounter difficulties in Western Australia? **9** What other form of distribution does Kate want to discuss? **10** Why is it important for UC's chocolate bars to be present in as many retail outlets as possible?

Application

*Remettez en ordre ces phrases prononcées au cours d'une négociation entre Bruce Paterson et Bill Dawson, directeur du supermarché d'une petite ville d'Australie-Occidentale. Commencez avec la phrase **F**.*

- **A** Of course, go ahead.
- **B** I see. If I remember well, you said earlier that easy access to supplies is very important to you. Does that mean you're looking for a supplier who can deliver at short notice?
- **C** We could offer a discount of 5%.
- **D** That's right. And we really need access to supplies during shortages as well.
- **E** Can I just move on to another question now? What discount would you offer if we ordered 2,000 bars of chocolate per month?
- **F** Can I just ask you a few questions about your purchasing habits?
- **G** About 5,000 kilos per year but our purchases keep increasing.
- **H** I can assure you that during periods of shortage, we supply regular customers as a matter of priority.
- **I** Frankly, I was expecting more generous terms. If I increased my order to 3,000 bars per month, would you grant me a 10% rebate on my next order?
- **J** What volume of chocolate do you distribute per year?

À vous de jouer !

EXERCISES

CHAPTER 39

1 BRUCE PATERSON: Can I just ask you a few questions about your purchasing habits?
2 BILL DAWSON: _____
3 BRUCE: _____
4 BILL: _____
5 BRUCE: _____
6 BILL: _____
7 BRUCE: _____
8 BILL: _____
9 BRUCE: _____
10 BILL: _____

Conversational English

Comment contredire son interlocuteur ? Dans une négociation commerciale, comme dans la vie de tous les jours, il importe d'exprimer ses idées et éventuellement son désaccord. Exprimez votre désaccord avec les déclarations suivantes en utilisant la réponse appropriée dans la colonne de droite.

1 The crisis is over.	**A** Nevertheless, you often drive there.
2 American films are childish.	**B** I disagree, I think it is.
3 Marketing is not important.	**C** Medical research has proved the contrary.
4 We're moving towards freer trade.	**D** Rubbish! It's a very modern country.
5 The weather is mild today.	**E** Nonsense! Quite a few shopkeepers are thriving today!
6 Ninety per cent of our customers don't like chocolate.	**F** That is not always true. There are some excellent ones.
7 Australia is a backward country.	**G** It is not as warm as yesterday.
8 Smoking is no real hazard.	**H** Come on! The economy has never been in worse shape!
9 The independent small trader is doomed to extinction.	**I** No way! Protectionism is on the rise.
10 It's a pity the hypermarket is in such an out-of-the-way place.	**J** I have serious doubts about that figure.

A BUSINESS NEGOTIATION

──── Solutions proposées ────

Compréhension

1 Black Swan Traders is a wholesaling company which distributes foodstuffs all over Western Australia. **2** Apart from the prospect of doing business with her, he is pleased to meet a person whom his niece regards highly. **3** She does not waste time on small talk, however much she would like to speak about Australia. **4** She would like him to sign a distribution agreement for UC's chocolate bars in Western Australia. **5** She submits an outline of the negotiation for Bruce's approval. **6** It is informal. For instance, they talk on a first-name basis. **7** Because she almost interrupts him to move on to her next question. **8** Distribution to supermarkets is likely to be a major challenge for UC because today's market is no longer a seller's market. Buyers can dictate their law much more easily than in the past. **9** She also wishes to discuss vending machines. **10** Because consumers must be given plenty of opportunities to see them. They should also have easy access to them.

Suggested solutions

CHAPTER 39

Application

1 F   6 D
2 A   7 H
3 J   8 E
4 G   9 C
5 B   10 I

Langage de la conversation

1 H   6 J
2 F   7 D
3 B   8 C
4 I   9 E
5 G   10 A

Notebook

A BUSINESS NEGOTIATION

Translation

Discussions à terme...

Kate vient de rentrer de son voyage en Australie et a décidé de prendre un long week-end. Bien sûr, elle a pris l'avion pour descendre à Houston rejoindre son compagnon, Carlos, qui y travaille maintenant pour une importante compagnie pétrolière. Nous sommes le vendredi soir, il vient de rentrer du travail et ils boivent un verre avant le dîner.

CARLOS *(avec un soupir)* – Ah, Kate, ça fait vraiment du bien de rentrer du travail et de te trouver ici ! D'habitude, il est au moins 21 heures quand je viens te chercher à l'aéroport.

KATE – Eh bien, j'ai décidé de me mettre en congé cet après-midi et de prendre le premier vol pour Houston. Je suis venue de l'aéroport en taxi. Et ce que je ne t'ai pas dit, quand je l'ai appelé tout à l'heure, c'est que j'ai pris mon lundi aussi !

CARLOS – C'est formidable ! J'imagine que tu avais besoin de faire une pause après ton voyage en Australie.

KATE – C'est sûr que ça ne me fera pas de mal. Et tu sais, j'ai des congés qui s'accumulent, et que je ne trouve jamais le temps de prendre ! *(bref silence)* Mais surtout, je voulais être avec toi.

CARLOS – Je suis vraiment heureux que tu sois là avec moi. Tu me manques.

KATE *(d'un ton enjoué)* – Tu es toujours le bienvenu à Philadelphie, Carlos.

CARLOS – Je sais bien. Mais tu n'es pas toujours là le week-end, non ?

KATE – Non. Je suis désolée. C'est simplement que j'ai été tellement occupée ces derniers mois ! J'ai l'impression d'être toujours en train de faire la navette entre Philadelphie, San Antonio, et San Diego.

Notes

(1) **futures** (ou **futures contracts**), *contrats à terme*. (Voir le Document de ce chapitre).

(2) **oil** : attention aux faux-amis ! Le mot **oil** signifie *huile*, bien sûr (pour la cuisine, les moteurs, la peinture, etc.) mais dans ce dialogue, il s'agit du *pétrole*. En anglais britannique, **petrol** signifie *l'essence* (**gasoline** ou **gas** en anglais américain).

(3) **leave**, *congé*. On dit également **annual leave**, *congé annuel*, **maternity leave**, *congé de maternité*, **paid leave**, *(congé[s] payé[s])*, **sick leave**, *congé de maladie*, etc.

Talking about futures (1)...

Kate has just returned from her trip to Australia and has decided to take a long weekend. Naturally, she has flown down to Houston to be with her boyfriend, Carlos, who now works for a big oil (2) firm there. It's Friday evening, he's just got back from work and they're having a pre-dinner drink.

CARLOS *(sighing)* — Ah, Kate, it's so wonderful to come home from work and find you here! It's usually at least 9 pm when I pick you up at the airport.

KATE — Well, I decided to take the afternoon off and get the first flight to Houston. I came over from the airport by taxi. And what I didn't tell you, when I phoned earlier, is that I've taken Monday off, too!

CARLOS — Fantastic! I guess you needed a break after your trip to Australia.

KATE — It certainly won't do me any harm. And you know, I've got leave (3) piling up which I never find time to take! *(slight pause)* But most of all, I wanted to be with you.

CARLOS — I'm really happy to have you here with me, Kate. I miss you.

KATE *(playfully)* — You're always welcome in Philadelphia, Carlos.

CARLOS — I know. But you're not always there at the weekend, are you.

KATE — No. I'm sorry. I've just been so busy over the last few months! I always seem to be commuting (4) between Philadelphia and San Antonio, and San Diego.

)))

---

(4) **commuting** : du verbe **(to) commute**, qui signifie *faire la navette entre sa résidence et son travail*, d'où le substantif **commuter**, souvent traduit par *banlieusard*. Aujourd'hui, on parle également de **(to) telecommute**, *faire du télétravail*, **telecommuting**, *le télétravail*, et **telecommuter** (ou **teleworker**), *télétravailleur*.

Translation

Carlos – Alors, comment tu as trouvé l'Australie ? Ah là là, si seulement j'avais pu venir avec toi !

Kate – C'était fantastique ! Perth, du moins. J'ai fait des affaires avec l'oncle de Mary-Ann, et il m'a montré beaucoup de choses.

Carlos – Mary-Ann ?!

Kate – Tu te souviens quand même de Mary-Ann, non ? Elle étudiait l'anthropologie à Austin.

Carlos *(l'air peu enthousiaste)* – Ah oui, Mary-Ann, je m'en souviens...

Kate – J'ai visité aussi beaucoup d'autres endroits, mais ce n'est pas pareil quand on n'est là que pour les affaires.

Carlos – Donc nous pourrions toujours y retourner ensemble pour visiter comme il faut.

Kate *(souriant)* – J'aimerais bien. Nous pourrions aller en Nouvelle-Zélande aussi !

Carlos – Excellente idée !

(silence)

Kate – Tu sais, Carlos, en venant de Philadelphie dans l'avion, je pensais...

Carlos – Qu'est-ce que tu pensais ?

Kate – Tu connais tout sur les contrats à terme, les matières premières, la couverture des risques, n'est-ce pas ?

Carlos – Je suis bien obligé, Kate, pour mon travail. Pourquoi tu me demandes ça ?

Kate – J'ai simplement l'impression, après différentes discussions que j'ai eues avec Russ et d'autres personnes au siège, que je vais être obligée d'apprendre tout ça très prochainement.

Carlos – Tu devrais déjà connaître tout ça. Nous l'avons étudié en finance quand nous étions à Austin !

Notes

(5) **commodities**, *matières premières, marchandises, produits de base*. Dans le contexte du dialogue, Kate parle de matières premières (pétrole, blé, cuivre, sucre, aluminium, riz, etc.) qui s'échangent sur des marchés spécialisés. (Voir le Document de ce chapitre).

(6) **hedging**, *couverture (de risque)*. (Voir le Document de ce chapitre).

Dialogue

CHAPTER 40

CARLOS – So how did you like Australia? God, I wish I could have come with you!

KATE – It was great! Or at least Perth was. I did some business with Mary-Ann's uncle and he showed me around a lot.

CARLOS – Mary-Ann?!

KATE – Surely you remember Mary-Ann! She was studying anthropology in Austin.

CARLOS *(not sounding too enthusiastic)* – Ah yes, I remember Mary-Ann...

KATE – I visited a lot of other places too, but it's not the same when you're just doing business.

CARLOS – So we could always go back there together and visit the place properly.

KATE *(smiling)* – I'd love to. We could go to New Zealand too!

CARLOS – Sounds great!

(pause)

KATE – You know, Carlos, coming down on the plane from Philadelphia, I was thinking...

CARLOS – What about?

KATE – You know all about futures, and commodities *(5)*, and hedging *(6)*, don't you?

CARLOS – I have to, Kate, for my job. Why do you ask?

KATE – I just have the impression, from various discussions I've had with Russ and other people at headquarters, that I'm going to have to learn all about them pretty soon.

CARLOS – You should already know all that stuff. We covered it in finance when we were in Austin!

)))

Translation

KATE – Tu sais que j'ai toujours été plus intéressée par le marketing. Et de toute façon, on oublie toujours très vite les choses si on ne s'en sert pas.

CARLOS – Nous sommes complémentaires, comme tu l'avais dit un jour. Nous ferions une fameuse équipe !

KATE *(le sourire aux lèvres)* – Et je le crois toujours, Carlos.

CARLOS – Écoute, Kate, je te dirai tout ce que tu veux savoir sur les contrats à terme. Mais laissons ça jusqu'à demain matin. Ce soir, j'aimerais parler de notre futur…

Notebook

Dialogue

Chapter 40

KATE — You know I was always more interested in marketing. And anyway, you forget things pretty quickly if you never use them.

CARLOS — We're complementary, as you once said. We'd make a good team!

KATE *(smiling)* – I still believe that, Carlos.

CARLOS — Listen, Kate. I'll tell you everything you want to know about futures. But let's leave that till tomorrow morning. Tonight, I'd like to talk about our future...

Notebook

DOCUMENT

Derivatives, etc.

In the Dialogue of this chapter, we learn that Kate, coming down on the plane from Philadelphia, was thinking about "futures, and commodities, and hedging." She's aware that her boyfriend, Carlos, knows all about these aspects of finance, while she herself has forgotten all about them. As she says, she was always more interested in marketing, and it's not easy to remember things if you never use them. What she was probably referring to in her vague enumeration is derivatives: not only is it difficult, even for an MBA, to remember how they work, it's often impossible for the average citizen even to understand them! Let's try and establish some definitions.

Derivatives, *produits dérivés* : Financial instruments or securities (in the form of contracts between two parties) whose value depends on or **derives** from one or more underlying assets, not only equities, but frequently commodities or currencies, and even interest rates or marker indexes. Derivatives can be used for speculative purposes, but are generally a means of reducing (or hedging) risks. Some common forms of derivatives are futures, forwards, options and swaps.

Futures, *contrats à terme* : Futures are contracts which oblige a buyer to buy (or a seller to sell) an underlying asset at a predetermined price and future date. As was mentioned in Derivatives, above, futures contracts are a good way to hedge a risk. An oil company, for example, could use this method to guarantee supply in the future at a determined price.

Options, *options* : Financial derivatives that take the form of contracts between a seller (the option writer) and a buyer (the option holder). The latter has the right, but not the obligation to buy (call option) or sell (put option) an underlying asset at a predetermined price within a certain period of time or on a predetermined date. Once again, options may be used by speculators (but they are very risky financial instruments) or to hedge risks.

Document

Hedging, *couverture de risque* : The term has been used several times in these explanations, so perhaps a precise definition is necessary. **Hedging** is a way of transferring a risk (of adverse price movements) in order to reduce it or eliminate it completely (in the case of a perfect hedge!) This is done, quite simply, by taking the opposite position in an underlying asset. For example, a cocoa producer who is worried about the price of his commodity falling can sell a futures contract (see above) stating that he will sell his crop at a predetermined price.

Commodity, *matière première* : Note 5 in this chapter already gives a basic definition of this term. The basic goods referred to by Kate are very important in industry, as they usually enter into the production of manufactured goods. As we have already seen, they are often traded (in the form of futures contracts) on specialized markets, and their price will fluctuate according to supply and demand. However, as we have seen more recently, commodities will often become the object of speculation, which may have an adverse effect on the price of goods (including basic foodstuffs) for the end-consumer.

— POUR EN SAVOIR PLUS —

L'argent ou la bourse !

Si un jour vous demandez conseil à votre banquier concernant la bourse, il vous dira sans aucun doute qu'il s'agit là de l'investissement à long terme le plus intéressant. Certes, il y aura des hauts et des bas – c'est comme un tour de **roller-coaster**, *montagnes russes*, mais à long terme, l'investisseur qui choisit la bourse sera toujours gagnant. Il suffit, en quelque sorte, de s'armer de patience et d'avoir les nerfs solides !

Bien sûr, tout le monde connaît le **Wall Street crash** de 1929, avec le fameux **black Thursday** (24/10), suivi du **black Monday** (28/10) et du **black Tuesday** (29/10). Peut-être aurait-il été plus facile d'ailleurs de parler tout simplement de **black week** ! Ce krach, en tout cas, a plongé les États-Unis (et le reste du monde) dans une crise longue et douloureuse.

Dans les années qui ont suivi la deuxième guerre mondiale, les *petits porteurs* (**small investors, small shareholders**) ont connu une période de relative stabilité, et donc une certaine prospérité. On parle en France des "trente glorieuses", et en Grande-Bretagne, on se souvient de la remarque de Harold MacMillan, ancien Premier Ministre, "**most of our people have never had it so good!**"

En fait, il a fallu attendre le 19 octobre 1987 (encore un **black Monday!**) pour qu'on parle à nouveau de **crash**. La chute des marchés ce jour-là a été la plus spectaculaire jamais enregistrée, et le **Dow Jones industrial average**, l'indice boursier de New York bien connu, a mis presque deux ans à s'en remettre. Un certain mystère entoure d'ailleurs cette crise, et surtout sa cause. On a évoqué le problème de l'informatisation des marchés avec les ordinateurs programmés à vendre à partir d'un certain pourcentage de baisse. Une telle explication était rassurante et inquiétante à la fois, mais on a fini par se dire qu'aujourd'hui, les marchés étaient suffisamment régulés et contrôlés pour qu'un **crash** comme celui de 1929 ne puisse pas se reproduire.

Pour en savoir plus

Ensuite, il y a eu l'éclatement de la bulle Internet et toute l'économie **dot.com**[1], l'impact immédiat des attentats du 11 septembre 2001 contre le World Trade Center et les graves remous causés par la crise des **subprimes** et la faillite de la banque d'affaires Lehman Brothers. Et nous ne parlons pas là des crises, certes passagères, provoquées par les activités de quelques **rogue** ("sans scrupules") **traders**, à Singapour en 1995, ou à Paris en 2008.

Ce qu'il ne faut surtout pas faire, c'est aller voir votre banquier pour parler de la bourse pendant ou juste après une crise, car lui, le conseiller, ne saura plus quoi vous dire ! Il vous expliquera, un peu gêné, que personne n'avait vu venir cette crise-là, même pas les "experts" ! Vous devez donc comprendre, gentiment, que ce n'est pas de sa faute !

---

[1] Désigne le boom économique (entre 1998 et 2001, environ), qui s'est traduit par une hausse importante des différents indices boursiers (en particulier, le NASDAQ) grâce au succès des sociétés créées autour d'Internet. En effet, le domaine d'Internet **.com** se dit **dot** *(point)* **com** en anglais.

Notebook

— EXERCICES —

Comprehension

1 Why has Kate arrived earlier than usual at her boyfriend's in Houston? **2** Did Carlos pick her up at the airport as he usually does? **3** What reasons does Kate give for deciding to take a long weekend? **4** What justification does Carlos give for not spending more weekends with Kate in Philadelphia? **5** Why did Kate particularly appreciate Perth during her trip to Australia? **6** Why was Kate thinking about futures, commodities and hedging while on the plane from Philadelphia? **7** Why does Carlos know all about these aspects of finance? **8** According to Carlos, why should Kate already know about them too? **9** What excuse does Kate give to justify her apparent lack of knowledge about these subjects? **10** Why does Carlos not want to talk about futures, etc. tonight?

Translation

1 Je viens de décider de prendre un long week-end, et de descendre à Philadelphie voir mon amie. **2** Carlos travaille depuis quelques années pour une importante compagnie pétrolière dont le siège se trouve à Houston. **3** D'habitude, Carlos prend un taxi pour venir de l'aéroport, mais quelquefois, c'est Kate qui vient le chercher en voiture. **4** Kate est tellement occupée par ses nouvelles responsabilités, qu'elle n'arrive même pas à prendre tous ses congés ! **5** Moi, je veux bien venir plus souvent te voir à Philadelphie, mais comment suis-je censé faire si tu n'es jamais là ? **6** Grâce à l'autoroute I10, ce n'est pas très difficile de faire la navette entre San Antonio et Houston. **7** Mes vacances en Australie étaient fantastiques ! J'ai visité Sydney, bien sûr, et plein d'autres villes. **8** J'ai très envie d'y retourner avec toi, mais pas si tu y vas pour affaires ! **9** Je sais qu'on est obligé d'apprendre tout ça pour avoir un MBA, mais je ne peux pas dire que ça m'intéresse vraiment. **10** Quand tu changeras de poste, tu auras peut-être besoin de te servir de tout ce que tu as appris en marketing.

EXERCISES

Application

Relisez attentivement pages 442 à 445. Ils contiennent un certain nombre de mots "techniques" qui ne sont pas forcément traduits ou expliqués. Dans le tableau ci-dessous, vous avez à gauche dix mots et à droite dix définitions. Il suffit de faire correspondre mots et définitions. Bonne chance !

1 Crash	**A** investment technique which aims at reducing or eliminating the risk of adverse price movements
2 Commodity	**B** private individual who owns a fairly small number of shares in a given company
3 Derivative	**C** person involved in buying and selling securities who puts his employer in danger by high-risk investments which go far beyond the authorized limits
4 Roller-coaster	**D** basic good traded on a specialized market whose price will vary according to supply and demand
5 Dot.com	**E** contract which gives its holder the possibility (but not the obligation) to buy or sell an underlying asset at a predetermined price and future date
6 Hedging	**F** ubstantial fall in the price of shares on a stock exchange
7 Future	**G** fairground attraction consisting of a small train whose ups and downs are the result of the momentum generated by its own weight
8 Small shareholder	**H** contract which obliges a person to buy or sell an underlying asset at a predetermined price and future date
9 Rogue trader	**I** financial instrument whose value depends on one or more underlying assets
10 Option	**J** term used to designate a firm or an economic activity relying solely on the use of the Internet

SOLUTIONS PROPOSÉES

Compréhension

1 Kate has arrived earlier than usual because she decided to take the afternoon off from work. **2** No he didn't, because he was at work, so Kate got a taxi to come from the airport. **3** Kate gives several reasons: a break after her trip to Australia, the leave piling up which she never finds time to take, and most of all, her desire to be with Carlos. **4** He defends himself by saying that Kate is not always there at weekends. **5** She appreciated Perth particularly, because Mary-Ann's uncle showed her around a lot, which was not the case elsewhere. **6** Because she has the impression that she's going to have to learn all about them pretty soon, and she knows that Carlos is already an expert. **7** He says he has to know all about them for his work. **8** Carlos says that Kate should already know all about them, because they covered "all that stuff" in finance when they were in Austin. **9** She says that she was always more interested in marketing, and that you forget things pretty quickly if you never use them. **10** We understand that Carlos doesn't want to talk about work tonight, but about more personal things like their own future, for example.

Notebook

— Suggested solutions —

CHAPTER 40

Traduction

1 I've just decided to take a long weekend, and go down to Philadelphia to see my girlfriend. 2 Carlos has been working for a few years in a big oil firm whose headquarters is in Houston (/ headquartered in Houston). 3 Usually, Carlos takes (/ gets) a taxi to come from the airport, but sometimes, (it's) Kate (who) comes to pick him up by car. 4 Kate is so busy with her new responsibilities that she can't even manage to take all her leave! 5 (Personally), I don't mind coming to see you in Philadelphia more often, but what am I supposed to do if you're never there? 6 Thanks to Interstate 10 (I10), it's not very difficult to commute between San Antonio and Houston. 7 My vacation (/ holiday(s)) in Australia was (/ were) fantastic! I visited Sydney, of course, and lots of other cities (/ towns). 8 I'd really love to go back there with you, but not if you're going there for (/ on) business. 9 I know you have to learn all that to get an MBA, but I can't say that it really interests me. 10 When you change positions/jobs, perhaps you'll need to use everything you learnt in marketing.

Application

1 F
2 D
3 I
4 G
5 J
6 A
7 H
8 B
9 C
10 E

Notebook

TRANSLATION

La vie à cent à l'heure

Après leurs discussions du week-end dernier, Kate et Carlos sont tombés d'accord sur le fait qu'ils voulaient passer plus de temps ensemble et "vivre comme un couple normal", comme l'a dit Carlos. Évidemment, cela les obligerait à trouver des emplois dans la même ville ou région, et Kate a donc décidé d'aborder le sujet avec son supérieur, Russ Kingman.

Russ – Donc, comme ça, tu es en train de me dire, Kate, que ton petit ami aimerait te voir plus souvent... C'est ça ?

Kate – C'est une façon de le dire, oui.

Russ *(souriant)* – Écoute, je peux le comprendre, c'est sûr...

Kate – Moi aussi, j'aimerais voir Carlos plus souvent. *(bref silence)* En fait, nous avons l'intention de nous marier...

Russ – Félicitations !

Kate – Merci...

Russ – Tu as évoqué ton transfert à San Antonio, mais est-ce vraiment la solution ? Carlos ne pourrait pas trouver un emploi ici, à Philadelphie ?

Kate – Si, bien sûr, il le pourrait, et il est d'ailleurs tout à fait prêt à déménager. En fait, il commence à en avoir un peu marre de Houston. Mais il est originaire de San Antonio, et il aimerait beaucoup y retourner. Il a même parlé de travailler pour UC !

Russ – Hmmm ! *(bref silence)* Dis-moi, Kate, tu viens d'Angleterre... Est-que ça te dirait, d'y retourner ? Avec Carlos !

Kate *(plutôt surprise)* – Retourner en Angleterre...? Mais pour faire quoi ?!

Russ – Tu te souviens d'Alexander Spencer-Jones, non ?

Kate – Bien sûr. Il m'a beaucoup aidée quand j'ai commencé à travailler pour United Chocolate au Royaume-Uni.

Russ – Eh bien, il m'a téléphoné il y a deux ou trois semaines, et m'a dit qu'il "aimerait que tu retournes en Angleterre". Ce sont ses mots exacts !

Notes

(1) fast lane, *voie de dépassement*. Évidemment, dans le contexte du titre de ce chapitre, l'expression est utilisée dans un sens figuré. On pourrait traduire **living in the fast lane** par *vivre à cent à l'heure*, comme le font de jeunes cadres comme Kate et Carlos avec leurs carrières respectives très prenantes.

(2) (to) broach (a subject) : expression idiomatique qui est utilisée couramment dans le sens d'*aborder (un sujet)*, surtout lorsque ce dernier est délicat, gênant ou désagréable.

Dialogue — Chapter 41

Living in the fast lane *(1)*

After last weekend's discussions, Kate and Carlos agreed that they wanted to spend more time together and "live like a normal couple," as Carlos put it. This would obviously mean finding jobs in the same city or region, and so Kate has decided to broach the subject (2) with her boss, Russ Kingman.

Russ — So basically what you're saying, Kate, is that your boyfriend would like to see more of you... Is that it?

Kate — That's one way of putting it, yes.

Russ *(smiling)* — Well, I can certainly understand him...

Kate — I'd like to see more of Carlos, too. *(slight pause)* In fact, we're planning to get married...

Russ — Congratulations!

Kate — Thank you...

Russ — You talked about being transferred to San Antonio, but is that really the solution? Couldn't Carlos get a job here in Philadelphia?

Kate — He could, obviously, and he's quite prepared to move. He's getting a little tired of Houston, in fact. But he's from San Antonio and he'd love to move back there. He's even talked about working for UC!

Russ — Hmmm...! *(slight pause)* Tell me, Kate, you're from England... How would you like to move back there...? With Carlos!

Kate *(rather surprised)* — Move back to England...? But to do what?!

Russ — You remember Alexander Spencer-Jones, don't you?

Kate — Absolutely. He helped me a lot when I first started working for United Chocolate in the UK.

Russ — He phoned me a couple of weeks ago, and said he'd "like you back in England." Those were his precise words!

)))

Translation

Kate *(sur un ton sarcastique)* – Eh bien, c'est très gentil de sa part de s'occuper de mon avenir ! Mais il aurait peut-être pu me consulter d'abord.

Russ – Oh, il a tes intérêts à cœur, tu sais. J'ai l'impression qu'il t'aime beaucoup.

Kate – Hum ! Alexander Spencer-Jones aime beaucoup de femmes, Russ !

Russ – Tu sais que Walter Adams, qui a fondé Norfolk Chocolate et a créé les fameux Norfolk Nuggets, est mort il y a quelques mois…?

Kate – Bien sûr… C'était très triste.

Russ – Et tu sais que Bill Hayward va prendre sa retraite… ?

Kate – Bill, le directeur de l'usine ?

Russ – C'est son titre officiel. Mais en réalité, c'est lui, l'homme-clé de l'affaire.

Kate – Non, je ne savais pas qu'il prenait sa retraite.

Russ – United Chocolate UK veut donner beaucoup plus d'autonomie à Norfolk Chocolate. Apparemment, ils estiment qu'il y a un vaste potentiel qui n'est pas pleinement exploité pour l'instant. Alexander Spencer-Jones t'a pressentie pour prendre les commandes… Ils nommeraient un nouveau directeur d'usine, bien sûr.

Kate *(ne sachant pas quoi dire)* – Mais je n'ai aucune expérience de direction générale…

Russ – Peut-être pas, Kate, mais tu as les capacités pour réussir…!

(silence)

Kate – Et Carlos ? Pourquoi aurait-il envie de venir vivre en Angleterre, lui ?

Russ – Je ne sais pas, moi… Pour le golf… ?!

Kate – Carlos ne joue pas au golf, Russ !

Russ *(sur le ton de la plaisanterie)* – Eh bien, il n'aura qu'à apprendre, n'est-ce pas ?!

Notes

(3) **(to) retire**, *prendre sa retraite*. On dit également **(to) be retired**, *être en retraite* et **retirement**, *la retraite*. Mais attention ! Quand il s'agit de la somme d'argent versée chaque mois à une personne retraitée, on parle plutôt de **pension**, d'où le terme **pension fund**, *fonds de pension*.

(4) **(to) take over** signifie ici *prendre le contrôle, prendre les rênes*. On dit souvent **(to) take over from someone**, dans le sens de *remplacer quelqu'un*. N'oubliez pas que **(to) take over** s'utilise également lorsqu'une entreprise rachète ou prend le contrôle d'une autre, d'où le terme **takeover bid**, *offre publique d'achat (OPA)*.

Dialogue

CHAPTER 41

KATE *(sarcastically)* – Well, it's very kind of him to think of my future! Perhaps he could start by consulting me first.

RUSS – Oh, but he has your interests at heart, you know. I got the impression he likes you a lot.

KATE – Hmmm! Alexander Spencer-Jones likes a lot of women, Russ!

RUSS – You know that Walter Adams, who founded Norfolk Chocolate and created the famous Norfolk Nuggets, died a few months ago...?

KATE – Of course... It was very sad.

RUSS – And you know that Bill Hayward is going to retire *(3)*...?

KATE – Bill, the Plant Manager?

RUSS – That's his official title, but he's really the key figure in that operation...

KATE – No, I didn't know he was retiring.

RUSS – United Chocolate UK wants to give Norfolk Chocolate a lot more autonomy. Apparently they feel that there's a vast potential there that is not being fully exploited. Alexander Spencer-Jones recommended you to take over *(4)* there... They'd appoint a new plant manager, of course.

KATE *(at a loss for words)* – But I don't have any experience of general management...

RUSS – Maybe not, Kate, but you have the ability to succeed...!

(silence)

KATE – And what about Carlos? Why would he want to come and live in England?

RUSS – I don't know... For the golf...?!

KATE – Carlos doesn't play golf, Russ!

RUSS *(jokingly)* – Well, he'll just have to learn, won't he?!

— Pour en savoir plus —

Green ou vert ?!

Dans le dialogue de ce chapitre, Russ Kingman laisse entendre que Carlos pourrait accepter de partir travailler en Angleterre à cause du golf. Ensuite, quand il apprend que le futur mari de Kate ne joue pas au golf, il affirme que dans ce cas, il n'aura qu'à apprendre à y jouer.

Il est vrai que l'Angleterre possède d'excellents terrains de golf, très réputés. On pourrait citer, par exemple, Royal Birkdale, dans la région de Liverpool, ou Royal Lytham and St Anne's, à côté de Blackpool, un peu plus au nord. Mais il est indéniable aussi que les **golf courses** britanniques les plus connus sont souvent écossais !

Rien d'étonnant à cela, car le golf, tout comme le whisky, est très étroitement lié à ce pays : en effet, on peut lire, ici ou là, que le jeu a été inventé par les Écossais. Aujourd'hui, cette affirmation est souvent contestée, et on cite, comme éventuels inventeurs, les Néerlandais et même les Italiens ! Mais les connaisseurs reconnaîtront toujours que les golfs écossais de St Andrew's et de Royal Troon sont parmi les plus beaux du monde.

Quoi qu'il en soit, le golf n'est pas un jeu tout à fait comme les autres, à cause du caractère "social" qu'il revêt. Quel merveilleux moyen que le networking pour étoffer son carnet d'adresses ! Quel merveilleux vecteur d'ascension sociale ! C'est sans doute pour cette raison que le golf est devenu le sport "officiel" du monde des affaires. Cela est vrai a fortiori aux États-Unis, mais également dans la plupart des pays où il est couramment pratiqué. On entend parfois la boutade selon laquelle les réunions de conseil d'administration n'ont lieu que pour "acter" les décisions prises sur un terrain de golf ! Beaucoup de **business schools** dispensent même des cours de **business golf** !

Carlos serait-il donc une exception à cette règle ? C'est possible, mais il semble réussir, néanmoins, une belle carrière dans la finance, au sein d'une compagnie pétrolière à Houston. De toute façon, Russ Kingman est sans doute en train de taquiner Kate, car il doit savoir que le golf n'est pas plus important en Angleterre qu'aux États-Unis. En 2007, selon le magazine **Golf Digest**, il y avait environ 32 000 golfs dans le monde, dont la moitié se trouvait aux États-Unis !

Russ doit bien savoir aussi que cette multitude de terrains de golf autour de la planète a son impact sur l'environnement. On pourrait citer l'énorme volume d'eau nécessaire pour arroser tous ces beaux **greens**, pas si verts que ça, finalement ! Sans oublier l'utilisation parfois abusive d'engrais chimiques, d'herbicides ou de pesticides, et la destruction de **wetlands**, ou terres marécageuses, lors de leur construction. Et pourtant, on avait l'impression que chez UC, la RSE (voir leçon 13, note 5) était une priorité !

Workplace stress

There is no reason to believe that either Kate or Carlos is suffering from workplace (or work-related) stress. Perhaps we could even interpret their desire to spend more time together and their decision to get married, as ways of protecting themselves against the risk. However, young executives like Kate and Carlos, with the long hours, the frequent traveling, the constant pressure of objectives they must meet, are certainly not immune to the condition.

Indeed, workplace stress, which in its most extreme form is known as "burnout," is a serious problem today, and firms cannot afford to ignore it. Obviously, information plays an important role here, and Kate will certainly have seen this notice on many bulletin boards at UC's headquarters in Philadelphia.

United Chocolate Inc.

— Workplace stress —

Recognizing the symptoms

Are you suffering from workplace stress? There are numerous telltale signs which can help you to make your own assessment. These symptoms may be behavioral, psychological or even physiological. Look at the list below and think carefully and honestly:

- ☐ Irritability, argumentativeness, complaining, suppressed anger, aggressiveness
- ☐ Anxiety, panic attacks, frequent crying
- ☐ Loss of self-confidence, withdrawal, apathy
- ☐ Loss of concentration, fidgeting*, forgetfulness, indecisiveness
- ☐ Insomnia, rapid emotional shifts, shortness of breath, physical exhaustion
- ☐ Headaches, digestive problems
- ☐ Increased consumption of tobacco and/or alcohol

If you are suffering from any of the above (or if you know of a colleague who is), and you feel that these symptoms may be work related, do not hesitate to seek counseling. Please contact UC Inc.'s Health and Safety Service by phoning (in the strictest confidence) this toll-free number: **1-800-432-1947**. Alternatively, you may wish to speak to your labor union representative.

… But act now, before your condition gets worse!

* fidgeting : (to) fidget, *ne pas tenir en place.*

EXERCICES

Comprehension

1 Why has Kate asked her boss about the possibility of her working in San Antonio? **2** Initially, what alternative does Russ Kingman propose to enable Kate's boyfriend to see more of her? **3** As well as spending more time together and living like a normal couple, what else do Kate and Carlos intend to do? **4** Why would Carlos love to work for UC in San Antonio? **5** Why does Kate's boss suggest that she return to England? **6** How does Kate react when Russ tells her about Alexander Spencer-Jones' proposal? **7** Why would Alexander Spencer-Jones like Kate back in England? **8** What function would Kate be likely to assume if she were to return to Norfolk Chocolate? **9** What is United Chocolate UK's assessment of Norfolk Chocolate's current performance? **10** According to Russ, what might attract Carlos to England?

Translation

1 Carlos aimerait trouver un emploi dans la même ville que Kate, mais il n'ose pas aborder le sujet avec elle. **2** Comme ça, tu es en train de me dire que pour toi "vivre comme un couple normal" signifie se marier. **3** En fait, j'en ai marre, de Philadelphie, et je suis prête à déménager à Houston, mais je me demande si c'est vraiment la solution. **4** Je suis originaire d'Angleterre, mais honnêtement, ça ne me dirait rien d'y retourner pour travailler. **5** C'est gentil, Russ, de penser à notre avenir ; je sais que tu as nos intérêts à cœur. **6** J'ai été très triste d'apprendre la mort de Walter Adams, le créateur des fameux Norfolk Nuggets. **7** Tu te souviens de Bill Hayward, le directeur d'usine ? Il a pris sa retraite il y a quelques semaines. **8** Si tu acceptais de le remplacer, tu aurais comme mission d'exploiter pleinement le vaste potentiel de l'entreprise. **9** Ils vont nommer un nouveau directeur général, et il paraît que je suis pressenti pour le poste. **10** Si vous allez vivre en Angleterre tous les deux, il va falloir que ton ami apprenne à jouer au golf.

EXERCISES

Application

*Regardez le tableau ci-dessous, extrait du **"Conditions of work digest: Preventing stress at work"**, publié par l'**International Labor Organization (ILO)**. Il montre les métiers qui ont les niveaux de stress les plus élevés. On constate que ce ne sont pas forcément les cadres qui sont les plus stressés ! Lisez, ensuite, les affirmations suivantes et dites si elles sont vraies ou fausses. Lorsqu'elles sont fausses, corrigez-les.*

Occupations with high stress levels

OCCUPATION	RATING SCALE*
Miner	8.3
Police officer	7.7
Prison officer	7.5
Construction worker	7.5
Airline pilot	7.5
Journalist	7.5
Advertising executive	7.3
Dentist	7.3
Actor	7.2
Doctor	6.8
Broadcasting personnel	6.8
Nurse	6.5
Film production crew	6.5
Ambulance personnel	6.3
Musician	6.3
Firefighter	6.3
Teacher	6.2
Social worker	6.0
Personnel manager	6.0

* Stress rating scale of 0 to 10 developed by UMIST (University of Manchester Institute of Science and Technology).

1 Construction workers have a higher stress level than journalists.
2 The stress level of ambulance workers is the same as that of firefighters.
3 Nineteen occupations have a stress level of more than 6.
4 Only two occupations have a stress level higher than 7.5.
5 The stress rating scale is slightly lower for musicians than for teachers.
6 It is considerably more stressful to be a miner than a personnel manager.
7 The seventh most stressful occupation is that of actor.
8 Personnel manager is the least stressful of all occupations.
9 Executives, in general, have a high stress rating.
10 The medical professions are particularly prone to stress.

— Solutions proposées —

Compréhension

1 Because working in San Antonio would bring Kate much closer to Carlos, who works in Houston. **2** Russ's alternative proposal is for Carlos to come and work in Philadelphia. **3** Kate tells her boss they are planning to get married. **4** Firstly, he is "getting a little tired of Houston," but obviously San Antonio attracts him because that is where he comes from. **5** Russ makes this suggestion, because he has learnt that Alexander Spencer-Jones would like her to return to Norfolk Chocolate. **6** She seems a little annoyed that he didn't bother to consult her first. **7** It seems that he wants her to take over from Bill Hayward, the Plant Manager who will soon be retiring. **8** Kate would be the general manager or managing director of the subsidiary. **9** United Chocolate UK's assessment of Norfolk Chocolate is that it is currently underperforming: "there's a vast potential there that is not being fully exploited." **10** Russ suggests (mistakenly) that Carlos might be attracted by being able to play golf there.

— Suggested solutions —

CHAPTER 41

Traduction

1 Carlos would like to find a job in the same city as Kate, but he's afraid of broaching (/ he doesn't dare to broach) the subject with her. 2 So basically, what you're saying is that, for you, "living like a normal couple" means getting married. 3 In fact, I'm tired of (/ fed up with) Philadelphia, and I'm prepared (/ ready) to move to Houston, but I wonder whether that's really the solution. 4 I come from England, but honestly, I wouldn't like to go back there to work at all. 5 It's kind of you, Russ, to think of our future; I know you have our interests at heart. 6 I was very sad to learn of (/ hear about) the death of Walter Adams, the creator of the famous Norfolk Nuggets. 7 Do you remember Bill Hayward the Plant Manager? He retired a few weeks ago. 8 If you agreed to replace him, your mission would be to exploit fully the firm's vast potential. 9 They're going to appoint a new general manager (/ managing director), and apparently, I've been recommended for the post (/ job). 10 If you're both going to live in England, your boyfriend is going to have to learn to play golf.

Application

1. Faux : Construction workers and journalists have the same stress level: 7.5.
2. Vrai.
3. Faux : Only 17 occupations have a stress level of more than 6.
4. Vrai.
5. Faux : It is slightly higher for musicians than for teachers.
6. Vrai.
7. Vrai.
8. Faux : We do not have the stress ratings below 6 ("on a scale of 0 to 10").
9. Faux : Only advertising executives (and perhaps personnel managers) are mentioned in the table.
10. Vrai.

TRANSLATION

Problèmes politiques

Kate réfléchit à la suggestion d'Alexander Spencer-Jones, reprise par Russ Kingman, de retourner en Angleterre pour prendre les rênes à Norfolk Chocolate. Mais avant qu'elle ait eu vraiment l'occasion d'en discuter sérieusement avec Carlos, Russ lui demande de s'envoler pour la Chine, où United Chocolate a rencontré un sérieux problème. Elle est dans l'avion avec Amy Zhou, qui est maintenant une personne-clé dans l'équipe de Kate au sein du service marketing.

Kate – C'est gentil de ta part de m'accompagner au pied levé pour ce voyage. J'espère que ça ne gêne pas ton mari de s'occuper des enfants !

Amy – Non, ça va. Sa mère va venir à Philadelphie pendant que je serai absente. Il sait que je suis toujours heureuse de pouvoir retourner en Chine !

Kate – Tu as de la chance. Si seulement mon compagnon était aussi cool au sujet de tous mes voyages !

Amy – Mais il ne te voit que le week-end. Et tu es beaucoup plus souvent partie par monts et par vaux que moi.

Kate *(souriant ; bref silence)* – Tu es donc parfaitement au courant de la situation à Guangzhou ? Je n'ai pas eu beaucoup de temps pour t'expliquer tout ça au téléphone.

Amy – Tu veux dire au sujet de Minyu, notre partenaire sur place ?

Kate – Oui. Russ Kingman a reçu un coup de fil la semaine dernière du Consulat des États-Unis à Guangzhou, pour le prévenir que des imitations de nos produits faisaient leur apparition dans certains points de vente... Et qu'ils étaient vendus sous une des marques de Minyu !

Amy – Oui, j'ai été vraiment choquée d'entendre ça, Kate. C'est moi qui avais établi les premiers contacts avec Minyu pendant le Salon de Guangzhou, et qui l'avais recommandé ensuite.

Notes

(1) **on the road** : expression qu'on pourrait traduire tout simplement par *sur la route*, même si, dans le cas de Kate, **in the air**, *dans les airs*, serait sans doute plus proche de la réalité ! Mais dans le contexte américain, elle évoque l'œuvre de Jack Kerouac, roman emblématique de la **Beat Generation**, la fameuse chanson **On the road again** enregistrée par le groupe Canned Heat et évidemment tous les **road movies** du cinéma américain.

(2) **copycat products** : s'il s'agit d'imitations de produits bien connus des consommateurs et qui connaissent un grand succès. Dans le cas de l'agro-alimentaire, l'imitation porte sur la présentation et surtout le **packaging**, *conditionnement*.

Facing political problems

Kate has been doing some thinking about Alexander Spencer-Jones's suggestion, relayed by Russ Kingman, that she return to England to take over at Norfolk Chocolate. However, before she actually gets the chance to discuss the matter seriously with Carlos, Russ asks her to fly to China, where United Chocolate has encountered a serious problem. She's on the plane with Amy Zhou, who is now a key member of Kate's team in the Marketing Department.

KATE – It was good of you to accompany me on this trip at such short notice. I hope your husband doesn't mind looking after the children!

AMY – No, that's OK. His mother is going to come and stay in Philadelphia while I'm away. He knows that I'm always happy to be able to return to China!

KATE – You're lucky. I wish my boyfriend were as relaxed as that about all my traveling!

AMY – But he does only see you at weekends. And you're out on the road *(1)* a lot more than I am.

KATE *(smiling; slight pause)* – So are you perfectly clear about the situation in Guangzhou? I didn't have much time to explain things on the phone.

AMY – You mean about our local partner, Minyu?

KATE – Yes. Russ Kingman received a phone-call last week from the US Consulate in Guangzhou, warning him that copycat products *(2)* were turning up in certain sales outlets... And they were being sold using one of Minyu's brands!

AMY – I was really shocked to hear that, Kate. I was the one who made the initial contacts with Minyu during the Guangzhou Trade Fair, and subsequently recommended them.

)))

TRANSLATION

Kate – Je sais, Amy, mais tu ne dois en aucun cas te sentir responsable. Ce n'est pas de ta faute ! Je ne veux pas dire des choses désagréables sur la Chine, mais UC n'est pas la première victime de ce type de pratique. Travailler dans les affaires, c'est prendre des risques !

Amy – Mais si on connaissait ce risque, pourquoi ne pas avoir choisi la distribution directe pour nos nouveaux produits ? Nous le faisons ailleurs en Chine depuis un certain nombre d'années.

Kate – C'est vrai. La Chine est un marché vraiment gigantesque, mais en même temps, c'est une multitude de marchés différents, en fonction de la région. Nous avons pratiqué avec beaucoup de succès la distribution directe dans quelques grandes villes, notamment plus au nord, comme à Pékin ou à Shanghai. Mais Guangzhou est la porte d'entrée du sud, où jusque-là, nous n'avions pas eu d'expérience…

Amy – C'est aussi une ville énorme !

Kate – Oui, mais nous voulions élargir notre distribution vers des régions plus rurales, et Minyu semblait être le bon partenaire pour nous y aider.

Amy – Quel va donc être notre plan d'action ? Va-t-on simplement résilier le contrat et les poursuivre en justice ?

Kate – Ça risque d'arriver un jour ou l'autre, sans doute, mais pour l'instant, nous devons nous montrer prudents. L'affaire a pris une tournure politique. Le Président des États-Unis doit bientôt se rendre à Pékin, et les discussions vont porter sur l'IDE américain en Chine et la balance commerciale entre les deux pays.

Notes

(3) **rude** : adjectif très courant, qui couvre une gamme de nuances assez large, de *désagréable* (comme ici) à *indécent*, en passant par *impoli*, *mal élevé*, etc.

(4) **gateway**, *porte*, *entrée*, *porte d'entrée*. Le sens, ici, est figuré : Ghuangzhou est l'endroit par où il faut passer pour accéder aux régions du sud de la Chine.

(5) **(to) tread carefully** signifie littéralement "marcher avec beaucoup de précaution" ou "faire attention où on pose les pieds". Dans le dialogue, le sens est figuré, c'est-à-dire *faire très attention*.

(6) **FDI** (Foreign **D**irect Investment) = IDE *(Investissement Direct à l'Étranger)*. L'OCDE le définit comme une action par laquelle une entité résidant dans une économie ("investisseur direct") acquiert un intérêt durable dans une entité résidant dans une économie autre que celle de l'investisseur ("entreprise d'investissement direct"). Cette opération peut consister à créer une entreprise entièrement nouvelle (investissement de création) ou, plus généralement, à modifier le statut de propriété des entreprises existantes (par le biais de fusions et d'acquisitions).

— Dialogue —

CHAPTER 42

Kate — I know, Amy, but you don't need to feel responsible in any way. It's not your fault! I don't want to say anything rude *(3)* about China, but UC is not the first victim of this sort of practice. Business is all about taking risks!

Amy — But if we knew about the risk, why didn't we just distribute our new products directly? We've been doing it elsewhere in China for a number of years.

Kate — That's true! China is a really gigantic market, but at the same time it's a multitude of different markets, depending on the region. We've been very successful distributing directly in a few big cities, particularly further north, like Beijing or Shanghai. But Ghangzhou is the gateway *(4)* to the south, where previously we'd had no experience...

Amy — It's a huge city, too!

Kate — Yes, but we wanted to extend our distribution to more rural areas, and Minyu seemed to be the right partner to help us do that.

Amy — So what is our plan of action? Do we just rescind the contract and take them to court?

Kate — That's what will happen at some point, no doubt, but for the moment, we have to tread very carefully *(5)*. The affair has taken a political turn. The President of the United States will soon be visiting Beijing, and the talks will focus on American FDI *(6)* in China and the trade balance *(7)* between the two countries.

)))

---

(7) **trade balance**, *balance commerciale*. Il s'agit du compte qui retrace la valeur des biens et services exportés et la valeur des biens et services importés. Évidemment, ce compte peut concerner les échanges entre un pays donné et tous les autres pays du monde, ou simplement entre deux pays (les États-Unis et la Chine, par exemple).

Translation

Amy – Qu'est-ce que ça changera pour notre voyage, alors ?

Kate – Nous allons discuter demain avec les spécialistes commerciaux et juridiques du Consulat américain. Ils seront également présents mardi lors de notre rendez-vous avec les représentants de Minyu. Ces discussions-là seront très difficiles et risquent de se prolonger pendant deux ou trois jours. Inutile de te dire, Amy, que ta connaissance de la langue et de la culture nous sera on ne peut plus précieuse !

Notebook

Dialogue

CHAPTER 42

Amy — So what does that mean for our trip?

Kate — We'll be discussing things tomorrow with the commercial and legal experts at the US Consulate. They will also be present on Tuesday, when we are due to meet with representatives of Minyu. Those discussions will be very difficult and may drag on for two or three days. I don't need to tell you, Amy, that your knowledge of the language and the culture will be absolutely precious!

Notebook

— DOCUMENT —

Entering the Chinese market

In the dialogue of this chapter, Kate and Amy talk about their "local partner" in Guangzhou, a firm called Minyu. Amy says that she was the one who made the initial contacts during the Guangzhou Trade Fair, and subsequently recommended them. They also refer to the "contract," which will no doubt be rescinded at some point, and we can assume that United Chocolate and Minyu entered into a **joint venture**[1]. This would have enabled the American company to benefit from the Chinese partner's experience and know-how in the south of China, and its more rural regions, and obviously to use Minyu's distribution system and network for its new products.

As Kate says so expertly in the dialogue, "China is a really gigantic market, but at the same time it's a multitude of different markets, depending on the region." United Chocolate is a big multinational with many brands known around the world, and it has been able to distribute some products directly in a few big cities, but imagine the difficulties which a smaller firm will encounter when it tries to enter the Chinese market. There are two basic solutions for a company which does not have the capacity to use direct distribution: the joint venture, which seems to be the solution chosen here by UC, and the **wholly-foreign-owned enterprise** (WFOE). Each has its pros and cons, which we will try to examine, but it should never be forgotten that trying to set up a business operation in any country has its inherent risks.

Concerning the joint venture, we have already touched upon the main commercial advantages, but we should also mention that from a financial point of view, this form of business represents a source of additional capital for a firm. The disadvantages, on the other hand, are mainly concerned with the partner chosen, and it should be possible to eliminate them or keep them to a minimum, if the choice has been well made. Your partner's strategy may not, in fact, be the same as yours, which will obviously lead to disappointing results, and there is always the risk that your partner is not reliable. Kate says that "UC is not the first victim of this sort of practice." The most famous case is that of the French firm Danone,

---

[1] = joint venture, *coentreprise* en bon français

which in 1996 set up an agreement with the Chinese firm Wahaha, under which Wahaha's brands belonged to the joint venture. However, ten years later, Danone discovered that Wahaha had created a number of new firms which continued to manufacture and distribute products using its own brands!

The WFOE, on the other hand, is 100% independent, and certainly gives a company complete freedom of action. It should be noted, however, that for the time being at least, the WFOE is limited to certain sectors of activity. Financially, a company must find its own capital for the WFOE, which, in addition, has a less favorable tax status. Finally, if difficulties do arise, the foreign owner must face them alone, which is never easy, given the different linguistic and cultural context.

In conclusion, we could say that if we simply weigh up the pros and cons of each of the two solutions, the joint venture is the right choice every time! Let's not forget, though, that decision-making is never as simple as that, and we must always take a wide range of parameters into account. The example of United Chocolate shows how easy it is to choose the wrong partner, but as Kate so rightly says: "Business is all about taking risks!"

Comment gérer le stress

Dans le Document du chapitre précédent, nous avons parlé du stress sur le lieu de travail, et dans l'exercice d'application, nous avons vu que son niveau varie d'un métier à l'autre. Il est évident, cependant, que deux entreprises travaillant dans la même activité vont générer plus ou moins de stress : cela dépendra de l'attitude de la direction, de l'ambiance qui y règne, etc. De la même façon, deux employés exerçant le même métier à niveau de responsabilité égal, supporteront plus ou moins bien le stress quotidien qu'ils rencontrent sur leur lieu de travail.

Il faut reconnaître que le personnel peut rarement avoir une quelconque influence sur le niveau de stress qui règne dans sa propre entreprise. Cela dépend la plupart du temps des directeurs, des managers, de ceux qu'on appelle les "chefs", desquels il est difficile d'exiger des objectifs plus réalistes ou une meilleure ambiance de travail ; même si les responsables d'une entreprise, par contre, peuvent faire beaucoup pour réduire ce fameux stress. L'employé se trouve ainsi confronté à un choix plutôt limité : trouver une nouvelle entreprise, où les journées de travail se passent dans la joie et la bonne humeur (pas facile, surtout par ces temps de crise), ou apprendre à gérer son propre stress.

Une rapide consultation de notre moteur de recherche préféré nous montre que l'activité "gestion du stress" semble très porteuse : combien de liens commerciaux pour des produits, des livres, des centres de thérapie anti stress ; combien de consultants ou de coachs, de gourous, même, grands spécialistes de la gestion du stress ? L'embarras du choix, sans aucun doute ! Mais on est tenté, quand même, de se demander si on est vraiment déstressé quand on voit le montant de la facture ! Restons donc modestes et essayons de dresser une petite liste de **useful tips** pour mieux gérer le stress sur le lieu de travail, sans ruiner le portefeuille !

Les conseils (qu'on verra souvent sur les panneaux d'affichage dans les entreprises) s'articulent autour de trois axes, dont le premier est tout simplement l'hygiène de vie, c'est-à-dire son état physique et mental quand on arrive au travail. Tout d'abord, et comme souvent, il faut faire attention à son régime alimentaire et bien dormir ; éviter l'automédication excessive, en s'interdisant, évidemment, une consommation immodérée de café, de tabac, d'alcool ou d'autres substances nocives pour l'organisme. Il faut aussi apprendre à éliminer le stress en faisant du sport ou en se

Pour en savoir plus

consacrant à des passions en dehors du travail : le jogging, la natation, le tennis ou le golf (eh oui !) ; le jardinage, la musique ou la vie associative (en particulier dans les œuvres caritatives).

Les deux autres axes concernent plus directement le (lieu de) travail lui-même. Dressons d'abord une liste de conseils pour mieux aborder et organiser son travail au quotidien, et ensuite, une autre de conseils pour mieux vivre nos relations avec nos collègues. Par contre, nous avons décidé d'aborder ces deux derniers axes dans l'exercice d'application de ce chapitre.

Notebook

— EXERCICES —

Comprehension

1 What does Carlos think about Alexander Spencer-Jones's suggestion that Kate return to England to take over at Norfolk Chocolate? **2** Who is going to look after Amy's children while she is away? **3** Does Carlos react to Kate's traveling in the same way as Amy's husband does to her trip to China? **4** Why did the US Consulate in Guangzhou phone Russ Kingman last week? **5** Why does Amy say she was really shocked to hear about what Minyu was doing? **6** Why did UC choose to work with Minyu rather than just distributing its new products directly? **7** Will UC rescind their contract with Minyu and take legal action against them? **8** Why does Kate say that the affair has taken a political turn? **9** Who will be present at the meeting which Kate and Amy have on Tuesday? **10** Why is Kate pleased to have Amy with her for the difficult discussions they will have in Guangzhou?

Translation

1 Avant de prendre les rênes chez Norfolk Chocolate, Kate était une personne-clé dans l'équipe de Russ Kingman. **2** C'était gentil de ta part de me proposer de retourner en Angleterre, et j'y réfléchis très sérieusement. **3** La mère de Carlos ira voir son fils à Houston, pendant que Kate sera absente. **4** Russ Kingman a immédiatement prévenu le Président de United Chocolate que Minyu avait copié leurs nouveaux produits et les vendait dans certains points de vente. **5** Amy était vraiment choquée d'apprendre cette nouvelle et se sentait sans doute responsable, même si ce n'était pas du tout de sa faute. **6** Ne soyons pas désagréables au sujet de la Chine, mais le fait est qu'on risque toujours d'être victime de ce type de pratique. **7** Nous distribuons nos produits directement dans les grandes villes du nord du pays depuis pas mal d'années déjà. **8** Nous espérons élargir notre distribution vers les régions rurales du sud-ouest, mais il nous faudra trouver un très bon partenaire pour y arriver. **9** Les représentants du Consulat ont tout fait pour éviter que l'affaire ne prenne une tournure trop politique. **10** D'après Russ Kingman, il aurait été préférable de résilier tout simplement le contrat et de poursuivre Minyu en justice.

— Exercises —

CHAPTER 42

Application

Lisez attentivement le texte ci-dessous. Ensuite, remplissez les blancs en utilisant un des mots de la liste suivante :

stretching, colleagues, try, breaks, prioritize, therapy, envisage, relaxation, cope, joke, approach, positive, window, performance, interact, formidable, laughing, area, smile, challenging

Two other areas in which you can very easily develop ways to **(1 .....)** with workplace stress are the way you **(2 .....)** and organize your work each day, and the way you **(3 .....)** with your **(4 .....)**.
Concerning the first **(5 .....)**, you should always try to be **(6 .....)**. When you arrive at work, take ten minutes to make a list of the tasks you must carry out, and **(7 .....)** them so as to begin with the most **(8 .....)** ones. Achieving these will make you feel positive and the remaining tasks will not seem so **(9 .....)**. Throughout the day, it is necessary to take short **(10 .....)**, which may mean just looking out of the **(11 .....)** for a few minutes. Learn **(12 .....)** techniques, which can really be extremely simple: taking deep breaths or **(13 .....)**, for example, and even meditation.

Secondly, if you try to be positive about your work, you should also attempt to adopt the same attitude towards your colleagues. **(14 .....)** when you see them, share a **(15 .....)** with them from time to time. **(16 .....)** is a wonderful **(17 .....)**! Be honest and constructive with them at all times, and always try to make practical suggestions which will improve everyone's **(18 .....)**.

Give these techniques a **(19 .....)**, and if there is no improvement after a week or two, perhaps you should **(20 .....)** changing jobs!

— Solutions proposées —

Compréhension

1 We don't really know. In the introduction, we learn that Kate hasn't actually had the chance to discuss the matter seriously with Carlos yet. **2** From what Kate says, we can assume that her husband is going to look after the children, but that he will be assisted by his mother. **3** Probably not. Amy says that her husband knows she is always happy to return to China, while Kate wishes that Carlos was as relaxed as all that about all her traveling. **4** The US Consulate phoned to tell him that copycat products were being sold in some outlets under one of Minyu's brands. **5** She was really shocked because she was the one who made the initial contacts with Minyu and consequently recommended them. She no doubt feels responsible for the problem. **6** Because UC wanted to try and penetrate rural markets in the south, where they'd had no experience and Minyu seemed to be the right partner to help them do that. **7** Not for the moment, but Kate says that will probably happen at some point. **8** The affair has taken a political turn because of the President of the United States' forthcoming visit to China, during which talks will focus on direct investment and trade. UC's problems could well prove to be a source of friction. **9** The people present at the meeting will be the commercial and legal experts from the US Consulate together with representatives of Minyu. **10** Kate says that Amy's knowledge of the language and the culture will be absolutely precious.

— Suggested solutions —

CHAPTER 42

Traduction

1 Before taking over at Norfolk Chocolate, Kate was a key member of Russ Kingman's team. 2 It was good of you to propose that I return to England, and I'm doing some very serious thinking about it (/ and I'm thinking very seriously about it). 3 Carlos' mother will go and see her son in Houston while Kate is away (/ is absent). 4 Russ Kingman (had) warned the President of United Chocolate immediately that Minyu had copied their new products and were selling them in certain sales outlets. 5 Amy was really shocked to learn (about) (/ hear) the news and probably felt responsible, even if it wasn't at all her fault. 6 Let's not be rude about China, but you always risk being a victim of this/that sort of practice. 7 We've been distributing our products directly in the big cities/towns in the north of the country for quite a few years now. 8 We hope (/ We're hoping) to extend our distribution to the rural regions of the south west, but we'll have to (/ we need to) find a very good partner to succeed in doing that (/ to manage to do that.) 9 The representatives of the Consulate did everything they could to avoid the affair taking too political a turn. 10 According to Russ Kingman, it would have been better simply to rescind the contract and to take Minyu to court.

Application

1 cope 2 approach 3 interact 4 colleagues 5 area 6 positive 7 prioritize 8 challenging 9 formidable 10 breaks 11 window 12 relaxation 13 stretching 14 smile 15 joke 16 laughing 17 therapy 18 performance 19 try 20 envisage

— Translation —

Menace de boycott

Russ Kingman est en plein travail dans son bureau à Philadelphie lorsque le téléphone sonne. Comme à son habitude, il laisse sonner quatre fois avant de répondre. Au bout du fil se trouve Arnold K. Sweetwater, Président de United Chocolate.

Russ – Russ Kingman à l'appareil.

Arnold – Salut, Russ, c'est Arnold.

Russ – Arn, comment ça va ? Les vacances se sont bien passées ?

Arnold – Oui, Russ, très bien ! Je crois que je te l'avais dit, on était à Palm Springs. J'ai passé le plus clair de mon temps sur le terrain de golf !

Russ – Je veux bien te croire. Et quand est-ce qu'on va faire une partie ensemble ?

Arnold – Je crois que ça devrait pouvoir se faire la semaine prochaine. Je te le dirai. *(bref silence)* Mais je ne t'ai pas appelé pour parler golf, Russ. Il y a un problème à San Antonio, et j'ai besoin de ton aide...

Russ – Quel genre de problème, Arn ?

Arnold – Tu sais qu'on agrandit notre usine là-bas pour augmenter notre capacité de production. Eh bien, pour faire ça, on va être obligés de mordre sur près d'un hectare de forêt...

Russ – Et alors ?!

Arnold – Il se trouve tout à fait par hasard que ce terrain boisé a une signification historique pour la population latino. C'est le site d'un camp de l'armée mexicaine pendant la bataille de l'Alamo...

Russ – Je comprends le problème, Arn !

Arnold – Les Latinos menacent de boycotter nos produits, et ils sont activement soutenus par les associations de défense de la nature, sans parler des Indiens !

Notes

(1) **Palm Springs** : ville de Californie, située à environ 170 km à l'est de Los Angeles, au climat sec et doux. C'est un lieu de villégiature pour les personnes plutôt aisées, connu (justement !) pour ses magnifiques terrains de golf.

(2) **conservationist(s)** = partisan(s) de la protection de l'environnement. C'est un terme qui est souvent utilisé en anglais, alors qu'en français, on dirait sans doute plus facilement *écologiste(s)* ou *vert(s)*.

(3) **native Americans** : il s'agit, bien sûr, du terme politiquement correct utilisé maintenant aux États-Unis pour désigner les *Indiens (d'Amérique)*. Plus question, aujourd'hui, de les appeler **Indians** ou **Amerindians**.

DIALOGUE

CHAPTER 43

Threat of a boycott

Russ Kingman is hard at work in his office in Philadelphia when the phone rings. As always, he lets it ring four times before answering. The caller is Arnold K. Sweetwater, President of United Chocolate.

RUSS — Russ Kingman speaking.

ARNOLD K. SWEETWATER — Hi Russ, it's Arnold.

RUSS — Arn, how are you? How was the vacation?

ARNOLD — It was fine, Russ, just fine! I think I told you, we were in Palm Springs *(1)*. I spent most of my time on the golf course!

RUSS — I can imagine! When are we going to have a round together?

ARNOLD — I think next week should be OK. I'll let you know. *(slight pause)* But I didn't phone you to talk about golf, Russ. There's a problem down in San Antonio and I need your assistance...

RUSS — What sort of a problem, Arn?

ARNOLD — You know we're enlarging our production unit down there to increase capacity. Well, in order to do that, we're going to have to cut into about two acres of forest land...

RUSS — So what?!

ARNOLD — It just so happens that the woodland has historical significance for the Latino population. It was the site of a Mexican army camp during the Battle of the Alamo...

RUSS – I see the problem, Arn!

ARNOLD — The Latinos are threatening to boycott our products, and they're being actively supported by the conservationists *(2)*, not to mention the native Americans *(3)*!

)))

TRANSLATION

Russ – Mais est-ce un problème qui relève de marketing ?

Arnold – Indirectement, oui... Cependant ce n'est pas pour ça que je voulais te parler. Quelqu'un m'a suggéré d'envoyer là-bas une personne de ton équipe pour essayer de démêler cette histoire...

Russ – Comment ça ? Tu penses à quelqu'un de particulier ?

Arnold – Oui... Kate Hewitt !

Russ – Ah, d'accord..., je comprends !

Arnold – On m'a dit que c'était une formidable négociatrice...

Russ – Oui, elle a beaucoup de talent. De temps en temps, il y a quelqu'un qui passe par ton service, et tu sais que cette personne ira loin ! Kate est une de celles-là !

Arnold – On m'a dit aussi qu'elle avait un petit ami latino au Texas...

Russ – Oui, à Houston. Le problème, c'est que Kate n'est pas là en ce moment. Je l'ai envoyée à Guangzhou hier pour essayer de nous sortir du pétrin dans lequel on s'est fourrés avec Minyu ! Je ne crois pas qu'elle ait tellement apprécié le fait de partir au pied levé, et ça n'a sûrement pas plu à son compagnon de passer encore un week-end sans elle. Ils ne se voient que le week-end... et encore, certains week-ends !

Arnold – Quand est-ce qu'elle revient de Chine ?

Russ – D'ici vendredi, je dirais...

Arnold – OK, Russ. Dès qu'elle revient, tu vas l'envoyer à San Antonio... Et si elle arrive à négocier un accord satisfaisant là-bas, donne-lui une semaine de congé pour qu'elle puisse passer un peu de temps avec son compagnon !

Russ – D'accord, Arn. Je vais lui laisser un message sur sa boîte vocale en lui demandant de me recontacter.

Notes

(4) mess : mot plutôt familier, qui s'utilise très souvent avec diverses nuances. **Mess** désigne un état de désordre (**What a mess!**, *Quel chantier !*), de confusion (**My life's a mess !**, *Ma vie est un désastre !*) ou, comme dans le dialogue, un état problématique : **[to] sort out the mess**, *sortir du pétrin*.

Dialogue

Chapter 43

Russ – But is that a marketing problem?

Arnold – Indirectly, it is... But that's not why I called you about it. Someone suggested I send a member of your team down there to try and sort things out...

Russ – What, any member?

Arnold – No... Kate Hewitt!

Russ – OK, I get it!

Arnold – I've been told she is a great negotiator...

Russ – Yes, she has a lot of talent. Every so often you have somebody through your department and you know that person will go a long way! Kate is one of those!

Arnold – I was also told that she has a Latino boyfriend down in Texas...

Russ – Yes, in Houston. The problem is that Kate's not here at the moment. I sent her off to Guangzhou yesterday to try and sort out the mess *(4)* we've got into with Minyu! I don't think she was very happy to leave at such short notice and I doubt whether her boyfriend enjoyed spending another weekend without her. They only see one another at weekends... And it's not every weekend!

Arnold – When does she get back from China?

Russ – By Friday, I would say...

Arnold – OK, Russ. As soon as she gets back, you're going to send her down to San Antonio... And if she can negotiate a satisfactory agreement down there, give her a week off so that she can spend some time with her boyfriend!

Russ – OK Arn... I'll leave a message on her voice mail and ask her to get back to me.

— DOCUMENT —

Eponyms, éponymes...

The title of this chapter is **Threat of a boycott**, translated into French as *Menace d'un boycott*. Today, everybody knows the meaning of the word **boycott**, also found not only in French (*le boycott, le boycottage, boycotter*) but in many other languages. Yet how many people know that Captain Charles Cunningham Boycott (1832-1897) was an Irish landlord who refused to reduce his rents and was subsequently ostracized? Through his actions, he involuntarily gave his name to a practice, and in doing so became eponymous.

The case of an American, William Lynch (1742-1820), is very similar. He used to organize extra-legal trials in Virginia, thereby originating what came to be known as "lynch law". It was basically a way of condemning someone without a proper trial and executing them by allowing a crowd of angry citizens to **lynch** them. Some would argue that it was in fact Charles Lynch (1736-1796) who gave his name to this practice, but whichever Lynch it was, the name became an eponym, also found in French *(lyncher, le lynchage)* and many other languages.

An eponym is thus a person (real or imaginary) after whom a discovery, invention, place, institution, etc. is named or thought to be named; or, as it is often defined (though this would exclude verbs, adjectives, etc.), a proper noun which becomes a common noun. In both English and French, many eponyms exist, and each language has its specialized dictionaries. These words are often very popular and widely used in everyday language. This is not surprising, given that many of them entered the respective languages through popular usage.

Some of the eponyms commonly used in French are specific to that language, and this can be explained by historical, cultural and, more recently, economic reasons: the use of a well-known commercial brand (even if it is not French) to designate the product itself, whatever the brand. The French used to consult the *bottin* to find the address of a good shoe shop when they needed some new *godillots*, or used their *opinel* to cut a slice of the sausage they kept in their *frigidaire*. These words would not mean much to someone unfamiliar with life in France, and many young French people would find them old-fashioned. Brands come and go, products evolve, and, perhaps above all, globalization rules! When a French President talks about cleaning up the suburbs of Paris with a *kärcher*, nobody accuses him of unfairly promoting German products!

Document

Chapter 43

Generations of Americans and Britons would use a vacuum cleaner, made perhaps of **bakelite**, to **hoover** their carpets, use **sellotape** (not *scotch*) to seal their parcels, or write their letters with a **biro** (invented by a Hungarian whose firm prospered in Argentina before being bought out by *Bic*!). The younger generation (in Britain, at least) will perhaps one day **dyson** their carpets, but it is less likely that they will write too many letters!

For many famous inventors, though, the eponym becomes universal, because of the importance of the discovery, and here, the French can feel proud. Let's not dwell on Joseph Ignace Guillotin or Jean Nicot; far better to remember André-Marie Ampère or Louis Pasteur. And above all, we should not forget César de Choiseul, Comte de Plessis-Praslin, without whose discovery United Chocolate would not be facing a boycott of their pecan pralines!

POUR EN SAVOIR PLUS

L'entreprise face à l'environnement

Dans ce chapitre, United Chocolate se trouve face à une menace de boycott de ses produits, à cause de l'agrandissement de son usine de San Antonio qui risque de porter atteinte à l'environnement. Certes, le mouvement de grogne est initié par la population hispanique pour des raisons historico-identitaires, mais les **conservationists** aussi viennent s'en mêler et ne perdent pas de temps pour occuper le terrain.

Certains mauvais esprits s'étonneront peut-être qu'il existe des défenseurs de l'environnement au Texas ! En effet, l'image de ce grand État, dont l'économie a toujours été intimement liée à l'industrie pétrolière, a beaucoup souffert ces dernières années à cause des positions peu écologistes de son ancien gouverneur, devenu pendant huit ans Président des États-Unis. Qui plus est, George W. Bush n'a jamais voulu ratifier le fameux Protocole de Kyoto.

Il existe encore probablement des chefs d'entreprise au Texas pour qui les protecteurs de la nature ne sont que des empêcheurs de gagner des dollars en rond ! Cet État a également beaucoup pâti de la baisse du prix du pétrole, intervenue – après des hausses vertigineuses – à partir de l'automne 2008. La réaction ne s'est pas fait attendre, et cet État aux grands espaces plats, balayés par le vent, s'est lancé dans la construction d'éoliennes ; d'ailleurs le Texas, qui ne fait jamais les choses à moitié, est déjà le premier État producteur d'énergie éolienne.

En tout état de cause, aujourd'hui, dans les pays industrialisés, une entreprise ne peut plus se permettre de négliger les rapports qu'elle entretient avec l'environnement. Nous avions déjà parlé au Chapitre 13 de la RSE (responsabilité soci[ét]ale de l'entreprise), qui n'est, ni plus ni moins, que la déclinaison, à l'échelle de l'entreprise, des principes du développement durable, qui s'articule autour de trois piliers : efficacité économique, équité sociale et préservation de l'environnement.

Ces rapports que l'entreprise entretient avec l'environnement remontent sans aucun doute à la révolution industrielle, mais c'est plus particulièrement au cours des toutes dernières années qu'on a commencé à y prêter beaucoup plus d'attention. Cela s'explique, évidemment, par une prise de conscience plus aiguë des problèmes environnementaux, liés au réchauffement de la planète. L'entreprise est potentiellement porteuse de

Pour en savoir plus

nuisances, dommages et risques pour le milieu naturel, et doit adapter sa façon de faire en conséquence. Le modèle de développement traditionnel, "un maximum de profit en un minimum de temps" n'est plus envisageable aujourd'hui, et si les pouvoirs publics ne font pas suffisamment d'efforts, c'est aux entreprises elles-mêmes de montrer l'exemple.

Nul doute que la talentueuse Kate, formidable négociatrice, saura trouver les solutions qui mettront tout le monde d'accord : les **Latinos**, les **Native Americans** et, surtout, les **conservationists**. Sans oublier les dirigeants de United Chocolate !

Notebook

Exercices

Comprehension

1 Does Russ answer the telephone immediately? **2** Why does the President of United Chocolate phone Russ? **3** When are Arnold and Russ likely to play a round of golf together? **4** Why has United Chocolate had to "cut into about two acres of forest land"? **5** Why does the woodland in question have historical significance for the Latino population? **6** For what reason are the conservationists and the Native Americans supporting the Latinos? **7** Whom does Arnold want to send to San Antonio? **8** Would you say that Russ is optimistic about Kate's career prospects? **9** According to Russ, was Kate happy to go to China on business? **10** What will be Kate's reward if she is able to negotiate a satisfactory agreement in San Antonio?

Translation

1 Quand j'ai entendu le téléphone, j'ai laissé sonner quatre ou cinq fois avant de répondre. Je ne savais pas que c'était le Président qui appelait ! **2** Ce n'était pas une bonne idée de partir en vacances à Palm Springs. Ma femme a passé trop de temps sur le terrain de golf. **3** Je t'ai appelé pour savoir si nous allions pouvoir faire une partie de golf ensemble cette semaine. **4** Un hectare de terrain boisé à San Antonio n'est rien à côté du terrain de golf à Palm Springs ! **5** Si les Latinos du Texas menacent de boycotter nos barres à la praline de pécan, ils doivent vraiment être en colère ! **6** Je suis désolé, Russ, mais ce problème concerne bel et bien le service Marketing. Il s'agit d'un boycott de nos produits ! **7** En effet, Kate a beaucoup de talent ! C'est une formidable négociatrice et à mon avis elle ira très loin ! **8** Tu as tort, Arn, le compagnon de Kate travaille et habite à Houston, pas à San Antonio. **9** Je n'étais vraiment pas content d'apprendre que tu partais en Chine dimanche. Si on ne peut même plus se voir le week-end maintenant... **10** Laisse un message sur ma boîte vocale, Russ, je te répondrai dès que possible.

— Exercises —

Application

Vous trouverez ci-dessous la transcription d'une conversation téléphonique entre Kate et Carlos. Nous en avons enlevé dix phrases, que vous trouverez dans le désordre à la suite de cette transcription. Lisez tout très attentivement et remettez les phrases à leur juste place dans la conversation.

KATE – Carlos ? It's Kate!
CARLOS – Ah, Kate! **(1 .....)**. I tried to phone you…
KATE – Yes I know… I was in a meeting. **(2 .....)**. Did I wake you up?!
CARLOS - Yeah, but **(3 .....)**! How's your trip going?
KATE – It's not easy, but **(4 .....)**.
CARLOS – And when will you be back?
KATE – By the end of the week, I'm sure…
CARLOS – …so **(5 .....)**?
KATE – Russ phoned me earlier on… He's given me another assignment, **(6 .....)**…
CARLOS *(sounding very disheartened)* – Oh no, Kate… **(7 .....)**! Where are you off to this time?
KATE *(slight pause)* – San Antonio.
CARLOS – San Antonio?! But what for?!
KATE – I'll explain that later, but **(8 .....)**, they'll give me a week's vacation!
CARLOS – A week's vacation?! Hey, that's great!
KATE – That's what I thought Carlos. **(9 .....)** seriously about our future… Getting married, moving to England…
CARLOS – Hey, you should tell Russ it's OK…
KATE – **(10 .....)**!

A and you accepted, I suppose
B I guess we're making progress
C I was hoping you'd call
D I love it when you wake me up
E if I'm successful
F I already have, Carlos
G as soon as I get back
H it will give us some time to think
I you'll be in Houston next weekend
J I've just got back to the hotel

Compréhension

1 No, he always lets it ring four times before answering. 2 Arnold phones Russ to tell him about the problem in San Antonio. 3 From what Arnold says, we can assume that they are likely to play next week. 4 United Chocolate has had to do this because it is enlarging its production unit in San Antonio in order to increase capacity. 5 It has historical significance because it was the site of a Mexican army camp during the Battle of the Alamo. 6 The conservationists and the Native Americans are supporting the Latinos, because they too disapprove of the planned enlargement of UC's San Antonio production unit and therefore support the call for a boycott. 7 Arnold wants to send Kate to San Antonio "to try and sort things out," as he puts it. 8 Yes, he seems very optimistic, because he speaks very highly of Kate and says she "will go a long way!" 9 Russ says he doesn't think she was very happy to leave at such short notice. 10 Arnold says that if she is able to negotiate a satisfactory agreement in San Antonio, Russ can give her a week off work.

Notebook

— Suggested solutions —

Traduction

1 When I heard the phone, I let it ring four or five times before answering. I didn't know it was the President (who was) calling! 2 It wasn't a good idea to take a vacation (/ to vacation) in Palm Springs. My wife spent too much time on the golf course. 3 I called (/ phoned) you to know whether we were going to be able to play a round of golf together this week. 4 About two acres of woodland in San Antonio is nothing compared with the golf course in Palm Springs! 5 If the Latinos in Texas are threatening to boycott our pecan praline bars, they must really be angry! 6 I'm sorry, Russ, but this problem certainly does concern the Marketing Department. It's about our products being boycotted. 7 You're right, Kate has a lot of talent. She's a great negotiator and in my opinion, she'll go a long way! 8 You're wrong, Arn, Kate's boyfriend works and lives in Houston, not in San Antonio. 9 I really wasn't happy to learn that you were leaving for China on Sunday. If we can't even see each other at weekends now… 10 Leave a message on my voice mail, Russ, and I'll answer you as soon as I can.

Application

1	C	6	G
2	J	7	A
3	D	8	E
4	B	9	H
5	I	10	F

Notebook

--- TRANSLATION ---

Décisions

Après avoir géré avec succès la crise à San Antonio, provoquée par l'agrandissement de l'unité de production de United Chocolate, Kate est très heureuse de profiter de la semaine de congé promise par le Président de UC. Carlos arrive également à prendre quelques jours et ils passent leur temps à San Antonio et à Houston à prendre des décisions importantes pour leur avenir. Kate appelle sa mère.

Kate – Allô... C'est toi, maman ?

Mme Hewitt – Bonjour, Kate... C'est formidable de t'avoir au téléphone ! Où es-tu ?

Kate – Je suis à Houston, avec Carlos. On m'a donné une semaine de congé !

Mme Hewitt – Une semaine de congé ?! Qu'est-ce qui t'arrive ? Tu es malade ?

Kate – À vrai dire, je suis épuisée, si c'est ce que tu appelles "être malade" ! Ras le bol de cette vie à cent à l'heure ! À peine rentrée de Guangzhou – je ne te mens pas –, j'ai dû m'envoler pour San Antonio pour y démêler un sac de nœuds !

Mme Hewitt – Ça ne m'étonne pas que tu sois épuisée, Kate, avec tous ces voyages que tu fais. Un jour la Chine, le lendemain le Texas...

Kate – On dirait Carlos ! Il n'arrête pas de me répéter que notre relation commence à ressembler à une fusion entre deux entreprises... !

Mme Hewitt – Eh bien, il a raison, ce pauvre garçon. Après tout, il ne te voit pratiquement jamais !

Kate – Mmmm... Enfin, nous avons pris des décisions... *(silence)*

Mme Hewitt – Et alors ?!

Kate – On m'a proposé un poste en Angleterre... Chez Norfolk Chocolate à Norwich...

Notes

(1) **(to) be on at/to someone** : expression idiomatique qu'on pourrait traduire par *s'en prendre à quelqu'un, être sur le dos de quelqu'un, harceler quelqu'un* ou plus simplement *répéter (quelque chose) à quelqu'un*. Une expression très proche serait **(to) keep on at/to someone**.

(2) **merger**, *fusion, concentration par absorption*. Synonyme : **amalgamation**. L'expression *fusions-rachats* se traduit par **mergers and acquisitions (M & A)**.

Dialogue

CHAPTER 44

Making decisions

After her successful handling of the crisis down in San Antonio caused by the enlargement of United Chocolate's production plant, Kate is very happy to take advantage of the week's vacation which UC's President promised her. Carlos is able to take a few days off, too, and they spend their time in San Antonio and Houston making some important decisions about their future. Kate calls her mother.

Kate — Hello... Is that you, Mum?

Mrs Hewitt — Hello, Kate... How wonderful to hear from you! Where are you?

Kate — I'm in Houston, with Carlos. They gave me a week off work!

Mrs Hewitt — A week off work?! Are you ill or something?

Kate — Well I am exhausted, if you can call that being ill! Getting sick of living in the fast lane! As soon as I got back from Guangzhou – literally – I had to fly to San Antonio to sort out some mess down here!

Mrs Hewitt — I'm not surprised you're exhausted, Kate, with all the traveling you do. One day China, the next Texas...

Kate — You sound like Carlos, Mum! He's always on at me *(1)*, too! Said our relationship was beginning to resemble a business merger *(2)*...!

Mrs Hewitt — Well I don't blame him, poor darling. He hardly ever sees you, after all!

Kate — Mmm... Anyway, we've made some decisions... *(pause)*

Mrs Hewitt — So...?!

Kate — I was offered a job in England... With Norfolk Chocolate in Norwich...   )))

— Translation —

Mme Hewitt – Et tu as accepté ?

Kate – En fait, je ne pouvais pas vraiment refuser, tu vois. C'est le poste de directeur général par intérim !

Mme Hewitt – Ouaouh, c'est génial, Kate, fantastique ! Ton père va être ravi, sans parler de Ben… ! Tu lui manques beaucoup, tu sais.

Kate – Lui aussi, il me manque beaucoup…

Mme Hewitt *(après un silence)* – Et Carlos, alors, qu'est-ce qu'il va faire ?

Kate – Il vient avec moi, bien sûr. Tu ne trouves pas que c'est vraiment gentil de sa part ?!

Mme Hewitt – Et comment ! Tu as vraiment de la chance ! Et lui, il a trouvé un emploi ?

Kate – Non, pas encore. Mais on ne se fait pas de souci. Avec son expérience, il trouvera forcément quelque chose.

Mme Hewitt – Hum… Et quand est-ce que vous arrivez ?

Kate – Écoute, il n'y a rien de sûr pour l'instant. Il faut qu'on discute tous les deux dès lundi avec nos supérieurs, mais je dirais d'ici une ou deux semaines, tout au plus. Ils veulent que je prenne les commandes à Norwich le plus tôt possible.

Mme Hewitt – Tu nous le diras quand tout aura été décidé, n'est-ce pas, ma chérie ?

Kate – Oui, bien sûr, maman !

Mme Hewitt – On viendra vous chercher à l'aéroport.

Kate – Ce serait génial ! *(silence)* Au fait, il y a autre chose que je voulais te dire…

Mme Hewitt – Oui… C'était quoi ?

Kate – Nous avons décidé de nous marier…

Mme Hewitt – Oh, Kate… ! Je suis absolument ravie. C'est une merveilleuse nouvelle ! Et vous savez déjà quand ?

Kate – Pas vraiment, mais dès que nous serons bien installés en Angleterre.

Notes

(3) **Acting**, par intérim, intérimaire. Terme qualifiant quelqu'un qui occupe une fonction pendant l'absence de la personne habituelle ou, comme ici, en attendant qu'une nouvelle personne soit nommée.

Dialogue

Chapter 44

Mrs Hewitt — And have you accepted?

Kate — Well I couldn't really refuse, could I? It's the post of Acting *(3)* Managing Director!

Mrs Hewitt — Wow, Kate, that's brilliant, fantastic! Your dad will be delighted, not to mention Ben...! He misses you a lot, you know.

Kate — I miss him too, Mum...

Mrs Hewitt *(after a pause)* – And what will Carlos do, then?

Kate — He's coming with me, of course. Isn't that sweet of him?!

Mrs Hewitt — It really is. You're a very lucky girl! Does he have a job to go to?

Kate — No, not yet. But we're not worried about that. With his experience, he's bound to find something.

Mrs Hewitt — Mmm... So when are you coming over?

Kate — Well, there's nothing certain yet... We both need to speak to our bosses on Monday, but I'd say within a couple of weeks, at the most. They want me to take over in Norwich as soon as possible.

Mrs Hewitt — You'll let us know when everything's been decided, won't you love?

Kate — Of course I will, Mum!

Mrs Hewitt — We'll drive down and pick you up at the airport.

Kate — That would be lovely! *(pause)* By the way, there's something else I was going to tell you...

Mrs Hewitt — Yes...? What was that?

Kate — We've decided to get married...

Mrs Hewitt — Oh, Kate...! I'm so thrilled. That's wonderful news! Do you know when, yet?

Kate — Not really, but as soon as we get settled down in England.

— POUR EN SAVOIR PLUS —

Les signes de prestige

L'expression *signe de prestige*, **status symbol**, a été popularisée en 1959 par le sociologue Vance Packard dans son livre *The status seekers* (en français "À l'assaut de la pyramide sociale"). Dans l'entreprise, chez les cadres, *les avantages en nature*, **perks** (voir Chapitre 34), font figure de signes de prestige car ils servent à établir la distinction entre *les dirigeants*, **top managers, senior managers** et les autres, *cadres moyens*, **middle managers** et *cadres débutants*, **junior managers** :

– **company cars**, *voitures de fonction* ;
– **expense accounts**, *frais de représentation*, dont le plafond est fonction de la position dans l'entreprise ;
– **stock options**, *options d'achat d'actions* ;
– **reserved boxes, corporate boxes**, *accès à des tribunes réservées* pour les grands événements culturels ou sportifs ;
– et, aux États-Unis, ultime récompense pour les plus hauts échelons de la hiérarchie : des **private restrooms**, *toilettes personnelles* !

Working abroad

The Cambridge Chronicle, Kate's hometown newspaper, published a series of articles about members of the community who work abroad. In spite of her heavy workload, Kate, who is attached to her hometown, accepted to give her point of view. Below are excerpts from Kate's answer:

(...) As far as I am concerned, I can honestly consider myself a contented expatriate. When I received my first overseas posting, it seemed that my wildest dreams were coming true! My work abroad has really been beneficial to my career.

I know that many people who live in this town would like to work abroad because they like to travel, but I must warn them that it takes more than the love of travel to succeed in one's career. Overseas assignments should be an act of faith.

Trust between the employee and the company should prevail. Should an employee be treated unfairly while abroad or upon return, he or she will be tempted to look for a job elsewhere and afterwards, few staff members will volunteer for positions abroad.

On the other hand, I feel deeply that an expatriate employee has a responsibility to "repay the cost and the trust placed in him or her by diffusing an international spirit." This can only work when he or she is happy and the recipient company helps to establish a culture of openness to foreign ideas.

Expatriate employees who accept to adjust to foreign cultures can contribute to giving their company a competitive advantage...

Comprehension

1 Why does Kate call her mother during her week off?
2 Why do you think Mrs Hewitt asks her daughter whether she is ill?
3 Why is Kate exhausted, according to her mother?
4 Why do you think that Kate says her mother sounds like Carlos?
5 What have Kate and Carlos been doing in San Antonio and Houston during the time they've spent together?
6 Why does Mrs Hewitt say that her daughter is "a very lucky girl?"
7 Has Carlos found a job in Norwich too?
8 When will Kate probably take over at Norfolk Chocolate?
9 According to Mrs Hewitt, what will the family do when Kate and Carlos arrive in England?
10 When will Kate and Carlos be getting married?

Application 1: How to communicate effectively

Dans le dialogue, Kate a téléphoné à sa mère. Mais il existe bien d'autres moyens de communiquer. Dans cet exercice, il vous est demandé de choisir la méthode de communication (colonne de droite) la plus adaptée au problème posé (colonne de gauche).

Problem	Means of communication
1 A visitor comes while you are away. You inform him/her that you will be back soon.	**A** Write a memo to all staff
2 The chairman of a multinational company wants to consult the managers of the European branches.	**B** Send an e-mail

Exercises

3 You want to tell an employee his/her work is not up to standard.

4 You want to talk briefly to a supplier.

5 A student has found an internship in your company. He/she would like further details about his/her assignment.

6 You want to communicate something important to all the firm's employees.

7 You want to discuss the company's strategy with three other managers.

8 You want to discuss a licensing agreement with the manager of another company.

9 You want to see a student who has applied for a placement.

10 You want to inform everyone about the corporate team's soccer game.

C Hold a meeting

D Put a notice on the bulletin board

E Ask him/her to come for an interview

F Stick a handwritten note on your door

G Pick up your phone

H Arrange an appointment

I Talk to the person face to face

J Hold a video-conference

Application 2: Acronyms

Dans son travail quotidien, comme dans celui de toute personne travaillant en entreprise, Kate reçoit continuellement des documents comportant des sigles qu'elle est censée connaître. Chaque sigle ou abréviation (colonne de droite) est illustré par une définition (colonne de gauche.) Faites correspondre les sigles et les définitions.

Definition	Acronyms
1 regional organization formed by Malaysia, Thailand, Indonesia, the Philippines and Singapore	**A** GDP
2 managing director	**B** ROI
3 the seller's price includes all charges and risks up to the moment when the ship carrying the goods arrives at the port of destination	**C** IOU
4 the customer pays the postman the full price of the goods and any delivery charges	**D** PAYE
5 total income received by a country	**E** VIP
6 acknowledgement of a debt	**F** CEO
7 rate of European currencies	**G** ASEAN
8 method of collecting income tax by requiring employers to deduct it from earnings	**H** CIF
9 profitability of an investment	**I** LIBOR
10 a big shot	**J** COD

— Suggested solutions —

CHAPTER 44

Compréhension

1 Kate calls her mother to announce two important decisions to her: firstly, that she has been offered a job with Norfolk Chocolate in Norwich and secondly, that she and Carlos are going to get married. 2 Mrs Hewitt is probably surprised that her daughter has a week off because she is used to Kate working all the time, and consequently asks – no doubt teasingly – whether she's ill! 3 Kate's mother tells her daughter that it's not surprising she's exhausted with all the traveling she does (China, Texas, etc.). 4 Because her mother is going on at her about doing too much traveling and Kate says that Carlos is always doing the same thing. 5 Kate and Carlos have obviously been discussing their future, perhaps with Carlos' parents too (in San Antonio). They've also been making some important decisions about Kate's job offer and their future together. 6 Mrs Hewitt says Kate is "a very lucky girl," because Carlos has been very "sweet" in accepting to go to England with her. 7 Not yet, but Kate and Carlos aren't worried about that, because of "his experience," as Kate says. 8 Kate says that they want her to take over as soon as possible, but nothing has been decided yet. She says that it will probably be "within a couple of weeks, at the most." 9 Mrs Hewitt says that they (the family) will drive down and pick Kate and Carlos up at the airport. 10 Kate says that she doesn't really know yet, but it will be as soon as they get settled down in England.

Application 1 : Comment communiquer efficacement

1 F	6 A
2 J	7 C
3 I	8 H
4 G	9 E
5 B (ou G)	10 D

Application 2 : Sigles

1. G (Association of South East Asian Nations)
2. F (Chief Executive Officer)
3. H (Cost, Insurance, Freight)
4. J (Cash On Delivery)
5. A (Gross Domestic Product)
6. C (I Owe U [you])
7. I (London InterBank Offered Rate)
8. D (Pay As You Earn)
9. B (Return On Investment)
10. E (Very Important Person)

TRANSLATION

De retour au Royaume-Uni

Kate est dans l'avion qui la ramène au Royaume-Uni avec Carlos. Elle a décidé d'accepter l'offre d'Alexander Spencer-Jones de "prendre les commandes" (temporairement, du moins) de Norfolk Chocolate. Kate lit le magazine de la compagnie aérienne ; Carlos lit le Wall Street Journal.

Carlos – Hé, chérie, regarde ça... Il y a un article sur United Chocolate !

Kate *(l'air un peu blasé)* – Ah, oui ? Et qu'est-ce qu'il dit ?

Carlos – Il parle de l'extension à l'usine de San Antonio et de la menace de boycott de la part de la population latino... ; écoute ça : "UC a dépêché de Philadelphie une jeune négociatrice qui, d'après nos sources, serait anglaise"...

Kate *(sarcastique)* – ... "qui, d'après nos sources, serait anglaise" ? Charmante façon de le dire !

Carlos – Eh bien, tu es anglaise, non ?! Et tu rentres en Angleterre ! Tu devrais être contente...

Kate *(bref silence)* – Mais je suis contente, bien sûr. Et ce qui me fait le plus plaisir, c'est que tu viennes avec moi !

(Ils sourient tous les deux.)

Carlos – Je pense qu'il était temps que je change de vie, Kate... Vivre à Houston, c'est vraiment de la folie ! Et travailler dans une compagnie pétrolière, c'est aussi de la folie, avec la fluctuation constante des prix du pétrole.

Kate – Tu ne vas pas chercher un poste dans l'industrie pétrolière, donc... ?

Carlos – Ça m'étonnerait beaucoup ! Je n'ai vraiment aucune idée de ce que je vais pouvoir faire.

Kate – Viens travailler chez Norfolk Chocolate... ! Je vais sûrement avoir besoin de compétences en analyse financière. Ce n'est pas ma spécialité, comme tu le sais !

DIALOGUE

CHAPTER 45

Back in the UK

Kate is flying back to the UK with Carlos, having decided to accept Alexander Spencer-Jones' offer to "take over" (temporarily, at least) at Norfolk Chocolate. Kate is reading the airline magazine; Carlos is reading the Wall Street Journal.

CARLOS – Hey, honey, look at this... There's an article about United Chocolate!

KATE *(sounding a little blasé)* – Ah, yes? And what does it say?

CARLOS – It's about the extension to the San Antonio production plant, and the Latinos' threatened boycott... Hey, listen to this: "UC dispatched a young negotiator, believed to be English, from Philadelphia..."

KATE *(sarcastically)* – ... "believed to be English?" What a nice way of putting it!

CARLOS – Well you are English, aren't you?! And you're going back to England! You should be pleased...

KATE *(slight pause)* – But I am pleased, of course. And what pleases me more than anything else is the fact that you're coming with me!

(They both smile.)

CARLOS – I guess I was ready for a change, Kate... Houston is such a crazy place to live! And an oil firm is a crazy place to work, too, with the constant ups and downs in oil prices.

KATE – So you won't be looking for a job in the petroleum industry...?

CARLOS – I doubt it very much! I really don't know what I'll be able to do.

KATE – Come and work at Norfolk Chocolate...! I'm certainly going to need to some expert financial analysis. It's not my speciality, as you know!

)))

Translation

Carlos – Tu sais bien que je ne viendrais jamais travailler dans ton entreprise. On t'accuserait de népotisme et ça porterait atteinte à ta crédibilité. Mais je serais ravi de te donner quelques conseils d'expert, à titre strictement officieux, bien sûr !

Kate *(souriant)* – Merci pour ta proposition !

(bref silence)

Carlos – Norwich est à combien de kilomètres de Londres, au fait ?

Kate – Je ne sais pas... Environ 200, j'imagine.

Carlos – Pas si loin que ça, alors.

Kate – Oh, arrête, Carlos... Nous parlons de l'Angleterre, pas du Texas. Tu ne pourrais certainement pas t'y rendre tous les jours. Mais il y a d'autres sociétés dans la région, et ce n'est pas si loin que ça de Cambridge. Il y a plein d'entreprises high-tech très dynamiques qui ont poussé autour de l'université. Ça s'appelle le Silicon Fen...

Carlos – Le Silicon Fen ?! C'est quoi, un fen ?

Kate – Tu verras quand tu y seras !

Carlos *(souriant)* – De toute façon, il n'y a pas le feu pour trouver un poste vu le salaire que United Chocolate va te verser... !

Kate – Tu n'as jamais envisagé de créer ton propre cabinet de conseil ? Comme ça, tu pourrais travailler à la maison !

Carlos – Je n'y ai jamais pensé sérieusement... Ça ne m'a jamais semblé être une bonne idée à Houston. Mais pourquoi pas... ? Je vais me pencher sur la question, c'est promis !

(silence)

Kate *(avec un soupir)* – Je pense que je vais regarder un des films. Qu'est-ce que tu vas faire, toi ?

Notes

(1) **nepotism** : le même mot, *népotisme*, existe bien sûr en français, mais s'utilise peut-être un peu moins que son synonyme, *favoritisme*, (**favo[u]ritism**). L'origine étymologique du mot **nepotism** est le mot latin, *nepos*, qui signifie neveu (**nephew**) et *petit-fils* (**grandson**).

(2) **Silicon Fen** : ce terme s'inspire évidemment de la fameuse Silicon Valley en Californie. Le mot **fen** signifie *marais* ou *marécage*, et on appelle **the Fens** les terres basses de l'est de l'Angleterre, où se trouve la ville de Cambridge.

Dialogue

CHAPTER 45

CARLOS — You know I would never come and work in your company. You'd be accused of nepotism *(1)* and that would damage your credibility. But I'd be happy to give you some expert advice, on a strictly unofficial basis, of course!

KATE *(smiling)* – Thanks for the offer!

(slight pause)

CARLOS — How far is Norwich from London, by the way?

KATE — I don't know... About 120 miles, I suppose.

CARLOS — Not that far then.

KATE — Oh, come on Carlos... We're talking about England, not Texas. You certainly wouldn't be able to commute. But there are other firms in the area, and it's not that far from Cambridge. There are lots of very dynamic high-tech firms that have grown up round the university. They call it Silicon Fen *(2)*...

CARLOS — Silicon Fen?! What on earth is a fen?

KATE — Oh, you'll see when you're over there!

CARLOS — Anyway, there's no big hurry to find a job given the salary that United Chocolate will be paying you...!

KATE — Have you ever thought about starting your own consulting firm? That way, you could work from home!

CARLOS — I've never thought seriously about it... It didn't seem like a good idea to me in Houston. But why not...? I'll certainly give it some thought!

(pause)

KATE *(sighing)* – I think I'm going to watch one of the movies... What about you?

)))

Carlos – Je n'aime pas trop les films en avion… L'écran est trop petit, le son est atroce ! Je crois que je vais essayer de dormir un peu, tout simplement. Dans combien de temps on arrive à Heathrow ?

Kate – Il y en a encore au moins pour six ou sept heures … Il n'y a pas si longtemps qu'on est partis de Dallas-Fort Worth. Je parie qu'on n'est même pas encore au-dessus de l'Atlantique !

Notes

(3) **in-flight entertainment** : terme utilisé couramment par les compagnies aériennes pour désigner tous les divertissements (films, musique, etc.) qu'elles proposent aux passagers pendant les *vols long courrier* (**long-haul**).

(4) **DFW** = Dallas-Fort Worth. Il s'agit de l'aéroport que partagent ces deux grandes villes du Texas, distantes l'une de l'autre d'environ quarante kilomètres. C'est un **hub** (voir chapitre 24, note 4) très important, voire incontournable, ce qui a poussé Kinky Friedman, célèbre humoriste texan, à donner comme sous-titre à son livre **Guide to Texas Etiquette**, ***How to Get to Heaven or Hell Without Going Through Dallas-Fort Worth !***

Dialogue

CHAPTER 45

CARLOS — I'm not crazy about in-flight entertainment *(3)*... The screen is too small, the sound is awful! I think I'll just try and get some sleep. How long is it before we arrive at Heathrow?

KATE — Another six or seven hours at least... It's not that long ago since we left DFW *(4)*! I bet we aren't even over the Atlantic yet!

Notebook

DOCUMENT

Of valleys and fens

In the dialogue of this chapter, Kate speaks to Carlos about the possibility of finding a job in one of the "very dynamic high-tech firms that have grown up round the university" in Cambridge, a region which has come to be known as Silicon Fen. Note 2 explains the meaning of the word "fen" and the obvious parallel with Silicon Valley.

The Fen, of course, is not the only clone derived from the Valley: we should not forget Scotland's Silicon Glen (corresponding approximately to the central corridor between Edinburgh and Glasgow), and not to be outdone, the Irish have often been known to refer ambitiously to "Silicon Ireland" or "Silicon Republic" (as in the Republic of Ireland).

From a geographical point of view, Silicon Valley is not really a valley but an area situated to the south of San Francisco Bay, running roughly from Palo Alto in the north to San Jose in the south, on either side of US Highway 101. The name Silicon (*silicium*, in French, and not *silicone*!) was an allusion in the early 1970's to the high concentration of firms involved in activities centering on the production of semi-conductors.

Over the years, Silicon Valley has seen thousands of firms (start-ups) created. Many of them were very small (garage operations), but quite a few of them have become giants of the consumer electronics industry. Household names such as Apple, eBay, Google, Hewlett-Packard, IBM, Intel or Yahoo still have their corporate headquarters and campuses in the Valley. The region has created hundreds of thousands of jobs and now has a gross domestic product of more than $400 billion. In other words, if Silicon Valley were a country in its own right, its economy would be ranked tenth, in front of that of Brazil!
This phenomenal success story is due, above all, to two factors, which obviously need to be present if similar regions, like the Fen, are also to succeed:
– the presence of a cutting-edge university environment: the Valley has Stanford, the Fen, Cambridge,
– the ready availability of venture capital: this was certainly the case in California and in England, before the crisis, at least.

However, Silicon Valley is certainly not crisis-proof. The region has demonstrated over the years its capacity to exploit successive innovation cycles to the full, until they run out of steam, in fact. The best example of this is the way in which the Valley was able to reinvent itself after the explosion of the Internet bubble and the dot.com[1] boom in 2001. The new cycle which is now booming concerns the application of information technology to the cause of sustainable development (solar and other renewable energies, electric or hydrogen-fuelled automobiles, etc.).

This is no doubt the real strength of the Valley and the Fen (which is the second largest venture capital market in the world and boasts over 1,000 high-tech companies): to be reactive, even proactive, as far as economic downturns are concerned. Paler imitations of the concept, often based on the manufacturing of high-tech goods rather than genuine technological innovation, are often too sensitive to labor costs and have difficulty surviving the relocation of firms as soon as the economic going gets tough.

[1] voir rubrique page 444.

—— Pour en savoir plus ——

À bas prix ou à bas coûts... ?!

Le dialogue de ce chapitre – entre Kate et Carlos – a lieu dans l'avion qui les emmène au Royaume-Uni. Il est clair que United Chocolate a choisi pour eux une grande compagnie "traditionnelle" et qu'ils sont confortablement installés en **business class**, voire en première ! Si Carlos ose se plaindre de la petite taille de l'écran de télévision et de la mauvaise qualité du son, il peut s'estimer heureux de ne pas voyager avec une compagnie **low cost** !

La formule est basée sur un certain nombre de règles de fonctionnement : une seule classe à bord (justement !), un seul type d'avion, l'utilisation d'aéroports secondaires (Paris-Beauvais, par exemple, ou Londres-Stansted ou Londres-Luton) qui coûtent moins cher et qui sont moins chargés, ce qui réduit le risque de retards au décollage et à l'atterrissage. Le passager réserve son vol sur Internet (l'adresse électronique de certaines compagnies figure en grand sur leurs avions !) et évidemment, tout service à bord (boisson, repas, etc.) est payant.

C'est sans doute la compagnie américaine, Pacific Southwest Airlines, qui la première a lancé le concept, et cela en 1949. Elle a été très largement imitée par Southwest Airlines à partir de 1971, mais c'est avec la déréglementation du transport aérien dans les années 1990 que le modèle **low cost** (on dit également **budget**, **discount** et même **no-frills**, *sans chichis*) a pris son véritable envol. Deux des compagnies low cost les plus connues (**Ryanair** et **easyJet**) datent de cette époque.

Il est intéressant de noter que le terme anglais se traduit parfois en français par *à bas prix*. Les Anglo-Saxons se placent plutôt du côté de la compagnie, qui se doit d'avoir les coûts les plus bas possibles. Ce qui est logique, car sans coûts bas, il est difficile d'être "à bas prix". En français, par contre, on se place plutôt du côté des passagers, qui eux, veulent surtout savoir combien ils vont payer.

Ceux qui ont tenté un jour l'expérience **low cost** se sont probablement posé la question suivante : le prix est-il vraiment aussi bas que ça ? On se connecte au site web d'une compagnie à bas prix, et on est stupéfait de voir que le vol ne coûte que 0,1 euro, par exemple. Alors on décide, bien sûr, de continuer ! Oui, mais... il y a les frais d'enregistrement en ligne, les taxes/frais, et il faut payer pour le bagage, mais bon... On arrive

Pour en savoir plus

au paiement sécurisé, tellement facile, mais zut, on a oublié de décocher l'assurance ! Tant pis, ce n'est jamais qu'une quinzaine d'euros de plus… et dernière surprise : il faut souvent payer des frais pour paiement par carte bancaire ! Il ne faut pas oublier, non plus, que pour aller à l'aéroport de départ, il faut prendre un train, un taxi ou un car ; même chose à l'arrivée, pour rejoindre la ville de destination. Dans l'avion, il vaut mieux n'avoir ni faim, ni soif, car tous les services à bord sont payants. En plus, il vaut mieux que votre bagage ne dépasse pas les 20 kilos – voire 15 kilos (selon la compagnie) !

En conclusion, on peut se demander si le prix affiché à l'origine est si intéressant que ça. En outre, certaines compagnies **low cost** ont menacé très récemment de taxer les passagers souffrant d'une surcharge pondérale, ou même de faire payer le papier de toilette ! Le tout est de savoir si de telles économies sont destinées à réduire encore plus les prix (pour le passager) ou simplement à permettre aux compagnies d'avoir les plus bas coûts possibles !

Notebook

Comprehension

1 Why are Kate and Carlos flying back to the UK? **2** What has Carlos found in the Wall Street Journal that he wants to show to Kate? **3** What makes this return to England particularly pleasant for Kate? **4** Why does Carlos say he was ready for a change? **5** Is it likely that Carlos will look for a job in the oil industry in the UK? **6** According to Carlos, why would he never go and work for Norfolk Chocolate? **7** Does Kate think that it will be possible for Carlos to find another job in the Norwich area? **8** Why does Carlos say that he's in no hurry to find a new job? **9** What other suggestion does Kate make to Carlos about working when they're in Norwich? **10** Why does Carlos not want to watch one of the movies on the plane as Kate intends to do?

Translation

1 Carlos a décidé de rentrer au Royaume-Uni avec Kate, temporairement du moins. **2** En lisant le magazine de la compagnie aérienne, Kate trouve un article qui parle de San Antonio. **3** D'après l'article que Carlos a lu dans le Wall Street Journal, la négociatrice dépêchée par United Chocolate serait de nationalité britannique. **4** Kate est d'accord avec Carlos : vivre à Houston est complètement fou, surtout quand le siège de l'entreprise se trouve à Philadelphie. **5** Les dirigeants qui emploient des membres de leur propre famille courent toujours le risque d'être accusés de népotisme. **6** En Angleterre, une distance de deux cents kilomètres paraît importante : il y a tellement de circulation sur les routes ! **7** À cause de la crise, beaucoup d'entreprises high-tech qui avaient poussé autour de l'université ont dû fermer. **8** De toute façon, il n'y pas le feu. Je pourrais même créer ma propre entreprise de conseil. **9** Avant, ça ne m'avait jamais semblé être une bonne idée, mais je promets de me pencher sur la question maintenant. **10** En première classe, on pourrait espérer avoir un plus grand écran et un meilleur son !

Application

Vous trouverez, ci-dessous, l'article que Carlos lisait dans l'avion et dont il avait parlé à Kate. Malheureusement, les différents paragraphes se sont emmêlés et il faut les remettre dans le bon ordre pour pouvoir le lire correctement.

Philadelphia, PA. – From our correspondent.

A The Latinos were threatening to boycott the firm's products, including their new "Amigo" pecan-praline bars aimed specifically at this very population.

B Within 48 hours, she had come up with a solution deemed satisfactory by all the parties.

C UC dispatched a young negotiator, believed to be English, from Philadelphia.

D A spokesperson for United Chocolate Inc. told our reporter yesterday that the ongoing crisis in San Antonio TX, had now been satisfactorily resolved.

E According to the agreement, UC will reposition its plant in relation to the original plans, and slightly reduce the size of the planned buildings.

F It also agreed to plant as many trees as it has to cut down on neighboring land where the Cultural Center and Museum will be located.

G UC's plans for an extension to their Texas production plant had come up against strong opposition from the Latino population in the area, who objected to the use of what they called "historic land," once the site of a Mexican Army camp during the Battle of the Alamo.

H What probably won UC's opponents over, more than anything else, was its offer to finance the building of a Latino Cultural Center, including a small Battle of the Alamo Museum.

I They were supported in their movement by the Native Americans and the conservationists.

J Although the firm refused to reveal the person's identity, we believe it was a close female collaborator of Russ Kingman, VP, Marketing and Sales.

Compréhension

1 They are flying back to the UK because Kate has decided to accept Alexander Spencer-Jones' offer to take over at Norfolk Chocolate. 2 Carlos has found an article about United Chocolate. It talks about the extension to the San Antonio production plant, and the Latinos' threatened boycott, and it mentions Kate, the "young negotiator." 3 Kate says that she's pleased first and foremost that Carlos is going with her. 4 He says he was ready for a change because Houston was a crazy place to live and that an oil firm was a crazy place to work. 5 We can assume it is very unlikely. He says: "I doubt it very much!". 6 Because he describes Norfolk Chocolate as Kate's company, and says that she would be accused of nepotism, which would damage her credibility. 7 Yes, she does. She says that "there are other firms in the area." She also says that Cambridge, where "there are lots of very dynamic high-tech firms that have grown up round the university," is not far away. 8 He refers to the salary Kate will be earning in her new position. In other words, they won't have any problems financially. 9 Kate suggests that Carlos might start his own consulting firm and work from home. 10 He explains that he doesn't like in-flight entertainment too much, because the screen is too small and the sound is awful.

Traduction

1 Carlos (has) decided to return (/go back) to the UK with Kate, temporarily (/ for the time being), at least. 2 When (/ While) she's reading the airline magazine, Kate finds an article (which talks) about San Antonio. 3 According to the article that Carlos (has) read in the Wall street Journal, the negotiator dispatched by United Chocolate is (/was) believed to be of British nationality. 4 Kate agrees with Carlos: living in Houston is completely crazy, especially when the firm is headquartered in Philadelphia. 5 Executives who employ members of their own family always run the risk of being accused of nepotism. 6 In England (a distance of) 200 kilometers is quite a long way: there's so much traffic on the roads! 7 Because of the crisis, many of the high-tech firms which had grown up round the university had to close. 8 There's no hurry, anyway. I could even set up (/ create) my own consulting firm. 9 Before, that (/ it) had never seemed to be a good idea to me, but I promise I'll give it some thought now. 10 In first class, you could expect to have a bigger screen and a better sound!

Application

D G A I C J B E H F

Vous trouverez, ci-dessous, l'article sous une forme plus lisible.

Philadelphia, PA. – From our correspondent.

A spokesperson for United Chocolate Inc. told our reporter yesterday that the ongoing crisis in San Antonio TX, had now been satisfactorily resolved.

UC's plans for an extension to their Texas production plant had come up against strong opposition from the Latino population in the area, who objected to the use of what they called "historic land," once the site of a Mexican Army camp during the Battle of the Alamo.

The Latinos were threatening to boycott the firm's products, including their new "Amigo" pecan-praline bars aimed specifically at this very population.

They were supported in their movement by the Native Americans and the conservationists.

UC dispatched a young negotiator, believed to be English, from Philadelphia.

Although the firm refused to reveal the person's identity, we believe it was a close female collaborator of Russ Kingman, VP, Marketing and Sales.
Within 48 hours, she had come up with a solution deemed satisfactory by all the parties.

According to the agreement, UC will reposition its plant in relation to the original plans, and slightly reduce the size of the planned buildings.

What probably won UC's opponents over, more than anything else, was its offer to finance the building of a Latino cultural Center, including a small Battle of the Alamo Museum.

It also agreed to plant as many trees as it has to cut down on neighboring land where the Cultural Center and Museum will be located.

TRANSLATION

Examen des comptes de la société

Kate a passé son premier week-end au Royaume-Uni à étudier dans les moindres détails les comptes de Norfolk Chocolate, en remontant jusqu'à la prise de contrôle par United Chocolate Plc. Elle était ravie de pouvoir compter sur l'expertise de Carlos. Nous sommes maintenant lundi matin et elle est en réunion avec Bill Hayward, le Directeur de l'usine.

BILL HAYWARD – Alors, Kate, j'espère que vous n'avez pas eu trop de difficulté à comprendre les comptes. Vous devez être plus habituée maintenant au mode américain de présentation...

KATE – Je suppose que vous faites allusion aux principes US GAAP...

BILL – Tout à fait ! Au Royaume-Uni, depuis 2005, nous utilisons les normes IFRS. Comme vous le savez certainement, il y a encore quelques différences, même si la SEC a récemment annoncé que les sociétés américaines devront utiliser le système IFRS à compter de 2014...

KATE – ...et qu'il y aura une période obligatoire de deux ans, entre 2012 et 2014, où elles devront présenter leurs comptes en utilisant à la fois les principes US GAAP et les normes IFRS !

BILL *(souriant)* – Je suis impressionné, Kate. Vous avez l'air d'être une véritable experte !

KATE – Non, Bill, pas moi. L'expert, c'est Carlos !

BILL – Carlos... ?

KATE – Excusez-moi... Mon compagnon. C'est un spécialiste de la finance. Évidemment, j'ai étudié la comptabilité à l'université, mais pour être tout à fait honnête, ça n'a jamais été mon point fort. Je me suis toujours davantage intéressée au marketing. Mais on dirait que la comptabilité n'a pas de secret pour vous !

Notes

(1) **US GAAP** = **US G**enerally **A**ccepted **A**ccounting **P**rinciples. Il s'agit de l'ensemble de principes (ou de règles) couramment utilisés aux États-Unis pour présenter les états financiers, **financial statements**, des entreprises. Les principes **US GAAP** seront progressivement remplacés par les normes **IFRS**.

(2) **IFRS** = **I**nternational **F**inancial **R**eporting **S**tandards. Ce sont les normes comptables, connues jusqu'en 2001 sous le nom de **IAS** (**I**nternational **A**ccounting **S**tandards), qui peu à peu s'imposent à travers le monde. En effet, les normes **IFRS** sont déjà utilisées partout dans l'Union européenne, et remplaceront d'ici quelques années les principes **US GAAP**.

DIALOGUE — CHAPTER 46

Analysing the company's accounts

Kate has spent her first weekend back in the UK studying in great detail the accounts of Norfolk Chocolate, going back as far as the takeover by United Chocolate Plc. She was delighted to be able to rely on the expertise of Carlos. It is now Monday morning and she is meeting with Bill Hayward, the Plant Manager.

BILL HAYWARD — So, Kate, I hope you didn't have too much difficulty understanding the accounts. I expect you're used more to the American way of presenting them now...

KATE — You're referring to US GAAP *(1)*, I suppose...

BILL — Exactly. In the UK, we've been using IFRS *(2)* since 2005. There are still some differences, as you probably know, even though the SEC *(3)* recently announced that US corporations will be required to use IFRS starting in 2014,...

KATE — ...and that there will be a mandatory two-year period, between 2012 and 2014, when they'll have to present their accounts in both GAAP and IFRS!

BILL *(smiling)* – I'm impressed, Kate... You seem to be quite an expert!

KATE — No, Bill, not me. The expert is Carlos!

BILL — Carlos...?

KATE — Sorry... My boyfriend. He's a financial specialist. Of course, I studied accounting at university, but to be perfectly honest, it was never my strong point. I've always been more interested in marketing. It sounds as though you know everything about accounting!   )))

---

(3) **SEC** = **S**ecurities and **E**xchange **C**ommission. Il s'agit de l'organisme américain qui règlemente et contrôle au niveau fédéral les marchés financiers. C'est l'équivalent de l'**AMF** (**A**utorité des **M**archés **F**inanciers) en France ou de la **FSA** (**F**inancial **S**ervices **A**uthority) au Royaume-Uni.

Translation

Bill – J'ai toujours été ingénieur dans l'âme... Mais vous verrez que lorsqu'on occupe un poste de direction générale, la comptabilité devient incontournable. Même si on a un spécialiste à qui on peut faire appel !

Kate *(souriant)* – Oui... Comme vous pouvez l'imaginer, je lui ai montré tous les bilans et comptes de résultat et il m'a donné plein d'explications... et beaucoup d'opinions, aussi ! J'espère que ce n'est pas un problème...

Bill – Absolument pas ! UC publie ses états financiers dans son rapport annuel, comme vous le savez.

Kate – Bien sûr. *(bref silence)* Au fait, Bill, c'est vous qui prépariez les comptes ?

Bill – Non, c'est David Costa, notre chef comptable. C'est lui qui fait toute notre comptabilité et qui prépare les comptes pour United Chocolate. Naturellement, la maison mère consolide les comptes de ses filiales.

Kate – Je vois... *(l'air un peu nostalgique)* David travaille donc toujours ici ?

Bill – Tout à fait ! Vous vous souvenez de lui ?

Kate – Très bien... Mais Christopher Vincent est parti, lui ?

Bill – Oui... Il a eu l'occasion de retourner dans le secteur des boissons, ce qu'il avait toujours souhaité. Et il l'a saisie !

Notes

(4) **(to) fall back on** : expression idiomatique qui signifie, selon le contexte, *faire appel à, compter sur, avoir recours à, se rabattre sur quelqu'un ou quelque chose, faute de mieux*, quand on en a besoin.

(5) **balance sheet**, *bilan*. On le définit souvent comme une *photo*, **snapshot**, de la situation financière d'une entreprise à un moment donné (normalement à la fin d'un exercice comptable, bien sûr). Le bilan présente l'*actif*, **assets**, (ce que l'entreprise possède) et les *capitaux propres*, **equity**, et le *passif*, **liabilities** (qui, ensemble, montrent les sources de financement des différents actifs). Le principe du bilan est que l'actif, d'une part, et les capitaux propres et le passif, d'autre part, s'*équilibrent* (ou **balance**, en anglais).

(6) **income statement**, *compte de résultat*. Il s'agit de l'enregistrement des *produits*, **income**, et des *charges*, **expenses**, d'une entreprise au cours d'un exercice comptable. (Voir l'exemple en Chapitre 47.)

(7) **financial statements**, *états financiers*. Il s'agit des documents comptables de base (et notamment, le bilan, le compte de résultat et le tableau des flux de trésorerie, **cash-flow statement**) qui sont publiés dans le rapport annuel (voir Note 8).

(8) **annual report**, *rapport annuel*. Ce document est présenté aux actionnaires lors de l'assemblée générale annuelle (**AGM**, **a**nnual **g**eneral **m**eeting). Il peut ensuite être consulté par le public. Le rapport annuel présente les états financiers (audités) de l'entreprise et fait le bilan des activités de l'exercice échu.

DIALOGUE

CHAPTER 46

BILL — My passion was always engineering... But you'll discover that when you occupy a general management position, you can't avoid accounting! Even if you have a specialist to fall back on *(4)*!

KATE *(smiling)* – Yes... As you can imagine, I showed him all the balance sheets *(5)* and income statements *(6)*, and he gave me lots of explanations... And a lot of opinions too! I hope that's not a problem...

BILL — Certainly not! UC publishes its financial statements *(7)* in its annual report *(8)*, as you know.

KATE — Of course. *(slight pause)* By the way, Bill, was it you who prepared the accounts?

BILL HAYWARD — No, it was David Costa, our chief accountant. He does all our bookkeeping *(9)* and prepares the accounts for United Chocolate. Obviously the parent company consolidates *(10)* the accounts of its subsidiaries.

KATE — Mmm... *(sounding a little nostalgic)* So David is still here?

BILL — He most certainly is! Do you remember him?

KATE — Very well... But Christopher Vincent left?

BILL — Yes... He got the chance to return to the drinks industry, which was what he'd always wanted. And he jumped at *(11)* it!   )))

---

(9) **bookkeeping**, *comptabilité*. Le mot **bookkeeping** et, a fortiori, le titre de **bookkeeper**, sont certainement moins prestigieux que leurs quasi équivalents **accounting** et **accountant**. Cela peut s'expliquer par le fait que le mot **bookkeeping** désigne l'enregistrement des transactions financières surtout d'un point de vue procédural. Le travail de l'**accountant** est plus conceptuel et implique ainsi l'analyse, la prise de décisions, les choix stratégiques, etc.

(10) **(to) consolidate**, *consolider*. La consolidation des comptes est une obligation légale pour un groupe composé d'une société mère et de filiale(s). Il s'agit, en fait, de "fusionner" les états financiers des différentes entreprises.

(11) **(to) jump at** s'emploie de façon idiomatique avec des mots comme **chance** ou **opportunity**, ... On dirait ainsi en français *saisir* ou *sauter sur une occasion*.

Translation

Kate – J'imagine ! Le chocolat n'a jamais été une véritable passion pour lui. *(Ils sourient tous les deux.)* Enfin, revenons à nos affaires.

Bill – Qu'est-ce que Carlos a pensé de notre situation financière, alors ?

Kate – Eh bien, pour résumer, je dirais qu'il a mis l'accent sur trois problèmes : tout d'abord le manque d'investissement de la part de United Chocolate, depuis le tout début ; deuxièmement, la baisse du chiffre d'affaires de l'année dernière par rapport à celui de l'année précédente ; et troisièmement, la diminution progressive du résultat net ces dernières années.

Bill – Je dirai que Carlos est en plein dans le mille ! Ce sont précisément ces questions sur lesquelles nous devons nous pencher, mais nous – désolé, Kate, vous – ne pouvez le faire qu'en prenant des décisions stratégiques importantes.

Kate – Je conviens que stratégie est le mot clé ici. Évidemment, j'ai beaucoup réfléchi, moi aussi, je vais donc vous soumettre quelques-unes de mes idées...

ANALYSING THE COMPANY'S ACCOUNTS.

Notes

(12) **net profit**, *résultat net*. Désigne la part du résultat (ou *bénéfice*) d'un exercice qui reste après la déduction de l'impôt. Cet argent peut être distribué aux actionnaires sous forme de *dividendes*, **dividend**, ou mis en réserves (voir le bilan présenté dans le document de ce chapitre : **retained earnings**).

Dialogue

CHAPTER 46

Kate – I can imagine! Chocolate was never really his passion. *(They both smile.)* Anyway, let's get back to business.

Bill – So what did Carlos think of our financial situation?

Kate – Well, to sum things up, I would say that he stressed three things: first of all, the lack of investment by United Chocolate, from the very beginning; secondly the decline in last year's turnover compared with the previous year; and thirdly, the gradual decrease in net profit *(12)* in recent years.

Bill – I'd say that Carlos is right on target! Those are the very issues we have to address, but we – sorry, you, Kate! – can only do that by making some important strategic decisions.

Kate – I agree that strategy is the key word here. I've obviously done a lot of thinking, too, so let me put some of my ideas to you…

Notebook

Norfolk Chocolate Ltd: Bilan

(en milliers de £)

Au 31 décembre

ACTIF	Année N	Année N-1
Actifs non courants		
Immobilisations corporelles	4,820	5,070
Actifs incorporels	831	796
	5,651	5,866
Actifs courants		
Stocks	962	780
Créances clients et autres créances	388	330
Trésorerie et soldes bancaires	586	476
	1,936	1,586
Total de l'actif	7,587	7,452
CAPITAUX PROPRES ET PASSIF		
Capital et réserves		
Capital émis	2,840	2,840
Prime d'émission	620	620
Autres réserves	524	468
Résultats non distribués	243	287
Total des capitaux propres	4,227	4,215
Passifs non courants		
Emprunts	2,449	2,516
Passifs d'impôt différé	651	456
Passif au titre des prestations de retraite	47	23
Provisions pour risques et charges	170	188
	3,317	3,183
Passifs courants		
Dettes fournisseurs et autres créditeurs	27	31
Emprunts	16	23
	43	54
Total du passif	3,360	3,237
Total des capitaux propres et du passif	7,587	7,452

Norfolk Chocolate Ltd: Balance sheet

(in £ thousands)

As at December 31

ASSETS	Year N	Year N-1
Non-current assets		
Property, plant and equipment	4,820	5,070
Intangible assets	831	796
	5,651	5,866
Current assets		
Inventories	962	780
Trade and other receivables	388	330
Cash and cash equivalents	586	476
	1,936	1,586
Total assets	7,587	7,452
EQUITY		
Capital and reserves		
Ordinary shares	2,840	2,840
Share premium	620	620
Other reserves	524	468
Retained earnings	243	287
Total equity	4,227	4,215
LIABILITIES		
Non-current liabilities		
Borrowings	2,449	2,516
Deferred income tax liabilities	651	456
Retirement benefit obligations	47	23
Provisions for other liabilities and charges	170	188
	3,317	3,183
Current liabilities		
Trade and other payables	27	31
Borrowings	16	23
	43	54
Total liabilities	3,360	3,237
Total equity and liabilities	7,587	7,452

Exercices

Comprehension

1 For how long has Kate been back in the UK? **2** Why is Bill Hayward afraid that Kate may have had difficulty understanding Norfolk Chocolate's accounts? **3** When will US corporations be obliged to start using IFRS to present their accounts? **4** Do you think that Bill Hayward is right to think that Kate is an expert in accounting? **5** Is it true to say that Bill Hayward is an expert in accounting? **6** Why did Kate probably show Norfolk Chocolate's accounts to her boyfriend? **7** What does Bill Hayward mean when he says that United Chocolate "consolidates" Norfolk Chocolate´s accounts? **8** Why did Christopher Vincent probably leave Norfolk Chocolate? **9** What does Bill Hayward think of Carlos' assessment of Norfolk Chocolate's financial situation? **10** According to Bill Hayward, what needs to be done about Norfolk Chocolate's financial situation?

Translation

1 Les entreprises américaines présentent encore leurs comptes en utilisant les principes US GAAP. Ils peuvent être difficiles à comprendre quand on n'en a pas l'habitude. **2** Je faisais allusion aux principes IFRS, que les Européens utilisent depuis 2005 déjà. **3** Bill Hayward a été impressionné par les connaissances de Kate, mais en fait, c'est plutôt Carlos, le spécialiste. **4** Carlos a étudié aussi le marketing pour son MBA, mais maintenant, quand il a une question dans ce domaine, il fait appel à Kate. **5** J'espère que tu n'as pas montré notre dernier bilan à ton ami ; tu devrais savoir que c'est encore confidentiel ! **6** Non, uniquement le compte de résultat, parce que j'avais besoin d'explications et d'une opinion aussi. **7** Il faut quand même que nous les préparions, mais évidemment, notre maison mère va ensuite consolider les comptes de ses filiales. **8** Si je le pouvais, je retournerais bien vers le secteur des boissons : les produits sont plus passionnants que le chocolat ! **9** Il est vrai que notre chiffre d'affaires a baissé l'année dernière, mais tu remarqueras l'augmentation de notre bénéfice net. **10** Bien sûr, Bill Hayward a beaucoup réfléchi aux solutions à ces trois problèmes, mais d'abord, il aimerait entendre les idées de Kate.

Application

Regardez le tableau ci-dessous. Dans la colonne de gauche, vous trouverez douze termes qui figurent sur le bilan présenté dans le document de ce chapitre. À droite, vous avez les douze définitions correspondantes, mais dans le désordre. Vous devez trouver la définition qui correspond à chaque terme (colonne de gauche).
Attention ! Les définitions ne sont pas données forcément de façon explicite dans ce chapitre. À vous de réfléchir et/ou de faire les recherches nécessaires pour trouver les bonnes réponses.

Terme	Définition
1 balance sheet	**A** Refers to something which will be done at a later date.
2 assets	**B** The amount of the funds contributed by the company's owners plus the retained earnings.
3 intangible assets	**C** Sums of money which have been lent to the company by a bank, for example.
4 inventories	**D** Money which the company owes to suppliers, etc.
5 receivables	**E** Raw materials, work-in-progress and completely finished goods that are ready or will be ready for sale.
6 equity	**F** A portion of the company's net earnings not paid out as dividends, but retained in order to be reinvested or to pay debt.
7 retained earnings	**G** Sums of money set aside in the accounts for anticipated losses or expenditure.
8 liabilities	**H** Money owed to the company by customers, etc.
9 borrowings	**I** A snapshot of the company's financial situation at a given moment in time, usually at the close of an accounting period.

》》》

EXERCICES

10 deferred   **J** Includes such things as brands, patents, copyrights, goodwill, etc.

11 provisions   **K** Amounts of money the company owes to someone, that will have to be paid in the future, such as tax, debt, interest, and mortgage payments.

12 payables   **L** Something of economic value that is owned by a company.

Notebook

— Suggested solutions —

CHAPTER 46

Compréhension

1 Kate has been back in the UK for no more than a week: it is Monday and we are told about her first weekend. **2** Because he thinks that she's probably more used to the American way of presenting company accounts now. **3** They will be obliged to use IFRS and US GAAP as from 2012, but starting in 2014, they will be required to use only IFRS. **4** Certainly not. She tells him that her expertise comes from her boyfriend, Carlos, and that she herself had always been more interested in marketing. **5** Not really. He says his passion was always engineering and suggests that he only got to know about accounting when his general management position at Norfolk Chocolate forced him to do so. **6** She probably showed the accounts to Carlos in order to get some explanations and to discover his opinion about the financial situation. **7** He means that United Chocolate Plc, the parent company, integrates the accounts of its subsidiaries (like Norfolk Chocolate) into the accounts of the group. **8** From what Bill Hayward and Kate say, we can assume that he had always preferred the drinks industry to the chocolate industry, and jumped at the chance to return to the former. **9** Bill Hayward thinks that Carlos' assessment of Norfolk Chocolate's financial situation is very accurate, and what's more, it seems to correspond to his own. **10** He believes that before they can address the issues which Carlos stressed, they need to make "some important strategic decisions."

Traduction

1 American firms still use US GAAP to present their accounts. It can be difficult to understand when you're not used to it. **2** I was referring to (the) IFRS (system), which the Europeans have been using since 2005 (/ started using in 2005). **3** Bill Hayward was impressed by (/ with) Kate's knowledge, but in fact, it's (more) Carlos who is the specialist. **4** Carlos also studied marketing for his MBA but now, when he has a question in that field (/ area), he falls back on (/ he relies on) Kate. **5** I hope you didn't show (/ haven't shown) our latest balance sheet to your boyfriend; you ought to (/ you should) know that it's still confidential! **6** No, only the profit and loss account, because I needed some explanations and an opinion as well. **7** We still have to prepare them but obviously, our parent company will then consolidate its subsidiaries' accounts. **8** If I could, I'd like to return to the drinks industry: the products are more exciting than chocolate! **9** It's true that our turnover fell (/ dropped / decreased) last year, but you'll notice that our net profit increased (/ went up). **10** Of course, Bill Hayward has done a lot of thinking about the solutions to these three problems, but first of all, he'd like to hear Kate's ideas.

Application

1	I	**3**	J	**5**	H	**7**	F	**9**	C	**11** G
2	L	**4**	E	**6**	B	**8**	K	**10**	A	**12** D

ANALYSING THE COMPANY'S ACCOUNTS 521

— TRANSLATION —

Comment aller de l'avant

Un mois s'est écoulé depuis le retour de Kate à Norfolk Chocolate. Elle n'a pas perdu de temps pour se mettre au travail sur ses idées visant à redresser la situation de l'entreprise. Aujourd'hui, elle a organisé une réunion avec l'équipe de direction, ainsi que les représentants syndicaux, afin de les sonder et d'obtenir leurs réactions. Bill Hayward a décliné l'invitation de Kate à y participer en expliquant qu'il était important pour elle d'affirmer sa position en tant que directeur général par intérim. Kate est sur le point de conclure son exposé.

KATE – (...) Permettez-moi de vous dire, en conséquence, que j'ai essayé d'être franche et honnête dans mon évaluation de la situation de notre société. J'ai étudié les chiffres dans les moindres détails en toute impartialité. Ceci étant dit, je me sens obligée d'exprimer encore une fois ma fidélité sans faille envers UC, qui ...

RICK PALMER *(l'interrompant)* – Écoutez, je suis désolé, mais en tant que représentant syndical, je ne comprends pas du tout votre position... Vous passez près d'une heure à nous raconter les erreurs du passé, ou du moins celles commises depuis notre rachat, et après vous déclarez que vous restez fidèle à UC ! Je suppose qu'à la prochaine réunion, vous allez nous dire que la production va être délocalisée en Europe de l'Est ou ce genre d'endroit !

KATE – Nous n'envisageons aucune délocalisation, vous pouvez me croire sur parole. Mais puisque vous exprimez – de façon tout à fait justifiée – l'inquiétude de vos adhérents, je peux vous dire que la fermeture pure et simple de l'usine ici à Norwich est bel et bien une possibilité, et ce depuis pas mal d'années.

RICK PALMER – Eh bien, nous y voilà, c'est enfin dit ! Délocalisation ou fermeture, où est la différence ? Tout le monde perd son emploi, c'est ça, le fin mot de l'histoire !

Notes

(1) **(to) turn (sthg) around** (ou **round**) : littéralement, ce verbe signifie *tourner (qqch.) dans l'autre sens*. Ici, il est utilisé dans le sens figuré de *retourner, améliorer, redresser*, voire *renverser* (une situation économique, financière, etc.). On trouve également le substantif **turnaround**, *retournement, redressement, revirement de la situation*.

(2) **unbias(s)ed** : utilisé couramment dans le sens d'*impartial, sans préjugé, sans parti pris*. **Bias** = *partialité, préjugé, parti pris*, voire *discrimination*.

— DIALOGUE —

CHAPTER 47

The way forward

A month has passed since Kate arrived back at Norfolk Chocolate. She's wasted no time in getting to work on her ideas for turning the firm around (1). Today she has called a meeting with the management team, as well as the union representatives, to sound them out and obtain their reactions. Bill Hayward declined Kate's invitation to attend, arguing that he thought it was important for her to assert her position as acting Managing Director. Kate is about to conclude her presentation.

KATE – (…) So let me say that I've tried to be frank and honest in my assessment of our company's situation. I've studied the figures in great detail with unbiased *(2)* eyes. Having said that, however, I feel I must stress once again my unwavering loyalty to UC, who…

RICK PALMER *(interrupting her)* – Look, I'm sorry, but as a union representative, I don't understand your position at all… You spend the best part of an hour telling us about the errors of the past, or at least those that have been made since the takeover, and then you say you remain loyal to UC! I suppose at the next meeting you'll be telling us that production is going to be relocated to Eastern Europe or somewhere like that!

KATE – Relocation is not an option. You have my word on that. But since you express – quite rightly – the concern of your members, I can tell you that simply closing the factory here in Norwich certainly is an option, and has been for quite a few years.

RICK PALMER – Ah, so now we're getting the truth! Relocation or closure, what's the difference? Everybody loses their job, that's the bottom line *(3)*!

)))

---

(3) **bottom line** : le premier sens de ce terme est comptable. La dernière ligne du *compte de résultat*, **income statement** (voir Chapitre 46, Note 6), indique le *résultat net*, appelé couramment en anglais **net profit(s)** (voir Chapitre 46, Note 6). Dans un sens figuré, comme ici, l'expression signifie *fond du problème*, *vrai problème* ou même *vérité*.

Translation

Kate – Écoutez, Rick, vous pourriez peut-être me laisser finir ce que j'étais en train de dire... *(bref silence)* Je réitère ma loyauté envers UC. Mais vous devez comprendre qu'ils considèrent ce rachat comme un échec. Ils ont eu du mal à intégrer Norfolk Chocolate dans leurs structures, et ils ont sans doute commis une grosse erreur en décidant d'arrêter la production des Norfolk Nuggets à Norwich. Ce qui explique leur réticence à investir dans cette entreprise. Je suis sûre que vous êtes d'accord avec moi, David.

David Costa – Absolument, Kate. Ça ne sert à rien d'injecter de l'argent dans une entreprise dans laquelle on ne croit plus. On va simplement laisser la production se ralentir peu à peu et fabriquer les produits avec les marges minimales, ...

Kate – ... ce qui explique notre chiffre d'affaires stagnant et l'érosion progressive de notre résultat net.

David Costa – C'est ça !

Rick Palmer – Alors qu'est-ce que vous allez faire, Mlle Hewitt ?

Kate – J'allais vous le dire... *(silence)* Depuis une dizaine de jours, je suis en discussion avec les dirigeants de United Chocolate. Ils seraient prêts, maintenant, à vendre Norfolk Chocolate – si nous pouvons trouver un acquéreur, bien sûr.

Rick Palmer – Si UC n'est plus intéressé par nous, ça m'étonnerait que quelqu'un d'autre le soit...

Kate – C'est là que vous vous trompez, Rick... J'ai eu des contacts avec un fabricant de chocolat de qualité en Californie. C'est une jeune entreprise, petite mais très dynamique, avec de grandes ambitions...

David Costa *(lui souriant)* – C'est une excellente nouvelle, Kate ! Mais est-ce que UC serait d'accord pour vendre la marque "Norfolk Nuggets", dont il est maintenant propriétaire ?

Kate *(lui souriant à son tour)* – Je pense que oui, David. Ils disent qu'elle est démodée et qu'elle ne correspond plus à la demande des consommateurs. Mais les gens en Californie ont des idées très précises sur comment l'exploiter. Ils pensent que...

Notes

(4) mark-up, *marge (bénéficiaire)*, ou tout simplement *majoration* ou *augmentation* (d'un prix). Le verbe **(to) mark up** signifie *augmenter, majorer* (un prix). **Mark-down** et **(to) mark down** existent également : *réduction, rabais* ; *démarquer, baisser*.

Dialogue

CHAPTER 47

Kate — Look, Rick, perhaps you'd let me finish what I was saying... *(slight pause)* I repeat, I remain loyal to UC. But you must realize that they don't consider the takeover as a success. They've had difficulty integrating Norfolk Chocolate into their structures, and they no doubt made a big mistake when they decided to stop the production of Norfolk Nuggets here in Norwich. That explains their reluctance to invest in this company. I'm sure you would agree David.

David Costa — Oh, absolutely, Kate. There's no point in pouring money into a firm you don't believe in any more. You just let production slowly run down and manufacture the products with the smallest possible mark-ups *(4)*,

Kate — ...which explains our stagnant turnover and the gradual erosion of our net profit.

David Costa — That's it!

Rick Palmer — What do you intend to do, then, Miss Hewitt?

Kate — I was going to tell you... *(pause)* Over the last ten days or so, I've been in discussions with the top management of United Chocolate. They'd now be prepared to sell Norfolk Chocolate – if we can find a buyer of course.

Rick Palmer — If UC isn't interested in us, I don't imagine anyone else will be...

Kate — That's where you're wrong, Rick... I've been in contact with a quality chocolate manufacturer in California. It's a young firm, small but very dynamic, with big ambitions...

David Costa *(smiling at her)* – That's great news, Kate! But would UC be willing to sell the Norfolk Nuggets brand, which it now owns?

Kate *(smiling back)* – I think they would, David. They say it's old-fashioned and no longer corresponds to consumer demand. But the people in California have some very precise ideas about how to use it! They believe that...

(fade out)

THE WAY FORWARD

— TRANSLATION —

Norfolk Chocolate Ltd: Compte de résultat

(en milliers de £)
Période du 1er janvier au 31 décembre

	Année N	Année N-1
Activités poursuivies		
Produits des activités ordinaires	76,177	81,285
Coût des ventes	(60,831)	(63,796)
Résultat brut	15,346	17,489
Frais de distribution	(5,140)	(5,780)
Frais d'administration	(6,721)	(6,330)
Autres produits	1,900	1,259
Résultat d'exploitation	5,385	6,638
Produits financiers	1,730	1,609
Charges financières	(3,173)	(2,197)
Charges financières – nettes	(1,443)	(588)
RÉSULTAT AVANT IMPÔT	3,942	6,050
Charge d'impôt sur le résultat	(1,257)	(1,793)
Résultat de l'exercice	**2,685**	**4,257**
Attribuable aux :		
Porteurs de capitaux propres de la société	2,442	3,970
Résultat de base par action (cents par action)	1.05	1.26
Résultat dilué par action (cents par action)	0.96	1.13

Norfolk Chocolate Ltd: Income statement

(in £ thousands)

Period from January 1 to December 31

Continuing operations	Year N	Year N-1
Revenue	76,177	81,285
Cost of sales	(60,831)	(63,796)
Gross profit	15,346	17,489
Distribution costs	(5,140)	(5,780)
Administrative expenses	(6,721)	(6,330)
Other income	1,900	1,259
Operating profit	5,385	6,638
Finance income	1,730	1,609
Finance costs	(3,173)	(2,197)
Finance costs – net	(1,443)	(588)
Profit before tax	3,942	6,050
Income tax expense	(1,257)	(1,793)
PROFIT FOR THE YEAR	**2,685**	**4,257**
Attributable to:		
Equity holders of the company	2,442	3,970
Basic earnings per share (expressed in C per share)	1.05	1.26
Diluted earnings per share[1]	0.96	1.13

[1] Contrairement aux **basic earnings per share** *(résultat de base par action)*, calculés à partir des **ordinary shares** *(actions ordinaires)* uniquement, les **diluted earnings per share** *(résultat dilué par action)* tiennent compte également des **preferred shares** *(actions privilégiées)*, des **unexercised stock options and warrants** *(options d'achat d'actions et de warrants non levées)*, ainsi que de la **convertible debt** *(obligations convertibles)*.

Comprehension

1 What was Kate's objective in calling today's meeting? **2** Why is Bill Hayward not present at this meeting? **3** What apparent contradiction does Rick Palmer remark upon in Kate's presentation? **4** What does Rick Palmer fear that Kate will soon be announcing? **5** According to Kate, are Rick's fears justified? **6** What no doubt explains UC's reluctance to invest in Norfolk Chocolate? **7** What has Kate been doing over the last ten days or so? **8** What is UC's current position concerning Norfolk Chocolate? **9** Describe the potential buyer that Kate has been in touch with. **10** According to David Costa, what might be an obstacle to the sale of Norfolk Chocolate?

Translation

1 Je sais qu'un mois s'est déjà écoulé, mais ne vous inquiétez pas, je suis sur le point d'annoncer mes idées pour redresser la situation de l'entreprise. **2** Si vous voulez obtenir une opinion sans parti pris, il vaut mieux demander à l'ancien directeur, Bill Hayward. **3** Et vous restez loyale à la maison mère, qui à cause de ses erreurs du passé, va délocaliser toute la production en Europe de l'Est ?! **4** Si cette option ne plaît pas à vos adhérents, nous risquons tout simplement de fermer l'usine de Norwich. **5** Évidemment, je comprends votre réticence ; on n'a pas envie d'investir dans une entreprise qui commet autant de grosses erreurs. **6** Notre chiffre d'affaires stagne depuis pas mal d'années et je crois qu'il va falloir appliquer des marges plus importantes. **7** Les dirigeants de United Chocolate sont prêts, maintenant, à vendre la filiale, à condition de pouvoir trouver un acheteur, bien sûr. **8** En Californie, il y a beaucoup de petites entreprises dynamiques, mais ça m'étonnerait qu'elles s'intéressent à la marque "Norfolk Nuggets". **9** C'est là que Rick se trompe, justement ; au contraire, c'est une excellente nouvelle ! **10** Ils pensent que notre marque n'est pas du tout démodée, et que si elle est exploitée correctement, elle peut correspondre à la demande des consommateurs.

EXERCISES

CHAPTER 47

Application

Reliez le terme de la colonne de gauche à sa définition en colonne de droite. Attention ! Les définitions ne sont pas données forcément de façon explicite dans ce chapitre. À vous de réfléchir et/ou de faire les recherches nécessaires pour trouver les bonnes réponses.

Terme	Définition
1 income statement	**A** The money which a company generates through the sale of its goods or services.
2 revenue	**B** The money which a firm may earn through its financial investments.
3 cost of sales	**C** The costs incurred in the running of a business, such as payroll expenses, utilities, depreciation, rent, etc.
4 gross profit	**D** The total amount of money which the firm will have to pay out to the state.
5 administrative expenses	**E** The amount of money an equity holder will earn for each share owned.
6 finance income	**F** These are the people who own the shares of the company.
7 profit for the year	**G** A record of the revenues and expenses of a company over a given period, indicating the net profit or loss.
8 income tax expense	**H** How much it cost the firm to produce its goods or services that year.
9 earnings per share	**I** The amount of money left over, in a given year, for the company to distribute or to retain, once all its expenses have been paid.
10 equity holders	**J** The money earned by a company in a given period before any costs or expenses – other than those of producing the goods or services – are taken into account.

―― Solutions proposées ――

Compréhension

1 Kate's objective was to bring together the management team and the union representatives, in order to sound them out and obtain their reactions. 2 Bill Hayward declined Kate's invitation to the meeting, because he thought it was important for her to assert her position as acting Managing Director. 3 On the one hand, Kate has tried to be frank and honest in her assessment of Norfolk Chocolate's situation, which no doubt implies a certain amount of criticism of UC. On the other hand, she stresses on several occasions her "unwavering loyalty" to the parent company. 4 He fears that Kate will soon be announcing the relocation of Norfolk Chocolate to "Eastern Europe or somewhere like that." 5 Yes and no. Kate says that relocation is not an option, but that the closure of the factory definitely is. 6 According to Kate, the fact that UC doesn't consider its takeover of Norfolk Chocolate to be a success: they've had difficulty integrating the company into their structures, and they no doubt made a mistake when they decided to stop the production of Norfolk Nuggets in Norwich. 7 She's been having discussions with the top management of United Chocolate about the possibility of selling Norfolk Chocolate. 8 According to Kate, they would now be willing to sell the company provided a buyer can be found. 9 The potential buyer is a Californian quality chocolate manufacturer; "a young firm, small but very dynamic, with big ambitions." 10 We can assume David Costa is worried that United Chocolate might not be willing to sell the Norfolk Nuggets brand.

— Suggested solutions —

CHAPTER 47

Traduction

1 I know that a month has already passed, but don't worry, I'm about to announce my ideas for turning the firm around. 2 If you want to obtain an unbiased opinion, it would be better to ask the former director, Bill Hayward. 3 And you remain loyal to the parent company, which because of its (past) errors (of the past), is going to relocate the entire production to Eastern Europe?! 4 If your members don't like that option, we risk closing, quite simply, the Norwich factory. 5 Obviously, I understand your reluctance; nobody wants to invest in a firm that makes (/commits) so many big mistakes. 6 Our turnover has been stagnant for quite a few years and I think we are going to have to apply higher mark-ups. 7 The top management of United Chocolate is now prepared (/ready) to sell the subsidiary, provided we can find a buyer, of course. 8 In California, there are a lot of small dynamic firms, but I don't imagine they'll (/ they'd) be interested in the Norfolk Nuggets brand. 9 That's exactly where Rick's wrong; on the contrary, it's great news! 10 They don't think that our brand is at all (/ They think that our brand is not at all) old-fashioned, and that if it's used correctly, it can correspond to consumer demand.

Application

1 G
2 A
3 H
4 J
5 C
6 B
7 I
8 D
9 E
10 F

— Translation —

Kate demande un service

Kate va de l'avant avec ses projets pour donner un nouveau souffle à Norfolk Chocolate. Elle est venue à Londres pour un déjeuner d'affaires discret et privé avec Alexander Spencer-Jones, le directeur des ressources humaines de UC. Elle espère obtenir son soutien.

Alexander Spencer-Jones – Ça fait plaisir de te revoir si tôt, Kate !

Kate – Maintenant que UC semble prêt à vendre la filiale, j'ai besoin de mettre les bouchées doubles rapidement.

Alexander – Tu sais, j'ai été enchanté de la façon dont se sont déroulées les négociations avec les dirigeants à Bristol. Évidemment, cette vente – si toutefois on peut trouver un acheteur – devra être approuvée par le conseil d'administration, mais il ne devrait pas y avoir de problème. La plupart des administrateurs ont envie de se débarrasser de Norfolk Chocolate depuis pas mal d'années maintenant.

Kate – Bon, tu es au courant des contacts en cours avec Cuarenta y Nueve en Californie. Le DG a maintenant pris en main les négociations avec eux.

Alexander – Oui, Stephen m'a dit qu'il était satisfait de la façon dont les choses progressaient. Ils ont l'air d'être très intéressés par la marque Norfolk Nuggets !

Kate – Alors que les administrateurs de UC trouvent la marque "démodée"... Tant pis pour eux !

Alexander – Entre nous, Kate, c'est une occasion en or pour toi, si tu avances le bon pion... *(il sourit)* Et je sais que tu le feras !

Kate – Merci, Alex... Tu m'as toujours soutenue. *(bref silence)* Je suis venue ici pour te demander un service.

Notes

(1) lease of life : terme idiomatique, dont le sens littéral est "bail de vie". On l'emploie habituellement dans l'expression **(to) give something** ou **somebody a new lease of life**, comme si on lui renouvelait son bail... de vie ! On peut la traduire par *donner à quelque chose* ou *à quelqu'un un nouveau souffle / une nouvelle jeunesse* ; *redonner du tonus*.

(2) (to) enlist : mot utilisé autrefois par les recruteurs militaires dans le sens de *recruter, enrôler*. Aujourd'hui, on trouve ce verbe plus couramment dans l'expression **(to) enlist someone's support**, *obtenir le / s'assurer du soutien de quelqu'un, rallier quelqu'un (à une cause)*, ou **help**, *obtenir l'aide de quelqu'un*.

(3) providing : on se sert indifféremment en anglais de **providing** ou **provided** dans le sens de *pourvu que* ou *à condition que/de*.

— Dialogue —

CHAPTER 48

Asking a favour

Kate is moving ahead with her plans to give Norfolk Chocolate a new lease of life (1). She has come down to London for a discreet and unofficial business lunch with Alexander Spencer-Jones, UC's Director of Human Resources. She hopes to enlist (2) his support.

Alexander Spencer-Jones — It's lovely to see you again so soon, Kate!

Kate — Now that UC seems prepared to sell the subsidiary, I need to move ahead quickly.

Alexander — You know, I was delighted at the way the discussions with top management went in Bristol. Obviously, any such sale – providing (3) a buyer can be found – will have to be approved by the Board, but there should be no problem there. Most of the board members have wanted to ditch (4) Norfolk Chocolate for a number of years now.

Kate — Well, you know about the contacts with Cuarenta y Nueve (5) in California. The CEO has taken over the negotiations with them now.

Alexander — Yes, Stephen told me he was happy with the way things were going. They seem very interested in the Norfolk Nuggets brand!

Kate — While UC's board members find the brand "old-fashioned..." Too bad for them!

Alexander — Between you and me, Kate, it's a golden opportunity for you, if you play your cards right... *(smiling)* And I know you will!

Kate — Thank you, Alex... You've always supported me... *(slight pause)* I've come down here to ask you a favour.

)))

---

(4) (to) ditch : mot relativement familier signifiant *jeter, bazarder* ou *se débarrasser de*. Peut-être une allusion au temps – heureusement révolu (?!) – où on se débarrassait de quelque chose en le jetant dans un fossé (**ditch**). **(To) ditch someone** se traduirait (plus cruellement !) par *plaquer* ou *laisser tomber quelqu'un*.

(5) Cuarenta y Nueve : c'est le chiffre *quarante-neuf* en espagnol. Pour plus de renseignements, nous vous conseillons de lire le Document du chapitre ... 49 (bien sûr !).

Translation

Alexander – Et je serai ravi de te donner satisfaction…, si je le peux, bien sûr !

Kate – J'aimerais embaucher quelqu'un…, de toute urgence !

Alexander – Et qui serait ce quelqu'un ?

Kate *(hésitant)* – C'est Carlos Garcia…

Alexander *(l'air un peu surpris)* – Carlos Garcia?! Tu parles de ton ami ?

Kate – J'aimerais mieux que tu dises mon "compagnon", Alex… mon futur mari, en fait.

Alexander – Félicitations ! Carlos a vraiment beaucoup de chance…

Kate – Si tu le dis. *(silence)* Je sais ce que tu es en train de penser… que l'embauche de mon futur mari pose un problème d'éthique. Carlos a d'ailleurs été très clair depuis le début sur le fait qu'il ne travaillerait jamais dans mon entreprise. Il a parlé de népotisme.

Alexander – Eh bien… ?!

Kate – Carlos a créé sa propre société de conseil, ce qui veut dire qu'il ne travaillerait pas pour Norfolk Chocolate. Pas directement, du moins !

Alexander – Tu veux dire qu'il participerait aux négociations ?

Kate – Ce n'est pas à moi d'en décider, Alex. Mais tu pourrais peut-être le suggérer à Stephen Stevens. Ce n'est pas que j'essaie de trouver du travail pour Carlos, mais je tiens à ce que cette vente ait lieu et je tiens à ce qu'elle soit un succès…

Alexander – Et pour toi, Carlos est l'homme de la situation… ?

Kate – Écoute, Alex, pour commencer, c'est Carlos qui a identifié Cuarenta y Nueve comme acheteur potentiel. C'est une entreprise créée par des Hispaniques dans la région de la Baie de San Francisco. Carlos est un Américain d'origine hispanique qui comprend parfaitement cette communauté. Par ailleurs, c'est un spécialiste de la finance qui a réussi une brillante carrière dans une compagnie pétrolière à Houston. Il me serait également indispensable après la vente.

Alexander – Je vois ce que tu veux dire, évidemment.

Kate – Et bien sûr, il a toujours montré énormément de respect et d'admiration pour UC depuis que nous sommes ensemble…

Alexander *(sur le ton de la plaisanterie)* – Avait-il vraiment le choix, Kate ?!

Notes

(6) **(to) oblige** : dans sa forme intransitive, ce verbe a le sens de *rendre service* ou *faire plaisir* (à quelqu'un), *satisfaire à la demande* (de quelqu'un).

(7) **San Francisco Bay area** : fréquemment appelée **(the) Bay area** ou tout simplement **(the) Bay**, cette région entoure les estuaires de San Francisco et de San Pablo et s'étend sur neuf comtés. Elle englobe 101 villes, dont San Francisco, Oakland et San Jose, pour une population totale d'environ 7,5 millions d'habitants !

Dialogue

Chapter 48

ALEXANDER — And I'll be happy to oblige *(6)*... If I can, of course!

KATE — I'd like to hire somebody..., urgently!

ALEXANDER — And who is that?

KATE *(hesitating)* – It's Carlos Garcia...

ALEXANDER *(sounding surprised)* – Carlos Garcia?! You mean your boyfriend?

KATE — I'd rather you used the word "partner," Alex... Husband-to-be, in fact.

ALEXANDER — Congratulations! Carlos is a very lucky man...

KATE — If you say so. *(pause)* I know what you're thinking... There's an ethical issue, here, about hiring my future husband. What's more, Carlos made it very clear from the beginning that he would never work in my company. He used the word nepotism.

ALEXANDER — So...?!

KATE — Carlos has set up his own consulting business, so he wouldn't be working for Norfolk Chocolate. Not directly, at least!

ALEXANDER — You mean that he would take part in the negotiations?

KATE — That's not for me to decide, Alex. But you might like to suggest it to Stephen Stevens. Not because I'm trying to find work for Carlos, but because I want this sale to take place, and I want it to be successful...

ALEXANDER — And he can make that happen...?

KATE — Look, Alex, Carlos was the one who identified Cuarenta y Nueve as a potential buyer in the first place. It's a firm started by Hispanics in the San Francisco Bay area *(7)*. He's a Hispanic American and understands that community perfectly. He's also a finance specialist with a successful career in an oil company in Houston. He'd be invaluable after the sale, too.

ALEXANDER — I can certainly see your point.

KATE — And of course, he's always shown a great deal of respect and admiration for UC in the time we've been together...

ALEXANDER *(jokingly)* – Did he really have any choice, Kate?!

ASKING A FAVOUR

— DOCUMENT —

The Dow Jones Industrial Average

Let's imagine that the stocks of the American division of UC, United Chocolate, Inc., are traded on the New York Stock Exchange (NYSE), and that the corporation is one of the components of the Dow Jones Industrial Average (DJIA). Below you will find a "snapshot" of the famous New York index taken one day in August 2009 at 11.13 am, Eastern Time: as you can see, the Dow Jones was down 20.10 (or 0.22%) at 9,197.84 points.

Study the table below carefully, and try to understand what it all means. You will find more explanations about stock exchange indices (or indexes) in page 538 of this chapter.

At 11:13 am (ET): 9,197.84 ↓20.10 (0.22%)

Symbol	Name	Last Trade (in $)	Change	Volume
AA	ALCOA, INC.	12.31	↓0.61 (4.72%)	20,285,030
AXP	AMERICAN EXPRESS COMPANY	31.49	↓0.20 (0.63%)	1,974,650
BA	BOEING COMPANY	43.48	↓0.30 (0.69%)	1,628,306
BAC	BANK OF AMERICA CORPORATION	16.89	↓0.01 (0.06%)	83,146,616
CAT	CATERPILLAR, INC.	44.51	↓0.60 (1.33%)	3,456,569
CSCO	CISCO SYSTEMS, INC.	21.12	↑0.11 (0.52%)	13,130,688
CVX	CHEVRON CORPORATION	67.34	↑0.40 (0.60%)	3,472,572
DD	E. I. DU PONT DE NEMOURS & CO.	31.30	↓0.03 (0.11%)	2,205,052
DIS	WALT DISNEY COMPANY	25.11	↓0.09 (0.36%)	2,823,697
GE	GENERAL ELECTRIC COMPANY	13.38	↓0.21 (1.55%)	22,091,465
HD	HOME DEPOT	26.68	↓0.25 (0.91%)	7,331,708
HPQ	HEWLETT-PACKARD COMPANY	43.26	↓0.69 (1.58%)	11,739,080
IBM	IBM CORPORATION	117.08	↓0.55 (0.47%)	1,436,972
INTC	INTEL CORPORATION	18.59	↓0.18 (0.97%)	15,942,404
JNJ	JOHNSON AND JOHNSON	60.15	↑0.35 (0.59%)	3,007,885
JPM	JPMORGAN CHASE & CO.	41.14	↓0.56 (1.34%)	9,150,542

— Document —

KFT	KRAFT FOODS, INC.	28.15	▲0.20 (0.73%)	3,111,295
KO	COCA-COLA COMPANY	48.54	▼0.07 (0.14%)	2,511,083
MCD	McDONALD'S CORPORATION	55.54	▲0.28 (0.51%)	2,799,009
MMM	3M COMPANY	69.61	▼0.23 (0.33%)	1,108,207
MRK	MERCK & CO, INC.	31.33	▲0.62 (2.02%)	5,710,576
MSFT	MICROSOFT CORPORATION	23.29	▼0.29 (1.23%)	13,677,018
PFE	PFIZER, INC.	16.08	▲0.10 (0.63%)	10,583,275
PG	PROCTER & GAMBLE CO.	52.50	▲0.05 (0.10%)	3,819,768
T	AT&T, INC.	25.10	▲0.00 (0.01%)	5,573,868
TRV	TRAVELERS COMPANIES, INC.	47.83	▲0.32 (0.67%)	1,062,604
UC	UNITED CHOCOLATE, INC.	56.02	▼0.40 (0.71%)	2,003,828
VZ	VERIZON COMMUNICATIONS, INC.	30.12	▼0.16 (0.53%)	3,385,172
WMT	WAL-MART STORES, INC.	51.13	▼0.23 (0.45%)	3,950,552
XOM	EXXON MOBIL CORPORATION	67.30	▲0.81 (1.22%)	9,058,724

NB: Our apologies to United Technologies Corporation (UTX). In order to remain as realistic as possible, we have replaced them here by United Chocolate, Inc. (UC)!

— POUR EN SAVOIR PLUS —

Les indices boursiers

Le document de ce chapitre vous présente un instantané du fameux Dow Jones Industrial Average (DJIA). Le Dow Jones, comme on l'appelle, est sans doute l'indice boursier de Wall Street le plus connu, même si le NASDAQ Composite (l'indice phare du marché de la **N**ational **A**ssociation of **S**ecurities **D**ealers **A**utomated **Q**uotations) est devenu également incontournable depuis une quinzaine d'années pour les investisseurs du monde entier.

Pour créer un indice boursier, on sélectionne un panier (**basket**) d'actions (ou de sociétés), cotées sur une place financière ou un marché donné, et on fait la synthèse des hausses ou des baisses. Les acheteurs et vendeurs peuvent voir à tout moment la hausse ou la baisse de l'indice, exprimée soit en pourcentage, soit en nombre de points (les indices démarrent en principe à 100 ou à 1 000), et ainsi connaître la tendance du marché. C'est pour cela que les indices nationaux, regroupant des sociétés d'un même pays – c'est-à-dire celui où se trouve le marché – sont particulièrement intéressants, car ce sont d'excellents indicateurs de la santé économique d'une nation.

Si pour les États-Unis, le DJIA et le NASDAQ font autorité, les indices d'autres pays sont également connus de tous. Nous pouvons citer, par exemple, le FTSE 100 (dit "footsie" : Financial Times Stock Exchange) de Londres, le NIKKEI (abréviation de Nihon Keizai Shimbun de Tokyo ou le DAX (**D**eutscher **A**ktien Inde**X**) de Francfort, sans oublier le CAC 40. Ce dernier a été rebaptisé l'indice de **C**otation **A**ssistée en **C**ontinu, même si à l'origine, il tirait son nom de la **C**ompagnie des **A**gents de **C**hange qui l'a créé. Aujourd'hui, il existe également des indices regroupant les principales entreprises de différents pays comme, par exemple, le FTSE Euro 100 ou l'Euronext 100. Ici, les dénominateurs communs sont bien sûr l'Union européenne et l'euro.

Le nombre de sociétés rentrant dans la composition d'un indice varie : 40 pour le CAC et 100 pour le FTSE 100, le FTSE Euro 100 et le Euronext 100, évidemment, mais 225 pour le NIKKEI et plus de 3 000 pour le NASDAQ Composite. Le DAX et le DJIA sont plus modestes et ne comptent que 30 entreprises chacun. La façon de choisir ces sociétés varie également et résulte souvent d'un système de pondération extrêmement complexe. Dans des indices comme le DJIA, le DAX ou le CAC, cependant, il est certain qu'on retrouvera les 30 ou 40 plus grandes entreprises du pays.

On serait tenté de comparer ce type d'indice à une ligue de football, car il y a les inévitables relégations et, par conséquent, des promotions. En 2009, dans le Dow Jones, par exemple, la crise a eu raison de Citigroup et de General Motors (après 83 années de présence continue pour le constructeur automobile !), remplacés par Cisco Systems et The Travelers Companies.

En conclusion, il serait peut-être intéressant de parler du symbole attribué à chaque société (voir la première colonne du tableau du Document). On l'appelle, en anglais, le **ticker symbol**, en référence à la **ticker machine**, datant de 1867, qui débitait une bande de papier sur laquelle était marqué le cours des actions. La pratique a survécu, d'ailleurs, avec ces bandeaux qu'on voit défiler en bas des écrans de télévision ou d'ordinateur. Les financiers new-yorkais de l'époque ont inventé les **ticker-tape parades**, en prenant l'habitude de jeter par les fenêtres de leurs tours ces lambeaux de papier, telles des confettis, pour fêter les grands événements de l'histoire des États-Unis ; comme le premier vol transatlantique de Charles Lindbergh en 1927, par exemple.

Exercices

Comprehension

1 Explain why Kate has come down to London. **2** What has pushed Kate to "move ahead quickly?" **3** According to Alexander Spencer-Jones, how will the Board react to the sale of Norfolk Chocolate? **4** How does United Chocolate's CEO feel about the negotiations with Cuarenta y Nueve? **5** Why is Alexander surprised to learn that Kate would like to hire Carlos Garcia? **6** According to Kate, why would Carlos not be working directly for Norfolk Chocolate? **7** Explain briefly the favour that Kate is asking Alexander. **8** Give two reasons why Kate believes that Carlos is important if the sale of Norfolk Chocolate to Cuarenta y Nueve is to be a success. **9** In Kate's opinion, would Carlos' role come to an end once the sale had taken place? **10** Why do you think Alexander says jokingly: "Did he really have any choice, Kate?!"

Translation

1 Je n'étais pas allée à Londres seulement pour déjeuner avec lui ; j'espérais obtenir son soutien. **2** Les dirigeants semblent prêts à vendre la filiale, mais évidemment, c'est au conseil d'administration d'approuver une telle décision. **3** Il ne devrait pas y avoir de problème pour se débarrasser rapidement de Norfolk Chocolate. **4** Le DG n'arrive pas du tout à comprendre pourquoi Cuarenta y Nueve s'intéresse tellement à la marque Norfolk Nuggets. **5** Écoute, Alex, entre nous, la plupart des administrateurs eux-mêmes sont démodés ! **6** C'est une occasion rêvée, et tant pis pour toi si tu ne sais pas avancer le bon pion. **7** Kate a été très claire depuis le début : elle n'embaucherait jamais son ami à Norfolk Chocolate. **8** Puisque Carlos a créé sa propre société de conseil, cela ne poserait pas de problème d'éthique s'il participait aux négociations en tant que consultant. **9** Il y a beaucoup de petites entreprises créées par des Hispaniques dans la région de la Baie de San Francisco, où vit une importante communauté latino-américaine. **10** Depuis qu'elle le connaît, Kate a toujours montré énormément de respect pour Alexander, mais elle n'avait pas vraiment le choix…

— Exercises —

Application

Relisez attentivement le document (The Dow Jones Industrial Average) et (Les indices boursiers) de ce chapitre. Ensuite, lisez les affirmations suivantes, qui portent sur l'ensemble des informations, et dites si elles sont vraies ou fausses. Lorsqu'elles sont fausses, corrigez-les.

1. The "snapshot" of the DJIA we are shown in the table gives the situation at 8.10 pm on November 13.
2. The New York index known as the NASDAQ Composite has not always been as famous as the Dow Jones.
3. Currently, in the Dow Jones Industrial Average, the only corporation with a one-letter ticker symbol is AT&T, Inc.
4. Theoretically stock exchange indices begin at 100 points and cannot go above 1,000 points.
5. In the DJIA table, the company which has seen the largest number (volume) of its shares traded is General Electric.
6. Originally, the CAC 40 was named after the organisation that created it, the Compagnie des Agents de Change.
7. The biggest change (in percentage terms) of any corporation in the table we are shown is that of Alcoa, Inc.
8. In 2009, General Motors was replaced by Citigroup as one of the 83 companies which compose the DJIA.
9. Contrary to the name of the index, not all of the corporations which are currently included in the DJIA are involved in the manufacturing industries.
10. Ticker machines are still used today on Wall Street to present stock prices on television and computer screens.

Compréhension

1 She has come down to London for what is described as "a discreet and unofficial business lunch with Alexander Spencer-Jones." She hopes to obtain his support for her plans and ask him a favour.
2 She has been encouraged to do this by the fact that UC now seems prepared to sell Norfolk Chocolate. **3** He says that the Board will probably react favourably to the sale. Indeed, most of its members have wanted to get rid of the company for a number of years.
4 According to Alexander, Stephen Stevens is happy with the way they're going. **5** Because he knows that Carlos Garcia is Kate's "boyfriend," as he says. He no doubt believes, as Kate suspects, that hiring Carlos would raise an ethical problem and that Kate might be accused of nepotism.
6 She says that Carlos has set up his own consulting business, which means that he would not be on the payroll of Norfolk Chocolate.
7 Kate would like Alexander to use his influence on Stephen Stevens, United Chocolate's CEO, to convince him to offer Carlos a key role in negotiating the sale of their subsidiary to Cuarenta y Nueve. **8** Cuarenta y Nueve is a company started by Hispanics, and Carlos is a Hispanic American (i.e. he understands that community perfectly). He is a finance specialist who has had a successful career in an oil company. **9** No, not at all. On the contrary she says that "he'd be invaluable after the sale, too."
10 He is probably implying that Carlos is under Kate's spell and prepared to do whatever he thinks she expects of him.

— Suggested solutions —

CHAPTER 48

Traduction

1 I didn't go to London only to have lunch with him; I was hoping to enlist (/ obtain) his support. 2 Top management seems prepared (/ ready) to sell the subsidiary, but obviously, it's up to the Board of Directors to approve such a decision. 3 There shouldn't be any problem (in) quickly ditching (/ getting rid of) Norfolk Chocolate. 4 The CEO (really) can't understand (at all) why Cuarenta y Nueve is so interested in the Norfolk Nuggets brand. 5 Look, Alex, between you and me, most of the board members themselves are old-fashioned! 6 It's an excellent opportunity and too bad for you if you don't play your cards right. 7 Kate made it very clear from the beginning: she would never hire her boyfriend at Norfolk Chocolate. 8 As Carlos has set up his own consulting business, there wouldn't be any ethical issue about him taking part in the negotiations as a consultant. 9 There are lots of small firms started by Hispanics in the San Francisco Bay area where a large Latino-American community lives. 10 Ever since she's known him, Kate has always shown a great deal of respect for Alexander, but she didn't really have any choice...

Application

1. Faux : The "snapshot" shows us the situation of the DJIA "one day in August 2009 at 11.13 am." The index was down 20.10 points.
2. Vrai.
3. Vrai.
4. Faux : We are told that stock exchange indices usually begin at 100 or 1,000 points.
5. Faux : The company with the largest number (volume) of shares traded is not the General Electric Company (22,091,465) but Bank of America Corporation (83,146,616).
6. Vrai.
7. Vrai.
8. Faux : In 2009, General Motors and Citigroup were replaced in the DJIA by Cisco Systems and The Travelers Companies.
9. Vrai.
10. Faux : Ticker machines are obviously a thing of the past on Wall Street, but the principle is still used today on television and computer screens.

── Translation ──

Le marketing pour l'avenir

Dans ses projets pour l'avenir de Norfolk Chocolate, Kate aimerait bien embaucher sa vieille amie, Molly McGuire, qui après un passage – couronné de succès – au service marketing de Birtwhistle's of Ilkley, est repartie dans son Irlande natale. Néanmoins, Molly a accepté l'invitation de Kate pour venir à Norwich afin de discuter du nouveau poste.

Kate – Molly..., c'est vraiment très gentil à toi de venir si rapidement ! Tu n'as pas pris une ride depuis la dernière fois que je t'ai vue !

Molly – Eh bien, tu es gentille de me dire ça, mais je n'en crois pas un traître mot ! *(elles rient)* Tu es très belle, toi, en tout cas. Le chocolat doit bien te réussir !

Kate *(souriant)* – Travailler dans le chocolat, du moins... J'essaie de ne pas trop en manger ! *(bref silence)* Et toi, le chocolat ne te manque pas ? Jamais ?

Molly – Travailler pour Birtwhistle's ne me manque pas, si c'est ce que tu veux dire. Je les ai quittés parce que j'avais l'impression que je ne pouvais pas aller plus loin. C'est une si petite organisation. Et travailler dans le tourisme me plaît vraiment ! C'est tellement important pour mon pays.

Kate – Tu as donc pu prendre ton vendredi pour venir en Angleterre... ?

Molly – Sans problème... Il me reste plein de jours de congé que je n'arrive jamais à prendre !

Kate – C'est super ! Tu pourras passer le week-end avec nous. Rencontrer Carlos !

Molly – Très volontiers. *(elle sourit)* Alors parle-moi du poste, Kate.

Kate – Eh bien, je t'ai dit que UC avait donné son accord de principe pour vendre Norfolk Chocolate à Cuarenta y Nueve ... J'ai demandé à Alexander Spencer-Jones d'essayer de persuader Stephen Stevens d'accepter de prendre Carlos comme consultant pour le rachat...

Molly – C'est sûr qu'il semble avoir le profil idéal pour l'emploi !

Notes

(1) **set-up** : substantif très idiomatique formé à partir du verbe **(to) set up**, *mettre en place, organiser*. On peut donc le traduire ici par *organisation*.

— DIALOGUE —

CHAPTER 49

Marketing for the future

In her plans for the future of Norfolk Chocolate, Kate would like to hire her old friend Molly McGuire, who after a very successful spell in marketing with Birtwhistle's of Ilkley, returned to her native Ireland. However, Molly accepted Kate's invitation to come to Norwich to discuss the new position.

KATE — Molly..., it was wonderful of you to come over at such short notice! You don't look a day older than when I last saw you!

MOLLY — Well, it's good of you to say so, but I don't believe a word of it! *(they laugh)* You're looking beautiful, anyway... Chocolate must be good for you!

KATE *(smiling)* — Working in chocolate, at least... I try not to eat too much! *(slight pause)* And you don't miss chocolate, ever?

MOLLY — I don't miss working for Birtwhistle's, if that's what you mean. I left them because I thought I'd gone about as far as I could go. They're such a small set-up *(1)*. And I've really enjoyed working in tourism. It's so important for my country.

KATE — So you were able to get your Friday off work to come over to England..?

MOLLY — No problem... I have a lot of leave left which I never find time to take!

KATE — That's great! You'll be able to spend the weekend with us. Meet Carlos!

MOLLY — I'd love to! *(smiling)* So tell me about the job, Kate.

KATE — Well, I told you that UC has agreed in principle to sell Norfolk Chocolate to Cuarenta y Nueve... I asked Alexander Spencer-Jones to try and persuade Stephen Stevens to agree to using Carlos as a consultant for the takeover...

MOLLY — He certainly seems to be the ideal man for the job!   )))

— Translation —

Kate – Oui… en tout cas, quand je t'ai appelée au début de la semaine, je venais seulement d'apprendre qu'il avait été accepté.

Molly – J'ai toujours dit que tu savais t'y prendre avec Alexander… !

Kate *(souriant)* – Donc maintenant que Carlos est de la partie pour le rachat proprement dit, j'ai besoin de quelqu'un qui travaille sur les aspects marketing pour l'avenir. Quelqu'un de jeune avec du talent, comme toi, Molly !

Molly – Eh bien, "jeune", je ne suis pas sûre ; mais "avec du talent", je ne suis pas contre, hein ?! *(elles rient)* Mais dis-moi, Kate, il y a quelque chose que j'ai un peu de mal à comprendre … *(elle hésite)*

Kate – C'est quoi, Molly ?

Molly – Tu parles de rachat, et de l'avenir… Mais lorsque que Cuarenta y Nueve sera propriétaire de Norfolk Chocolate, comment tu peux savoir quels seront leurs projets marketing… ? Ou même s'ils te garderont ici ? Je ne veux pas avoir l'air pessimiste, bien sûr !

Kate – C'est une excellente question ! J'aurais été étonnée que tu ne me la poses pas… *(bref silence)* Évidemment, j'ai eu des contacts avec les responsables de Cuarenta y Nueve, Carlos aussi, maintenant. Ils nous ont donné des garanties concernant mon poste et un futur rôle pour Carlos.

Molly – Et le marketing, alors… ? Qu'est-ce qu'il y a pour moi là-dedans, si j'ose dire ?

Notes

(2) **(to) have a way with somebody** : expression idiomatique signifiant littéralement qu'on a une façon de faire avec quelqu'un, et que, du coup, on obtient facilement ce qu'on souhaite. On peut supposer que Molly est en train de taquiner son amie. Après tout, Russ Kingman, ne dit-il pas (au chapitre 41, en parlant avec Kate d'Alexander Spencer-Jones) : "I got the impression he likes you a lot."

(3) **on board** : le sens littéral ici est évidemment *à bord*, même s'il n'est question ni de bateau, ni d'un autre type de véhicule. Lorsque Kate dit **I've got Carlos on board**, elle veut dire qu'elle l'a fait rentrer dans l'équipe, qu'il est maintenant de la partie. Bienvenue à bord, Carlos !

DIALOGUE

CHAPTER 49

KATE — Mmm... Anyway, when I phoned you at the beginning of the week, I'd just heard that he'd been accepted.

MOLLY — I always said you had a way with *(2)* Alexander...!

KATE *(smiling)* – So now that I've got Carlos on board *(3)* for the takeover itself, I need someone to work on the marketing aspects for the future. Someone young and talented like you, Molly!

MOLLY — Well, I'm not so sure about "young," but I'll go along with "talented," eh! *(they laugh)* But tell me, Kate, there's something I don't really understand... *(hesitating)*

KATE — What's that, Molly?

MOLLY — You talk about the takeover, and the future... But when Cuarenta y Nueve is the owner of Norfolk Chocolate, how do you know what their marketing plans will be...? Or even whether they'll keep you on here? I don't wish to sound pessimistic, of

KATE — That's an excellent question! I would have been surprised if you hadn't asked it... *(slight pause)* Obviously, I've been in contact with the people from Cuarenta y Nueve, and Carlos has too, now. They've given us assurances concerning my position and a future role for Carlos.

MOLLY — And what about marketing...? What's in it for me, so to speak?

⟩⟩⟩

── Translation ──

Kate – Un véritable challenge, à mon avis ! Cuarenta y Nueve est une entreprise jeune, très dynamique, mais ses responsables n'ont pas beaucoup d'expérience de l'Europe pour l'instant. En revanche ils s'intéressent beaucoup à la marque Norfolk Nuggets. Ils comptent sur nous (sur toi, avec un peu de chance) pour rajeunir la marque... Au Royaume-Uni dans un premier temps. Ensuite, en s'appuyant sur le succès des Nuggets, ils ont l'intention d'établir leurs propres produits ici, et en Europe.

Molly – Continue, Kate, tu commences à m'intéresser ! Mais pourquoi une entreprise de San Francisco se passionne-t-elle tellement pour les Norfolk Nuggets ?

Kate – Attends, on va jeter un coup d'œil à leur site web...

Notes

(4) (to) revamp : verbe utilisé assez couramment dans le sens de modifier quelque chose afin de l'améliorer et de le rendre plus moderne. On dit souvent (**to**) **revamp an image**.

(5) (to be) riding high : terme qui vient sans doute de l'équitation et qui désigne un état de confiance, voire de fierté, suite à un succès.

(6) Europe : on pourrait se demander, en lisant la réplique de Kate, si elle sait que le Royaume-Uni fait partie de l'Europe ! En fait, les Anglais parlent de l'Europe comme si elle ne commençait qu'à Calais. Vieux réflexe isolationniste ou simple raccourci verbal pour éviter de parler de l'Europe continentale ?!

Dialogue

CHAPTER 49

Kate — Quite a challenge, in my opinion! Cuarenta y Nueve is a young firm, very dynamic, but they don't have any experience of Europe so far. They're very interested in the Norfolk Nuggets brand, though! They're looking to us (in fact you, hopefully!) to revamp *(4)* the brand… In the UK initially. Then, riding high *(5)* on the success of the Nuggets, they plan to establish their own products here, and in Europe *(6)*.

Molly — Carry on, Kate, you're beginning to interest me! But why is a firm from San Francisco so wild about Norfolk Nuggets?

Kate — OK, let's take a look at their website…

Cuarenta y Nueve

Before Molly came over to Norwich, Kate had mentioned on the phone that Norfolk Chocolate would probably be bought by a small firm from California called Cuarenta y Nueve. Molly had been too busy to prepare her meeting with Kate properly, and had done no research at all. Having studied modern languages (but not Spanish) at university, she thought that the name of the company must mean "forty-nine," but hadn't given the matter any more thought. So when she and Kate took a look at Cuarenta y Nueve's website, she was interested to discover the following:

We created *Cuarenta y Nueve* in 2001. We had both been working in the Silicon Valley, but when the Internet bubble finally burst, we moved up to Sausalito, just across the Golden Gate Bridge from San Francisco. We had always loved good, healthy chocolate, and it seemed a logical progression for us to try and make our own.

But not just any chocolate! We had observed that organic foods were booming, in California, particularly, but the trend was beginning to catch on elsewhere. So why not organic chocolate, we said? To begin with, we decided to target the Latino population of the Bay area because we thought we knew the tastes of these people! We opened a store in San Francisco and started selling a range of organic dark chocolate bars, flavored with spices like chili, ginger, nutmeg or sweet paprika.

People often wonder how we chose the name of our firm, but it's really quite simple. The address of that first store in San Francisco was 4949 California Street, and we thought that this was an omen[2] from the Gods! All around the world, people have heard of the California Gold Rush which took place in the mid-nineteenth century. The Forty-niners, who came in search of gold, also gave their name to San Francisco's football team!

---

[2] **omen**, *augure, signe*

Document

Chapter 49

In our marketing, we have always tried to take advantage of what we saw as a competitive advantage, by building a coherent product range around the Gold Rush theme. Our collection of delicately spice-flavored chocolate bars is called La Fiebre del Oro, while Oro Negro is the name chosen for our smooth organic dark chocolate. And of course, children are just crazy about our delicious pecan-nut chocolate pieces, the famous Pepitas!

But being a highly successful chocolate-maker is not just a question of marketing. We use only the very best organic ingredients, especially our fair trade cocoa from Ecuador, Guatemala, Peru and Venezuela. If you haven't already tried our products, we invite you to do so as soon as possible. You won't be disappointed!

Marta and Victor RODRIGUEZ
Creators of Cuarenta y Nueve

―― POUR EN SAVOIR PLUS ――

Chocolat et bonne conscience...?!

Dans le document de ce chapitre, nous apprenons que Cuarenta y Nueve fabrique du chocolat *biologique* (**organic**) à partir de cacao issu du *commerce équitable* (**fair trade**). Dans nos grandes surfaces françaises, nous avons pris l'habitude de voir des rayons dédiés à ces deux familles de produits (récupération d'un phénomène de mode, diront les mauvaises langues !), mais si les tablettes de chocolat issu du commerce équitable sont maintenant monnaie courante, le chocolat bio est toujours considéré comme une "spécialité".

En fait, les producteurs sont de plus en plus nombreux, aux États-Unis et au Royaume-Uni, bien sûr, mais également dans le reste de l'Europe et notamment en France. Évidemment, ils doivent, comme pour tout autre produit bio, respecter la règlementation concernant l'agriculture biologique mise en place dans leur pays.

La règles de base de l'agriculture biologique sont claires : bannir toute utilisation d'engrais ou de pesticides de synthèse ainsi que d'*organismes génétiquement modifiés* (ou **GMOs**[1], en anglais : **genetically modified organisms.**) Mais pour obtenir la certification, les producteurs doivent respecter un cahier des charges bien précis, et accepter qu'à chaque étape leur production soit *suivie* (ou **monitored**, en anglais). Il existe dans chaque pays un ou plusieurs organisme(s) agréé(s) pour la certification des producteurs biologiques : par exemple le **National Organic Program (NOP)** aux États-Unis, la **Soil Association Certification** au Royaume-Uni et le label Agriculture Biologique (AB) en France.

On doit le terme anglais, **organic farming**, à Lord Northbourne qui l'a utilisé dans son livre *Look to the Land*, publié en 1940. (Il est intéressant de noter, cependant, que dans la majorité des langues, **organic** se traduit par un mot formé à partir des racines *bio* ou *éco*.) Le mouvement lui-même date plutôt des années 70, même s'il n'a connu son véritable envol que vers 1990. On estime aujourd'hui que les produits bio représentent entre 1 et 2 % des ventes totales de nourriture dans le monde, ce qui représentait déjà en 2006 un marché de quarante milliards de dollars.

---

[1] Notez bien qu'on peut utiliser **GM** comme adjectif en anglais : par exemple, **GM foods**, (genetically modified foods), **GM corn**, etc.

Pour en savoir plus

En juillet 2009, au Royaume-Uni, la **F**ood **S**tandards **A**gency (**FSA**) a publié un rapport dans lequel elle affirme que les bénéfices nutritionnels de la nourriture biologique sont quasi nuls. D'autre part, les avis des scientifiques restent partagés quant aux qualités gustatives comparatives. Pourquoi, à ce moment-là, tant de personnes mangent-elles "bio" ? Pour la santé, sans aucun doute, car il est indéniable que les produits biologiques sont plus sains. Les engrais de synthèse, les pesticides ou les insecticides utilisés parfois à outrance par l'agriculture conventionnelle se retrouvent dans notre assiette et, bien sûr, dans le sol. Manger "bio" est donc bénéfique aussi pour notre planète.

Voilà des arguments qui devraient consoler tous les amateurs de chocolat frustrés. Amateurs qui se sentent coupables à chaque fois qu'ils croquent dans une bonne tablette de chocolat. (Pauvre chocolat, accusé de tant de maux !) Mangez donc du chocolat bio, qui est bon pour vous et aussi pour la planète ! Et si par bonheur, il s'agit de chocolat issu du commerce équitable, vous pouvez vraiment avoir bonne conscience !

Notebook

Comprehension

1 Why has Kate invited Molly to come to Norwich? **2** Do you think that Molly regrets leaving her position at Birtwhistle's of Ilkley? **3** What does Molly like about her current activity? **4** Was it easy for Molly to get a day off work to come to England? **5** Did Alexander Spencer-Jones manage to persuade United Chocolate's CEO to accept Kate's request? **6** In your opinion, why does Kate think that Molly might be the right person for the job she has to offer? **7** Explain briefly what it is that Molly doesn't understand about the situation at Norfolk Chocolate. **8** What makes Kate optimistic about the future? **9** Why does a young, dynamic firm like Cuarenta y Nueve need to rely on Norfolk Chocolate to help them with their marketing? **10** Do you think that Molly is likely to accept the job with Norfolk Chocolate?

Translation

1 Molly McGuire avait travaillé pour Birtwhistle's of Ilkley avant de repartir dans son Irlande natale. **2** D'après Molly, Kate est toujours très belle, et elle dit en riant que le chocolat doit lui réussir ! **3** C'était tellement important pour moi de travailler dans le tourisme, surtout dans mon pays, l'Irlande. **4** Je n'ai pas eu de problème pour prendre mon vendredi, parce qu'il me restait plein de jours de congé. **5** Je t'avais bien dit que tu pouvais passer le week-end avec nous. Comme ça, tu rencontreras Carlos ! **6** Je sais peut-être m'y prendre avec Alexander, mais s'il a accepté Carlos, c'est parce qu'il avait le profil idéal pour l'emploi. **7** D'accord, Molly, tu n'es peut-être pas si jeune que ça, mais crois-moi, tu as beaucoup de talent ! **8** Comment tu peux savoir, Kate, si les futurs propriétaires de Norfolk Chocolate voudront te garder comme directeur général ? **9** Carlos a eu des contacts avec les responsables de Cuarenta y Nueve, qui lui ont donné des garanties quant à notre avenir à tous les deux. **10** Je sais bien que Cuarenta y Nueve, se passionne pour la marque, mais il y a quand même des choses que je ne comprends pas.

Application

Nous avons vu dans le document page 552, que des mots qui existent à la fois en anglais et en français (par exemple, organic/organique ; biological/biologique) peuvent avoir un sens différent d'une langue à l'autre. Voici un petit exercice sur les faux-amis. Il suffit de choisir le bon mot dans la liste ci-dessous pour remplir le blanc dans chaque phrase, mais vous aurez peut-être besoin d'utiliser un pluriel.

agenda, biological, bookstore, diary, digital, library, meeting, numerical, oil, organic, petrol, reunion

When Carlos looked in his **(1 .....)**, he realized that he'd forgotten to phone Stephen Stevens to talk about Cuarenta y Nueve's finances.
Since I've taken over at Norfolk Chocolate, I reckon I must have spent more time in **(2 .....)** than during the rest of my career!
Molly said she would only start eating **(3 .....)** chocolate if she believed it was good for her figure.
I don't really think I know anyone who doesn't now use a **(4 .....)** camera!
Before he came to England with Kate, Carlos had had a successful spell working in finance for an **(5 .....)** company.
While Kate was down in London, she couldn't resist buying a few novels from a **(6 .....)** on Charing Cross Road.
Signed by 150 government leaders at the 1992 Rio Earth Summit, the Convention on **(7 .....)** Diversity is dedicated to promoting sustainable development.
I've never understood why you English insist on calling it **(8 .....)**, when everyone else calls it gasoline!
After the best part of fifteen years, Kate and Molly thought it was time to organise a **(9 .....)** of their group of UC junior managers.
I wish you'd taken the trouble to organise all the files in **(10 .....)** order.
When Kate and Carlos were at university, they would often meet in the **(11 ....)** to do their assignments together.
Kate was very happy to see that the sale of Norfolk Chocolate had been put on the **(12 .....)** for the next board meeting.

Compréhension

1 Kate has invited Molly to Norwich because she would like to offer her a new position with Norfolk Chocolate. 2 No, not at all; she says that she doesn't miss working for them. They were/are a small set-up, and she felt she'd gone about as far as she could. 3 She says that she has enjoyed working in tourism, which is good for her country. 4 Yes, Molly had no problem getting a day off work to come to England, because she has a lot of leave which she never finds time to take. 5 Yes, he did. Kate heard that Carlos had been accepted at the beginning of the week. 6 There are, in fact, several reasons: not only was Molly successful in marketing at Birtwhistle's, but also – according to Kate – she is young and talented. 7 Molly doesn't understand how Kate can talk about the future of Norfolk Chocolate, given that Cuarenta y Nueve is taking the company over. How can she be confident about Cuarenta y Nueve's plans or even about her own future with Norfolk Chocolate? 8 Kate is optimistic about the future because she has received assurances from Cuarenta y Nueve about her own position and a future role for Carlos. 9 Cuarenta y Nueve needs to rely on Norfolk Chocolate, because it has no experience so far of Europe. It intends to revamp the Norfolk Nuggets brand in the UK, initially, before establishing its own products on the British and European markets. 10 No doubt Molly will accept this new job with Norfolk Chocolate, as she seems interested in the challenge. She says: "Go on, Kate, you're beginning to interest me!"

— Suggested solutions —

CHAPTER 49

Traduction

1 Molly McGuire had worked for Birtwhistle's of Ilkley before returning to her native Ireland. **2** According to Molly, Kate is still looking very beautiful, and she says laughingly that chocolate must be good for her! **3** It was so important for me to work in tourism, particularly in my country, Ireland. **4** I had no problem getting my Friday off, because I had a lot of leave left. **5** I did tell you that you could spend the weekend with us. Like that, (/ Then,) you'll meet Carlos! **6** I may have a way with Alexander, but if he accepted Carlos, it's because he was the ideal man for the job. **7** OK, Molly, perhaps you're not that young, but believe me, you're very talented! **8** How can you know, Kate, whether the future owners of Norfolk Chocolate will want to keep you on as Managing Director? **9** Carlos has been in contact with the people from (/ with managers of) Cuarenta y Nueve, and they gave him assurances about the future of (/for) both of us. **10** I know (perfectly) well that Cuarenta y Nueve is wild about the brand, but there are still some things I don't understand.

Application

1 diary **2** meeting(s) **3** organic **4** digital **5** oil **6** bookstore **7** Biological **8** petrol **9** reunion **10** numerical **11** library **12** agenda

TRANSLATION

"Signed, sealed and delivered"

La vente de Norfolk Chocolate est désormais officiellement signée. Une cérémonie a eu lieu au siège de United Chocolate Plc, en présence de Marta et Victor Rodriguez, les créateurs de Cuarenta y Nueve, et de Kate et Carlos. Ils sont tous les quatre de retour à Norwich, où ils viennent de se mettre à table pour le dîner dans un des meilleurs restaurants de la ville.

Victor Rodriguez – Eh bien, voilà... Tout est "signed, sealed and delivered", comme le chantait quelqu'un ! *(il lève son verre de champagne)* À Norfolk Chocolate... La première acquisition de Cuarenta y Nueve !

Tous *(ensemble)* – À Norfolk Chocolate ! *(ils boivent)*

Victor Rodriguez – Mmm... C'est un bon champagne... Dommage qu'il soit français !

Kate – OK, Victor... Nous goûterons du vin de Californie pendant le dîner !

Victor Rodriguez – Bravo, Kate. Tu as déjà compris l'importance pour nous de soutenir les produits californiens !

Kate – Je crois que ces deux derniers mois, j'ai dû goûter pratiquement tous les chocolats de Cuarenta y Nueve, et sincèrement, je crois qu'ils auront beaucoup de succès en Angleterre. Carlos est du même avis que moi, et il ne mangeait pas beaucoup de chocolat avant !

Carlos – C'est parce que c'est du chocolat latino, chérie ! *(rires)*

Notes

(1) **signed, sealed and delivered** = littéralement *signé, cacheté et livré*. Il s'agit à l'origine d'une expression juridique signifiant qu'un *acte* (**deed**) de vente, par exemple, avait été signé (par le vendeur), mis sous pli avec un *cachet* (**seal**) en cire et remis à la bonne personne (l'acheteur). L'équivalent français serait sans doute *fait et signé (en présence de...)*, même si, sur un contrat en français, on se contente de *fait à ..., le ...* Aujourd'hui, l'expression est utilisée dans un sens plus général pour attester que quelque chose a été fait en bonne et due forme, en respectant les procédures.

(2) **as somebody once sang** : Victor Rodriguez pense sans doute à Stevie Wonder, qui a sorti en 1970 un album intitulé "Signed, sealed and delivered" et sur lequel figurait la chanson au titre légèrement différent "Signed, sealed, delivered, I'm yours". Mais Stevie Wonder n'est pas le seul auteur à avoir fait une chanson autour de cette expression !

— DIALOGUE —

CHAPTER 50

Signed, sealed and delivered (1)

The sale of Norfolk Chocolate has now taken place officially. A celebration was organised at United Chocolate Plc's headquarters in Bristol, with Marta and Victor Rodriguez, the creators of Cuarenta y Nueve, and Kate and Carlos attending. The four of them have returned to Norwich and have just sat down to dinner in one of the city's top restaurants.

Victor Rodriguez — So there we are... It's all signed, sealed and delivered, as somebody once sang (2)! *(raising his glass of Champagne)* Here's to Norfolk Chocolate... Cuarenta y Nueve's first acquisition!

All *(together)* — To Norfolk Chocolate! *(they drink)*

Victor Rodriguez — Mmmm... That's good Champagne... Shame it's only French (3)!

Kate — OK, Victor... We'll have some Californian wine with the dinner!

Victor Rodriguez — Congratulations, Kate. You've already grasped the importance of supporting Californian produce (4)!

Kate — In recent months, I must have tasted just about every kind of Cuarenta y Nueve chocolate, and honestly, I think it'll be very successful in England. Carlos agrees with me and he never used to eat much chocolate before!

Carlos — It's because it's Latino chocolate, honey! *(they laugh)*   )))

---

(3) **Shame it's only French!** : Victor Rodriguez fait probablement allusion, avec un chauvinisme certain, aux **sparkling wines**, "vins effervescents", de qualité élaborés en Californie, et que les Américains ont tendance à appeler **Californian Champagne**. Le nom du vin le plus connu du monde est évidemment une AOC bien protégée et reconnue par presque tous les pays de la planète.

(4) **produce** : ce substantif est préféré à **product(s)** quand on parle de produits agricoles (**Produce of France**, par exemple, sur les bouteilles de Champagne). Ici, Victor Rodriguez parle d'abord de vin en songeant, bien sûr, au chocolat de Cuarenta y Nueve ; même si ce dernier, tout en étant élaboré à partir de produits agricoles, serait considéré plutôt comme un **product**.

Translation

Marta Rodriguez – Molly a dit, dans son plan marketing, que nous devrions tester le marché pour nos produits en Angleterre le plus tôt possible en ouvrant un magasin à Cambridge. Tu trouves que c'est une bonne idée ?

Kate – Oh, que oui, c'est une excellente idée. Je suis sûre qu'il aurait un succès énorme là-bas !

Victor Rodriguez – C'est parfait… Tu sais, nous avons vraiment apprécié son plan marketing. Elle a tout de suite compris la synergie qui existait entre les deux entreprises, et entre nos différents produits. Vos Nuggets, nos Pepitas, et toute cette image de "ruée vers l'or", de "forty-niners"… Au fait, nous l'avons invitée à Sausalito, pour qu'elle puisse vraiment se familiariser avec notre culture d'entreprise.

Kate – Je sais… Elle nous l'a dit. Elle est absolument ravie de pouvoir visiter la Californie, crois-moi !

Marta Rodriguez *(avec un sourire)* – Mais Carlos a, lui aussi, été remarquable ! Je ne sais pas si on aurait pu réaliser si facilement le montage financier pour le rachat s'il n'avait pas été là. On dirait qu'il connaît tous les banquiers d'affaires et tous les pourvoyeurs de capital-risque des États-Unis !

Victor Rodriguez – Alors, qu'est-ce que tu en dis, Carlos ? Quand est-ce que tu vas nous rejoindre à plein temps ?

Carlos – Tu sais, Victor, nous y avons beaucoup réfléchi… *(bref silence)* Ça a été une nouvelle aventure pour moi quand j'ai créé ma société de conseil, et j'y prends énormément de plaisir. J'ai quand même d'autres clients que Cuarenta y Nueve, et j'aimerais développer mon affaire. Je suis en train de chercher un bureau à Cambridge, en fait. C'est là que se trouve le travail !

Notes

(5) **(to) test market**, *tester sur le marché*. On trouve également les substantifs **test market**, *marché-test*, et **test-marketing**, *test de marché* ou *marketing à titre expérimental*. Le principe du **test-marketing** est de sélectionner un marché-test (un pays, une région, des points de vente, etc.) afin de voir comment un nouveau produit ou une innovation est accueilli par le public.

(6) **corporate culture**, *culture d'entreprise, culture organisationnelle*. On peut dire que c'est la somme des valeurs, de l'éthique, des procédures et même de l'ambiance d'une entreprise ou d'une organisation. On peut supposer que la **corporate culture** de Cuarenta y Nueve, petite et jeune entreprise de Sausalito, créée par deux "transfuges" de la Silicon Valley, est très différente de celle de Norfolk Chocolate !

DIALOGUE

CHAPTER 50

Marta Rodriguez — In her marketing plan, Molly says we should test market *(5)* our products in England as soon as possible by opening a shop in Cambridge. Do you think that's a good idea?

Kate — Oh yes, it's an excellent idea. I'm sure they would be a huge success down there!

Victor Rodriguez — Good... You know, we really appreciated her marketing plan. She understood immediately the synergy that existed between the two firms, and between our various products. Your Nuggets, our Pepitas, and that whole gold rush, forty-niners image... We've invited her to Sausalito, by the way, so that she can really get to know our corporate culture *(6)*.

Kate — I know... She told us. She's absolutely delighted to be able to visit California, believe me!

Marta Rodriguez *(smiling)* — Carlos was remarkable, too! I'm not sure we could have put together the financial package for the buy-out *(7)* so easily, if he hadn't been there. He seems to know every investment banker and venture capitalist in the US!

Victor Rodriguez — So what about it, Carlos? When are you going to join us full time?!

Carlos — You know, Victor, we've thought a lot about it... *(slight pause)* It was a new adventure for me, when I set up my consulting firm, and I'm enjoying it immensely. I do have other clients, apart from Cuarenta y Nueve, and I'd like to develop my business. I'm in the process of looking for an office in Cambridge, in fact. That's where the work is!

〉〉〉

---

(7) **buy-out** : autre façon de dire **takeover**, *rachat*. On parle souvent de **leveraged buy-out (LBO)**, *acquisition par emprunt*, qui consiste à racheter une entreprise en ayant recours à l'endettement bancaire (**leverage**, *effet de levier*).

Translation

Kate – Et on pourrait s'installer quelque part entre Norwich et Cambridge. Comme ça, on n'aurait pas trop de kilomètres à faire en voiture, ni l'un, ni l'autre, pour aller travailler.

Marta Rodriguez – Mais d'ici là, vous allez vous marier !

Carlos – Ça, c'est sûr ! Nous allons nous-mêmes "sign and seal" !

Victor Rodriguez – Et peut-être "deliver" un peu, aussi, non ? Je suis sûr que tu aimerais avoir deux ou trois enfants, Kate !

Kate *(souriant)* – Deux ou trois ?! Attendons pour voir, Victor !

Notebook

Dialogue

CHAPTER 50

KATE — And we could make our home somewhere between Norwich and Cambridge. That way, neither of us would have too far to drive to work.

MARTA RODRIGUEZ — But before that, you're going to be married!

CARLOS — We sure are! We're going to do some signing and sealing ourselves!

VICTOR RODRIGUEZ — And perhaps a little delivering, too, eh! I'm sure you'd love to have two or three children, Kate!

KATE *(smiling)* – Two or three?! We'll have to wait and see, Victor.

DOCUMENT

An article from the East Anglia Post

NORFOLK NUGGETS TURN TO GOLD!

From our business correspondent

We learnt yesterday, that the sale of Norfolk Chocolate to Californian chocolate maker, Cuarenta y Nueve, which we had been predicting for a number of weeks, has now officially taken place.

In a statement to the press, Kate Hewitt, who has been acting as Managing Director of NC since former Plant Manager, Bill Hayward, retired last March, confirmed that the takeover had been signed last week at United Chocolate Plc's headquarters in Bristol. Norfolk Chocolate had been a subsidiary of the Bristol firm since its founder, the late Walter Adams, decided to sell. In recent years, though, there had been much speculation in business circles as to UC's true commitment. Indeed, soon after buying the Norwich-based chocolate maker, they transferred the production of the famous Norfolk Nuggets to a plant in Dijon, France.

Ms Hewitt is a local girl. She was born in Norwich, but then followed her family to Cambridge, where she went to school, before completing a BA in Management Studies at the University of Waringham. She joined UC as a Junior Manager and started her career at Norfolk Chocolate. Since then she has spent many years with UC's American division, working in marketing in Philadelphia. During that time she obtained an MBA from a university in Austin, Texas.

Cuarenta y Nueve – meaning forty-nine in Spanish – is a young firm, created in Sausalito, California, by two former Silicon Valley executives, Victor and Marta Rodriguez. The firm, specialized in organic chocolate, has been hugely successful and was looking for a way to penetrate the European market. In an exclusive interview to this newspaper, Victor Rodriguez said: "We chose to buy Norfolk Chocolate, because we could see a lot of synergy between the two firms. But above all, we wanted the Nuggets brand, because it fits in with our Gold Rush/Forty-Niners image, and we were able to secure both the company and the brand in our deal with United Chocolate. I'm happy to be able to tell you that the first thing we'll do is start making the Nuggets in Norwich again".

Document

Chapter 50

Marta and Victor Rodriguez, who are currently in Norwich, met the staff of NC yesterday to present their plans for the future. After the meeting, Rick Palmer, trade union representative, told our reporter that his members would have to wait and see. "Acts, not words, are what we need right now, but if the new owners keep their promises, we'll all be very happy".

Another key figure in the deal was Carlos Garcia, boss of an American financial consulting firm, who is also Kate's would-be husband. The couple apparently met in

Continued on Page 36

―― POUR EN SAVOIR PLUS ――

La femme, l'avenir de l'entreprise...?

Voici donc Kate, après quelques semaines bien chargées en tant qu'**Acting Managing Director** d'une filiale de United Chocolate, confortablement installée à la tête de la filiale d'un chocolatier bio de San Francisco. Belle et rapide réussite pour une jeune femme dans un monde où les hommes ont toujours eu tendance à faire la loi et, le plus souvent, la font encore, même si la place de la femme dans l'entreprise peut varier selon le secteur, le pays, etc.).

Il existe une expression en anglais pour désigner le phénomène qui frappe les femmes dans leur ascension dans l'entreprise : il s'agit du **glass ceiling** (littéralement "plafond de verre"). Le terme est certes plus récent que le phénomène, mais il ne date pas d'hier. En effet, on le trouve déjà en 1986 dans un article du *Wall Street Journal*, mais il semblerait que sa première utilisation soit antérieure et remonte à la fin des années soixante-dix. C'était une façon imagée, pour beaucoup de femmes cadres, d'exprimer le fait que leur ascension dans la hiérarchie – à partir d'un certain niveau – était bloquée par une sorte de barrière invisible.

Au début, donc, le plafond de verre désignait la discrimination exercée dans les entreprises ou les organisations à l'encontre des femmes, même si le champ d'utilisation de ce terme s'est élargi depuis à d'autres domaines de discrimination : raciale, ethnique, religieuse ou à l'égard des handicapés. Cependant, le terme est le plus souvent associé aux femmes, comme en témoigne cette allusion de Hilary Clinton dans un discours de soutien à Barack Obama en juin 2008 : *"Although we weren't able to shatter this highest, hardest glass ceiling this time, thanks to you, it's got about 18 million cracks in it, and the light is shining through like never before."*

Trente ans après la prise en compte du phénomène du **glass ceiling**, on peut se demander si de véritables progrès ont été réalisés. En politique certainement, si l'on se réfère au Royaume-Uni ou à l'Allemagne – entre autres –, mais ni les États-Unis, ni la France n'ont élu une Présidente, même si des candidates commencent à faire leur apparition.

Dans le monde de l'entreprise, par contre, les choses avancent encore trop lentement. Les statistiques sont là pour confirmer que dans les grandes sociétés américaines ou britanniques, les femmes PDG ne sont pas légion ! D'après des chiffres de juin 2009, quinze des sociétés "Fortune 500" avaient un **CEO** femme, et en novembre 2008, le chiffre correspondant pour les sociétés "FTSE 100" était de cinq ! En France, on ne trouvait, en juin 2008, qu'une seule femme PDG d'une société figurant au CAC40.

Il y a certes des raisons pour expliquer ces très mauvais chiffres aux États-

POUR EN SAVOIR PLUS

Unis et en Europe (les femmes sont beaucoup plus présentes dans les entreprises asiatiques, par exemple). Nos sociétés occidentales attendent que la femme assume son rôle de mère, sans pour autant lui apporter beaucoup d'aide. Il reste également une bonne part de *sexisme* (**male chauvinism**), voire de machisme, qui se cache souvent en Angleterre derrière la culture de l'**old boy** ou **old school tie network**.[1]

Heureusement, les femmes sont de plus en plus souvent majoritaires dans les programmes d'études de management dans les universités et les grandes écoles. Avec quelques femmes de talent comme Kate, et beaucoup de patience (!), on peut raisonnablement espérer que l'emprise des hommes sur les entreprises, et plus généralement l'économie, finira par diminuer.

---

[1] Ces deux expressions ont, en fait, la même signification : le terme **old boy** veut dire, au Royaume-Uni, *ancien élève* (d'"école publique" ou plus généralement de *lycée* (**grammar school**) de garçons). Chaque **school** avait comme signe de reconnaissance sa *cravate* (**tie**), et on embauchait de préférence, bien sûr, ceux qui sortaient de la même école que soi.

EXERCICES

Comprehension

1 Where are Kate and Carlos when the dialogue of this chapter takes place? **2** What does Victor Rodriguez mean when he says "It's all signed, sealed and delivered?" **3** In your opinion, why does Victor say "Shame it's only French!" when he tastes the Champagne? **4** Do you think that Carlos really likes Cuarenta y Nueve's chocolate? **5** Explain in your own words the recommendation, made by Molly in her marketing plan, that Marta Rodriguez mentions. **6** What aspects of Molly's work on the marketing plan did Victor and Marta particularly appreciate? **7** Why do you think Victor Rodriguez has invited Molly to Sausalito? **8** According to Marta Rodriguez, why was Carlos "remarkable"? **9** Do you think that Carlos is likely to accept the offer of a full-time job with Cuarenta y Nueve/Norfolk Chocolate? **10** If Carlos has an office in Cambridge, will he and Kate live there or in Norwich?

Translation

1 La vente vient d'être officiellement signée, et nous avons décidé d'organiser une cérémonie dans un des meilleurs restaurants de la ville. **2** Je lève mon verre à Norfolk Chocolate, notre première acquisition, mais sans doute pas la dernière. **3** D'après certains producteurs californiens, c'est dommage qu'on ne puisse utiliser le nom "Champagne" que pour du vin français. **4** Je vois ce que tu veux dire, Victor, mais maintenant il faut soutenir les produits européens aussi ! **5** Je ne buvais jamais de vin avant, mais depuis que je vis en Californie, j'ai dû goûter tous les Chardonnay de la Vallée de Napa. **6** Je partage l'avis de Molly : je crois que nous devrions ouvrir le plus de magasins possible en Angleterre. **7** Ce n'est pas simplement une bonne nouvelle, c'est une excellente nouvelle ! J'ai toujours rêvé de visiter San Francisco pour voir le Golden Gate Bridge. **8** Tu as été remarquable, Carlos. Il faudra absolument penser à nous rejoindre à plein temps. **9** Si tu veux développer ton affaire, je te conseille de trouver un bureau à Cambridge. Comme ça, vous pourrez vous installer quelque part entre Norwich et Cambridge. **10** En ce qui concerne les enfants, Carlos aimerait en avoir trois ou quatre, mais Kate préfère attendre pour voir. "D'abord, nous allons nous marier", lui a-t-elle dit.

Exercises

CHAPTER 50

Application

Nous apprenons dans le dialogue de ce chapitre que Marta et Victor Rodriguez ont invité Molly à Sausalito pour qu'elle puisse se familiariser avec la culture d'entreprise de Cuarenta y Nueve. Pendant son séjour en Californie, elle envoie à Kate ce message électronique. Lisez-le attentivement et remplissez les blancs en choisissant un mot dans la liste suivante :

air conditioning, boss, car pool, catch, desk, downtown, hug, jet lag, laid-back, lent, open-plan, plan, plant, partying, porch, store, sunny, trip, updated, wedding

From: Molly McGuire [molly.mcguire@norfolk.chocolate.co.uk]
Sent: Wednesday, October 15, 20.., 18:43
To: Kate Hewitt [kate.hewitt@norfolk.chocolate.co.uk]
Subject: Hi from Sausalito

Hi **(1 ......)**!!!

I thought it was about time I **(2 ......)** you on my trip to California, in case you thought I was just lying in the sun all day enjoying myself!

Well, as a matter of fact, as I write to you (it's a quarter to seven here, so I guess you'll be fast asleep!) I'm sitting out on the **(3 ......)** of Marta and Victor's beautiful house. To the right, I can see the sun beginning to go down behind the Golden Gate Bridge, and over to the left, I can just **(4 ......)** sight of Alcatraz. Sausalito is absolutely fantastic, Kate, and the weather is still beautiful!

Marta and Victor have been wonderful, and they've **(5 ......)** me a car so that I can see as much of California as possible during my **(6 ......)**. They drive me into work each day, though, as everyone here takes the **(7 ......)** system very seriously. The **(8 ......)** is a few miles north of Sausalito, just off Highway 101. Anyway, I don't know why I'm telling you all this, as I'm sure you know already! On Saturday, they asked me to work in their **(9 ......)** on California)))

))) Street in (10 ......) San Francisco. You can't believe the number of people who come in, and the amount of chocolate some of them buy. It was a great experience and I was really happy to see (and taste!) all their products after spending so much time working on them for the marketing (11 ......). It's just as well they have such good (12 ......), though, or else I would have fallen asleep from the (13 ......)!

The plant itself is beautiful too, and its architecture fits in perfectly with the countryside. The offices are all (14 ......), and people just come in when they like and work from whatever (15 ......) is free and takes their fancy. But you have a great view over the Bay wherever you sit. Everyone is extremely cool – (16 ......), as they say – and you sometimes get the impression that they're (17 ......) rather than working!

Well that's it for now. Marta and Victor are taking me to their favourite Mexican restaurant this evening. It's a shame I have to return to (18 ......) Norwich next week, but I've done loads of very useful work with Marta and Victor and I'll update you on it as soon as I get back. Still, you must be getting ready for your (19 ......) day, which I haven't forgotten of course!

Lots of love to you, Kate, and give Carlos a (20 ......) for me!

Molly
xxx

— Suggested solutions —

CHAPTER 50

Compréhension

1 Kate and Carlos are in Norwich, about to have dinner with Marta and Victor Rodriguez in one of the city's top restaurants. **2** He means that his company's purchase of Norfolk Chocolate from United Chocolate has now taken place officially. **3** He is being chauvinistic here! He is no doubt thinking of the excellent sparkling wine made in California: the local people often refer to it as Californian Champagne, even though Champagne may only come from the French region of that name. **4** He says jokingly that he likes it "because it's Latino chocolate." However, we can assume that Carlos really does like it, because he seems to be eating a lot of it and to think it will be very successful in England. **5** Marta mentions Molly's recommendation that they should waste no time in testing Cuarenta y Nueve's chocolate on the English market, by opening their own shop in Cambridge and selling it there. **6** Victor and Marta particularly appreciated Molly's rapid understanding of the synergy existing between the two companies and between their products and how the latter fitted in with the gold rush, forty-niners image they tried to project. **7** He says that he wants her to get to know their corporate culture, but he probably wants to thank her for her good work on the marketing plan. **8** She says that he was remarkable because of his help in putting together the financial package for the buy-out: "he seems to know every investment banker and venture capitalist in the US!," she says. **9** No, it seems very unlikely. He says he's enjoying having his own consulting firm immensely, and wants to develop his business. **10** In fact in neither Norwich nor Cambridge. Kate says that they'll be able to make their home somewhere between Norwich and Cambridge.

Traduction

1 The sale has just taken place officially, and we've decided to organise a celebration in one of the city's top restaurants. **2** I raise my glass to Norfolk Chocolate, our first acquisition, but no doubt (/ probably) not the last. **3** According to some (/ certain) Californian producers, it's a shame that the name 'Champagne' can only be used for French wines. **4** I can see what you mean, Victor, but now you'll have to support European produce (/ products), too! **5** I never used to drink wine before, but since I've lived (/ been living) in California, I must have tasted all the Chardonnays from Napa Valley. **6** I agree with Molly: I think we should (/ ought to) open as many shops as possible in England. **7** It's not just good news, it's excellent news! I've always dreamed of visiting San Francisco and seeing the Golden Gate Bridge. **8** You were (/ 've been) remarkable, Carlos. You really must think about joining us full time. **9** If you want to develop your business, I advise you to find an office in Cambridge. Then you'll be able to make your home somewhere between Norwich and Cambridge. **10** As far as children are concerned, Carlos would like to have three or four, but Kate would rather wait and see. "First of all, we're going to be (/get) married," she told him.

— Solutions proposées —

Application

1 boss 2 updated 3 porch 4 catch 5 lent 6 trip 7 car pool 8 plant 9 store 10 downtown 11 plan 12 air conditioning 13 jet lag 14 open plan 15 desk 16 laid-back 17 partying 18 sunny 19 wedding 20 hug

INDEX LEXICAL

Cet index lexical reprend tous les termes relatifs à l'anglais des affaires que vous avez rencontrés dans cet ouvrage (vous ne trouverez pas les termes de l'anglais de base que vous connaissez certainement). Nous vous indiquons la référence au chapitre et la rubrique dans lesquels le mot a été utilisé pour la première fois ; toutefois lorsqu'un terme anglais peut présenter plusieurs acceptions françaises possibles selon le contexte, nous vous signalons les différents renvois aux chapitres concernés. Nous vous donnons aussi les orthographes britanniques (UK) ou américaines (US) lorsqu'elles diffèrent.

Les abréviations utilisées dans cet index sont les suivantes :

Dia : Dialogue

Doc : Document

E : Exercices

N : Notes

vtr : verbe transitif

vi : verbe intransitif

A

a level	2	E
about to	50	E
abroad	26	E
access	18	Dia
accommodate (to ~)	29	E
accommodation	27	N
account	20	Doc
account (profit and loss ~)	46	E
account for (to ~)	27	E
account(s)	46	Dia
accountancy	20	E
accountant	4	Doc
accountant (chief ~)	7	Doc
accounting	2	Doc
accounting (financial / management ~)	2	Doc
accurate	46	E
achieve (to ~)	36	Dia
acknowledgement	44	E
acquisition	28	Dia
acre	36	N
acreage	36	N
act (of parliament)	4	Doc
acting	44	N
action (industrial ~)	10	Doc
action (plan of ~)	42	Dia
activity	2	Dia
actual	30	E
ad	33	Dia
add (to ~)	27	Dia
added value	37	Dia
address (to ~)	29	N
adjust to (to ~)	20	Dia
adjustment	20	E
administrative	10	E
admissions office	15	E
advantage (competitive ~)	49	Doc
advantage (to take ~ of)	29	Dia

INDEX LEXICAL

advertise (to ~)	1	E
advertisement	28	E
advertiser	33	N
advertising	33	N
advisor	33	Dia
advisory	30	E
advocate (to ~)	37	E
affect (to ~)	28	Dia
affordable	23	Doc
after hours	30	Dia
ageing	37	Dia
agenda	35	Dia
agent	26	E
aggressiveness	41	Doc
agree (to ~)	45	E
agreement	37	Dia
ahead	26	Dia
ahead (to move ~)	48	Dia
ahead of	11	E
aim at (to ~)	16	Dia
air conditioning	50	E
airline (magazine)	45	Dia
airport	40	Dia
aisle	24	E
all in all	9	Dia
allocate (to ~)	33	E
allude to (to ~)	20	E
almond	27	E
alumnus	28	N
amalgamation	44	N
ambitious	11	Doc
amend (to ~)	4	Doc
amenities	24	N
American (native ~)	43	Dia
amount	22	Dia
amount to (to ~)	12	E
analyse (to ~)	13	Dia
analysis	2	Doc
(quantitative ~)		
anchor store	25	Doc
anger	41	Doc
angry	43	E
announce (to ~)	47	E
announcement	31	Dia
annual	18	Doc
annual (leave)	40	N
annual general meeting	46	N
annual report	46	Dia
anxiety	41	Doc
apathy	41	Doc
apparel	15	Doc
appeal to (to ~)	27	Doc
application	2	Dia
application (letter of ~)	1	Doc
apply for (to ~)	1	Dia
apply to (to ~)	17	Doc
appointment	3	Dia
	23	Dia
appraisal	12	Dia
appraise (to ~)	12	N
appreciate (to ~)	16	Dia
apprentice	32	E
approach	19	E
arch-rival	21	Doc
area	32	Doc
	48	Dia
area (code)	6	Doc
area (surface ~)	8	E
argue (to ~)	37	Doc
argumentativeness	41	Doc
armchair banking	22	Doc
array	25	Doc
arrival	24	Dia
artwork	31	Dia
as follows	9	Doc
aspiration(s)	16	Doc
assemble (to ~)	29	Dia
assembly line	8	N
assert (to ~)	47	Dia
assess (to ~)	2	Doc
assessment	11	Dia
asset	26	E
asset(s)	46	N
asset(s) (underlying ~)	40	Doc
assets (current ~)	46	Doc
assets (intangible ~)	46	Doc
assets (non-current ~)	46	Doc
assets (total ~)	46	Doc
assign (to ~)	31	E
assignment	20	E
assist (to ~)	11	Doc
assistance	29	E
assistant	11	Dia
assume (to ~)	28	Dia
assumption	19	E
assurance(s)	49	Dia
attached	25	E
attack (panic ~)	41	Doc
attend (to ~)	10	Dia

Index lexical

attend to (to ~)	35	Dia
attendee	29	Dia
attraction	40	E
attributable	47	Doc
audience	21	Dia
audience (target ~)	29	Dia
audit	32	Doc
automatic teller machine (ATM)	22	Dia
automation	32	Dia
autonomy	41	Dia
availability	45	Doc
available	19	Dia
average	9	Dia
average (to ~)	9	Doc
award (to ~)	2	E
aware	29	Dia
awareness (brand ~)	29	N
awesome	16	Dia

B

back office	37	Doc
background	18	Doc
	28	Dia
backlash	37	Dia
badge	27	E
balance	22	E
balance (to ~) (vtr)	28	Dia
balance (to ~) (vi)	46	N
balance (trade ~)	42	Dia
balance sheet	46	Dia
ban	33	Dia
bank holiday	22	Doc
bank on (to ~)	22	Doc
bankable	22	Doc
banker (investment ~)	50	Dia
bar chart	14	Doc
bargain	35	E
bargaining (collective ~)	10	Doc
bar-graph	19	Dia
barter	30	E
base (product ~)	28	Dia
basic earnings per share	47	Doc
basket	48	Doc
battery	25	E
bay	27	Dia
bay (delivery ~)	8	Doc
bay (loading ~)	8	Doc
be on at (to ~)	44	N
bean	32	N
behavior (consumer ~) (US)	28	E
behavioral	41	Doc
behaviour (UK)	17	E
benchmark (to set the ~)	30	N
beneficial	28	Dia
benefit	27	Doc
benefit (to ~)	19	Doc
benefit from (to ~)	28	N
benefit(s)	1	Doc
best part (of)	9	Dia
bet (to ~)	20	N
beverage	28	Dia
bias	47	N
biased	17	E
bid (takeover ~)	28	E
big shot	44	E
bill	22	E
bill oneself (to ~)	27	Doc
billboard	31	N
billing	31	N
biological	49	E
biro	43	Doc
Blackberry thumb	19	Doc
blank (check) (US)	22	E
blasé	45	Dia
blend	32	Dia
blend (to ~)	18	N
blind (~ tasting)	26	N
blue-collar	37	E
blue-collar (worker)	9	Doc
Board	23	Dia
board (bulletin ~)	41	Doc
board (of directors)	7	N
board (on ~)	49	Dia
boarding card	24	E
bonding	4	Dia
bonus	31	N
book (to ~)	24	Dia
bookkeeper	46	N
bookkeeping	46	Dia
bookstore	49	E
boom	45	Doc
boom (to ~)	45	Doc
booming	28	E
boost (to ~)	31	Doc
booster	28	Dia
booth	29	Dia

Index lexical

bootleg	25	Doc
borrow (to ~)	22	Dia
borrowing(s)	46	Doc
boss	7	E
bottom line	13	Doc
	47	Dia
bottom line (triple ~)	13	Doc
bound to	9	E
boycott	43	Dia
brainstorm (to ~)	21	Dia
branch	22	Dia
brand	1	Doc
brand (distributor ~)	5	Dia
brand (management)	16	Doc
brand new	17	Dia
break	9	Dia
break down (to ~)	10	Doc
	35	Dia
break even (to ~)	11	E
break in (to ~)	11	E
break into a market (to ~)	29	E
break loose (to ~)	11	E
break off (to ~)	11	E
break open (to ~)	11	E
break out (to ~)	10	Doc
break up (to ~)	11	E
breakdown	13	Doc
break-even point	30	N
bribe	30	E
brief	31	N
brief (to ~)	29	Doc
briefcase	11	E
bring out (to ~)	28	E
bring together (to ~)	47	E
broach (to ~)	41	Dia
broad	2	Doc
broadcast (to ~)	33	Dia
broker	26	E
bubble	45	Doc
budget	45	Doc
building (factory ~)	8	E
building (office ~)	8	E
building society	30	N
bulk (in ~)	10	N
bulkhead	24	Dia
bulky	10	Dia
bulletin (board)	41	Doc
buoyancy	20	Doc
bureautics	19	Doc
burn	9	Doc
burnout	41	Doc
burst (to ~)	49	Doc
business (class)	45	Doc
business	2	N
business administration		
business centre	24	N
business computing	2	Doc
business economics	2	Doc
business ethics	2	Doc
business plan	11	E
business (school)	2	Dia
buy (impulse ~)	10	Dia
buy (to ~)	40	Doc
buyer	40	Doc
buyer's market	30	E
buy-out	50	Dia
buy-out (leveraged ~)	50	N
by the way	11	E
by(e)-law	4	Doc
bypass	6	Doc

C

calculation	19	Doc
call	24	N
call (option)	40	Doc
call (phone-~)	42	Dia
call (to ~)	47	Dia
call for (to ~)	33	Dia
call on (to ~)	24	N
caller	43	Dia
campaign	9	E
campus (corporate ~)	45	Doc
cancel (to ~)	23	E
candidate	1	Doc
canteen	8	Doc
capacity	43	Doc
capital	42	Doc
capital (venture ~)	45	Doc
capitalist (venture ~)	50	Dia
caption	33	E
capture (to ~)	19	Dia
car pool	50	E
career	1	Doc
career (development)	11	Doc
career woman	23	Dia
carried away (to get ~)	19	Dia
carrier (big ~)	24	Dia
carry on (to ~)	49	Dia
carry out (to ~)	17	Dia
case	26	E

576

Index lexical

case study	34	Dia
cash	46	Doc
cash (dispenser)	16	E
cash equivalent(s)	46	Doc
cash-flow (statement)	46	N
cashpoint	22	Dia
casual	20	E
catalog (US)	16	Doc
catalogue (UK)	16	Doc
catch on (to ~)	49	Doc
catch sight of (to ~)	50	E
category (-ies)	11	Dia
cater for (to ~)	32	N
caterer	32	N
catering	32	N
caustic	9	Doc
ceiling (glass ~)	50	Doc
cell-phone	17	Dia
centrally-planned (economy)	11	N
certification	32	Doc
chain hotel	24	Dia
chairman (of the board)	7	Doc
chairperson	17	Doc
challenge	49	Dia
channel	28	Doc
charge	22	Dia
charge (in ~ of)	2	Dia
charge (person in ~ of)	28	Doc
charge(s)	46	Doc
charity (-ies)	15	Dia
chart	21	Dia
chart (bar ~)	14	Doc
chart (column ~)	14	Doc
chart (pie-~)	14	Doc
chauvinism (male ~)	50	Doc
chauvinistic	50	E
check (US)	22	Doc
check (to ~)	15	Dia
check in (to ~)	35	E
check-in	24	Dia
cheesed off (to be ~)	14	Doc
child labor	36	E
chili	49	Doc
chips	32	E
chocolate-maker	49	Doc
churn out (to ~)	27	Doc
circuitry	32	E
city planning	25	Doc
class (business ~)	45	Doc
class (core ~)	16	Doc
class (middle ~)	9	Doc
class (working ~)	9	Doc
classless	9	Doc
cleaner	9	Doc
clear (to ~)	36	Dia
clerical	10	E
click (to ~)	15	Dia
client	14	N
client (prospective ~)	14	N
clone	45	Doc
close (to ~)	47	Dia
close down (to ~)	9	Dia
close to	22	Dia
closure	10	Dia
clout	38	Doc
clue	20	Dia
coach (to ~)	29	Dia
cocoa	11	E
coherent	49	Doc
collaborator	45	E
colleague	4	E
collect (to ~)	19	Dia
collective bargaining	10	Doc
column chart	14	Doc
come to an end (to ~)	48	E
come up against (to ~)	45	E
command	26	E
comment	26	Dia
comment on (to ~)	37	Dia
commercial	33	N
	43	Doc
commission	12	Doc
	30	E
commission (to ~)	17	E
commit (to ~)	47	E
commitment	11	Doc
	23	Dia
committee	32	E
commodity (-ies)	38	Dia
communication	14	Dia
community	13	Dia
commute (to ~)	40	Dia
commuter	40	N
compact car	24	E
company	1	Dia
company (holding ~)	4	Dia
company (limited ~)	4	Doc
company (parent ~)	4	N

Index lexical

company (private limited ~)	4	N
company (public limited ~)	4	N
company (single member private ~)	4	Doc
company car	1	Doc
compensation	31	Dia
competitive (advantage)	49	Doc
competitiveness	37	Dia
competitor	5	Dia
complain (to ~)	41	Doc
complete (to ~)	32	Doc
comply (to ~ with)	4	Doc
component	16	Doc
computaholic	19	Dia
computer	1	Dia
computer science	19	Doc
concentration	16	Doc
concept	45	Doc
concern	10	Dia
concerned (to be ~)	10	N
concession	11	E
conching	27	Dia
conclude (to ~)	47	Dia
conditions	10	Doc
conduct (to ~)	14	Dia
confectionery	5	Dia
confident	29	Dia
confidential	16	E
conflict	10	N
congressman	16	E
connecting flight	24	E
connectivity	23	Doc
connoisseur	26	Dia
cons (pros and ~)	42	Doc
conservationist	43	Dia
consist in (to ~)	27	E
consist of (to ~)	25	Doc
consistent	31	E
consolidate (to ~)	4	Doc
	46	Dia
consolidation	28	N
consulting (firm)	45	Dia
consumer	5	Dia
consumer (end-~)	40	Doc
consumer electronics	45	Doc
consumerist	23	N
consumption	28	Dia
container	9	Doc
continuing operations	47	Doc
contract	3	Dia
contract (futures ~)	40	N
convenient	19	Dia
convertible debt	47	Doc
convey (to ~)	27	E
conveyor	9	Doc
conveyor belt	24	E
cool (to ~)	27	Dia
co-op	36	E
cope (to ~ with)	5	E
cope (to ~)	32	N
copy (to ~)	19	E
copycat	25	Doc
copycat (product)	42	Dia
copyright(s)	46	E
copywriter	31	N
copywriting	31	Dia
core (class)	16	Doc
corn	49	Doc
corner (to cut ~s)	22	N
corner shop	28	E
corporate	20	Dia
corporate (campus)	45	Doc
corporate (culture)	50	Dia
corporate (finance)	18	Dia
corporate box	44	Doc
corporate image	27	Doc
corporate social responsibility	13	Dia
corporate social responsiveness	13	N
corporation	11	E
corridor	45	Doc
cost (low ~)	45	Doc
cost price	10	Dia
cost(s)	10	Dia
council (works ~)	26	N
counsel(l)ing	33	Doc
	41	Doc
counter	20	Doc
counterfeiting	25	Doc
coupon	33	Dia
course (in due ~)	3	Doc
course (induction ~)	4	Dia
course description	2	Doc
court (to take to ~)	42	Dia
courtesy call	35	Dia
coverage	28	Dia
crack open (to ~)	27	Dia

INDEX LEXICAL

craftsman (-men)	4	Doc
cram (to)	21	N
crash (Wall Street ~)	40	Doc
crash course	34	Dia
crave (to ~)	38	Dia
crazy	45	Dia
creamery	27	Doc
create (to ~)	41	Dia
creative department	31	N
creative writer	31	N
creator	41	E
credentials	38	N
credibility	45	Dia
credit card	22	E
crisis (-es)	4	Doc
crisis-proof	45	Doc
crop	36	Dia
cruise	24	Doc
crunch (to ~)	19	Dia
cultivar	26	N
culture (corporate ~)	50	Dia
cup of tea (it's not my ~)	14	Doc
cupboard	11	E
curb (to ~)	31	Doc
currency (-ies)	22	Doc
current	12	E
current account	22	Dia
current assets	46	Doc
current liabilities	46	Doc
curriculum	16	Doc
customer	14	N
customer (prospective ~)	14	N
customer service manager	31	N
customs	30	Dia
cut	28	Dia
cutting-edge	45	Doc
cycle	45	Doc
cycle (innovation ~)	45	Doc

D

damage	24	E
damage (to ~)	45	Dia
data	13	Dia
data (sheet)	18	Doc
database	19	Dia
deadline	17	N
deadlock	10	Doc
deal	50	Doc
deal (it's a ~ !)	15	N
deal with (to ~)	14	Dia
Dear (+ Madam/Sir ou Mr/Ms + nom)	1	Doc
debit card	22	Dia
debt (convertible ~)	47	Doc
debt(s)	4	Doc
decision making	2	Doc
decline	46	Dia
decrease	21	E
deduction	12	Doc
deed	50	N
deem (to ~)	45	E
deferred income tax liabilities	46	Doc
degree	1	Dia
delay (to ~)	23	Dia
delicious	49	Doc
deliver (to ~)	27	Doc
delivery	44	E
delivery (bay)	8	Doc
demand	26	E
demand (supply and ~)	40	Doc
demanding	32	Dia
denial	36	Dia
department	2	Doc
department store	25	Doc
departure	24	Dia
depletion	36	N
deposit (to ~)	22	Dia
depreciation	47	E
deregulation	38	Doc
derivative(s)	40	Doc
designer	25	Dia
desk	50	E
desk research	17	E
desktop (computer)	19	N
desk-top publishing	20	E
despatch (to)	34	E
develop (to ~)	11	Doc
development (career ~)	11	Dia
development (new prodct ~)	16	Doc
development (sustainable ~)	45	Doc
devise (to ~)	20	Doc
devote (to ~ to)	20	E
diagram	21	Dia
dialling (code)	6	Doc

Index lexical

diary	15	Dia
diet	27	Doc
dietician	33	Dia
digital	49	E
diluted earnings per share	47	Doc
dip (to ~)	36	E
direct mail	29	N
directive	4	Doc
director	1	Doc
director (assistant ~)	3	E
director (communication and public relations ~)	7	Doc
director (financial ~)	7	N
director (human resources ~)	7	Doc
director (managing ~)	41	E
director (marketing ~)	5	Dia
director (of human resources)	6	Dia
director (production ~)	4	Dia
disapprove (to ~)	43	E
disassemble (to ~)	29	Dia
discipline	2	Doc
discount	25	E
discovery	43	Doc
discriminatory pricing	30	Doc
disheartened	43	E
dishonourable	10	E
dismissal	10	Doc
disorder	9	Doc
dispatch (to ~)	25	E
	45	Dia
dispense (to ~ of)	9	Doc
display (to ~)	25	Dia
disposal	33	Doc
dispute (industrial ~)	10	Dia
disrupt (to ~)	10	Dia
distribute (to ~)	42	Dia
distribution	47	Doc
distributor	5	Dia
ditch (to ~)	48	Dia
diversify (to ~)	28	Dia
diversity	49	E
dividend(s)	4	Doc
	29	Dia
division	48	Doc
dole (be on the ~)	9	Dia
dole out (to ~)	9	N
doom (to ~)	37	Dia
dot.com	45	Doc
double (to ~)	18	Dia
double-edged	28	Dia
Dow Jones industrial average	40	Doc
down (to be ~)	48	Doc
download (to ~)	16	E
downs (ups and ~)	45	Dia
downsizing	37	Dia
downtown	50	E
downturn	38	Dia
draft	22	Doc
draft (to ~)	19	E
drag on (to ~)	42	Dia
draw on (to ~)	21	Dia
drawback	12	E
drawn out	32	Dia
drayage	29	N
drill (to ~)	38	E
drinks (industry)	46	Dia
drop (to ~)	28	Dia
drop in (to ~)	20	Dia
dub (to ~)	16	Doc
due to	42	Dia
dummy	14	Doc
dust	9	Doc
duty-free	25	Dia
dweller	31	Doc
dwindle (to ~)	28	E

E

eager	20	Doc
earn (to ~)	12	Dia
earning(s)	12	E
earnings (basic ~ per share)	47	Doc
earnings (diluted ~ per share)	47	Doc
earnings (net ~)	46	E
earnings (retained ~)	46	N
economic	2	Doc
economical	29	N
economics (managerial ~)	16	Doc
economy	45	Doc
economy (centrally-planned ~)	11	N
edge	9	Doc

Index lexical

edge (competitive ~)	25	Doc
editor	14	Dia
effect	28	Dia
effective	28	Doc
efficiency	32	Dia
efficient	20	Doc
elective	16	Doc
e-mail (to ~)	15	Doc
e-mail	23	Doc
embrace (to ~)	26	Dia
emerging	28	Dia
employ (to ~)	28	Dia
employability	2	Doc
employee	10	Doc
employment	3	Doc
empower (to ~)	36	N
empowerment	36	N
empty-handed	25	Dia
enable (to ~)	26	E
enclosed	3	Doc
encounter (to ~)	42	Dia
end (to come to an ~)	48	E
end-consumer	40	Doc
end-product	37	Dia
energy (renewable ~)	45	Doc
energy (solar ~)	45	Doc
engineer	8	Dia
engineering	37	Dia
enhance (to ~)	33	Doc
enlarge (to ~)	43	Dia
enlargement	43	E
enlightened	36	N
enlist (to ~)	48	Dia
enologist	26	Dia
ensure (to ~)	26	Dia
entail (to ~)	36	E
enter (to ~)	22	Dia
enterprise (wholly-foreign-owned ~)	42	Doc
entertain (to ~)	28	Dia
entertainment	45	Dia
entertainment expenses	35	Doc
entitled (to be ~ to)	4	Doc
entrepreneurship	2	Doc
environment	45	Doc
eponym	21	Doc
eponymous	43	Doc
equipment	23	Doc
equity (-ies)	7	N
equity (total ~)	46	Doc
equity holder	47	Doc
equivalent(s) (cash ~)	46	Doc
erosion	47	Dia
establish (to ~)	49	E
established (long-~)	27	Doc
estate	26	E
ethic (work ~)	20	Doc
ethical	48	Dia
ethics	36	Doc
ethnocentric	20	Doc
euphemism	17	Doc
evaluate (to ~)	11	Doc
even (to break ~)	30	Dia
event	13	Dia
eventually	38	Doc
excerpt	44	Doc
excess	24	Dia
exchange rate	24	E
executive	3	Dia
executive (product ~)	45	E
exhausted	44	Dia
exhibit (to ~)	29	Dia
exhibition	15	Doc
exit	24	Dia
expatriate	44	Doc
expectations (to meet ~)	32	Dia
expenditure	37	Dia
expense	34	Dia
expense account	35	Doc
expense(s)	46	N
experience	1	E
experienced	18	Dia
expert	45	Dia
expertise	18	Dia
exploit (to ~)	41	Dia
explosion	9	Doc
expressway	16	N
extend (to ~)	36	Dia
extension	8	Doc
extensive farming	36	Dia
extent	36	Dia
externalization	37	Doc

F

face-to-face	23	Doc
facility	27	Dia
factor	18	Dia
factory	4	N
factory (building)	8	E
faculty	18	Dia

Index lexical

Fahrenheit	32	N
failure	17	Dia
fair (trade ~)	29	Dia
fair trade	36	Dia
fairground	40	E
fall	40	E
fall (to ~)	40	Doc
fall (US)	14	N
fall back on (to ~)	46	Dia
farming (organic ~)	49	Doc
fashion	25	Dia
fast asleep (to be ~)	50	E
fast lane	41	Dia
fat-free	28	Dia
faucet (US)	16	E
fault-free	26	Dia
favoritism (US)	45	N
favour	48	Dia
favouritism (UK)	45	N
feature	28	Doc
fee(s)	16	Dia
feed	9	Doc
feedback	33	Dia
fees (tuition ~)	16	Doc
fellow	9	E
fen	45	Dia
ferret out (to ~)	30	N
fertilizer	36	Dia
fidget (to ~)	41	Doc
field research	17	E
field trip	23	Doc
figure(s)	12	E
	41	Dia
	49	Doc
figure out (to ~)	19	Dia
file	19	E
fill out (to ~) (US)	16	E
fill in (to ~) (UK)	16	E
finalize (to ~)	18	Dia
finance	14	Dia
finance (corporate ~)	18	Dia
finance (to ~)	11	Dia
finances	49	E
financial (instrument[s])	40	Doc
financial (package)	50	Dia
Financial Services Authority (UK)	46	N
financial statement(s)	46	Dia
Financial Times Stock Exchange	48	Doc
find out (to ~)	24	E
finding(s)	11	Doc
finesse	26	Dia
fire (to ~)	2	N
fire away (to ~)	12	Dia
firm	5	Dia
firm (consulting ~)	45	Dia
first (and foremost)	45	E
first draft	31	Dia
first (-class honours degree)	1	Dia
fix (to ~)	23	E
fixed	25	Dia
flagship	2	Doc
flashy	33	N
flatmate	1	Dia
flavored (spice-~) (US)	49	Doc
flier	6	Doc
flight	40	Dia
floor (to set the ~)	30	N
flow	22	Doc
flow scheme	32	Doc
fluctuate (to ~)	40	Doc
fluent	2	E
flyer	6	E
foam	27	Doc
focus on (to ~)	21	Dia
foil	27	Dia
folder	6	Doc
folks	16	Dia
follow-up	34	Doc
food court	25	Doc
food industry	27	Doc
Food Standards Agency	49	Doc
food(s)	49	Doc
foodstuff(s)	40	Doc
foreman	16	Dia
foremost (first and ~)	45	E
forgetfulness	41	Doc
form	22	E
forthcoming	42	E
fortnight	8	Dia
forty-niners	49	Doc
forward(s)	40	Doc
forward-looking	21	E
found (to ~)	28	Dia
foundation	27	Doc

INDEX LEXICAL

Term	Page	Section
foundation (stone)	38	Dia
founder	28	Dia
founding	13	E
framework	10	Doc
frank	47	Dia
free of charge	18	Dia
freeway	16	N
freewheeling	36	N
friction	42	E
fringe benefits	34	N
fuel (to ~)	27	Doc
fulfill (to ~)	25	Doc
full-time	2	N
function	2	Dia
function (to ~)	9	Dia
fund (pension ~)	41	N
fund-raiser	15	E
funds	46	E
furniture	27	Doc
further to	11	Doc
future(s)	40	Dia
futures (contract)	40	N

G

Term	Page	Section
gallon	27	Doc
garage (operation)	45	Doc
gas	40	N
gasoline	40	N
gate(s)	8	E
	24	E
gateway	42	Dia
gather (to ~)	18	Doc
geek	19	N
gender	11	Doc
Generally Accepted Accounting Principles (US ~)	46	N
generate (to ~)	47	E
genetically modified	49	Doc
genetically modified organism	49	Doc
genuine	45	Doc
get back to (to ~)	43	Dia
get rid of (to ~)	48	E
get to know (to ~)	50	E
get tough (to ~)	45	Doc
gift	15	Doc
ginger	49	Doc
glass ceiling	50	Doc
glimpse	24	Dia
global village	5	Doc
globalization	37	Doc
glossy	27	Dia
go about (to ~)	21	E
go ahead	9	Dia
go through (to ~)	6	Doc
gold rush	49	Doc
golden (pound)	15	Doc
good(s)	25	Dia
goodwill	33	E
go-slow	10	Doc
gossip	33	E
govern (to ~)	4	Doc
government	49	E
gradual	32	Dia
graduate	2	Dia
graduate (to ~)	1	Dia
graduation	16	Doc
grammar school	16	E
grapevine	28	Dia
grapevine (on the ~)	33	Dia
graph	13	Doc
graph (line ~)	14	Doc
graphic	14	Doc
grasp	21	Dia
	33	N
grasp (to ~)	33	Dia
Greenwich Mean Time	5	Doc
grievance	32	E
grind	32	N
grinder	32	N
gripe	13	Dia
gripe (to ~)	13	N
gross	12	Doc
gross (domestic product)	45	Doc
gross (pay)	12	Doc
gross (profit)	47	Doc
ground (to ~)	28	Dia
group	5	Dia
growth	27	Doc
guard (security ~)	25	Doc
guess (to ~)	45	Dia
guidance	9	Doc
guideline(s)	9	Doc
guy	18	Dia

H

Term	Page	Section
habit	33	Dia
haggle over (to ~)	25	N
hamper (to ~)	32	Dia

INDEX LEXICAL 583

INDEX LEXICAL

hand (to ~)	6	Dia
hand in (to ~)	13	Dia
hand tool	9	Doc
handcrafted	25	Dia
handle (to ~)	14	Dia
handling	9	Doc
handout	21	E
hands-on	7	Dia
handy	34	Dia
hang on (to ~)	34	E
hang up (to ~)	23	E
hard cheese	14	Doc
harmful	9	Doc
have a way with (to ~)	49	Dia
haven	38	Dia
hazard (safety ~)	9	Doc
hazardous	24	E
head (office)	13	N
headline	31	E
headquartered (to be ~)	7	E
headquarters	2	Dia
health	9	Doc
healthy	49	Doc
hear from (to ~)	28	Dia
hearing	9	Doc
heat (to ~)	27	Dia
heavy	9	Doc
heavy industry	27	Doc
hedging	40	Dia
helmet	27	E
hi	50	E
high (to ride ~)	49	Dia
high school (US)	16	E
high street	15	Doc
high-flier	2	Dia
highjack (to ~)	31	Doc
high-tech	14	Doc
highway	16	N
hinder (to ~)	10	E
hire (to ~)	2	Dia
Hispanic	16	Dia
histogram	14	Doc
hoarding	31	N
hogwash	25	N
holding	35	E
honours degree	1	Dia
hoover (to ~)	43	Doc
hopper	9	Doc
host	10	N
	25	N
host (to ~)	10	Dia
house (to ~)	25	Dia
household name	1	Doc
hub	24	N
hug	50	E
hugely	50	Doc
human resources	3	E

I

icon	19	E
	21	Doc
ill	9	Doc
image	50	Dia
impair (to ~)	23	Doc
impending	33	Dia
implement (to ~)	17	Dia
imply (to ~)	47	E
impulse buy	10	Dia
impulse purchase	10	N
in bulk	10	N
incentive	30	Doc
incidence	9	Doc
include (to ~)	26	Dia
income	18	Doc
income statement	46	Dia
incorporate (to ~)	28	N
incorporated	4	N
increase	24	E
increase (to ~)	18	Dia
increasingly	20	Dia
incremental	12	Doc
incur (to ~)	29	E
indecisiveness	41	Doc
index (-es/-ices)	40	Doc
inducement	33	Dia
induction (course)	4	Dia
induction (period)	3	Doc
industrial (dispute)	10	Dia
industrial action	10	Doc
industrial relations	10	Doc
industry	1	Dia
industry (drinks ~)	46	Dia
industry (food ~)	1	Dia
industry (service ~)	10	Doc
industry (wine ~)	26	Dia
infer (to ~)	10	E
in-flight	45	Dia
informal	20	Dia

Index lexical

information (technology)	45	Doc
information (sheet)	9	Doc
information technology	19	Doc
informative	27	E
ingredient(s)	27	Dia
in-house	8	E
injury	9	Doc
innovation (cycle)	45	Doc
inquisitive	36	Dia
inside out (to know ~)	29	Dia
insight	14	Dia
insist on (to ~)	34	Dia
insomnia	41	Doc
instrument(s) (financial ~)	40	Doc
insurance (health ~)	1	Doc
intangible assets	46	Doc
integrate (to ~)	46	E
intents and purposes (to all ~)	8	Dia
interact (to ~)	42	E
interest (rate)	40	Doc
interest(s)	10	E
interference	38	Doc
intern	2	N
International Accounting Standards	46	N
International Financial Reporting Standards	46	N
internship	2	N
Interstate	16	N
interview	1	Dia
interview (to ~)	2	Dia
intranet	5	Dia
invaluable	48	Dia
inventor	43	Doc
inventory (-ies)	30	Doc
invest (to ~)	47	Dia
investigator	17	E
investment	26	Dia
investment (banker)	50	Dia
investor (small ~)	40	Doc
invoice (to ~)	19	Doc
involuntarily	43	Doc
involve (to ~)	36	Dia
involved (to be ~ in)	13	Dia
irritability	41	Doc
issue	10	Doc
issue (to ~)	22	Doc
issuer	22	Doc
item	14	Doc
itinerary	24	Doc

J

jam	14	E
jet lag	50	Doc
jewelry	25	Dia
jingle	33	Doc
join (to ~)	9	E
joint venture	42	Doc
jointly	4	Doc
jot down (to ~)	23	E
jump at (to ~)	46	Dia
junior manager	44	Doc
junk	33	Dia
junk food	33	Dia

K

keen on / to	28	N
key	18	Dia
	21	Dia
key in (to ~)	22	N
keyboard	22	N
king-sized bed	24	N
knack	30	E
knick-knack	25	Dia
knockoff	25	Doc
know-how	42	Doc
knowledge	11	Doc

L

lab	27	Doc
lab(oratory)	16	Doc
labor (US)	10	N
labor relations	10	Doc
labor union	10	N
labour (UK)	10	Dia
labour costs	10	Dia
lag (to ~)	38	Doc
laid-back	50	E
land (to ~)	28	Dia
landfill	27	Doc
landlord	43	Doc
lane (in the fast ~)	44	Dia
laptop	19	Dia
last (to ~)	35	E
Latino	16	N
launch	17	Dia

INDEX LEXICAL

launch (to ~)	1	Doc
laundry	32	Dia
law	4	Doc
layout	3	Doc
lead	18	Dia
leadership	11	Doc
leading	25	Dia
leaflet	29	Dia
learning	11	Doc
learning (life-long ~)	11	Doc
lease (of life)	48	Dia
leave	40	Dia
leave (annual ~)	40	N
leave (maternity ~)	40	N
leave (paid ~)	40	N
leave (sick ~)	40	N
lecture tour	21	Doc
leisure	25	Dia
lend (to ~)	46	E
level (to ~)	31	Doc
leverage	50	N
leveraged (buy-out)	50	N
liabilities	46	N
liabilities (current ~)	46	Doc
liabilities (deferred income tax ~)	46	Doc
liabilities (non-current ~)	46	Doc
liabilities (total ~)	46	Doc
liability (unlimited ~)	4	Doc
liaise (to ~)	13	Dia
library	49	E
license (to ~)	28	E
licensing agreement	44	E
life-long learning	11	Doc
lifestyle	31	Doc
lifting	9	Doc
limb	9	Doc
line	7	Dia
	20	E
line (assembly ~)	8	N
line (graph)	14	Doc
line (production ~)	8	Dia
link	15	Doc
literacy	11	Doc
literature	27	E
livelihood	36	Doc
living	30	E
load	9	Doc
load (to ~)	8	E
loading (bay)	8	Doc
loan	12	Doc
loan (to ~)	22	Doc
lobbying	33	Doc
locate (to ~)	24	Dia
located (to be ~)	16	E
locker room	32	Dia
logging industry	36	N
logistical	32	Doc
logistics	9	Dia
logo	28	Doc
long-haul	45	N
look (to take a ~ at)	49	Doc
look to (to ~)	49	Dia
lookout (on the ~ for)	2	Dia
lorry (-ies)	8	E
loss	9	Doc
loss (at a ~ for)	41	Dia
low cost	24	Dia
	45	Doc
low-paid	12	Dia
loyal	47	Dia
loyalty	10	Dia
loyalty (to develop customer ~)	27	Doc
lubricate (to ~)	27	Doc
luggage	24	Dia
luxury	25	Doc
lynch (to ~)	43	Doc

M

machine	9	Doc
machine (ticker ~)	48	Doc
machinery	9	Doc
magazine (airline ~)	45	Dia
mahogany	27	Doc
mail (voice ~)	43	Dia
mail shot	29	Dia
mailing	29	N
maintenance	25	Doc
major	19	Dia
make ends meet (to ~)	12	Dia
make out (to ~ a check to)	22	E
male (chauvinism)	50	Doc
mall (shopping ~)	25	N
mall (US)	16	E
manage to (to ~)	9	E
	25	Doc
management	1	Dia

586

Index lexical

management (brand ~)	16	Doc
management (general ~)	8	Dia
management (human resource ~)	1	Dia
management (operations ~)	16	Doc
management (school of ~)	11	Dia
management (strategic ~)	2	Doc
management (supply-chain ~)	6	Dia
management (team ~)	16	Doc
management (top ~)	47	Dia
manager (export ~)	7	Doc
manager (general ~)	8	N
manager (junior ~)	2	Dia
manager (line ~)	8	N
manager (marketing ~)	3	E
manager (personnel ~)	6	Dia
manager (plant ~)	7	Dia
manager (research and development ~)	7	Doc
manager (sales and distribution ~)	7	Doc
managerial (economics)	16	Doc
managing director	41	E
mandatory	46	Dia
manual	9	Doc
manufacture (to ~)	5	Dia
map (to ~)	21	E
margarita	18	Dia
mark down (to ~)	47	N
mark up (to ~)	47	N
mark-down	47	N
market (research)	18	Dia
market (test ~)	50	N
market share	30	E
market survey	21	Dia
marketeer	14	N
marketer	14	Dia
marketing	1	Doc
marketing (plan)	14	Dia
marketing (strategy)	16	Doc
marketing mix	30	N
mark-up	30	N
master (to ~)	26	E
match (to ~)	25	Doc
materials	28	Doc
materials (raw ~)	8	E
maternity (leave)	40	N
matter (to ~)	26	E
matter of fact (as a ~)	9	Dia
maximize (to ~)	34	Dia
means	24	Doc
mechanization	26	Dia
media plan	31	N
median	18	Doc
meet a demand (to ~)	36	E
meeting	11	Dia
meeting (annual general ~)	46	N
melting pot	18	Doc
membership	10	Doc
memo	11	Dia
memorandum	11	N
menu	19	E
merchandise	15	Doc
merchant	2	E
merge (to ~)	22	Doc
merger	28	Dia
mess	43	Dia
middle class	9	Doc
middle manager	44	Doc
middleman	28	E
mind mapping	23	Doc
minimize (to ~)	34	Dia
minimum wage	12	Doc
misgivings	17	E
misleading	31	Doc
miss (to ~)	49	Dia
mission	18	E
mistakenly	41	E
mixture	27	Dia
mobile (phone)	3	Dia
model	19	Dia
module	2	Doc
module (core ~)	2	Doc
module (optional ~)	2	Doc
monitor	6	E
monitor (to ~)	26	Dia
monthly	12	E
morale	28	Dia
mortgage	12	Dia
mould	9	Doc
mould (to ~)	27	Dia

INDEX LEXICAL 587

Index Lexical

move (to ~ in)	8	E
move ahead (to ~)	48	Dia
movement	10	Doc
muckraker	28	N
multinational	3	Dia
multiply (to ~)	18	Dia
multisourcing	37	Doc
musculoskeletal	9	Doc

N

National Association of Securities Dealers Automated Quotations	48	Doc
National Insurance (number)	12	Doc
National Organic Program	49	Doc
native	49	Dia
native American	43	Dia
negotiate (to ~)	10	Doc
negotiation(s)	11	E
negotiator	43	Dia
neighboring (US)	45	E
nepotism	45	Dia
nerd	19	N
net	12	Doc
net (pay)	12	Doc
net earnings	46	E
net profit(s)	46	Dia
network	26	E
network	42	Doc
network (old boy ~)	50	Doc
network (old school tie ~)	50	Doc
new product (development)	16	Doc
news	33	Dia
newsletter	14	Dia
newspeak	17	Doc
newsworthy	33	Dia
Nielsen's Retail Index	17	Dia
no-frills	24	N
noise-induced	9	Doc
noisy	9	Doc
non-core	37	Doc
non-current assets	46	Doc
non-current liabilities	46	Doc
non-profit organization	30	Doc
non-stop flight	35	Dia
notebook	26	Dia
note-pad	19	Dia
notice	23	Doc
notice (at short ~)	42	Dia
notorious	23	Dia
nourishment	28	Dia
novel	49	E
numeracy	11	Doc
numerical	49	E
nutmeg	49	Doc

O

object to (to ~)	20	Dia
oblige (to ~)	48	Dia
obstacle	47	E
occupational	9	Doc
odd pricing	30	Doc
off (day ~)	6	Dia
offer (job ~)	1	Doc
offer (to ~)	49	E
office (admissions ~)	15	E
office (building)	8	E
office (registered ~)	13	N
office(s)	8	Doc
officer (chief executive ~)	7	Doc
officer (chief financial ~)	4	Dia
officer (chief information ~)	7	Doc
offshoring	37	N
oil	40	Dia
old boy network	50	Doc
old school tie network	50	Doc
old-fashioned	47	Dia
omen	49	Doc
on board	49	Dia
on target	46	Dia
one way trip	24	Doc
one-to-one	33	Dia
ongoing	45	E
on-line banking	22	Doc
on-the-job training	34	Dia
op-ed	33	E
opening joke	21	Doc
open-plan	50	E
operating profit	47	Doc
operation (garage ~)	45	Doc
operation(s)	5	Dia

INDEX LEXICAL

operational	7	Dia
operations (management)	16	Doc
opponent	45	E
opt (to ~ for)	29	Dia
optimize (to ~)	24	Doc
option holder	40	Doc
option writer	40	Doc
option(s)	40	Doc
order	25	E
ordinary (shares)	46	Doc
organic	36	Dia
organic (farming)	49	Doc
organisation	2	Doc
organisation chart	5	Dia
organizational (strategy)	16	Doc
orientation	16	Doc
ostracize (to ~)	43	Doc
out of order	16	E
outdo (to ~)	45	Doc
outdoor displays	31	N
outlet	25	Doc
outlet (sales ~)	42	Dia
outline (to ~)	21	Dia
output	27	Doc
outsource (to ~)	22	Doc
outsourcing	37	N
outstanding	26	Dia
oven	27	Dia
overall	26	Doc
overcome (to ~)	20	Doc
overdraft	22	N
overdraw (to ~)	22	N
overheads	37	Dia
overlook (to ~)	19	Doc
overpowering	9	Dia
over-qualification	11	Doc
overseas	24	E
overtime ban	10	Doc
overview	29	E
overweight	24	E
overworked	19	Dia
owe (to ~)	46	E
own (to ~)	47	Dia
own right (in its ~)	45	Doc
owner	42	Doc

P

pace	20	Dia
package	9	Doc
package (financial ~)	50	Dia
packaging	9	Doc
	27	N
packaging (machine)	9	Doc
packing	9	Doc
	27	N
pad (mouse ~)	28	Doc
paid (leave)	40	N
panic (attack)	41	Doc
paprika	49	Doc
parade (ticker-tape ~)	48	Doc
parameter(s)	42	Doc
parcel	43	Doc
part	32	E
part (best ~ of)	9	Dia
part time	32	Doc
part(s)	8	N
participation (in)	29	Dia
particulars	26	Doc
partner	4	Doc
partner (general ~)	4	Doc
partner (sleeping ~)	4	Doc
partner (unlimited ~)	4	Doc
partnership	4	Doc
partnership (deed of ~)	4	Doc
partnership (general ~)	4	Doc
partnership (limited liability ~)	4	Doc
part-time	2	Dia
party (-ies)	10	Doc
party (other ~)	23	E
party (to ~)	50	E
patchwork	18	Doc
patent	46	E
pattern	19	Doc
pay	19	Doc
pay (gross ~)	12	Doc
pay (net ~)	12	Doc
pay (to ~)	12	Dia
pay for (to ~)	22	Dia
payable(s)	46	Doc
payment	10	E
payroll	11	Dia
payslip	12	Doc
peak	21	E
peanut(s)	18	Doc
pecan	18	Dia
peer (life ~)	7	Dia
peerage (hereditary ~)	7	Doc

Index lexical

peerage (life ~)	7	Doc
pending	28	E
penetrate (to ~)	42	E
pension	41	N
pension (fund)	41	N
per annum	13	E
per capita	18	Doc
percentage	8	E
perform (to ~)	36	Doc
performance	11	E
period (induction ~)	3	Doc
period (tax ~)	12	Doc
period (training ~)	2	Dia
period (trial ~)	1	Doc
periodical	17	Dia
perk	34	N
perquisites	34	N
personal assistant	22	N
personnel	1	Doc
	22	N
pest	36	Dia
petrol	40	N
petroleum	45	Dia
phenomenal	45	Doc
phone (cell ~)	7	Dia
phone (mobile ~)	7	N
phone-call	42	Dia
physiological	41	Doc
pick up (to ~)	40	Dia
pie-chart	14	Doc
pile up (to ~)	40	Dia
pin number	22	Dia
place (to ~ an order)	34	Doc
placement	2	N
placement (work ~)	2	N
plain	27	Dia
plan	15	Dia
plan (marketing ~)	14	Dia
plan (of action)	42	Dia
plant	9	Doc
plant (production ~)	4	Dia
plant hire	4	N
plateau	21	E
platform	34	Doc
play (one's) cards (right) (to ~)	48	Dia
play up (to ~)	33	E
pledge	11	Doc
plight	37	Dia
plot	26	E
plot (to ~)	14	Doc
plummet (to ~)	21	E
point (to make a ~)	21	Dia
point (up to a ~)	32	Dia
point of sale	28	E
poised (to be ~ to)	26	N
policy	34	E
policy (economic ~)	2	Doc
politically correct	17	Doc
poll (opinion ~)	37	E
pollster	17	Doc
pool (to ~)	36	E
population (working ~)	10	Doc
porch	50	E
portable (computer)	19	Dia
portion	46	E
posh	7	N
position	7	E
	25	Dia
positioning	30	Doc
post	3	E
postgraduate	1	N
	2	N
posting	44	Doc
postpone (to ~)	20	E
potent	38	Doc
potential	47	E
pound	27	N
pound (golden ~)	15	Doc
pour (to ~)	47	Dia
power (spending ~)	18	Doc
practice	21	Dia
practise (to ~)	21	Dia
praline	18	Dia
precious little	12	Dia
predict (to ~)	50	Doc
preferred shares	47	Doc
preliminaries	20	E
premium	25	Doc
premium (share ~)	46	Doc
pre-payment	25	E
presentation	21	Dia
president	43	Dia
press	50	Doc
prestige pricing	30	Doc
prestigious	16	Doc
pretentious	14	E
prevail (to ~)	44	Doc
prevention	9	Doc
price (to ~)	30	Dia
price list	34	E

590

Index Lexical

Term	Page	Ref
price-sensitive	10	Dia
primary sources	19	N
print (to ~)	19	Dia
priority (-ies)	9	Doc
privileged	18	Dia
proactive	45	Doc
proceed(s)	15	Doc
process (in the ~ of)	50	Dia
process (to ~)	19	Dia
processing industry	27	Doc
produce	50	Dia
produce (to ~)	10	Dia
product	9	Doc
product (copycat ~)	42	Dia
product (executive)	45	E
product (gross domestic ~)	45	Doc
product executive	30	N
product(s)	2	Dia
production	10	Dia
production (line)	8	Dia
production (unit)	8	Dia
production (worker)	8	Dia
productivity	10	E
profession	4	Doc
professional	4	Doc
professional (training)	11	Dia
profit (before tax)	47	Doc
profit (gross ~)	47	Doc
profit and loss account	46	E
profit margin	30	N
profit(s)	4	Doc
program (US)	16	Dia
programme (UK)	15	Doc
project	11	Dia
promote (to ~)	28	Doc
promotional	6	E
prone (to)	41	E
property	46	Doc
proposal	41	E
pros and cons	42	Doc
prospect	1	Doc
	29	Dia
prospective client	14	N
prospective customer	14	N
prosper (to ~)	43	Doc
provide (to ~)	28	Dia
provided	48	N
providing	48	Dia
provision(s)	46	Doc
psychological	41	Doc
psychological pricing	30	Doc
public (to go ~)	21	Doc
public relations	33	Dia
publicity	33	N
publisher	14	N
pump (to ~ s.o. for info)	25	N
pump up (to ~)	34	Dia
punch in (to ~)	22	N
purchase	50	E
purchase (impulse ~)	10	N
purchase (to ~)	25	Doc
purchasing power	30	Doc
purpose	27	E
purse	25	Dia
purveyor	25	Doc
put (money) aside (to ~)	12	E
put (option)	40	Doc
put (s.o.) up (to ~)	15	Dia
put (to ~ off)	9	Dia
put forward (to ~)	34	Doc
put through (to be ~)	22	Doc
put up with (to ~)	15	N

Q

Term	Page	Ref
qualification (over-~)	11	Doc
qualification (under-~)	11	Doc
qualification(s)	11	Doc
quantitative (analysis)	2	Doc
quarter	11	E
	35	Dia
queen-sized bed	24	N
query (to ~)	19	E
quest	31	Doc
questionnaire	12	Dia
quote (to ~)	4	Doc

R

Term	Page	Ref
railroad (US)	16	E
railway	16	E
rain forest	27	Doc
raise (to ~)	30	E
rake in (to ~)	1	Dia
range	1	Doc
range (to ~)	25	Dia

INDEX LEXICAL 591

Index lexical

rank (to ~)	20	E
	45	Doc
rank(s)	10	Doc
rapport	21	N
rate	9	Doc
rate (interest ~)	22	Doc
rating	41	E
rationalise	10	Dia
raw material	36	E
reach	20	Dia
reactive	45	Doc
read (to ~)	1	Dia
recap	35	Dia
receipt	22	Dia
receivable(s)	46	Doc
recipient	44	Doc
reclaim	24	E
recognition	29	N
recommendation(s)	13	Dia
recondition (to ~)	27	Doc
record	47	E
record (to ~)	28	E
recruit (to ~)	19	Doc
recruitment	2	Dia
red (in the ~)	22	E
redeploy (to ~)	37	N
redundant	20	E
reference	2	E
refreshments	27	E
refund	33	Doc
refusal	34	Dia
regardless	13	E
regards	27	E
registered office	13	Doc
registered trademark	21	Doc
registration	29	Doc
regulation	33	Doc
regulation(s)	9	Doc
rehearsal	21	E
reimburse (to ~)	34	Dia
reinvent (to ~)	45	Doc
rejection	34	Dia
relations (industrial ~)	10	Doc
relations (labor ~) (US)	10	Doc
relationship	10	Doc
relax (to ~)	18	Dia
release	21	Doc
relevant	11	Doc
relocate (to ~)	9	Dia
relocation	10	Dia
reluctance	47	Dia
reluctant	22	Dia
rely on (to ~)	23	Doc
remote	20	Dia
remuneration	1	Doc
renewable (energy)	45	Doc
renewal	32	Doc
rent	47	Dia
rent (to ~)	24	Dia
rental	24	Dia
rents	43	Doc
repeat order	25	E
repetitive	9	Doc
replace (to ~)	41	E
report	11	Doc
report to (to ~)	1	Doc
reporter	45	E
reporting	13	Doc
reposition (to ~)	45	E
representative	26	E
	41	Doc
	47	Dia
representative (union ~)		
request	29	Dia
require to (to ~)	46	Dia
requirement	24	E
reschedule (to ~)	23	Dia
rescind (to ~)	42	Dia
research	17	Dia
research (market ~)	18	Dia
resemble (to ~)	44	Dia
reserve (to ~)	6	Dia
reserve(s)	46	Doc
reserved box	44	Doc
resident	18	Doc
resist (to ~)	25	Dia
resolve (to ~)	45	E
resort to (to ~)	10	Doc
respond to (to ~)	34	Doc
responsibility	2	Dia
restroom (US)	16	E
restructuring	28	Dia
retail	21	Doc
retain (to ~)	25	Doc
retained earnings	46	N
retire (to ~)	9	Dia
retired (to be ~)	41	N
retirement	13	Doc
retirement benefit obligations	46	Doc

Index lexical

retrieve (to ~)	19	Dia
return	38	Dia
return (flight)	24	Dia
return on investment	30	Dia
reunion	49	E
revamp (to ~)	49	Dia
reveal (to ~)	45	E
revenue	38	Doc
reward	36	E
reward (to ~)	30	E
ride high (to ~)	49	Dia
right (in its own ~)	45	Doc
right(s)	10	Doc
ring	3	Dia
rip out (to ~)	36	E
rise (to ~)	30	E
risk	9	Doc
rival	11	E
rival (to ~)	25	Dia
road (on the ~)	42	Dia
roast (to ~)	27	Dia
rogue (trader)	40	Doc
roller	27	Dia
roller-coaster	40	Doc
rosy	38	Dia
rough	31	Dia
round	43	Dia
round trip	24	Doc
routine	37	Dia
row	24	Dia
royalty	38	E
rude	42	Dia
rule of thumb	21	N
rule(s)	9	Doc
rules and regulations	9	Doc
run (in the long ~)	36	Dia
run (in the short ~)	34	Dia
run down (to ~)	47	Dia
run out of steam (to ~)	45	Doc
rung	25	Doc
running	47	E
rush hour	24	Doc

S

sabbatical leave	20	E
sack	27	Dia
safety	9	Doc
safety (hazard)	9	Doc
salary (-ies)	10	Doc
sale(s)	18	Dia
sales (outlet)	42	Dia
sales force	34	Dia
salesperson	23	Dia
sample	17	Doc
save as	19	E
savings	30	Dia
savings account	22	E
savings and loan	30	N
savvy	28	Dia
scald	9	Doc
schedule	13	Dia
schedule (on ~)	13	N
scheduling	20	N
scheme	22	Doc
school (business ~)	18	N
school (grammar ~)	50	Doc
scope	32	Doc
screen (monitor ~)	6	E
seal	43	Doc
seal (to ~)	50	Dia
search (in ~ of)	49	Doc
seasoning	36	Dia
seat	24	Dia
secondary sources	19	N
sector	4	E
sector (public ~)	10	Doc
secure (to ~)	50	Doc
Securities and Exchange Commission (US)	46	N
security	27	E
security (-ies)	40	Doc
see out (to ~)	2	Dia
see to (to ~)	33	Dia
seed	36	Dia
seek out (to ~)	26	E
self-confidence	41	Doc
sell (to ~)	40	Doc
seller	40	Doc
seller's market	30	E
sellotape	43	Doc
semester	2	Doc
semi-conductor(s)	45	Doc
seminar	35	Dia
senior manager	44	Doc
sensible	37	Dia
sensitive	27	Doc
sequence	32	Dia
series	28	N
service industry (-ies)	10	Doc
service(s)	47	E

INDEX LEXICAL

set (to ~)	27	N
set about (to ~)	29	E
set apart (to ~)	38	E
set aside (to ~)	46	E
set out (to ~)	2	Doc
set out to (to ~)	36	E
set standards (to ~)	36	N
set up (to ~)	36	Dia
settle down (to ~)	44	Dia
set-up	49	Dia
severally	4	Doc
shaker	9	Doc
share	4	Doc
share premium	46	Doc
share capital	4	Doc
shareholder	4	Doc
shareholder (small ~)	40	Doc
shareholding	4	Doc
shares (ordinary ~)	46	Doc
shares (preferred ~)	47	Doc
sharp	9	Doc
sheet (clean ~)	32	N
sheet (data ~)	18	Doc
sheet (information ~)	18	Doc
shelf	9	E
shell	27	Dia
shift	32	Doc
shift (to ~)	37	Dia
ship (to ~)	29	Dia
shipping	25	E
shop floor	9	Dia
shop steward	10	Doc
shopkeeper	4	Doc
shopper	25	Doc
shopping centre	16	E
shortage	28	Dia
show (trade ~)	29	Dia
show around (to ~)	40	Dia
show s.o. round (to ~)	27	Dia
show someone in (to ~)	27	N
showcase (to ~)	29	E
shrewd	8	Dia
shut down (to ~)	11	Dia
shuttle	24	E
sick leave	24	Dia
sign (to ~)	49	E
signed, sealed and delivered	50	Dia
significance	43	Dia
Silicon Fen	45	Dia
Silicon Glen	45	Doc
Silicon Valley	45	Doc
Sincerely	1	Doc
Sincerely yours	1	Doc
single (room)	24	Dia
sip	9	Dia
sip (to ~)	18	Dia
site	8	Doc
skill	2	Dia
skilled	16	E
skyrocket (to ~)	21	E
skyscraper	25	Dia
slash	28	E
slide	5	Dia
slip	22	E
sluggish	28	E
slum	31	Doc
small (investor)	40	Doc
small (shareholder)	40	Doc
small talk	20	Dia
small-scale	36	E
smooth	49	Doc
snapshot	46	N
society	26	Dia
software	21	Doc
Soil Association Certification	49	Doc
solar (energy)	45	Doc
sole	15	E
sole proprietorship	4	Doc
sole trader	4	Doc
solely	40	E
solicitor	4	Doc
sort out (to ~)	18	Dia
sound	21	Dia
sound out (to ~)	47	Dia
souvenir	25	Dia
spare	25	Doc
spare (to ~)	36	Doc
sparkling (wine)	50	N
speciality	45	Dia
specialize in (to ~)	25	Doc
spectrum	37	E
speculative	40	Doc
speculator	40	Doc
spell	49	Dia
spending (power)	18	Doc
spice (s)	49	Doc
spice-flavored (US)	49	Doc
spokesperson	45	E

Index lexical

Term	Page	Section
sponsor (to ~)	15	Dia
sponsorship	33	E
spread	22	Doc
spreadsheet	19	Dia
spree (spending ~)	25	N
squander (to ~)	31	Dia
squeeze (to ~)	30	Dia
staff	7	Dia
staff and line	7	N
staffer	29	Dia
stage	11	Doc
stagnant	35	Dia
stake	10	E
stakeholder	10	Doc
stall	25	Dia
stand	29	Dia
standard	20	Doc
standard (to set the ~)	30	N
standard (up to ~)	32	Dia
standardized	26	E
start-up	45	Doc
stash away (to ~)	30	Dia
state	47	E
statement	22	E
statement	50	Doc
statement (cash-flow ~)	46	N
state-of-the-art	26	E
	37	N
stationary	9	Doc
statistics	18	Doc
status	4	E
status symbol	44	Doc
statutory	12	Doc
steady	28	E
steal (to ~)	11	E
step	38	Doc
stick to (to ~)	19	Dia
stir (to ~)	27	Dia
stock (to take ~ of)	32	N
stock exchange	4	Doc
stock option	44	Doc
stock(s)	7	N
stockholder	7	N
stopover	24	Dia
storage	27	Dia
store	25	Doc
store (to ~)	19	Dia
storm in a teacup	14	Doc
straightforward	20	Dia
strategy	16	Doc
strategy (marketing ~)	16	Doc
strategy (organizational ~)	16	Doc
streamline (to ~)	30	N
strength	45	Doc
stress	41	Doc
stress (to ~)	10	Doc
stretch (to ~)	42	E
stretching	42	E
strike	10	Dia
strike (on ~)	10	Dia
strike (to ~)	10	E
strike (to go on ~)	10	Dia
string (purse ~)	25	Dia
strive (to ~)	38	Doc
structure	4	Doc
structure(s)	47	Dia
student (exchange ~)	2	Doc
studies (organisation ~)	2	Doc
stuff	40	Dia
subcontract (to ~)	28	Doc
subheadline	31	E
submit (to ~)	11	Doc
subprime(s)	40	Doc
subsidiary	4	Dia
substance	9	Doc
suit (to ~)	8	E
suitable	27	Dia
suitcase	24	E
sum up (to ~)	46	Dia
sum(s)	46	E
summit	49	E
supplier	10	Doc
supply	36	Dia
supply (to ~)	25	E
supply and demand	40	Doc
supply chain	6	Dia
support (to ~)	38	Doc
supportive	33	Dia
suppress (to ~)	41	Doc
surcharges	24	E
surface (area)	8	E
surveillance	6	E
survey	32	Doc
survey (market ~)	17	Dia
sustainable	36	Dia
sustainable development	45	Doc
swap(s)	40	Doc

Index lexical

INDEX LEXICAL

sweepstakes	33	N
symbol (ticker ~)	48	Doc
sympathetic	36	N
symptom	41	Doc
synergy	50	Dia

T

table	48	Doc
tackle (to ~)	30	N
take a look at (to ~)	49	Doc
take to court (to ~)	42	Dia
take advantage of (to ~)	49	Doc
take off (to ~)	40	Dia
take over (to ~ from)	41	N
take over (to ~)	5	Dia
take place (to ~)	10	E
take up (to ~)	22	Dia
taken aback (to be ~)	9	Dia
takeover	22	Doc
takeover (bid)	41	N
talented	18	Dia
talk(s)	42	Dia
tank	27	Dia
target	28	Doc
target (on ~)	46	Dia
target (to ~)	49	Doc
target market	31	N
tarnish (to ~)	28	E
task	37	Dia
tasting (wine-~)	26	Dia
tax	11	Dia
tax (income ~)	4	Doc
tax (period)	12	Doc
tax (profit before ~)	47	Doc
tax (year)	12	E
tax deduction	35	Doc
tax exemption	38	E
teach (to ~)	11	Dia
team (management)	16	Doc
team-building	4	Dia
techie	19	N
technique	40	E
technology	2	Doc
technology (information ~)	45	Doc
tedious	19	Dia
telecommute (to ~)	40	N
telecommuter	40	N
teleconference	23	Doc
teleworker	23	Doc
	40	N
teller	22	N
telltale (sign)	41	Doc
temper (to ~)	27	Dia
temporary	28	Dia
temptation	25	E
tend to (to ~)	26	E
tentative	35	Dia
term	16	E
term(s)	3	Doc
termination	10	E
terms	25	E
test (market)	50	N
test market (to ~)	50	Dia
test-marketing	50	N
think highly of (to ~)	15	Dia
thorough	2	Doc
	20	Doc
threat	43	Dia
threaten (to ~)	43	Dia
thrift	30	N
thrifty	30	N
through-traffic	6	E
tick (to ~)	24	Doc
ticker (machine)	48	Doc
ticker (symbol)	48	Doc
ticker-tape (parade)	48	Doc
tied down (to be ~)	20	Dia
tight	22	Dia
time zone	5	E
time-consuming	11	Doc
timetable	23	E
tip	42	Doc
toll	30	E
toll-free	41	Doc
tool	28	Doc
tool (hand ~)	9	Doc
top (management)	47	Dia
top manager	44	Doc
top the bill (to ~)	15	E
topic	14	N
total (assets)	46	Doc
total equity	46	Doc
total liabilities	46	Doc
touch (in ~)	23	N
touch upon (to ~)	42	Doc
tough	24	Dia
tour	27	Dia
tour (to ~)	11	Dia
tourism	49	Dia

Index lexical

traceability	32	Doc
track (to ~)	25	E
trade	10	N
trade balance	42	Dia
trade (fair)	42	Dia
trade (to ~)	4	Doc
trade union	10	N
trade fair	23	Dia
trade union	32	E
trade-in allowance	30	Doc
trademark (registered ~)	1	Doc
trader (rogue ~)	40	Doc
trainee	32	E
training	2	N
training (professional ~)	11	Dia
training (vocational ~)	11	Dia
transfer (to ~)	41	Dia
transport (public ~)	10	Dia
transport (to ~)	10	Dia
trash	27	Doc
traveler (US)	16	E
traveller (UK)	6	Doc
traveler's check (US)	22	Dia
tread (to ~)	42	Dia
treat	36	E
treble (to ~)	38	Dia
tremendous	27	Doc
trend	14	Doc
trend (to set the ~)	30	N
trial	43	Doc
tricky	29	Dia
trifle with (to ~)	20	Dia
trigger (to ~)	37	E
trip	18	Dia
triple bottom line	13	Doc
troops	28	Dia
troubleshooter	20	E
trust	44	Doc
tuition fees	2	Dia
turn	42	Dia
turn around (to ~)	47	Dia
turn away from (to ~)	26	E
turn round (to ~)	47	N
turn up (to ~)	42	Dia
turnaround	47	N
turnover	13	Doc
turnover (staff ~)	20	E
tutee	20	Doc
tutor	17	Dia
tutorial	20	Doc
twiddle (to ~)	19	E
twin room	24	E
two-fold	22	Doc
two-tier	26	Dia

U

unbiased	17	Dia
underdog	17	Doc
undergraduate	2	N
underlying (asset[s])	40	Doc
underperform (to ~)	41	E
under-qualification	11	Doc
underserved	19	Doc
undertake (to ~)	12	Dia
unexercised	47	Doc
union	37	Dia
union (labor ~) (US)	10	N
union (member)	10	Doc
union (representative)	47	Dia
union (trade ~)	10	N
unionisation	10	Doc
unit (production ~)	8	Dia
unload (to ~)	27	Dia
unreliable	30	Doc
unwavering	47	Dia
unworkable	33	Dia
updated	50	E
upgrade (to ~)	34	Dia
upkeep	32	E
upper crust	36	E
ups and downs	45	Dia
US Generally Accepted Accounting Principles	46	N
used to (to get ~)	20	N
user-friendly	19	Doc
usher in (to ~)	36	E
utensil	25	E
utility (-ies)	22	E
utmost	32	Dia

V

vacancy	24	E
vacation (US)	16	E
vacuum cleaner	43	Doc
value (to ~)	20	E
value chain	37	Dia
value for money	25	Doc

Index lexical

value(s)	16	Doc
vehicle	9	Doc
venture (capital)	45	Doc
venture (capitalist)	50	Dia
venture (joint ~)	42	Doc
viable	23	Doc
vice-president	18	Dia
videoconferencing	23	Doc
vintage	26	N
visitor	15	Doc
visual aids	21	E
vocational (training)	11	Dia
voice mail	43	Dia
voluntary	11	Doc
volunteer (to ~)	44	Doc

W

wage (minimum ~)	12	Doc
wage(s)	10	Doc
	36	Doc
waiver	20	E
wake (in the ~ of)	4	Doc
Wall Street crash	40	Doc
wallet	32	E
warehouse	8	Doc
warning	11	E
warrants	47	Doc
warranty	30	Doc
waste (to ~)	20	Dia
watchword	19	Dia
way (to have a ~ with)	49	Dia
wealth	14	Dia
wealthy	25	Doc
weather a storm (to ~)	28	N
webcam	23	Doc
webhead	19	N
website	6	Dia
weekly	12	E
weigh up (to ~)	42	Doc
wetland(s)	41	Doc
white-collar	37	E
white-collar (worker)	10	Doc
wholesaler	26	E
wholly-foreign-owned enterprise	42	Doc
wholly-owned	8	Dia
widespread	26	Dia
wild (about)	49	E
wildcat strike	20	E
wily	28	Dia
win over (to ~)	21	N
wine (sparkling ~)	50	N
winnow (to ~)	27	Dia
wireless	24	Dia
wisdom	20	Dia
withdrawal	41	Doc
withdrawal (cash ~)	22	Dia
woodland	43	Dia
word	47	Dia
word of mouth	33	E
wording	17	N
word-processing	19	Doc
word-processor	19	E
work off (to ~)	25	N
workaholic	19	N
worker (production ~)	8	Dia
workforce	13	Doc
working (language)	11	Dia
working class	9	Doc
working hours	10	Doc
working population	10	Doc
working-class	9	Doc
work-in-progress	46	E
workload	44	Doc
workplace	22	Doc
work-related	9	Doc
works	26	N
workshop	10	E
work-to-rule	10	Doc
worth	25	Doc
worthy	31	E
wrapping	27	N

Y

yardstick	26	Dia
year (tax ~)	12	E
you're on	15	Dia
Yours	1	Doc
Yours faithfully	1	Doc
Yours sincerely	1	Doc

Index des sigles

ACAS	10	Doc	GMO	49	Doc
AGM	46	N	GMT	5	Doc
ATM	16	E	GP	1	Dia
BA	1	Dia	Hons	1	Dia
BSc	1	N	HQ	13	N
CCTV	6	Doc	IAS	46	N
CEO	7	Doc	IFRS	46	Dia
CFO	7	Doc	ILO	41	E
CIO	7	Doc	Inc.	4	Dia
CSR	13	Dia	LBO	50	N
CV	1	Doc	Ltd	4	Dia
DFW	45	Dia	MBA	2	Dia
DHR	6	N	Mr	1	Doc
DJIA	48	Doc	Mrs	3	Dia
Encl.	3	Doc	Ms	1	Doc
EU	1	Doc	NASDAQ	48	Doc
FDI	42	Dia	NOP	49	Doc
FMCG	1	Doc	Plc	1	Doc
FSA	46	N	SCM	6	N
FSA	49	Doc	SEC	46	Dia
FTSE	48	Doc	US GAAP	46	Dia
GAAP (US ~)	46	Dia	VP	18	Dia
GCE	2	E	WFOE	42	Doc
GCSE	11	Doc	WRULD	9	Doc
GM	49	Doc			

N° édition 3348 : L'ANGLAIS DES AFFAIRES – septembre 2016
Imprimé en Slovénie